樋口尚文

砂の器
映画の魔性

監督 野村芳太郎と松本清張映画

筑摩書房

序章　『砂の器』とは何だったのか

まず、本書全体を通して語られる『砂の器』という映画がいったいどんな作品であったのか、そのあらましを記しておこう。1974年秋に公開された松本清張原作、松竹＝橋本プロ提携作品『砂の器』は、半世紀を経た今もなお人気が途切れない稀有な作品で、これを「名作」「傑作」と熱く支持する映画ファンは後を絶たない。だが『砂の器』をめぐる最大最長の書物になるであろう本書の意図は、この映画をむやみに称揚することではない。冷静に見れば『砂の器』は映画としてはさまざまな難点を抱えた作品であり、厳格な批評や研究にあっては辛辣な評価を下されていることもままある。

しかし、それを認めたうえでなお、この作品につぎ込まれた作り手たちの大胆な創意や異様なまでの熱気には、（おかしな言い方だが）通り一遍の「名作」「傑作」とくくるには惜しいほど野心的な「賭け」に満ちた映画づくりのベンチャー性、挑戦性が見えてくるのだった。本作の脚本を手がけた橋本忍と監督の野村芳太郎は、戦後の日本映画の黄金期からキャリアを重ね、撮影所が生み出す映画の美徳を知る作り手である。そんな二人の名匠がとりつかれた『砂の器』という企画は、彼らが身をもって知る映画づくりの美徳に反しかねない、緊密な語りを映像と音楽に明け渡して観客の涙腺に訴えかけるというきわどい意図から成っていた。にもかかわらず橋本と野村は、このリスクに満ちた企画にのめって行き、その熱気は観客をも巻き込んでヒットした。映画『砂の器』の誕生から現在までリアルタイムで伴走してきた筆者としては、まず橋本と野村がいかにその危うさの魅力、言わば「賭け」の魅力に惹かれ、このつくりとしても至難な企画をどのように実現していったのかをつぶさにたどり直してみたいと思う。

そしてもう一点、本作はごく大衆的なメロドラマ大作として作られながら、意外や中国第五世代のチェン・カイコーやチャン・イーモウ、第六世代のロウ・イエといった作家的な監督たちにはじまり、岩井俊二、樋口真嗣、石川慶、中川龍太郎ほか娯楽作からアート作に至るわが国の中堅・若手監督たちに深甚な影響を与えているのであった。すなわち『砂の器』という映画は、わが国にあっては「国民的」ヒット作ながら国際的な評価の俎上にはのぼらない、きわめて日本ローカルの心性に訴えかける作品であったはずなのに、その蒔いた種子は、さまざまな尖鋭な映画作家たちによって洗練され、国際映画祭でも評価を集める作品群に「転生」しているのだった。映画公開から実に半世紀の節目に、大きくはこの二点を明らかにすることが本書のねらいである。

そもそも多くの難点をはらんでいた松本清張の原作小説は、60年安保闘争たけなわの1960年5月から約一年近く、読売新聞夕刊に連載された。これはドライな戦後派文化人のエゴイズムを冷徹に描いた悪漢小説じみたものだったが、『羅生門』('50)『生きる』('52)『七人の侍』

（'54）の名脚本家・橋本忍は大胆な翻案でその原作を悲劇的な境遇の芸術家の栄光と挫折を描く一大メロドラマに一変させた。その翻案の飛躍が最も目覚ましかったのは、つとに知られるように原作では数行しか記されていない親子の遍路の旅路を大きく膨らませ、映画後半を占める軸にしてしまったことだ。さらにこの日本の四季を背景にした旅路は、フルオーケストラによるピアノ協奏曲のコンサートとともに描かれる。すなわち物語上では社会的タブーとされたハンセン病の問題がせり出して来て、そのうえで全く出来が読めない音楽と、製作費が嵩む四季のロケ撮影の映像に、この映画の山場は託されたのであった。

1961年3月公開の松本清張原作『ゼロの焦点』は、監督＝野村芳太郎、脚本＝橋本忍・山田洋次、撮影＝川又昂《たかし》、音楽＝芥川也寸志と『砂の器』と全く同じスタッフで制作された。新聞連載中から映画化が期待された『砂の器』はこの時点で橋本忍、山田洋次によって脚本化されていたので、『ゼロの焦点』の思惑通りのヒットを受けて制作に入ることにほぼ決まって

読売新聞夕刊で『砂の器』連載がスタートしたのは
60年安保闘争の真っただ中であった。
連載の下の「松竹ヌーベルバーグ」時代の
大島渚監督『太陽の墓場』『日本の夜と霧』の広告が
当時の空気を伝える。奇しくも野村芳太郎監督、
有馬稲子主演『鑑賞用男性』の広告も掲載されている
が、当時の野村監督はこうした穏健な
プログラム・ピクチャーの手練れであった。

いた。ただしこの時点ですでに春の桜の季節だったので、野村と川又は先んじて桜の実景を撮り出していたのだが、当時松竹の社長であった城戸四郎は後述する諸点のリスクを挙げて『砂の器』の製作を中止し、その後も企画が俎上に上るたびに反対した。

城戸のみならず脚本を読んだ黒澤明監督も、冒頭の亀田行の無駄足や犯行証拠の処理法など

1961年、『ゼロの焦点』のヒットを受けて、『砂の器』の桜の実景の撮影を独自にスタートさせていた野村監督と川又キャメラマン。しかしこの後、城戸四郎社長の指示で製作は中止となった。

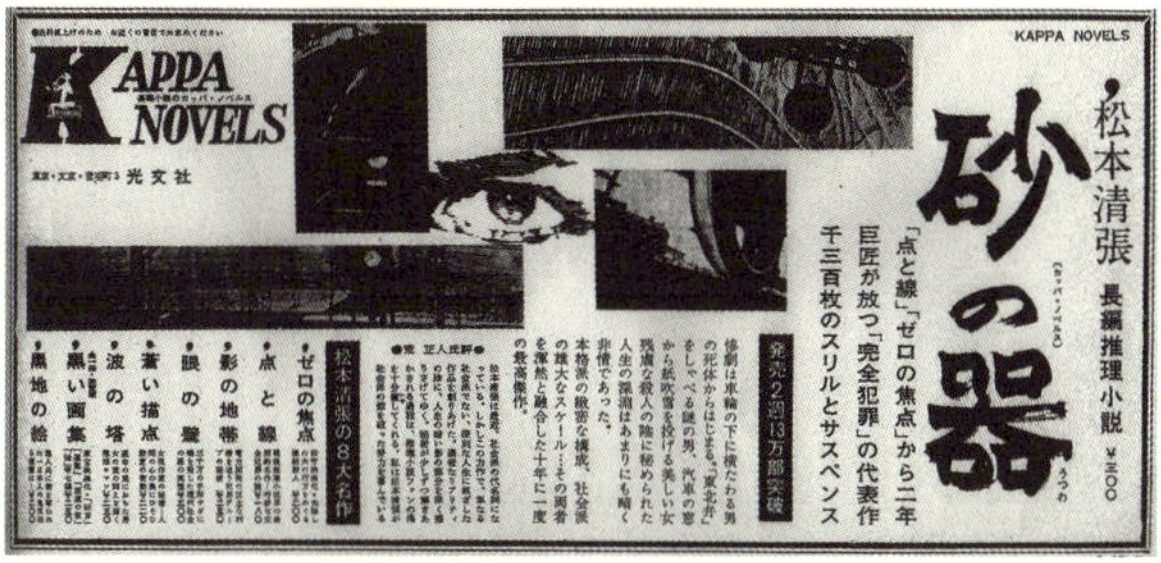

光文社カッパ・ノベルス版『砂の器』刊行の広告。
「発売2週間13万部突破」と当時の「清張ブーム」の勢いを感じさせる。

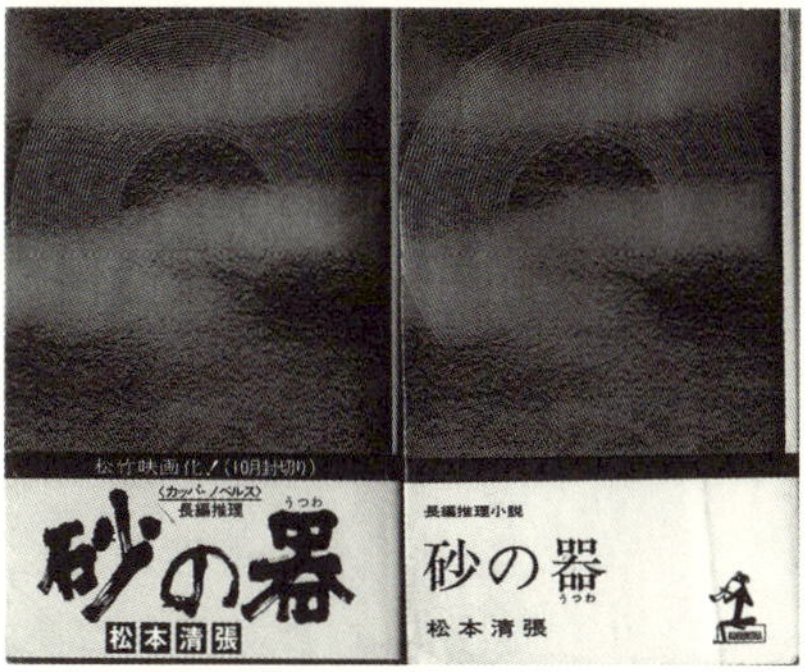

カッパ・ノベルス版『砂の器』。映画公開時の帯がついている。

いくつかのナンセンスな設定を挙げてシナリオを書き直すべきだと怒った（西村雄一郎著『清張映画にかけた男たち』の橋本忍の発言）。にもかかわらず、橋本忍はこの企画を大事に抱えて、1973年には自らのプロダクションを興してまで、監督の野村芳太郎に至っては古巣の松竹を辞す覚悟をしてまで、この製作上の困難多き企画を実現しようと試みた。橋本も野村も、それまでに清張原作を映画化した秀作『張込み』（'58）『影の車』（'70）などを観ればわかるように、ごくロジカルで明晰な作家で、こんなに論理ではなく情感を、しかも映像と音楽だけで訴求しようという仕上がりの読めぬ企画にのめっていくタイプではない。だが、『砂の器』に関しては、まさにそのどう化けるかもしくじるかも保証できない映画製作のギャンブル性に橋本と野村が惹きつけられたとしか思えない。シナリオに潜在していた原作由来のさまざまな難点も、こうなって来るとそれをどうベテランの手管で御していくか闘志をかきたてたかもしれない。

この1970年代前半、邦画興行が長く不振をきわめて守りの姿勢に入るなか、橋本は思いきった企画の不在に物足らなさを感じ、野村は安全な上がりが見えるプログラム・ピクチャーを80本近く撮っていたので職人仕事に飽き飽きしていたかもしれない。そんな手練れの二人にとって『砂の器』は魔性のギャンブル性、ベンチャー性を発散する企画だったようである。そんななりゆきで完成した『砂の器』を本書ではさまざまな断面から検証してゆきたいが、まずはこの映画をめぐるベーシックな解説を施したい。

❖

この作品が１９７４年の10月19日から松竹東急系の洋画ロードショー館で先行公開された時に初見して、以来半世紀、主人公の今西刑事ではないが北から南まで旅をするとしばしばこの作品をかけている映画館に遭遇した。どこへ行っても劇場は大変混みあっており、あまつさえその満場の観客が鼻をすすって泣き出したあげく、真っ赤な目をして満足げに劇場を後にするのであった。ところが意外やこれほど観客の涙を搾り取るような映画の原作は、まるで涙とは縁遠い、しかもさまざまな弱点欠点のある長篇小説なのだった。

清張映画で定評を得た（左から）野村芳太郎監督、橋本忍。『砂の器』伊勢ロケで丹波哲郎とともに。

１９５３年に『或る「小倉日記」伝』で芥川賞を獲った松本清張は、１９５５年の『張込み』から推理小説を書き始め、１９５７年に『顔』で日本探偵作家クラブ賞（後の推理作家協会賞）を受賞、１９５８年に単行本化された『点と線』『眼の壁』がベストセラーになったことで一躍「社会派推理小説」のブームを起こす。折しも１９５８年は日本映画が戦後最高の観客動員を記録した黄金期のピークで、「清張ブーム」にあやかった映画化も盛んに行われた。

その１９５８年の映画化作品のなかでも抜群にすぐれた出来であった松竹映画『張込み』を手がけたのが、外ならぬ後の『砂の器』コムビでもある脚本の橋本忍、監督の野村芳太郎だった。それまで喜劇からメロドラマ、青春物まで何でもそつなくこなす職人監督であった野村芳太郎監督は、ここが正念場と期して『張込み』ではいつもとは格段に違う粘りで硬質で明晰なドキュメンタリー・タッチの人間洞察ドラマに仕上げ、評価を集めた。脚本の橋本忍は、実は原作の『張込み』を書き出す前から清張の知遇を得ており、そんな信頼関係もあって短篇の原作から橋本が大胆に膨らませた脚本も冴えていた。

そんな清張が人気作家として多忙を極めていた時期に、初めて手がけた新聞小説が『砂の器』だった。1960年5月17日から1961年4月20日まで読売新聞夕刊に337回にわたって掲載された『砂の器』は約1240枚の長篇となった。この連載の担当だった読売新聞の山村亀二郎は、当時の朝刊小説は吉川英治、獅子文六、大佛次郎、石坂洋次郎、石川達三といったベテランが交互に朝日、毎日、読売の三紙に書いて2、3年先までスケジュールが決まっていたが、夕刊小説は新進作家が起用され、源氏鶏太や檀一雄らが好評だった頃なので、次の夕刊は誰が書くのか各紙の文芸担当は興味の的だったという（文藝春秋『松本清張全集』第5巻月報）。山村は60年の4月に清張との打ち合わせを開始し、ひと月後には連載がスタートしたが、清張からは「毎日読者に飽きさせずに読ませるのは相当の工夫を要します。ですから新聞社の持つ機能をフルに利用出来るようにしてください」という要請があって、「東北弁と出雲弁の類似」「超音波」「犯人の驕りと刑事の実直さの対比」が三つのポイントにされた。山村はこれ

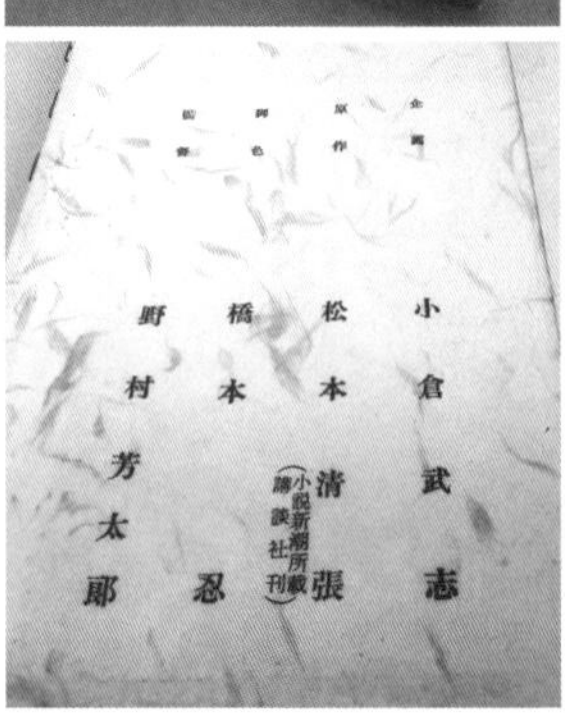

脚本＝橋本忍、
監督＝野村芳太郎による
『張込み』は、初期の
清張映画では突出した傑作。

にのっとって「秋田、島根に飛んだり、東京工大で電子工学を学んだり、若手文化人グループと付き合い、その行動を調べたりした」という。

こうして連載が始まった夕刊小説『砂の器』は、冷徹な、もしくは卑屈な若手文化人の集まり「ヌーボー・グループ」の面々の虚栄とエゴが痛烈にシニカルに描かれ、華々しい彼らの醜悪な実態と、まさに地道に市民社会の下支えに徹している刑事のこつこつとした捜査が交互に描かれる作品で、貧しい家庭から印刷工に始まり地道なキャリアを経て四十代で遅咲きの作家デビューをした清張の、苦労なしで伝統を転覆すべしと息巻いている傲慢な若手文化人への辛辣な批評意識がぐいぐいと感じられる。だが、そういったディテールは興味深いものの、ミステリとしてはかなりご都合主義や奇想が多く、言葉は悪いが清張作品のなかでは不出来な印象を免れない作品である。

だが、旬の売れっ子作家の新聞小説でもあり、清張作品の映画化もあいかわらず盛んで『砂の器』の連載が始まる直前の1960年3月には東宝の堀川弘通監督が『黒い画集 あるサラリーマンの証言』（これも脚本は橋本忍）という傑作を放ったばかりであったので、おのずから『砂の器』は連載中から松竹で映画化の動きが起こった。ここで『張込み』の成果を受けて脚本は橋本忍、監督は野村芳太郎という布陣も決まっていたので、橋本は山田洋次を伴って山陰へシナリオ・ハンティングに出かけたりもしたが、原作は当初の半年の予定を越えて延びに延び、広げた風呂敷をどうたたむか収拾のつかぬまま、ストーリーは複雑化していった。

本書の第一章「『砂の器』の脚本と演出」の「原作から脚本へ——橋本忍の「奇抜」」では原作の複雑化に難渋した橋本忍がそれをどう活かし、切り捨てていったかのプロセスをたどりなおしたい。掲載済みの切り抜きと最終回直前までの原稿を見た結果、橋本も山田も映画化は難しいと判断する。「映画というのは素材が一つあればいいんでね。あんまりでかくて何もかもそろっているというのは、かえってやりづらい」というのがもっともな橋本の持論で、確かに清張の映画化で成功した『張込み』も『黒い画集 あるサラリーマンの証言』も『影の車』も『天城越え』も設定はいたくシンプルである。これらに対して『砂の器』は人物も多く筋は錯綜し、犯罪のトリックも穴が多いといううらみがあった。

橋本はもうお手上げというところで、ふとあるアイディアを閃いた。橋本の第一稿には捜査会議で今西刑事がこう語る。「親子の遍路乞食は、北陸路から若狭、鳥取と山陰路を辿ったのか、それとも一度は関西に出て、山陽路を西に下り、岡山、又は広島から入ったのか、それは知る由もありませんが、昭和十二年八月、二人は島根県仁多郡亀嵩に現れたのであります」。橋本がこの台詞に凝縮したように、原作では犯行の大きな要因となる親子の旅路についての言及は実はさほど多くないのだが、その実態は誰にもわからないものとされている。橋本はそこに着眼し、この遍路乞食の旅路の箇所を想像力で大きく膨らませてはどうかと山田洋次に提案した（『松本清張研究』第十三号の対談「清張映画の現場」より）。

原作でこの親子の生々しい描写があるのは終盤の「今西栄太郎は、長いこと考え込んだ。彼の目には、初夏の亀嵩街道が映っている。ある暑い日、この街道を親子連れの遍路乞食があるいてきた。父親は全身に膿を出していた」のたった一か所のみである。なんとこのわずか数行が、完成した映画の後半約一時間の核となる、コンサートと親子の旅路のシークエンスにまで

橋本忍による『砂の器』脚本第一稿（1961年）。

膨らまされたのだった。この橋本の意図は、冷たくシニカルな悪漢群像劇のような原作を、和賀英良に絞り込んだ悲劇のメロドラマに変更するという、ほとんど大胆というより奇想に近い思いつきであった。

だが、ここからが橋本の凄いところなのだが、もはや原作から解き放たれた橋本はどこにも記されていない親子の悲惨な旅路の細部を描き出し、そんな背景ゆえに犯行に走ってしまう和賀を原作とは別人のような気の毒な「宿命」に虐げられた人として再構築してみせた（ここにおいて『砂の器』というタイトルも改題して映画題は『宿命』になりかかったこともある）。ただし和賀はどうキャラクターを変更しても殺人者であり、それでいて観客の同情をひく存在にまで持って行くのは至難なことである。そもそも原作にあっても、三木という過去を知る者の不意の来訪に和賀が驚いたとはいえ、そんな人徳のある恩人を不安視して殺すに至るのは無理がある

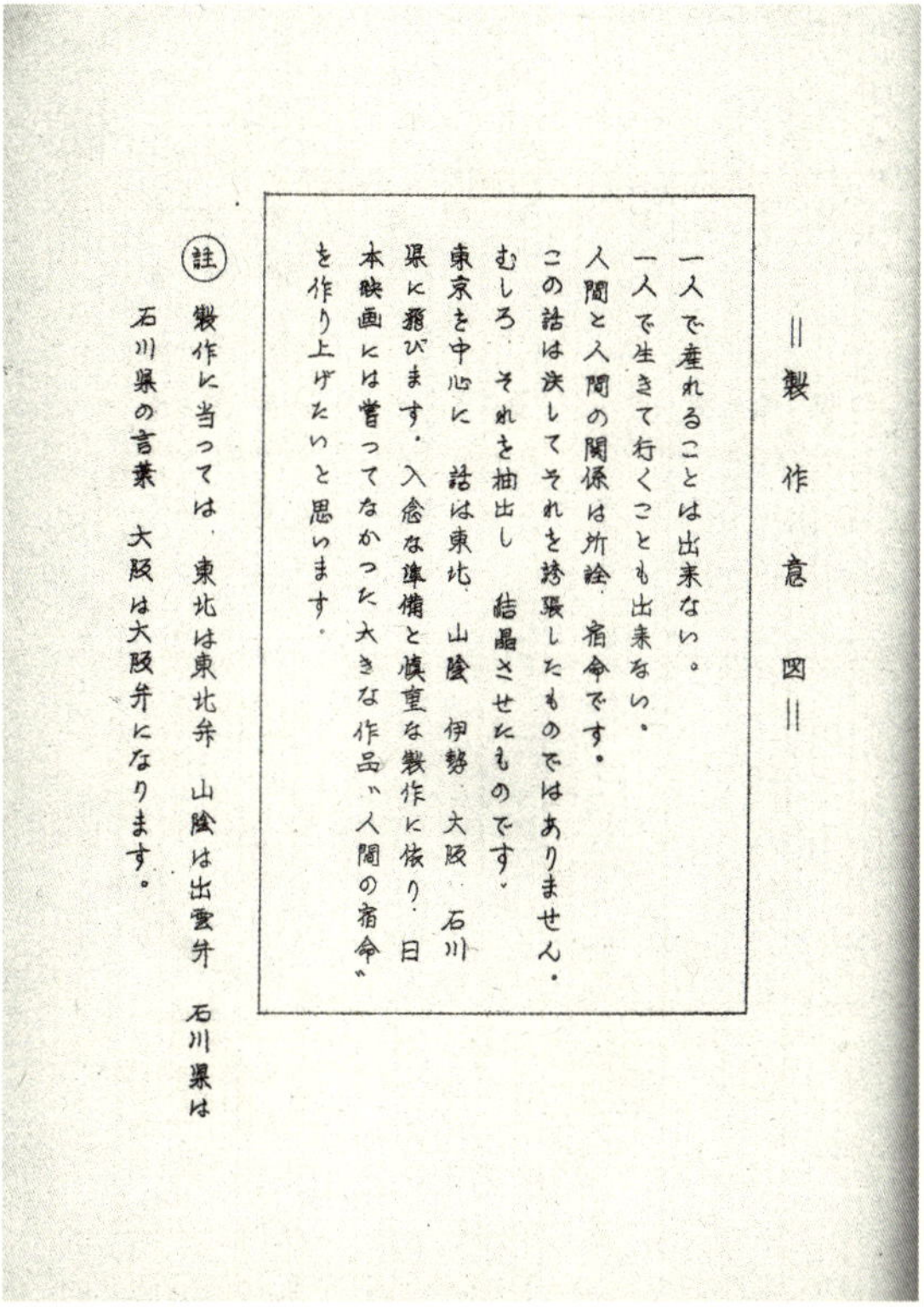
＝製　作　意　図＝

一人で産れることは出来ない。

一人で生きて行くことも出来ない。

人間と人間の関係は所詮、宿命です。

この話は決してそれを誇張したものではありません。

むしろ、それを抽出し、結晶させたものです。

東京を中心に、話は東北、山陰、伊勢、大阪、石川県に飛びます。入念な準備と慎重な製作に依り、日本映画には嘗ってなかった大きな作品〝人間の宿命〟を作り上げたいと思います。

註　製作に当っては、東北は東北弁、山陰は出雲弁、石川県は石川県の言葉、大阪は大阪弁になります。

脚本第一稿にはすでに主題を「宿命」に絞り込んだ「製作意図」が掲げられている。

うという指摘があった。それゆえに原作では、和賀は急なことで動揺錯乱して三木を殺してしまったはずで、その証しに犯行手段があまりにプリミティブでお粗末だと書かれている。それとて根っこにある保身とエゴゆえの殺しではあるわけで、決して和賀は同情の対象にはならないのだが、橋本はここで千代吉が存命であるという意表をつく設定変更まで行って、彼との再会を三木が強く希望するので殺さざるを得なかった、という驚きの展開を編み出した。

こういった橋本の設定変更と詰めによって、悪漢小説『砂の器』は一大メロドラマ映画に変身を遂げたわけである。ついては和賀英良を原作のクールで非情な電子音楽の作家ではなく、ラフマニノフふうピアノコンチェルトを弾き振りする作曲家に変更し、その甘美でロマンティックな楽曲に合わせて親子の壮絶な旅路が描かれ、観客の涙腺を刺激しまくるのであった。橋本はこのアイディアの由来は人形浄瑠璃の「壺坂霊験記」で、義太夫語り＝今西刑事、人形＝親子の乞食、三味線弾き＝オーケストラと解説するが（『松本清張研究』第十三号の橋本忍・白井佳夫対談より）、これは何しろ話を面白く膨らます天才の橋本だけに後付けの理屈かもしれないが、面白いたとえである。

いずれにせよ、原作に縛られているうちは料理に窮してお手上げになっていたが、こうした大きな設定改変を思いついた後は、好き放題想像の翼をはばたかせて一気に三週間で書き上げたシナリオなので、『砂の器』は「むしろ楽な仕事だった」と橋本が語っているのは興味深い。この作品は、構想十余年の重厚な大作というふうに売られていたが、むしろ映画そのものには3週間で書き上げた思いつきの勢いがみなぎっていて、その一種ベンチャーな熱と活気が完成作の魅力だという気がする。だが、そんな構想3週間の自在さが構想13年（宣伝惹句では15年）

の仰々しさにとってかわったのは、橋本のせいではなく、1961年の松竹がこの企画を延期してしまったからである。出来上がった脚本を読んだ松竹の城戸四郎社長は、そもそも松竹の喜劇、ホームドラマ路線、いわゆる「大船調」を定着させた人物であって、かかるハンセン病差別という難しい主題に加えて、各地の四季を描くロケーション費も嵩むであろうという判断のもと、製作は延期させられた。『砂の器』は暗澹たる作品であるとともに、予算も手間もかかるという、斜陽の映画界としては到底歓迎できない企画であったのだろう。

しかし『砂の器』は野村作品の喜劇やメロドラマを多く手がけた保住一之助がプロデューサーとなって動き出していたので（脚本第一稿にクレジットされている）、すでに先行して野村とキャメラの川又昂《たかし》は厚木の古い小学校に赴いて桜のカットの撮影をしていたという。この時点で子役の選抜までは進んでいなかったが、36歳の本浦《もとうら》千代吉の役はすでに加藤嘉（この時点でも48歳）と決まっていて、モノクロでの撮影だった。城戸四郎が予算的に難色を示していることを聞かされた野村は、フルオーケストラでの撮影を少人数の室内楽に変更しないとまずいだろうかと弱気になっていたらしい（それではさっぱり盛り上がらないことは1977年のフジテレビ版『砂の器』を観ればわかるだろう）。

この時期に重なる1961年3月19日に、実はくだんの保住一之助プロデューサーによる清張原作

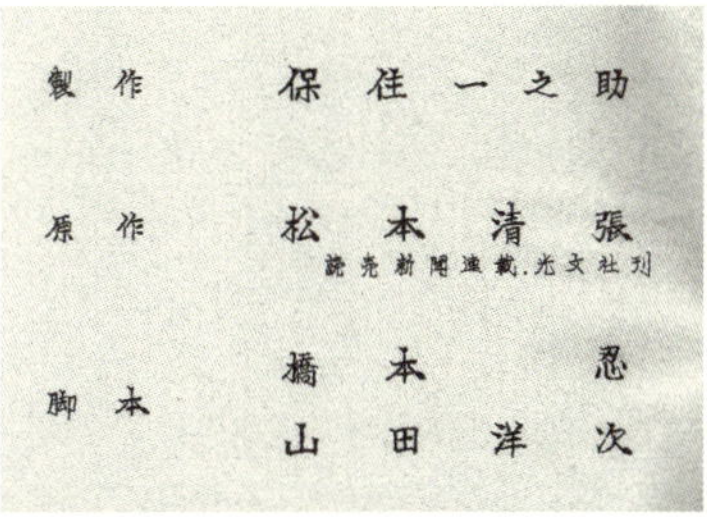

保住一之助は
野村芳太郎作品をはじめとする
松竹の娯楽作を手がけたプロデューサー。
『ゼロの焦点』も担当した。

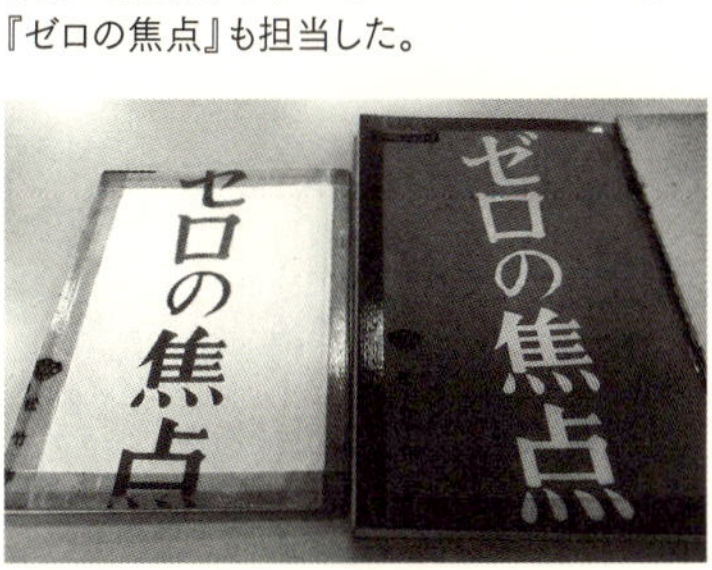

橋本忍による『ゼロの焦点』シナリオ。

『ゼロの焦点』が公開されていて、これは脚本＝橋本忍・山田洋次、撮影＝川又昂、音楽＝芥川也寸志という完成版『砂の器』と全く同じメムバーによる仕事だった。ということは、会社側としては『ゼロの焦点』チームが続けて放つ『砂の器』というふれこみで製作・公開を目指していたのだろうが、企画自体が飛んでしまったのだった。だが、橋本忍は『砂の器』が諦めきれず、さまざまな作品を引き受けるたびにバーターとして『砂の器』もと売り込んでは閉口されたという。また、この時期は日本映画の興行の凋落著しく、野村芳太郎や東宝の森谷司郎（橋本は挑戦作『首』で組んだ）といったホープの監督も思うままに映画を撮れない時代が到来しつつあり、各社が守りに入って企画の沈滞を生むなか、橋本は野村や森谷と組んで独立プロの橋本プロダクション（1973年設立）を興すことにした。

その立ち上げ時の最大目標は、野村で『砂の器』を、森谷で『八甲田山』を撮るという当時の映画会社内からは出て来ないベンチャーな企画を成立させることだった。そして1973年に『人間革命』『日本沈没』という大作を東宝でヒットさせていた橋本は、同社の名プロデューサー・藤本眞澄に遂に『砂の器』の企画を承諾させる。その条件としては野村芳太郎が松竹を辞してでも監督をつとめるということであったが、これを知った松竹は慌てて、かつての城戸の決定を覆しても野村を留めるべく『砂の器』にゴーサインを出した。すでに東宝で進んでいる案件ではあったが、橋本プロに協力していた俳優座映画放送の佐藤正

DEC 28 1974
「八甲田山死の彷徨」映画化へ
橋本プロが製作
監督に森谷司郎氏
公開は51年5月

『砂の器』ヒットの最中に橋本プロ次回作『八甲田山』製作の抱負を語る橋本忍、森谷司郎、野村芳太郎の記事。

之プロデューサーがなんとか再調整をかけて、結局野村が古巣の松竹を飛び出すことなく自社で『砂の器』を撮ることになった（これをもって橋本は次の話題作『八甲田山』の配給を東宝に渡したのだろう）。

　ともあれ1974年2月に「親と子の旅路」の部分からクランクインかなった本作は、まず酷寒の竜飛崎、春の長野県あんずの里、初夏の北茨城と山場の旅の行程を押さえ、6月から丹波哲郎、森田健作、加藤剛らキャストによるドラマ部分の撮影に入り、8月に亀嵩《かめだけ》を中心とする山陰ロケ、9月半ばにホールのオーケストラ演奏シーンを撮り終えた。後述するが、10月19日にロードショー公開を控えているのに、最後に秋の旅路のカットを入れたがために9月末に北海道ロケに飛ぶというぎりぎりまでの粘りようであった。

　この約9か月近い撮影期間において、清張原作を大改変した橋本脚本の意図を重々理解した野村芳太郎監督は、当時すでに76作もの松竹プログラム・ピクチャーを手がけてきた手練れの技術をふんだんに盛り込んで、刑事物であると同時に一大メロドラマに「翻案」された本作の貌をくっきりさせ、迫力あるものにした。ただし、本来野村は同じ清張でも『張込み』のようなドキュメンタリー・タッチの明晰な作劇を身上とする作家だが、本作で

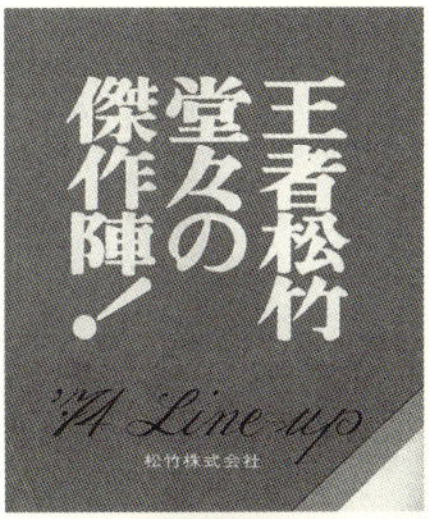

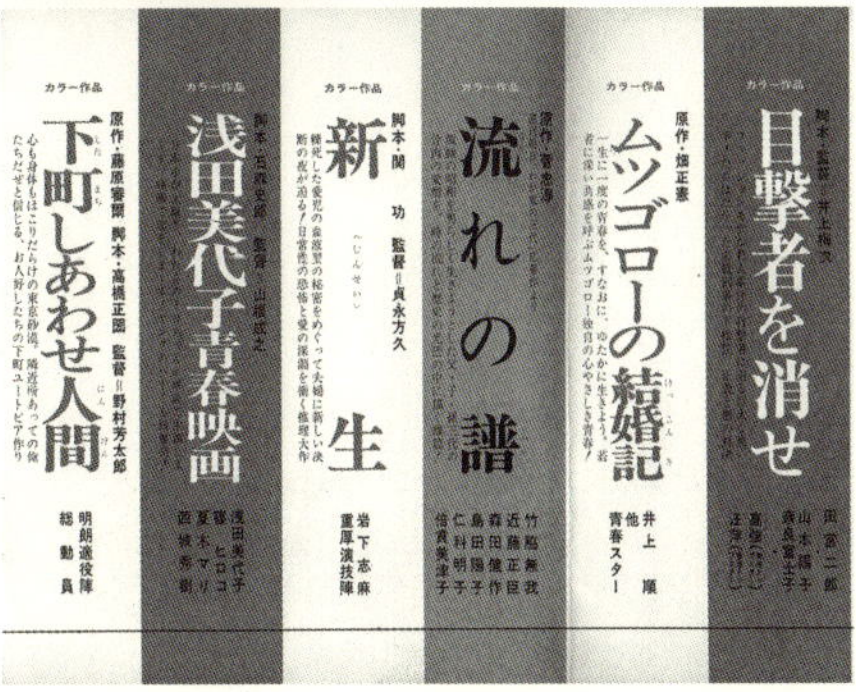

1973年秋にリリースされた
松竹の翌年度の
ラインナップには、
稼ぎ頭となる
『砂の器』の片鱗もない。

も前半はそれを基調としながら、後半は別の映画のような「外連味《ケレン》」たっぷりの「メロドラマ」的抒情にふりきってみせた。そもそも橋本脚本は「回想」シーンがお家芸であるが、『羅生門』でも『生きる』でも「回想」は現在とクールに切り結ぶ間合いが冴えていたが、『砂の器』の「回想」はそれらとはかなり異なり、ひたすら音楽にシンクロして「メロドラマ的抒情」を亢進させる。野村はこの橋本の意図をこれでもかと増幅させたのだが、それに応えてキャメラの川又昂も「外連味」だらけのズームやハレーションといった「禁じ手」を確信犯的に盛り込みながら、情感を煽った。

このように映画『砂の器』のいたく不思議な点は、まずあの非情で冷たい原作からまるで別物の激情をほとばしらせた「メロドラマ」が生れたということ、さらにいつもはクールで怜悧なタッチで定評のある大ベテランの脚本家、監督、キャメラマンがほとんど別人のような煽りの手法を総動員してこの「メロドラマ」を青写真以上の「泣かせ」作品に仕立て上げた、という二点なのである。そしてもうひとつ付け加えるならば、当初から脚本には原作由来のさまざまな無理や弱点があったのだが、１９６１年に製作が頓挫し、１９７４年に実現を見るまで実に13年もの時間がはさまっていながら、そのもともとの脚本は根本的には全く変わっていない。そして、ロケーションやコンサート・シーンが多岐にわたり、大きな弱点もはらむ脚本を、野村芳太郎監督が名職人監督としての技巧をふんだんに駆使して映像化した。その驚嘆すべききめ細かい演出のプロセスについては、野村監督が遺した豊富な資料に照らしながら、第一章の「脚本から映像へ――野村芳太郎の「緻密」」で綿密にたどりなおしてみたい。ついては同じ章で、野村芳太郎監督のご子息で元松竹プロデューサーの野村芳樹氏には同章「野村芳太郎監督の横顔」で野村監督の映画作法と本作を中心とする作品への取り組みについて語っていただいた。

そして、第二章「『砂の器』の音楽」では、まず劇中のコンサート・シーンで実際に演奏され、本作を特徴づける「ピアノと管弦楽のための組曲 宿命」がどのようなかたちで作曲され、現場でどのように演奏されていたのかを探る。同章「組曲「宿命」の数奇な原点」では、近年『砂の器』シネマ・コンサートの楽譜復元と指揮をつとめた作曲家の和田薫氏にこの組曲「宿命」の譜面の分析をお願いし、同章「「宿命」はいかに撮影されたか」では1974年当時の撮影に実際に参加された東京交響楽団の元フルート奏者・佐々木真氏にはコンサート・シーンの撮影時の記憶を思い出していただいた。

また、第三章「『砂の器』の演技」では、当時の日本映画としては破格の四季を通じた長期ロケーションと松竹大船撮影所のセットをふんだんに活かした現場について、第三章「『砂の器』の演技」の「「泣かせ」を極めた名子役の陰陽」では壮絶な宿命を背負う本浦秀夫役に扮して注目された当時の子役・春田和秀氏に、同章「大作映画ヒロインとしての華」では悲劇の情婦・高木理恵子役に扮して印象的だった島田陽子氏に回顧していただいた（ほどなくして島田氏が他界されたのはまことに残念であった）。

そして『砂の器』という映画の、作り手側の不思議な「熱」は、公開とともにみごとに観客の側へ伝播していった。1974年10月17日にようやく完成披露試写を行った『砂の器』は、10月19日に松竹セントラル、渋谷パンテオン、新宿ミラノ座という松竹東急系の旗艦洋画ロードショー館で公開され、11月23日から松竹系で全国封切となったが、松竹内部での興行価値の評価を超えてこの年の日本映画配給収入の第三位となる7億円を弾き出した。公開時の劇場を知る者としては、とにかく老若男女の幅広い客層で、映画後半には場内のそこかしこで観客の嗚咽が聞こえ、終映後のロビイは満足と称賛の声が溢れていた。観客の「熱」は公開後も根強く持続し広がって、『砂の器』は「かければ当たる」作品として繰り返し再映された。

今のようにSNSもない時代、潤沢に試写を回す余裕すらなかった未知なる『砂の器』という企画に興行側はどのような姿勢でのぞみ、作り手の「熱」を観客に伝えていったのか。この興行と宣伝については第四章「『砂の器』の宣伝・興行」で、貴重な公開当時の宣伝会議の記録を参考にしながら検証したい。

作品評価としては1974年度の毎日映画コンクール作品賞・監督賞・脚本賞・音楽賞、ゴールデンアロー賞作品賞、日本映画ペンクラブ賞、モスクワ国際映画祭審査員特別賞ほか多数の賞を受賞した。キネマ旬報ベスト・テンでは首位を熊井啓監督『サンダカン八番娼館 望郷』に譲って2位だったが（得票を見ると315点に対する309点と恐るべき僅差であった）、読者選出ベスト・テンでは第1位となった。こうした国内の評価とは裏腹に、ほとんど国際的な評価を得られていない本作であるが、文革終焉後の中国では絶大な人気を博し、「第五世代」以降の名だたる監督たちに密かな深い影響を与えたという。第五章「『砂の器』の影響」の「中国の観客・作り手への影響」では大阪大学大学院人文学研究科准教授の劉文兵氏に中国における本作の影響についてお話を伺った。加えて、同章「新世代への影響」では本作の熱心なファンであったことと自作への影響を公表する中川龍太郎監督に、若い世代ならではの視点で本作との

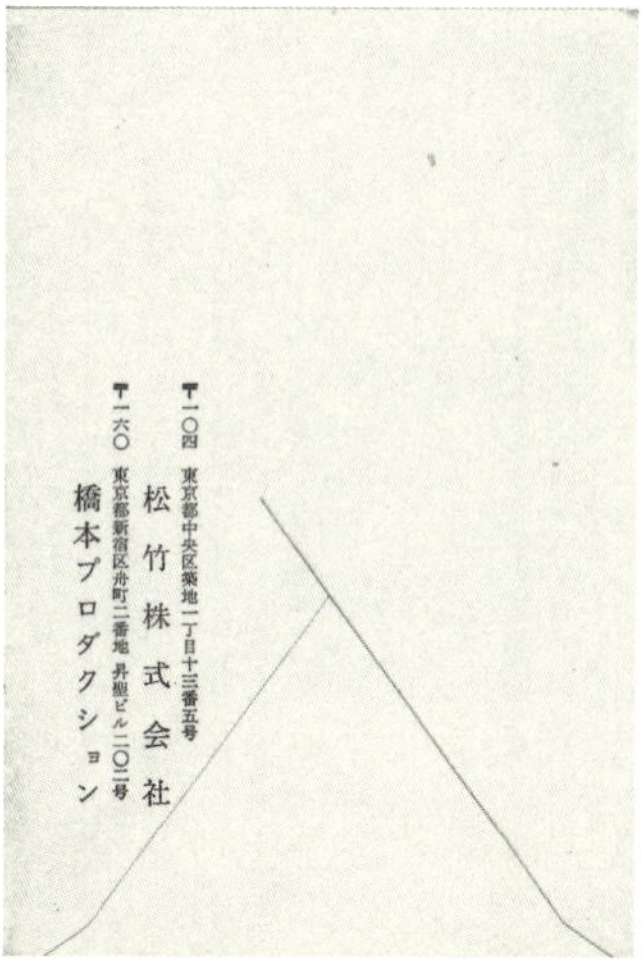

公開を翌々日に控えた10月17日、築地の松竹本社に隣接した大劇場「松竹セントラル」で完成披露試写が開催。招待状は橋本プロと松竹の連名。

『砂の器』ロードショー公開の広告は異彩を放っていた。

昭和50年(1975年) 2月17日 (月曜日) 2版 (4)

第29回 映画コンクール 受賞の顔

固い信念と執念

長く険しかった栄光の作品

日本映画賞『砂の器』を監督した
野村 芳太郎

「毎日映画コンクール」受賞の言葉を語る
野村芳太郎。

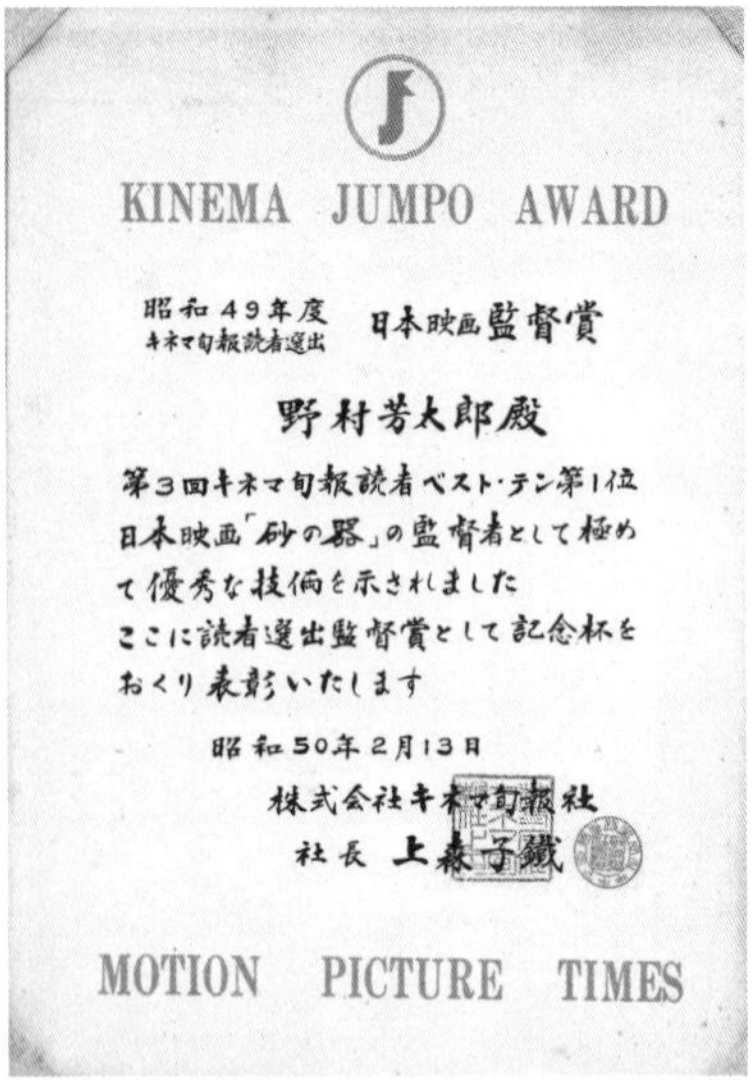
KINEMA JUMPO AWARD

昭和49年度
キネマ旬報読者選出 日本映画監督賞

野村芳太郎殿

第3回キネマ旬報読者ベスト・テン第1位
日本映画「砂の器」の監督者として極めて優秀な技倆を示されました
ここに読者選出監督賞として記念杯をおくり表彰いたします

昭和50年2月13日
株式会社キネマ旬報社
社長 上森子鐵

MOTION PICTURE TIMES

昭和49年度「キネマ旬報ベスト・テン」の
読者選出ベスト・テンで1位となり、
野村芳太郎が読者選出監督賞を受賞。

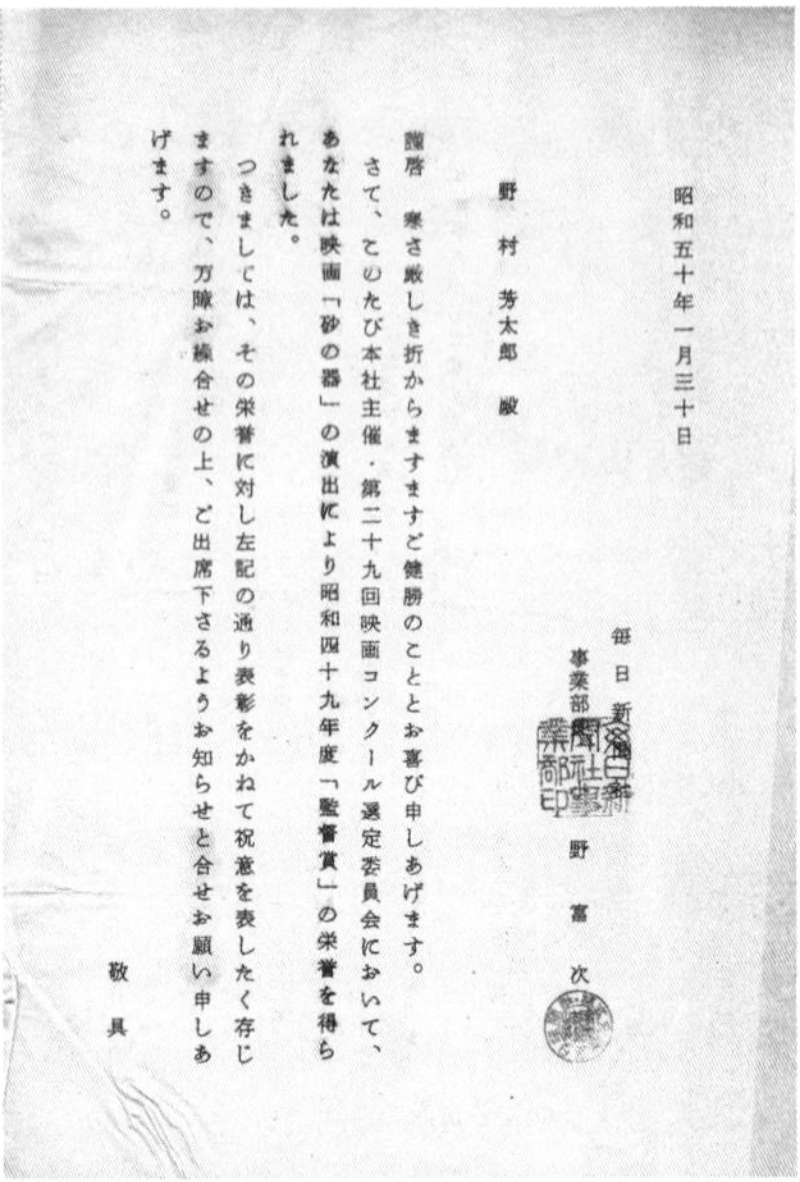
昭和五十年一月三十日

毎日新聞社
事業部長 [illegible]野富次

野村芳太郎殿

謹啓　寒さ厳しき折からますますご健勝のこととお喜び申しあげます。
さて、このたび本社主催・第二十九回映画コンクール選定委員会において、あなたは映画「砂の器」の演出により昭和四十九年度「監督賞」の栄誉を得られました。
つきましては、その栄誉に対し左記の通り表彰をかねて祝意を表したく存じますので、万障お繰合せの上、ご出席下さるようお知らせと合せお願い申しあげます。

敬具

毎日新聞から野村芳太郎に届いた
「毎日映画コンクール」監督賞受賞の通知。

第29回 映画コンクール

「砂の器」日本映画賞
監督賞は野村芳太郎氏に
演技賞 三国連太郎 田中絹代

日本映画賞「砂の器」
監督賞 野村芳太郎
男優演技賞 三国連太郎
女優演技賞 田中絹代
脚本賞 橋本忍 山田洋次
撮影賞 川又昂
美術賞 森田郷平 大村武
音楽賞 芥川也寸志 菅野光亮
録音賞 西崎英雄
教育文化映画賞「日本の稲作―その こころと伝統」
ニュース映画賞 毎日ニュース
大藤信郎賞「詩人の生涯」

毎日新聞社

第29回「毎日映画コンクール」の結果発表。
『砂の器』は日本映画賞・監督賞・
脚本賞・音楽賞を総なめにした。

出会いを語っていただいた。

同時期に公開された熊井啓監督『サンダカン八番娼館 望郷』が「キネマ旬報ベスト・テン」では首位に。『砂の器』は極めて僅差で2位につけた。

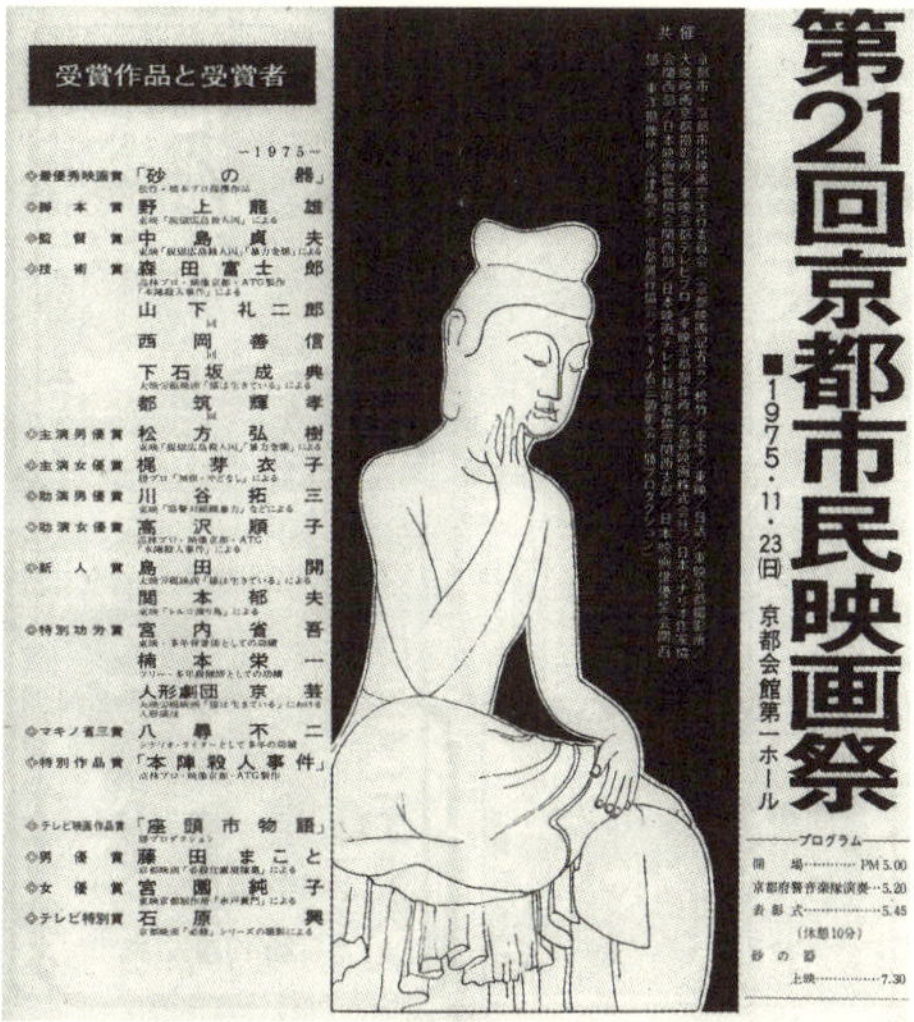

1975年の
「第21回京都市民映画祭」でも
最優秀映画賞を受賞。

本書の着想は1990年代半ばに遡る。当時ある仕事のご縁で松竹時代の野村芳樹氏にお会いして、すでにご体調を崩されていた野村芳太郎監督へのインタビューが可能かどうかをお尋ねしたところ、もうそのような受け答えが難しい域になられていたことをうかがって断念した。やむなく『砂の器』公開から30年にあたる2004年に上梓した『「砂の器」と「日本沈没」70年代日本の超大作映画』（筑摩書房）に当時としては最長であろう『砂の器』論を著し、そこでこの作品における橋本忍氏と野村芳太郎監督の作者としてのあり方を考察してみた矢先、2005年に野村監督が鬼籍に入られた。

その後、2017年に『砂の器』の子役・春田和秀さんを探し出してお話を伺い、『「昭和」の子役　もうひとつの日本映画史』（国書刊行会）を上梓したが、ちょうどこの頃、『映画の匠 野村芳太郎』（ワイズ出版）を編まれる評論家・小林淳氏のお計らいもあって、野村芳樹氏が保管されている生前の野村芳太郎監督が遺された数々の資料（映画の企画、撮影に関するものから公開後の記事に至るまで）を全面検証させていただくことがかなった。この野村芳太郎監督ご自身が生前に収集されたアーカイブ資料を抱えて足かけ8年、当初刊行の目途とした野村監督生誕100年もとうに過ぎ、『砂の器』公開からなんと半世紀の節目にようやくの完成を見た。

最初の着想から約30年という呆れるほど気の長い話になってしまったが、野村監督に直接お話を伺えなかったぶんはその驚異的なまめさでご自身がスクラップされた資料群によってみごとに補完され、またこの時の流れあってこそ、本作が野村監督の子から孫の世代にまで、あるいははるか国外の監督にまで思わぬ影響を与えていったことを把握しえたわけで、これもまた本書に定められた「宿命」だったのかと今は思う次第である。

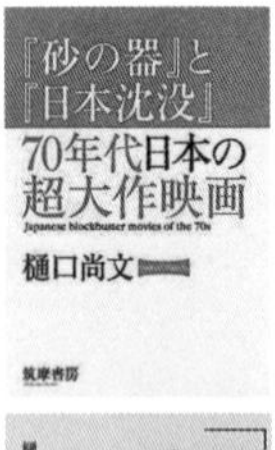

『「砂の器」と「日本沈没」70年代日本の超大作映画』（筑摩書房／2004年）。

『「昭和」の子役 もうひとつの日本映画史』（国書刊行会／2017年）。

野村芳太郎監督が遺した
厖大な映画製作時の資料。

もくじ

序章　『砂の器』とはなんだったのか　2

第一章　『砂の器』の脚本と演出　27

原作から脚本へ　橋本忍の「奇抜」　28

野村芳太郎監督の横顔　野村芳樹インタビュー　94

脚本から映像へ　野村芳太郎の「緻密」　120

第二章
『砂の器』の音楽 211
組曲「宿命」の数奇な原点 和田薫インタビュー 212
「宿命」はいかに撮影されたか 佐々木真インタビュー 238
第三章
『砂の器』の演技 253
「泣かせ」を極めた名子役の陰陽 春田和秀インタビュー 254
大作映画ヒロインとしての華 島田陽子インタビュー 279
第四章
『砂の器』の宣伝・興行 293
宣伝から公開へ 興行戦略の再検証 294

第五章 『砂の器』の影響 321
中国の観客・作り手への影響 劉文兵インタビュー 322
新世代への影響 中川龍太郎インタビュー 344
補章 松本清張映画全作品論 359
終章 370
あとがき 378
参考文献 380

第一章

『砂の器』の脚本と演出

厳寒の竜飛崎で撮影を開始した『砂の器』。
野村芳太郎監督、橋本忍に
『八甲田山』の森谷司郎監督も参加。

原作から脚本へ

橋本忍の「奇抜」

「ヌーボー・グループ」を登場させず

もはや「国民的映画」と言っても差し支えないであろうヒット作『砂の器』だが、スクリーンからビデオ、DVD、BD、そして配信とさまざまな機会にこの映画に出会って感激し、そこから松本清張の原作を手にしたファンはかなりとまどうのではないかと思う。というのも、とにかく原作と映画ではさまざまな設定や展開も異なるし、物語から漂う匂いもまるで別物と言っていいだろう。実はこの点にこそ、映画『砂の器』の最も大きなクリエイティビティが見えて来るのだ。本章では、脚本づくりを主導した橋本忍（共同脚本は山田洋次）が、どういう工程を踏んで映画版『砂の器』という特異な挑戦作をひねり出したのかについて具体的に見てゆきたいと思う。

小説『砂の器』はとてつもなく長い。清張の、あの短篇で見せるきびきびとした筆致や余韻

砂《すな》の器《うつわ》 (1)
松本清張 作
え 朝倉摂
トリスバーの客（一）

読売新聞夕刊『砂の器』第一回「トリスバーの客（一）」（1960年5月17日）。

にここでお目にかかることはなく、とにかく淡々と延々と主人公の警視庁捜査一課の巡査部長・今西栄太郎の推理の試行錯誤が語られる。まずその理由は、これが清張初の新聞小説で、読売新聞夕刊に1960年5月からおよそ一年にわたって連載されたという形式の影響であるに違いない。実に337回を重ねる原作で、「長い」という印象も私だけにとどまるものではないと思う。実際、連載スタートしてすぐに映画化に動いていた橋本忍は、もともと半年で終わるはずの原作がどんどん延びて展開も複雑になって映画向きでなくなっていくので往生したらしい。

そんな小説からどうしてあの全く貌の違う映画が生まれたのか。ここからは原作『砂の器』をたどり直しながら、橋本忍と補佐の山田洋次がそのどこを活かし、どこを捨てながら独自のシナリオを構築していったのかを検証してみたい。それは映画の作り手の創造性を浮き彫りにするとともに、原作には原作ならではの面白さも散見されるので、そこを再確認することにもなるだろう。

まず原作の「第一章　トリスバーの客」「第二章　カメダ」では国鉄蒲田操車場での殺人事件の概要が語られ、粗末なバーで「密談」していた五十代の白髪の男と三十代のスポーツシャツの男、その年長の男の「濁音の多い訛り」と三十男の「カメダは今も相変わらずでしょうね」のひとことが浮上する。捜査本部は「顔見知りの人間の怨恨による凶行」とにらみ、二人は東北の同郷の者と見て、東北各県の「亀田」姓に当るが被害者は判明せず。警視庁捜査一課の担当の今西栄太郎刑事は、ふとしたことからそれを人名ではなく地名ではないかと閃き、秋田県の羽後亀田に不審者情報を得て、補佐として指名された旧知の蒲田署の若手・吉村弘とともに現地に向かう。しかし現地ではまるで収穫はない。

帰途の亀田駅で、今西と吉村は最近マスコミの寵児となっている若手文化人の集まり「ヌーボー・グループ」の面々とすれ違う。そのメムバーである作曲家の和賀英良、評論家の関川重雄らは岩城町にある「T大のロケット研究所」を見学した帰りだという。今西は、「ヌーボー・グループ」との出会いから、自分の叔父も昔小説を書いていたと告白し、〝新しき村〟ならぬ〝新しき群れ〟である彼らについて語る。帰途の急行で、話題は返り血を浴びた犯人のスポーツシャツに移り、きっとアジトやイロなど着がえる中継地点があったに違いないと推測する。

原作のここまでを映画では総尺143分のうち、冒頭のクレジットタイトル明けの正味20分くらいで過不足なく描いていてすこぶる快調である。ただそれには大きな理由があって、橋本忍はかなり大胆に大鉈をふるって、設定や描写に思いきった軽重をつけている。その最たるものは、映画にはなんと「ヌーボー・グループ」が登場しない。正確に言えば、それらしき和賀英良《えいりょう》の取り巻きは登場するものの、それはあくまで「その他大勢」のチョイ役レベルの描き方である。

第二章の今西と吉村が「ヌーボー・グループ」とよりによってひなびた亀田の駅ですれ違うという原作の展開はひじょうに面白い。しかも、彼らがそこにいる理由が「ロケット研究所視

1974年2月『砂の器』の
青森・竜飛崎ロケ。
野村芳太郎、橋本忍に加えて
『八甲田山』ロケハン中の
森谷司郎も参加している。

察」というミスマッチさもひじょうに清張らしい奇抜さで、伝説の琵琶湖とＮＡＳＡのスペースシャトルを組み合わせて意表をつく『幻の湖』の作者である橋本忍がいかにも好みそうなところだが、意外やこの描写は変更されている。

どうなったかというと亀田の帰途の奥羽線の夜行列車で、今西と吉村は買い置きの弁当をもって食堂車にやってくる（原作でもいつもお腹が減っている吉村が買い置きの弁当を「やりますか」と盛んに言ってくるのがおかしいが、映画では「そろそろやりますか」という吉村に今西が「ビールでも一杯、クヨクヨしてもしょうがない、俺がおごるよ」と誘う脚色に先輩の優しさが出ていてよい）。それは実は和賀との出会いを設けるためで、向い側の席に和賀が「都会的な無造作な服装の四、五人連れの男達が談笑している。垢ぬけた風采と言い、雰囲気と言い、地味な奥羽線の客の中では際立っている」とシナリオでは原作の風采の表現もかりながら記されている。彼らにウエイトレスがサインをねだっているのを見て、吉村が彼女に誰だか尋ねるのは原作と同様だ。

だが、原作にあったようないぶし銀の苦労人の今西とこの裕福そうな若手文化人を比較するまなざしや、この一団が時代の寵児としてややいきがった存在である、というような描写は全くない。ひたすら注目されるのは和賀英良だけで、吉村が「新聞や週刊誌の受け売りですがね」と言いつつ和賀が海外招聘も決まった有望な作曲家、指揮者だと解説する。なぜ橋本忍が「ヌーボー・グループ」を描かず、和賀だけに物語を集約したのかは、これからおいおい述べていきたいと思うが、実はそこが映画の原作に対する「解釈」「翻案」の基本姿勢にかかわるところなのだ。

今西刑事の私生活をカットする

ところで、映画版が原作からばっさり省略したものは「ヌーボー・グループ」だけではなく、主人公の今西栄太郎の私生活がみごとに捨象されている。映画だけを観ていると、今西は職務に忠実なこつこつ型で、しかし人生経験も豊富なのでほどよくくだけたところもある「大人」の刑事だというのは、なんとなく伝わってくる。妻子がいることは一瞬ほのめかされるが（後述）、原作ではもっと具体的で、今西には芳子という妻、十歳になる男児がおり、狭い家でつつましくも円満な家庭生活を営んでいる。四十五歳の働き盛りの今西が帰宅するのは十二時過ぎで、十日にわたる聞き込みで踵がすり減った靴を「二畳の玄関」で脱ぐと、すぐ奥の六畳に「布団が三つ」並べてあって、十歳の息子が寝ている。夜はびん詰めの塩辛をつついてくたびれ気味に銚子を傾ける今西は、朝は「ご飯に味噌汁をかけ、ざぶざぶとかきこんだ」。「田舎に生まれた彼は、いまだにその風習がとれない。下品だと妻は非難するが、汁かけ飯が一番おいしい」と、かなりその生活感が詳述されている。

この芳子は今西の職業上の苦労や仕事内容の特殊さをよくわかっていて、疲れた今西をいたわる描写も印象的だ。捜査本部が最初「カメダ」を人名と思いこんで聞き込みを続けていた矢先に、今西が「これは土地の名前に当てはめてもおかしくはないような。前からそんな気持ちがしていたものですから、昨日本屋の店先で鉄道地図を見ましたところ……」と発言して騒然となるが、これも原作では捜査本部の主任との会話で、

「どうして、地図を見ていたのかね」

「実は、女房がとっている婦人雑誌の付録を何気なしに眺めていたわけです」

今西は、少し照れ臭そうに言った。

「それはいいところに気がついたね」


と明かされて、家庭がらみのユーモラスな描写にもつながるのだが、映画の今西はあくまで公私の「公」で通している。当然そういうスリムさで押さないと到底2時間余りの尺におさまらなくなってしまうからだ。しかし、橋本忍はその流れを邪魔しない細部で、職人芸的な肉付けを施してみせる。それは、亀田からの帰途の食堂車での会話だ。

今西「こうして二、三日ノンビリ旅行がしてみたいな」
吉村「野郎二人じゃつまりませんよ」
今西「それもそうだな」

『砂の器』竜飛崎ロケ。
野村芳太郎監督のアルバムには
「1974年2月20日」とある。

吉村「（変な顔をする）へえ、今西さんでも？」
今西「（苦笑）馬鹿、俺のは仕事でなく、子供でも連れてという意味だよ」
吉村「ハハハハ」

このなにげない一言だけで、今西には妻子がいて、しかも子煩悩らしいという横顔までほのめかされる。なんと映画では今西の私生活にまつわる描写は実にこの一点だけなのだが、こういう家庭人としての今西の印象あらばこそ、後半の親子の問題に接した際の今西の態度が効いてくる。そして、ここではもうひとつ婉曲に今西の好ましい人柄を感じさせる描写がある。それは今西が捜査上のメモをむずかしい顔で検討しているのかと思ったら、せっせとこの出張がらみの俳句を詠んでいた、というくだりである。ここは原作の第二章にもあるやりとりだが、橋本忍はうまく膨らませて

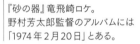

いる感じだ。
原作では「干しうどん若葉に流して光りけり」「北の旅海藍色に夏浅し」「寝た後に草のむらがる衣川」の三句だが、映画では干しうどんも登場しなかったので「水晒し青葉を映し色さだか」「寝た後に草の群がる衣川」「北の旅海藍色の夏盛り」と若干変更されている（「夏浅し」が「夏盛り」になっていたりと改変も芸が細かい）。原作では「吉村は、今西が事件捜査のメモでも検討しているのかと思った」のひとことで通過しているが、脚本では、

（今西は）上衣のポケットから手帳を出して頁を開き、少し照れ気味に差し出す。
今西「一寸、見てくれよ」
吉村「は？」
変な顔で受け取り、ページに書かれた文字を見る。
吉村「今西さん、これはさっき？」
今西「ああ（頷く）」
吉村「僕は捜査上のメモかと思いましたよ」
今西「（苦笑）そうか、そいつは悪かったな」

捜査に浮上している謎の男のことも「寝た後に草の群がる衣川」と軽妙にとらえ、恥ずかしそうにこれらの句を吉村に見せてくるなど、映画版は限られた時間のなかわずかなシチュエー

ションで的確に今西の憎めない一面を描いている。そしてシナリオはところどころで原作のいい台詞を引用しているのだが、実直でずっと手ぶらで帰ることを申し訳なく思っている今西が俳句で談笑の後でふと我にかえるように「贅沢な旅行をさして貰ったよ」（原作では「しかし、贅沢な出張をさせてもらったな」）と呟くのも効いていた。

さて、橋本忍は今西刑事や「ヌーボー・グループ」に関してばっさりと捨象してみせながら、一方ではこのきびきびした展開のなかで随所に「清張らしさ」を織り込むことを忘れない。原作をここまでたどり直しただけでも、ミステリーとしてのストーリーテリングの奈辺に「清張らしさ」があるのかがよくわかる。それは捜査自体を語る本線ではなく、その随所で立ち止まったり、迂回したり、余談のように言及される箇所に湧き出している。それは風景や生活の細部に接して、随想や雑感のように表れる。たとえば今西は夜行で亀田に向いながら「暗い窓に疎らな人家の灯が流れて行く。夜で景色は何もわからなかったが、それでも、その闇の中から東北の匂いがしてくるような感じがした」、あるいは帰りの夜行で「いつものことだが、こうして遠いところに出張してくるたびに、一生、この町をまた訪れるかどうかわからない、という一種の感慨が起こる。夜の本荘の町もやがて切れて、黒い山だけがゆっくりと動いてきた」といった思いに駆られる。

清張らしい「道草」を活かす

清張作品が強くわれわれを魅了するのは、そのミステリーの本線というよりも、こういう道草じみた描写、特に「風景」をめぐる語りに負うところが大きい。原作に大胆な変更を加えつつも、橋本忍は「清張らしさ」のエッセンスを移植することは忘れていない。第二章の東北の砂浜での描写を台詞を練りつつそのまま活かし、夕陽の日本海に向って、

吉村「色が濃いみたいですね」
今西「(頷く)」
吉村「太平洋のほうだともっと浅いですよ。何か濃縮された感じだな」
今西「(ポツンと)……東北なんだね」
その渺茫と暮れて行く、広い日本海。

この場面はすでに本線から外れた迂回なのだが、清張作品では怜悧なストーリーテリングの随所にこういう情緒が湧出し、それが「清張らしさ」を醸成している。根強い清張ファンの心をとらえているのは、案外本線の物語や意表をつくトリックよりもこういう抒情的な「道草」だという気もする。かかる寄り道は、「風景」にとどまらず、物語展開上さほど重要とも思われない生活の細部への「雑感」をもってなされることもよくある。

『砂の器』長野県千曲市あんずの里ロケでの橋本忍。

たとえば亀田に到着して天丼にありついた空腹の吉村が、こんなことを言う。

「こうして、いろいろ出張するでしょう。そうすると、その土地土地の景色よりも、ぼくは、食べ物の味を一番に思い出すんです。／われわれの出張は、旅費がぎりぎりでどの土地に行ってもうまいものが食べられるわけじゃないんですけれどね。やっぱり、ライスカレーか丼ものか、どこにでもあるようなもんでしょう、でも味が違うんです。その土地土地の味っていうか、それをぼくは先に思い出しますがね」

そして帰りの夜行では、今度は今西が、

「この汽車弁を食べるたびに思うんだよ。子供のとき、こいつが最大のあこがれでね、なかなか、母親が買ってくれなかったもんだ。当時、いくらだったかな？　そうだ、三十銭ぐらいだったと思うよ」

実はこのそれぞれの食べ物にまつわる「雑感」を耳にして、お互いが相手の人となりについて考えるきっかけになるのだった。要は「風景」や「生活」にまつわる些細な呟きも、すべて余談のようでありながら、人物たちの横顔とその人生、生活に帰着するので印象深いのだ。しかしながら、二時間半にも満たない娯楽映画でなかなかこういう道草はできないので、そこは小説の強みだろう。

それにしてもここまでの展開をただ要約するのではなく、ある種の味わいも担保しながら20分でまとめた橋本忍の構成力はすこぶる明晰だ。原作では犯人と被害者が出会うトリスバー、蒲田操車場の犯行現場、東北弁のカメダを人名とする捜査本部までが描かれて、ようやく主人公の今西刑事が登場し、今西のカメダは地名では？　という意見を受けて地元署が動き、やっと相棒の吉村刑事が現れてともに出張に出る……という流れである。ところがシナリオは、なんと二人は羽後亀田駅に到着したところを始点にして、発生からカメダ行きに至るまでを全て亀田における回想として織り込んだ。

このことがなぜすぐれているのかと言えば、回想も含めてすべてがあらかじめ今西と吉村のドラマとして語られ、彼らが主役

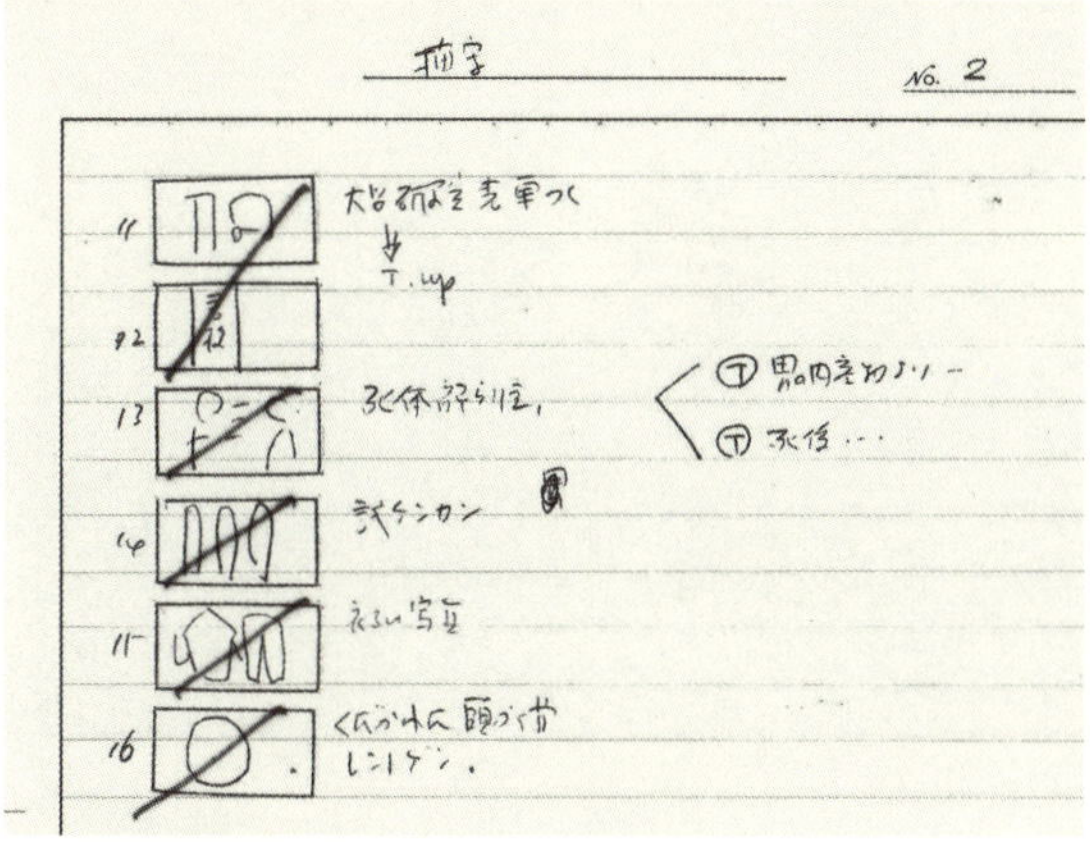

国鉄蒲田操車場で発見された死体や遺留品を点描するコンテ。

現在のJR蒲田操車場。

だということがはっきりするので、観客が物語に入ってゆきやすい。原作では亀田行きが決まった時点でようやく吉村が登場するが、映画では回想のなかでの蒲田操車場の現場検証も、トリスバーでの聞き込みも、すべて二人がいるところで行われる。さらにシナリオでは「17 炎天下の蒲田の街」「18 違う町筋」と逆に聞き込みを2シーン追加し、二人の会話で捜査状況をいきいきと伝える。

今西・吉村刑事が
聞き込みで訪れる蒲田の
「BAR三美」は
そのままのかたちで
2010年代後半までは
存在した。

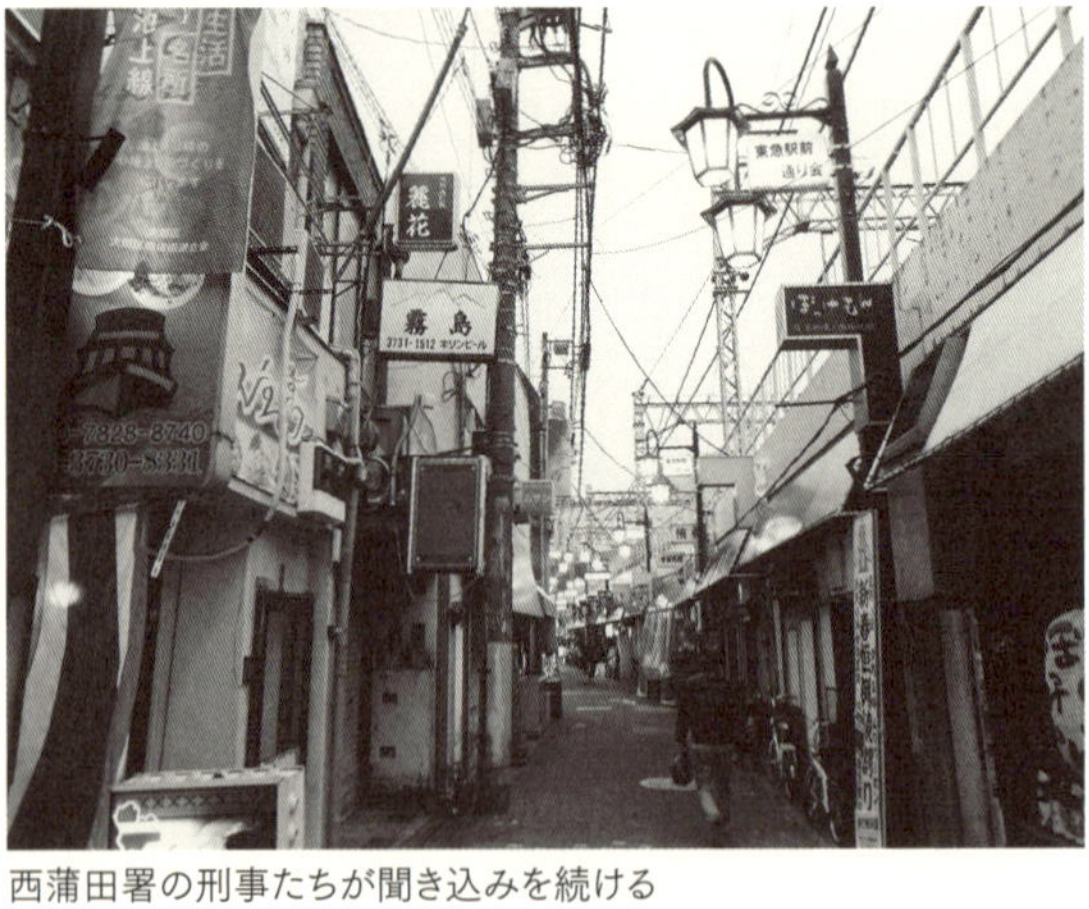

西蒲田署の刑事たちが聞き込みを続ける
蒲田バーボンロードの現在。往時の雰囲気を残す。

そして冒頭の現在時制に戻るやそこは亀田の渺茫とした日本海で、まさにタイトルの〈東北の亀田に2泊するも何の手掛かりもなく帰途に就く〉の気分を映したような風景である。酷暑のなかの慌ただしい捜査シーンから、このぽかんとした海の散策への転調が、ひじょうに生きていて、捜査が空振りだった虚しさが伝わってくる。

また、原作では第二章で今西と吉村が旧知の仲でかつて捜査で組んだことさえあるということが今西の妻・芳子の会話で語られるが、映画はそういう解説を入れるまでもなく、こうして一連の展開に今西と吉村を立ち会わせ、その過程を通して二人のキャラクターや相性を物語る。そういう意味では、橋本忍が映画の冒頭に選んだポイントも、（今で言うところの）バディ物の出だしとして申し分ない。この作品の最初の台詞は、吉村の「今西さん、飯どうします？」なのだが、続く駅前食堂の会話は、こういうものだ。

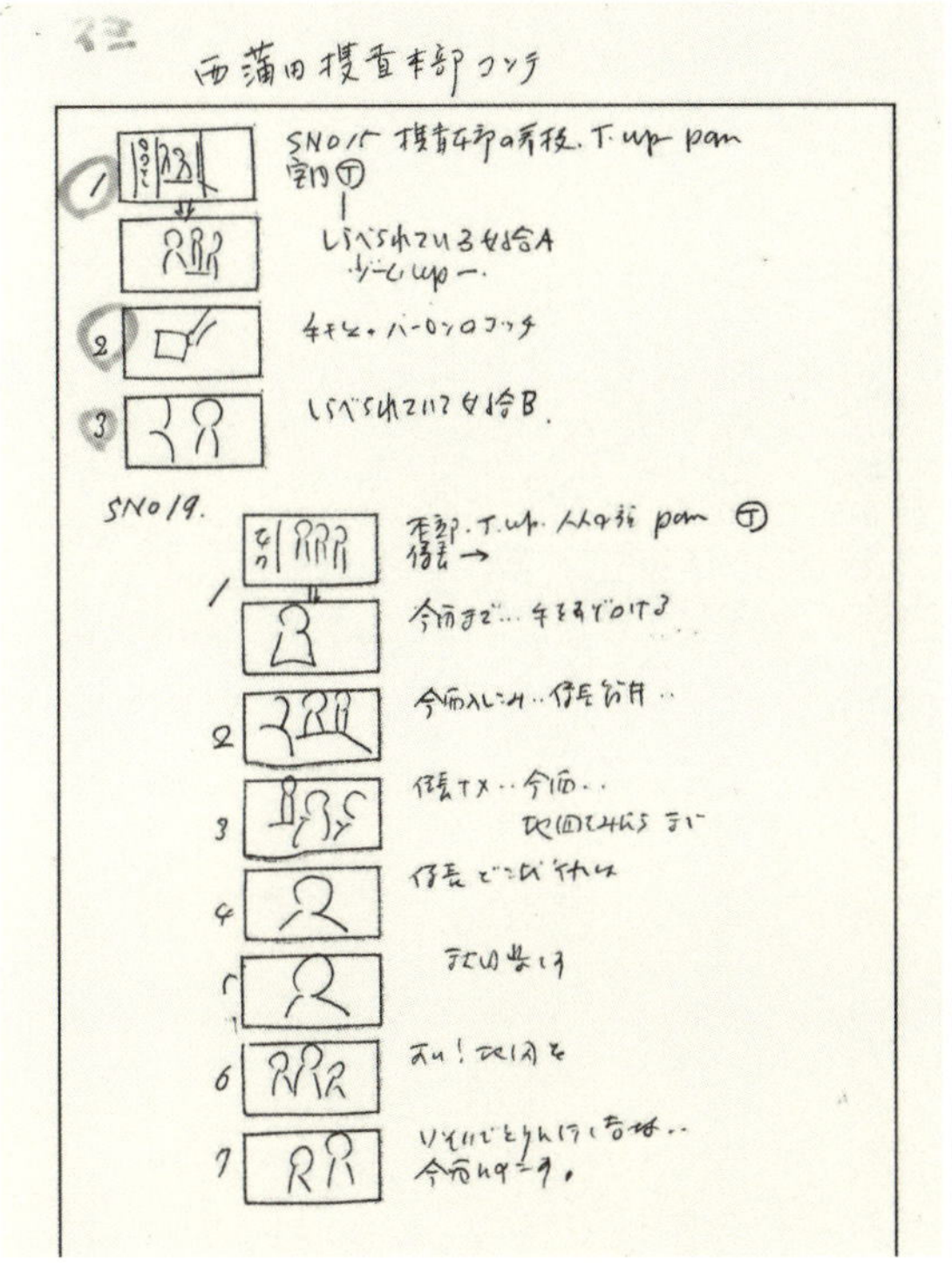

西蒲田署の捜査本部で今西が「カメダ」が地名を指すのでは、と語るシーンのコンテ。

吉村、丼飯をパクついている。
今西は一寸もて余し気味。
今西「若いねえ」
吉村「は？」
今西「よく寝て、よく食うよ」
吉村「今西さんは眠れなかったですか」
今西「鶴岡あたりで眼が覚めちゃって」
吉村「（ニヤッと笑う）じゃ、なにか一句？」
今西「東北は初めてだからね、駄句でも一つひねろうと思ったんだけれども、仕事がひと区切りつかんことにはなあ」

この鶴岡あたりで眼が覚めて今西が雪国の風景にもの思うくだりは原作にもあって、駅前の食堂でそのことを語る場面もあるのだが、シナリオではそのシチュエーションをぐっと凝縮して、ここで今西が吉村の若さに感心してかわいがる感じや、今西の趣味が俳句だと熟知している吉村の親しさをわずかな台詞の応酬で伝えている。さらに言えば、最後の「仕事がひと区切りつかんことにはなあ」は、そう言いながらやがてせっせと手帳に俳句を詠んでいる今西のユーモラスな人柄の描写の伏線でもあるので、この何気ない冒頭のシーンはなかなかに考え尽くされている。

スノッブ批判をあえて迂回

原作「第三章　ヌーボー・グループ」では、新聞社主催のパーティー会場や銀座の高級クラブを舞台に、実業から文化、学術まで老大家を「俗物」と斬る評論家・関川重雄が、前大臣・田所重喜の娘で、女流彫刻家で売り出し中の田所佐知子と婚約している作曲家の和賀英良には激しく嫉妬しているさまが描かれる。そして関川はこの高級クラブにいる女給の三浦恵美子と愛人関係にあるが、神経質に人目を気にして密会している。「第四章　未解決」で、所轄の蒲田署の捜査本部は解散となり、任意捜査に移る。そして取材を受ける和賀英良は略歴を尋ねられて、本籍は大阪市浪速区恵比寿町、現住所は東京都大田区田園調布、昭和八年生まれで京都府立高校在学中に上京し、芸大教授の指導を受ける……と語り、高校進学時に病気になって父の商売の関係で京都で静養し、そのまま京都の高校に通うようになった、と説明した。

清張は今西のような市井の苦労人へのまなざしはひじょうに柔らかく、同情的だが、夜郎自大な権威、鼻持ちならないセレブリティに対しては牙をむくがごとくに辛辣きわまりない。この第三章は、その方面の資質が全開で、やにわに筆がのっている感じがする。ここで初めて和賀英良という主人公の外見から性格までが詳述されるが、俗物の歌手・村上順子への冷淡さから見える誇り高さ、排他性と、田所佐知子にだけは告白する心配症、小心さの間で和賀が揺れているという描写は、さすがの人間観察のリアリティを感じさせる。はからずも育ちのいい佐知子が文中にいわゆる「鈍重さ」というかたちで見抜いている、和賀の虚勢の裏側にある陰翳を、清張はほのめかす。

これは関川重雄にも重なることで、業界パーティーや文化人御用達バーで著名人をかたっぱしから「俗物」と斬り捨てながら、愛人の三浦恵美子のアパートには鼠のようにこそこそと通って、少し顔を見られたといっては大騒ぎする小物ぶりのギャップがおかしい。タクシーのなかでも東北弁の指摘にいらつくくだりは、関川のセレブリティとは無縁の出自を感じさせ、その育ちの悪さがこうした尊大さの裏のせこいまでの小心さにつながっているのではと読者に予測させる。

一方の今西の家庭の描写も細かくなり、初めて住まいは滝野川だと明かされる（吉村は代々木に住んでいる）。住まいの話や子どもに構えない話など身につまされるエピソードも紹介され、どうやら盆栽目当てに芳子を縁日に誘ったりと憎めなさが増す。そして欲も得もなく飲み屋で捜査談義にのめってしまう今西と吉村のバディぶりとは対照的な、マスコミ上は新進文化人としてつるんでいるくせに、陰では互いに嫉妬しさんざん悪口を言いまくる「ヌーボー・グループ」の陰湿さが的確に描かれる。

だが、橋本忍はこの章からはいっさい何も映画に採用していない。冒頭の所轄署の捜査本部解散も、その貼り紙がぞんざいに剝がされる一瞬を描くのみだ。映画では和賀に人物を集約しているので、関川重雄も登場しないし、「ヌーボー・グループ」の面々も現れない。だが、それは限られた映画の時間のなかで人物を整理するということ以上に、「ヌーボー・グループ」的な虚栄とエゴイズムに生きる人物像を描こうとしていないからなのだ。だから、和賀英良のキャラクター自体がこの章に描写されるような、あからさまに尊大で性格の悪いクールな文化人というものから変更されている。だが、清張原作にあっては「ヌーボー・グループ」的な戦後の新世代の文化人の倨傲《きょごう》さと脆弱さを批判するのは主要なテーマとすら言えよう。それでも、橋本忍が「ヌーボー・グループ」というより「ヌーボー・グループ」的なるものをすべて捨象しようとしたのはどういうことなのか。その意図もおいおい明らかにしたい。

「高木理恵子」というハイブリッドのヒロイン

そして「第五章　紙吹雪の女」では、まず事件発生から二月以上経って、届け出で被害者の身元が割れるという新展開がある。警視庁を訪ねてきた岡山県江見町の雑貨商・三木彰吉という二十五、六歳の青年が、三か月前に伊勢参宮に出たまま父が行方不明になっているという。養子の彰吉は、謙一のことを他人の面倒をよく見る仏様のような人と言い、怨みを持つ人間などいる由もないと力説する。また、カメダという土地も人も心当たりはなく、東北弁を話したことも東北に住んだこともないと言う。

夜の銀座で新聞社の学芸部員の村山が、大学教授の川野に呼び止められて、こんな茶飲み話をする。甲府から中央線の二等車に乗ってきた美女が、塩山《えんざん》を過ぎると窓を開けて何かを捨てはじめ、それは小さな紙が吹雪のように舞っているように見えた。それに詩情を感じた川野は、ちょうど雑誌から随筆を頼まれているので、その話を自分の体験として書きたいと申し出る。「第六章　方言分布」では、被害者・三木謙一と「東北弁」の「カメダ」の関係に未練がある今西が、国立国語研究所の文部技官の桑原を訪ねる。桑原は東北弁が東北地方以外で使われるという例はほとんどないと言うが、しかし出雲地方の音韻が東北方言に類似していることを教えてくれた。心躍る今西は、島根県地図に「亀嵩」という地名を発見する。さらに三木が島根県で巡査として奉職していたかどうかを照会すると、実に三木は亀嵩周辺で巡査として十年にわたって生活していたことが判明する。

今西は一日がかりで出雲へ出張する。出雲三成《みなり》署では、署長が三木の昇進が著しく早かったこと、その理由たる善行の数々を語る。川が氾濫しても火事が起こっても、三木は身を挺して人びとを救った。殺しの原因を警官時代の暗い過去に求めようとしている今西の読みはみごとに覆される。署長の話に全く訛りがないので不思議に思って尋ねると、ひどいズーズー弁なのでこの土地の人間はよその人と話す時は気をつかうのだという。

署長は三木のことを尋ねるには格好の人物として、亀嵩名産の高級算盤のいちばんの老舗、桐原小十郎を紹介する。桐原を訪ねると、ここでもさんざん三木の献身的な善行の数々を聞かされるばかりだった。「そげそげ、いつでしたかな。この村にナリンボウのホイタが来ましてね」「（ホイタとは）乞食のことです。この地方ではそげなふうに言っちょうおましが。それが子供連れでこの村に入ったことがあァまし。三木さんはそれを見つけて、直接にこの癩病の乞食を隔離いて、その子供は寺の託児所に預けましたがね。そげな面倒も細かく気のつく人でした」。

聞けば聞くほど正義感あふれる三木の立派さが裏づけられるばかりで、今西はこんな非の打ち所がない人物を顔までつぶすというのは、いったいどういう怨恨なのだろうと謎がつのるのであった。
　この第五章の被害者の息子・三木彰吉が警視庁を訪ねてくるくだりはほぼそのままシナリオでも再現されている。面白いのは、原作では三木の年齢が五十一歳、１９６１年に記された橋本忍の脚本では五十八歳、１９７４年の撮影用台本では六十五歳となっていることだ。原作を読んだ時に事件の発端となる出来事にふれる年齢がさすがに若すぎないかと思ったのだが、その点はこうして解消されていった。また、被害者の確認方法だが、原作と脚本では凄惨な遺体の写真で確認するということだったが、映画では大学病院に赴いて保管された遺体そのものを視認する。ほかは「婿とり嫁とり」を「取婿、取嫁」にしたくらいの変更でかなり細部もそのままである。ただし、原作と大きく違うのは、この三木彰吉が現れるシーンの前に「紙吹雪の女」のエピソードがはさまれる点で、これは捜査本部が解散してかなり間があって不意に三木が登場する、という時間経過を意識してのことだろう。

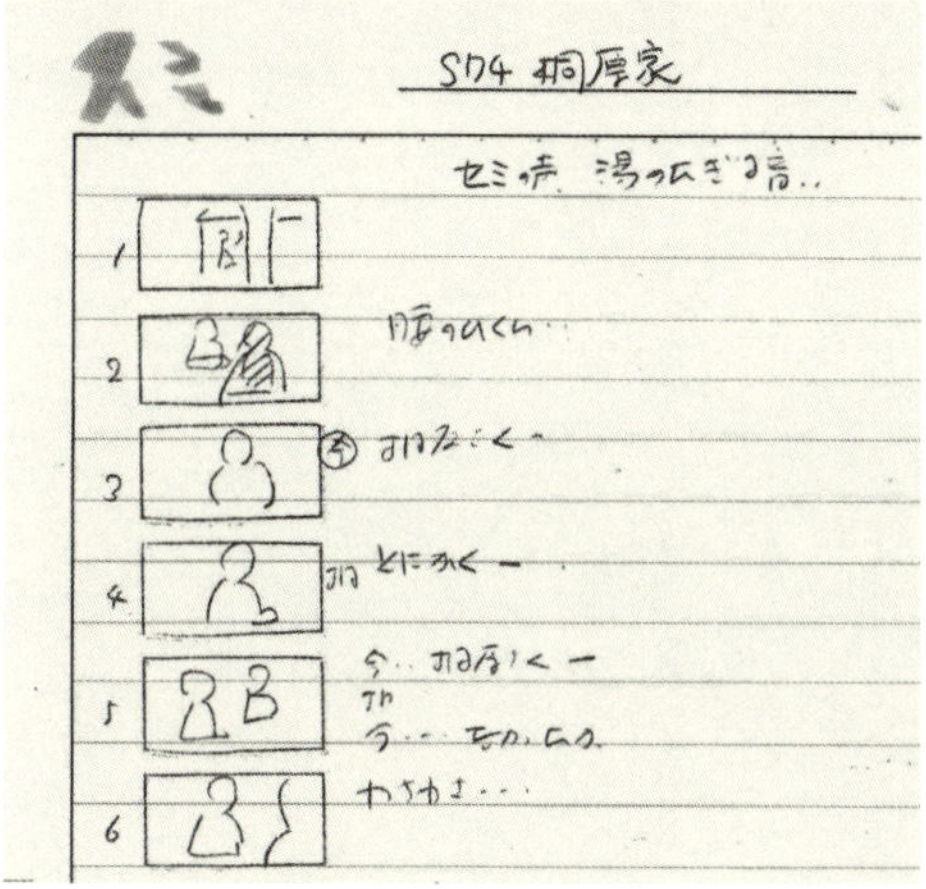

亀嵩の算盤業・桐原老人と今西が語るシーンのコンテ。

　映画に登場する銀座のバーの女給「高木理恵子」は、原作でミステリーの鍵となるバー・ボヌールの女給「三浦恵美子」と前衛劇団の事務員「成瀬リエ子」（第五章に登場）をひとりに集約したような役柄なのだが、原作ではこの事件にゆかりの深い二人の謎

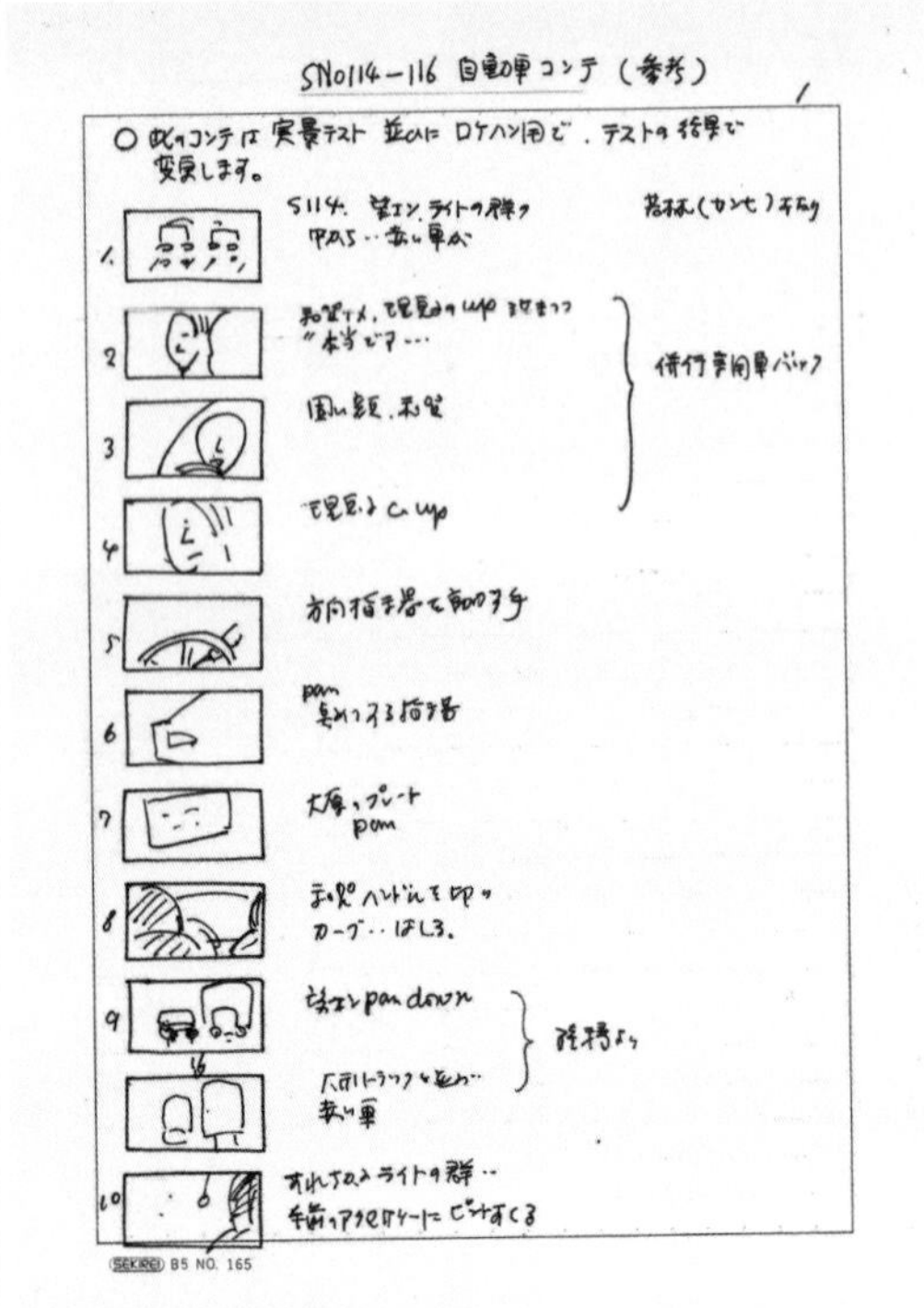

高木理恵子と和賀英良が堕胎をめぐって
車中で諍いをするシーンのコンテ。

の女がよりによって今西の妹が経営するアパートや今西家の近所のアパートに住んでいる、ということになっていて、さすがに都合がよすぎる。この長大な新聞小説には、ひじょうにすぐれた着眼とこの種のいかにも緩い処理が混在していて、売れっ子となった清張は忙し過ぎたのではと推察する。

　シナリオでは二人の横顔を「高木理恵子」に集約しつつ、そういったご都合主義も回避している。そしてシナリオでは関川重雄は登場しないが、第五章での愛人の三浦恵美子の存在をひた隠しにしようとする関川のエゴと冷たさは、和賀英良の人格の描写に移植されている。シナリオでは、原作における関川と三浦恵美子の描写のように和賀と高木理恵子の関係を見せるわけではなく、物語中盤でいきなり和賀と理恵子が「小田急線、柿生あたり」の線路沿いの安アパートで同衾《どうきん》しているシーンをもって、初めて二人の関係が明らかにされる。そして以下の短い会話で和賀の冷たさを表している。

和賀「念の為にもう一度引っ越すんだな、こんなところよりもむしろ都心のほうがいいね」
理恵子「ねえ、私お願いがあるんですけど。私は何でも……どんなことでも、貴方のおっしゃる通りにしてきました。だからこれだけは……いえ、別に手術が怖いなんてそんなことじゃ」
和賀「駄目だよ」
低く幾分冷然と言うが、次の瞬間には急に身を起し、まるで叩きつけるような激しさで、
和賀「前にも言ったはずだ、それだけは絶対に、絶対に駄目だよッ!!」

実際の映画ではいくぶんマイルドになっているが、シナリオにおける和賀英良は、原作の関川重雄の性格や設定を移植して、かなり小心でニヒルである。

清張トリックの白眉

さらに第五章で新聞社の村山（映画では松崎）が中央線で出会った「紙吹雪の女」に再会するのも、かなりご都合主義と言わざるを得ない。この再会は以後の物語を進展させるうえでの肝であるというのに、あまりにも都合のよい偶然に頼り過ぎているからだ。くだんの謎の女性たちがみんな今西の周囲に住んでいる、ということに続いて、「紙吹雪の女」はかなり問題が多い。しかも清張は、この一度しか会ったことのない女を村山が覚えていることにリアリティを

与えようとしたのか、女が「紙吹雪」を撒いた後、たまたま乗ってきた男にナンパされ、さんざん口説かれるという場面を思いのほか詳しく描いている。一度きりの出会いでも、こんなことがあれば記憶に残るだろう、という工夫なのだろうが、「紙吹雪の女」という設定そのものがご都合主義めいているので、そういうリアリティの肉付けもやや虚しいところがある。

また、この話を村山から聞いた大学教授の川野が随筆にする、という流れもまどろっこしいので、橋本はこの体験を村山にあたる松崎記者が自ら新聞の随想として書いた、という流れに単純化した（映画でのその新聞紙面の「紙吹雪の女」という随想の筆者が「川野又造」になっているのは原作にちなんだ筆名ということか）。そして松崎記者は、あまりにも偶然な彼女との再会を吉村刑事にこう語る。「つい四、五日前ですが、偶然なんだなこれが、知合いの小説家の先生のお伴で銀座を歩いているうちに、バッタリ思いがけない場所で逢いましてね」。こうしてこの偶然を劇中でも珍しいこととしてエクスキューズを付けながら、勢いで見せてしまう脚本芸によって、観客はこのご都合主義に気づく前にあれよあれよと次のシーンに牽引されてしまう。

そして第五章で登場する前衛劇団の成瀬リエ子の孤独なキャラクターは「高木理恵子」に反映されているが、そこは後でまたふれるとして、続く第六章は（ここまで少々清張の設定の緩さについて苦言を呈して来たが）原作のなかでも清張の着眼が冴えまくるところだ。第六章の、「東北弁」と「カメダ」に未練がある今西が広報課長から国立国語研究所の技官を紹介してもらうくだりはシナリオでは省略され、第六章の今西が研究所の桑原を訪ねるところからいきなり始まる。原作では桑原が専門的な文献を引きながら、東北地方によく似た音韻が出雲地方にあることを

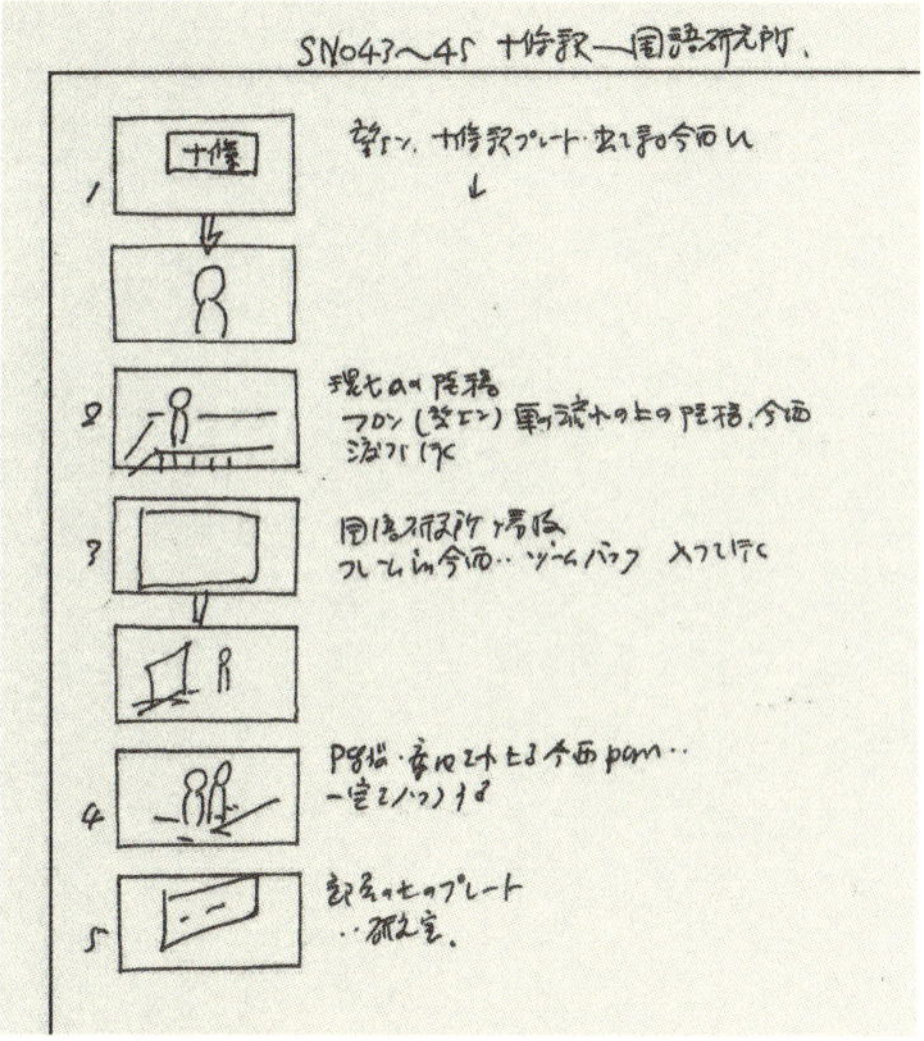

今西が国立国語研究所を訪れるシーンのコンテ。
映画にはない赤羽線十条駅から始まっている。

今西に教えるが、シナリオではそれを極めて簡潔にまとめている。しかも「お寿司に新聞を、オススにスンブンと言うと、関東じゃ東北の人の悪口です。しかし、関西から中国地方にかけては、出雲地方の人達の悪口になります」という原作にない解説はひじょうにわかりやすく印象に残る。この「出雲地方のズーズー弁」と後で出てくる「戦災による本籍復活手続き」は、小説『砂の器』のなかでも最も目覚ましい着眼点で、こういう意外な事実から物語を発想するのは、社会派推理作家の面目躍如たるところだろう。

桑原の話を聞いていてもたってもいられなくなった今西が喫茶店で島根県地図を広げるところも原作通りにシナリオで再現されており、細かいところでは「ほしくもないアイスクリームを頼んで」を活かし、「溶けかかっているアイスクリーム」が出て来て時間経過の表現としていい味を出している。ここで奥出雲の「亀嵩」を発見し、そこに三木謙一が巡査として奉職していたことがわかったのを居酒屋で吉村に報告するところも、シナリオで割とそのまま再現されている。ただし、シナリオではすでに「紙吹雪の女」の挿話もさらに進んでいるので、この飲み屋での作戦会議を経て今西は三木謙一の過去を探りに奥出雲へ、吉村は「紙吹雪の女」の足取りを追う、という分業シーンとなり、今で言

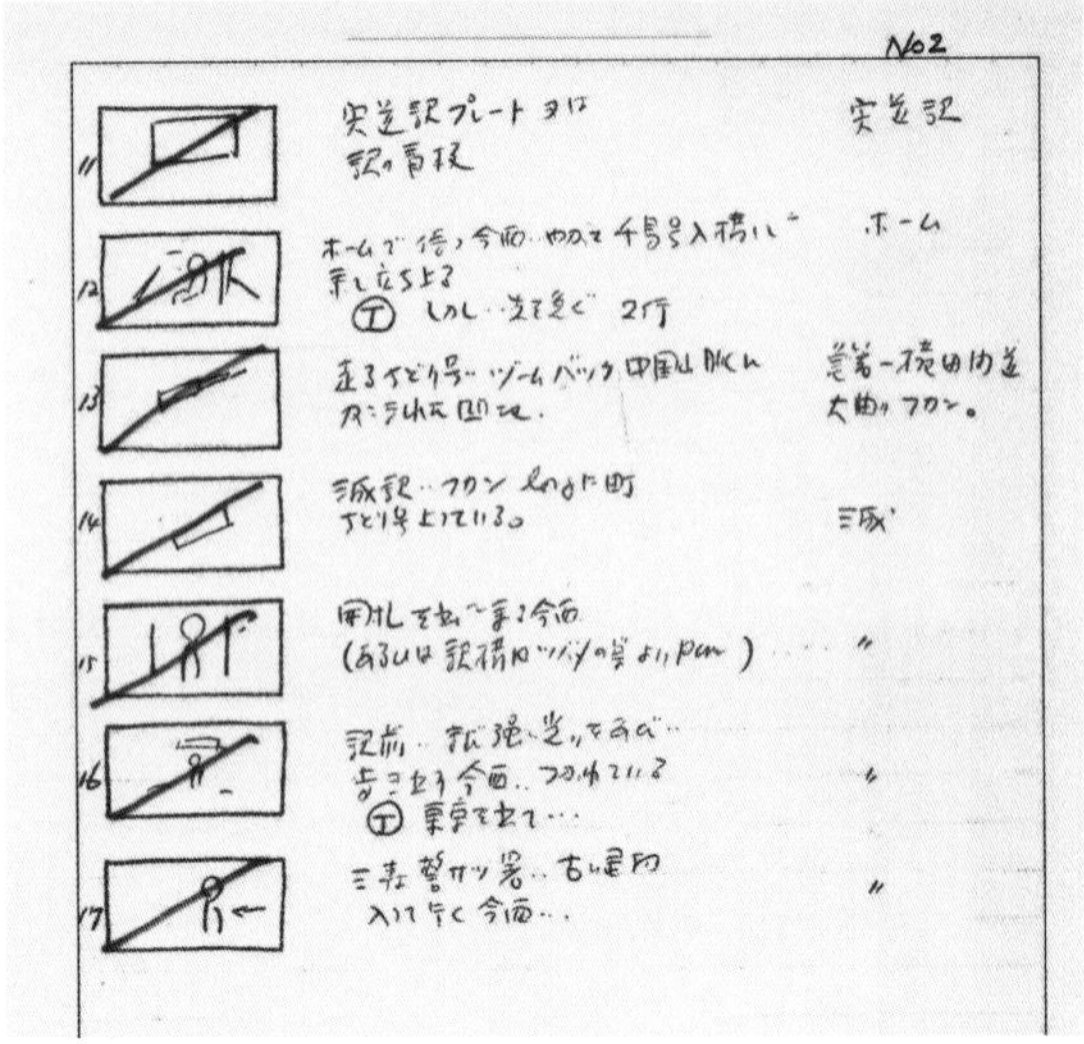

亀嵩に向かう今西が宍道駅を通過するシーンのコンテ。

うバディ物としてひじょうにうまく原作を再構築していると言えるだろう。

第六章の東京を夜行で発って亀嵩まで二十一時間くらいかかるので、翌日は松江まで行くのがせいいっぱい、そこの安宿でまた一泊して、結局亀嵩まで行くのにというのは、前章の三木謙一の巡査時代を出雲三成の警察署に照会して返事があるまで三日かかったということも含めて、この時代の不便さ、捜査の大変さを伝えるものだが、そこがまた「清張らしさ」につながる点なので、シナリオも山陰路を移動する特急松風をじっくりとらえ、宍道《しんじ》から木次《きすき》線でまたさらに山峡を抜けて出雲三成に着くというプロセスを旅情たっぷりに見せる。

第六章の出雲三成署の署長や算盤業の桐原小十郎とのやりとりも、シナリオはおおむね原作を活かしているが、たとえば桐原が亀嵩は歴史的に俳句が盛んだと言って今西が目を輝かすところなどは原作ならではの細部だ。

「いや、この土地は、がんらい、俳句の盛んなとこでしてね。毎年、松江や米子、それに浜田あたりからも、わざわざ俳人がここに集まるくらいでし。というのは、昔、子琴という芭蕉の系統を引く俳諧師が、この出雲にくだらっしゃって、私の先祖の代にこの邸に長くおらっしゃったことがござァました。そげな因縁で松江藩の文化的な藩風もあって、この亀嵩は俳句でも知られてきたのでし」

「当時は子琴が集まると、この草深い亀嵩に中国地方の俳人が全部集まったもんだげね。このときに使ったという振り出し探題を入れた箱が、まだ私の方に家宝として残っておォまし。これは村上吉五郎という大工が腕をふるったもので、ちょっと知恵の箱のように事くそを知らんもんには、箱が空かないことになっちょりまし。ご承知のように、この亀嵩は雲州算盤の産地で、この吉五郎が算盤造りの元祖なのでし。いや、これは話が枝道にそれましたが」

映画ではこんな迂回をしている余地もないが、こういう愉しい脱線がまたひとつの「旅情」

山陰本線からのぞむ現在の宍道湖とJR宍道駅。

亀嵩に至る木次線木次駅の現在。
ここがメインスタッフ、キャストの拠点となった。

名産の算盤を生産する亀嵩算盤合名会社。
劇中の桐原老人も算盤業であった。

であって、「清張らしさ」は捜査そのものがさまざまな人生への旅として描かれることにあるのかもしれない。この後、今西は桐原老人に探題箱や昔からの俳人が遺した短冊を見せてもらって時が経つのを忘れたりする。

ちなみに原作の出雲三成の署長に訛りがないことに驚くくだりは、シナリオでは署から亀嵩へ送ってもらうジープのなかで、運転してくれている若い運転手（加藤健一）と今西との会話で活かされている。そして、第六章の桐原老人の回想に登場する「ナリンボウ」は顔を布で隠し、近世以降の団扇太鼓をたたいて家から家へ門付けして歩く癩病患者を指し、「ホイタ（ホイト）」は乞食のことである。さすがにシナリオでは「子供連れの哀れな乞食がやってきたので、病気の父親を病院に送り、その子供の面倒を見たり……全く欲得を離れたお方でした」と改変されている。今や問題多きこういう表現も、桐原のような明治生まれの地方の老人は悪気なく使っていたであろうことを、清張原作は史料的に物語る。

そしてこの奥出雲でまたしても何ら収穫を得られなかった今西が、若い警官に「あ、一寸」といってなぜかわざわざ亀嵩駅にジープを停めさせ、プラットフォームにたたずむというシーンを設けているのは、いかにも橋本らしいアイディアだ。これはもちろんやがて悲劇の舞台となるこの場所を観客に刷り込んでおくためのイニシエーションであるわけだが、それがこの第六感的なインスピレーションで行われるところがいかにも橋本忍らしい（橋本は本作にやや先立つ森谷司郎監督『日本沈没』でも同じく「人間には不思議な感覚がある。それほど関心を持たずに聞き流したことが何かの瞬間に蘇る」というナレーションとともに同じく丹波哲郎扮する山本総理が不意のインスピレーションに突き動かされる場面を設けていた)。

「紙吹雪の女」「カメダ」の無理筋の克服

さて原作のつづく「第七章　血痕」で、出雲の奥地に行きながら収穫なきまま帰京した今西は週刊誌に載っていた大学教授・川野英造の「紙吹雪の女」という随筆に注目する。夜汽車の窓から若い美女がハンドバッグから取り出した紙片を少しずつ窓外に撒いている。「今どきドライと思われがちな若い女性が、こんな子供っぽい、しかもロマンティックなことをするとは思われなかった。私は芥川龍之介の『蜜柑』という短篇を思い出した」とあるが、今西がこのネタ元の新聞社学芸部の村山に尋ねると、女は岡田茉莉子にも似た小柄なかわいい感じだったという。

女が「紙吹雪」を撒いた五月から三か月以上が経っていたが、今西は中央線の塩山から勝沼までを36キロも歩いて、ついに鋏で切ったような木綿のシャツの布地を発見すると茶褐色の斑点があった。すぐさまルミノール反応が出て血痕とわかり、被害者と同じO型と判明する。こうして岡田茉莉子似の「紙吹雪の女」は犯人の協力者で情婦であることをつかんだものの、彼女を探し出す手はなかった。

橋本忍はこの「紙吹雪の女」というモチーフを映画でもそのまま活かしている。ただし、これは原作においてすでに最も無理がある設定と言わねばならない。要は犯人が返り血を浴びたスポーツシャツの処分に困り、情婦がそれを細かく刻んで中央線からばら撒いたということだが、なぜわざわざそんな危険な証拠を誰が見ているともつかぬ列車の中で目立つかたちで処分しなければならないのか（実際、こうして新聞記事に書かれてしまったではないか）。そんなものはこっそり燃やしてしまえばいいのではないか。そうやって燃したりするのも都会では目立つので、というエクスキューズも一応なされてはいるが、なかなかうなずき難い。実は橋本忍に脚本を見せられた黒澤明は、何よりまずこの点についておかしいと厳しく批判し、やはり「トイレに流せばいいじゃないか」と一刀両断にしていたようだ。

原作での「紙吹雪の女」についてもうひとつ難点があって、この証拠隠滅行為が今西に伝わるまでに、まずそれを新聞記者の村山がたまたま発見し、その話をたまたま村山と出会って知った大学教授の川野が随筆に書き、その新聞をたまたま今西が読む……という偶然が重なり過ぎなのである。横溝正史＝市川崑の『犬神家の一族』でも、必ず母の殺人現場に息子が遭遇し、そのたびに遺体をデコレーションして母に嫌疑がかかりにくくしていた、というなかなか受け入れにくい設定がど真ん中にあるのだが、これに至ってはその息子が悲壮に「恐ろしい偶然が重なったんです」とエクスキューズを付けていたので苦笑したが、さすがに「紙吹雪の女」もここまで都合よく偶然がたてこむと辛い設定である。

橋本忍は、この設定を却下しなかったかわりに、設定をなるべくシンプルにして、ほぼ勢いで見せるような構成にした。捜査本部の解散の後で、いきなり塩山付近を走る中央線の「上り急行アルプス号」から謎めいた女が紙片を撒き散らし、ただちにそれが新聞日曜版の〝旅の特集〟ページの「紙吹雪の女」と題したコラムに変わる。しかもそれを読んでいるのは今西ではなく脚本では吉村に変わっている（原作は捜査の大部分が今西によるもので、ややバディ物としてはもったいない）。

しかも所轄の西蒲田署で継続捜査担当でもない吉村が「いつまでも前の事件に足を突込みやがって」と先輩から白眼視されながら、なおもその新聞社に電話を続けるというシーンを付加して、吉村の人となりがわかる出番を増やしている。また、原作では「紙吹雪の女」と目される前衛劇団の成瀬リエ子は早々に自殺してしまい、今西はついぞ「紙吹雪の女」本人と向き合うことがない。また、映画の「高木理恵子」は、原作のバーの女給・三浦恵美子と、「紙吹雪の女」であろう成瀬リエ子（しきりに「岡田茉莉子似」と表現されるのはこの原作が刊行された3年前に公開された清張原作の初映画化作品『顔』のヒロインが岡田で、きっと清張もお気に入りだったからだろう）をシンプルに合体させた役であるわけだが、今西が彼女に会うのも、たまたま妹の経営するアパートに住んでいるので、妹をなかだちにして茶飲み話を装って対面する……というこれまたかなり偶然だらけのなりゆきなので、橋本忍はそこもばっさりと簡略化した。

つまり、新聞記者の松崎が大学教授の松野にばったり会って「紙吹雪の女」のエピソードを話したり（それで松野がこの記事を書くことになったり）、松崎が銀座の路傍で彼女と偶然にすれ違ったり、今西が松崎に会う前にいったん松野を訪ねたりするくだりを全てカットして、新聞社に電話した吉村が松崎と話すうちに「なんなら、その女性に、お引き合わせしましょうか」と言われて驚き、それは「四、五日前ですが、偶然なんだなこれが、知合いの小説家の先生のお伴で銀座を歩いているうちに、バッタリ思いがけない場所で逢いましてね」という経緯を聞かされる。そして次のシーンでは、もう銀座のクラブ・ボヌールで吉村は高木理恵子に会うのである。

このあたりのシナリオの運び方はさすがの橋本忍の手練手管で、「紙吹雪の女」という設定はくどくど描くほどに弱い部分がばれてしまうので、ほとんど畳みかけるように画で見せて、その勢いで観客に弱点が見えないようにしている。何たることか、松崎の「偶然なんだなこれが」のすっとぼけたひとことが、先述した「紙吹雪の女」の偶然連鎖の免罪符となって、景気よく観る者の関心を次へ向かわせる。

そして第七章の今西が塩山付近の線路を必死で捜索するくだりもシナリオで活かされているが、これを今西ではなく吉村の担当にしたところは素晴らしい。原作では「東北弁」と「カメダ」の関連を探りあてた今西が出雲地方で捜査をして途方に暮れ、さらに炎天下の中央線沿線にて死ぬ思いで布片探しをするのだが、ここをシナリオでは今西が出雲地方へ出張する裏で、吉村は中央線を這いまわって調べていた、という分担の同時進行にした。

これによって筋運びが快調になり、また進捗めざましい今西の一方で何か助けにならねばと奮闘する吉村のキャラクターも肉付けされ、その猪突猛進ぶりを捜査一課係長が「まるで猟犬だな」と今西に語るところでは観客に笑いも起きていた。そして、期待された亀嵩行きから意気消沈して戻ってきた今西に、今度は中央線で布片を発見した吉村が希望を与えるという持ちつ持たれつのバディ物のよさも付加された。

また、第七章の布片の鑑識での分析を待つくだりも、原作では結果が出るまで「一昼夜とい

う と長い時間である。今西は待ち遠しかったが、これぱかりは仕方なかった」と今西だけならオトナの反応なのだが、シナリオのようにここで吉村が加わると、技官から血液型まで判明するのには十時間ぐらいを要すると言われて「分からないンですか、一時間か二時間で！」と食ってかかって「そんな無茶を言われたって」と苦笑されてしまったりする。ここも観客から笑いが起こるところだ。

そして原作「第八章　変事」「第九章　模索」で、さまざまな経緯から今西は、急死した前衛劇団の俳優・宮田邦郎が亀田をうろついていた不審な男ではと思い至る。さらに吉村は、事件後の新聞には「カメダと東北弁」の話が新聞に出ていたので、犯人はこれを読んで警視庁の動きを知り、わざと目立つ男を立ち回らせて捜査をその方向に引き寄せようとしたのではないか、と推理する。宮田は相当に昵懇者のホシから頼まれて、何も実情を知らずにその役を引き受け、ついには殺されたのではないかと。

「紙吹雪の女」という難儀な設定を構成と語り口によってなんとか料理した橋本忍だが、前衛劇団の宮田邦郎が犯人におどらされて羽後亀田で捜査攪乱をやらされていた、というもうひとつの大きな設定については大胆に省略している。これも「紙吹雪の女」同様、かえって犯人が「悪目立ち」して危うくなるわけだから、ちょっとあり得ない設定である。そこで橋本はこの設定を全部捨てたので、宮田邦郎は映画版には登場しない。

厳密に言うとシナリオの冒頭は、原作同様に今西と吉村が亀田に出向いて挙動不審な男の目撃情報を探るところから始まってはいる。だが、なんとその後、謎の男のことには何もふれられることなく物語は終わってしまう。結局何も事件とは関係のない男だったらしいとか、そういう収拾も用意されない。観客も、あの冒頭の挿話はいったいなんだったのだろうと思ったのではないか。だが、筋運びとしては、ここまで簡略化してこその快調さではあった。原作では宮田邦郎という屈折気味のキャラクターまで設定して描いていた「カメダ」の陽動作戦が、橋本脚本ではほぼ「何かの勘違い」で済まされている。とはいえ、シナリオを読んだ黒澤明は、「紙吹雪の女」のナンセンスとともに、この冒頭の今西と吉村の無駄足の亀田行についても全く不要であると怒っていたそうである（西村雄一郎、前掲書）。

さらに、第九章では宮田邦郎の死んだ場所で失業給付金の表が落ちていて、これがいわば犯人側からの挑発であった（！）というのがこの後にわかってくるのだが、これも「紙吹雪の女」同様なぜわざわざ犯人がそんな目立つことをするのだろうという違和感を禁じ得ない（『刑事コロンボ』の不敵なセレブの犯人ならあり得るかもしれないが）。シナリオでは、こうした無理のある部分はどんどんカットしている。

電子音楽からピアノ・コンチェルトへの改変

そして、シナリオ化において最大の設定変更となったのは、和賀英良がどのような音楽を創る作曲家であるのか、という点だろう。原作では第八章で初めて和賀の音楽会でどんな作品が披露されるのかが語られる。その電子音楽「寂滅」のコンサートでは、「ヌーボー・グループ」の彫刻家による「新しい前衛生け花」を飾った壇上には演奏家は一人もおらず、さまざまな位置のスピーカーから立体的に奇怪な音が聴こえてくるだけだ。「理解しがたいという表情は、ここでは現わしてはならないのである。そのような点で、聴衆のだれもが、この音楽の前に劣等感に陥っていた」。そして今西は、このコンサートについて関川が新聞に寄稿した批評を読もうとしたが、あまりに難解で最後まで読めなかった。

　原作では音楽評論家であり、またわが国でミュージック・コンクレートを実践的に紹介した作曲家でもある諸井誠の文章が長く引用されているが、そこにはミュージック・コンクレートとは「具体音楽」と訳し、「楽音たると否とを問わず、存在する限りのあらゆる音響を素材とし、それらにさまざまな（電気的・機械的）加工を施すなどして、テープ・モンタージュの方法により構成した音楽」を指し、その「具体」は「具体的内容」のことではなく、「個々の独立した音そのもの」つまり「音響オブジェ」として作曲家にとらえられる、とされている。

1982年の（右から）
秋山邦晴、筆者、大島渚。

「ヌーボー・グループ」の実在したモデルとしては「実験工房」や「若い日本の会」などが挙げられ諸説あるが、このうち「実験工房」は1951年から57年ごろにかけて活動し、詩人の瀧口修造を中心として、作曲家の武満徹、湯浅譲二、佐藤慶次郎、音楽評論家の秋山邦晴、美術家の山口勝弘、駒井哲郎、ピアニストの園田高弘らジャンルをまたいだ創造集団だった。武満徹は、早坂文雄の助手をつとめながら（佐藤慶次郎も早坂に師事していた）、一方ではミュージック・コンクレートの試行に注力していた。武満は現代音楽と映画音楽の領域でともに突出した存在となっていくが、武満が音楽を担当し秋山邦晴が音響を補佐した小林正樹監督『怪談』などはミュージック・コンクレートと邦楽器を共存させた自在な発想が圧巻だった。

映画音楽研究でも知られる秋山邦晴氏に、生前、「実験工房」が『砂の器』のヌーボー・グループのモデルという説もあるがどうかと尋ねたら、あれは政治的発言も目立つグループという扱いなのでどちらかと言えばモデルは「若い日本の会」で、和賀英良を描くうえでの何となくのモデルは黛敏郎だろうという見解だった。確かに武満と秋山邦晴は、林光、間宮芳生らと青年音楽家会議という会を結成して60年安保反対の声明を出したりしていたが、グループ全体の活発なアンガージュという観点では「若い日本の会」かもしれない。

「若い日本の会」は、作家の大江健三郎、石原慎太郎、寺山修司、開高健、評論家の江藤淳、詩人の谷川俊太郎、山田正弘、演出家の浅利慶太、映画監督の羽仁進、そして作曲家の黛敏郎ほかのメムバーからなる、ジャンルを横断した才能の集まりだったが（武満はこちらにも属していた）、そもそもは1958年の岸信介内閣が警察官職務執行法を改正しようとした際の反対運動から生まれたグループである（岸は戦前の治安維持法よろしく本法を予防拘禁が可能なように改正しようとしてマスコミ、世論の大反発をくらって法案を撤回した）。このメムバーの以後のありようからするとやや呉越同舟の感もあるが、安保闘争という目の前のテーマをきっかけに世代的な連携で集まっているようであった。まだ保守派文化人に転ずる前の、30代になったばかりの黛は交響曲から電子音楽まで精力的な試行を重ねていた。黛のジェントルで涼しい人柄から考えると、酷薄な育ちのせいで冷たく猜疑心のかたまりになっている和賀英良のキャラクターはまるで他人のようでもあるが、秋山邦晴氏にいわゆる「何となくのモデル」ということであれば時代の寵児であった黛敏郎はその第一候補であろう……とあれこれ勘ぐるまでもなく、清張自身が読者にそのサインを送っているではないか。和賀英良がコンサートで発表する楽曲の題名は「寂滅」、そしてこの原作が書かれる二年前に発表された黛敏郎の代表作は「涅槃交響曲」である。

　さて、そんな次第で原作の和賀英良は、今西の目から見ると別世界に暮らす苦労知らずのドライでエゴイスティックな若い芸術家という扱いだが、そういう人格のキャラクターを描くうえでは無機的であったり金属的であったりするミュージック・コンクレートというジャンルがぴったりだったわけである。ところが、橋本忍はこの点にも大きな改変を加えた。シナリオでは和賀は原作のように放送局の調整室のような仕事場にいるのではなく、常にピアノに向かっ

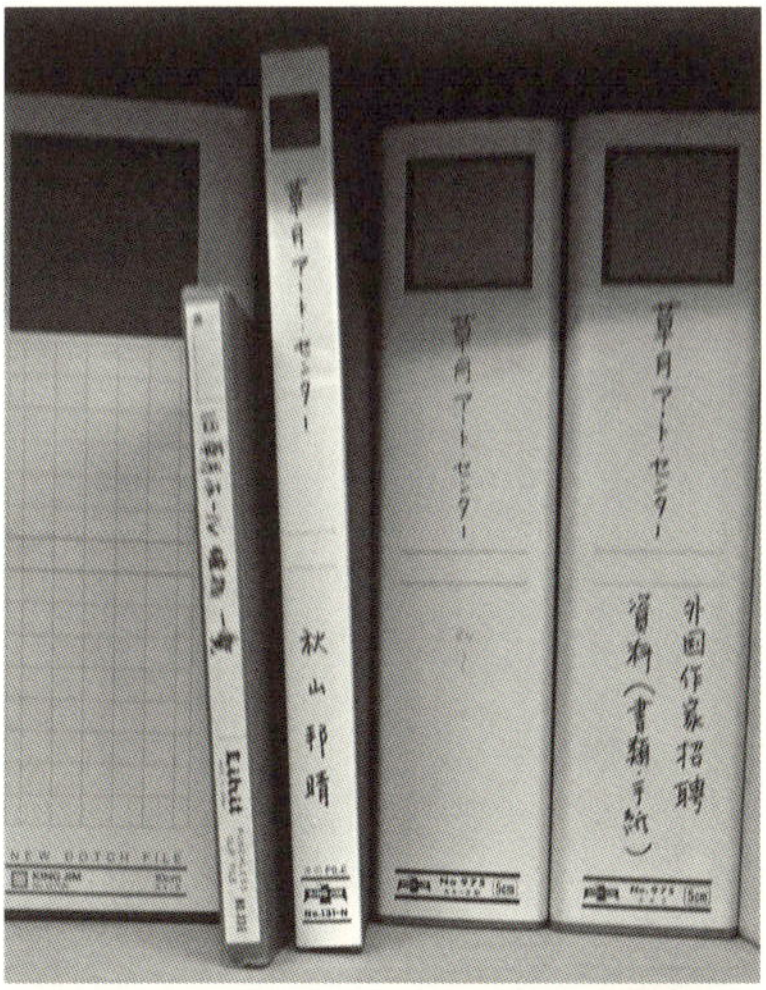

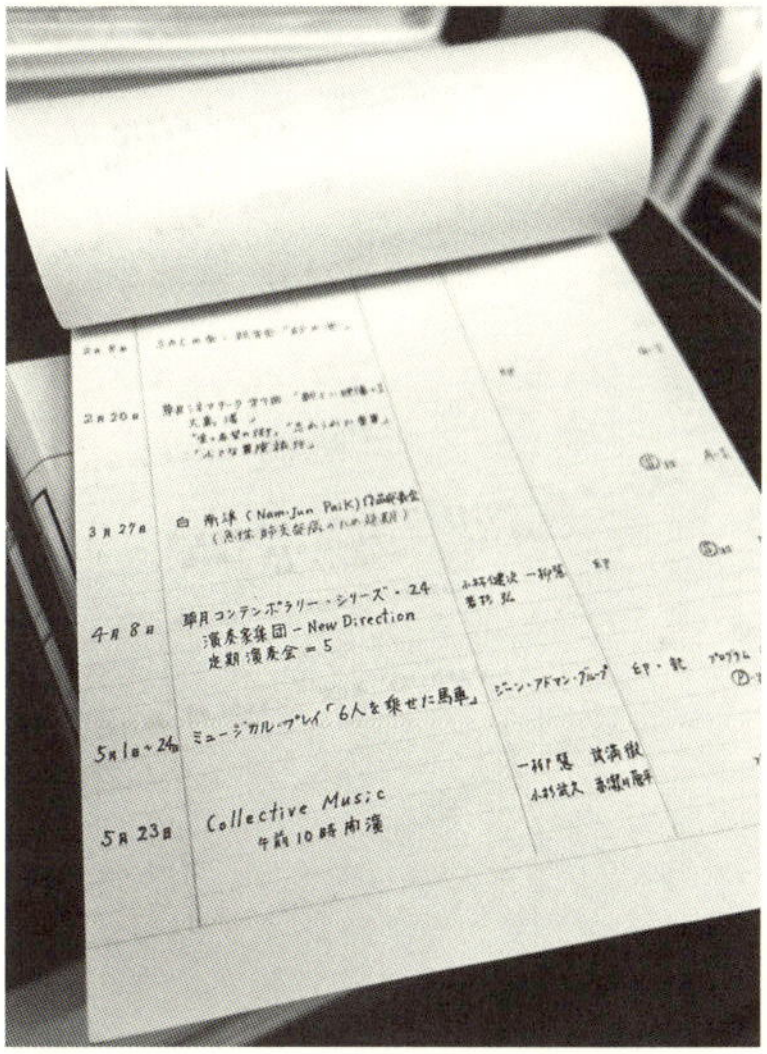

草月の保管庫には秋山邦晴自身も参画した草月アートセンターの記録が残る。

て作曲をしており、その出来上がりゆくメロディも抒情的でわかりやすい。コンサート会場に掲げられた曲名も「オーケストラとピアノのための〝宿命〟」である。

この題名を見て、音楽監督の芥川也寸志は「今どきこんな曲名をつける作曲家はいない。『宿命』みたいな曲名をつけるのは19世紀の作曲家」と苦笑したそうだが、原作の第八章、第九章を読む限りはジョン・ケージもどきの前衛作家であるはずの和賀英良が、映画ではラフマニノフ風のロマン派のピアノ協奏曲を書く作曲家に改変されているのだった。ラフマニノフと言えば、その甘美な曲調が同時代の評者からはあまりに前衛に背を向けていて退嬰的だと批判されていたほどなので、言わば橋本忍が作曲家の音楽のジャンルを変更したことは、原作での人物造型を180度変えたということを意味する。それについては、もう少し進んだところで詳述したい。

「関川重雄」のエゴを「和賀英良」に移植

それにしても、映画ではばっさりと捨象されたが、原作ではヌーボー・グループとその取り巻き連中の虚栄、倨傲、嫉妬、欺瞞を清張が毒気たっぷりに描いていて、そのまま映画化したら実際に出来上がったものの口当たりのよさとは真逆の、ブラックな人間諷刺劇になったことだろう。印刷工から始めて四十代で作家活動に入った苦労人の清張としては、裕福な育ちで若くしてメディアで目立っている新進文化人を訝しみ、嫌悪する傾向はやや過度なほどであり、60年安保闘争の裏で『砂の器』を書いている頃に脚光を浴びていた和賀英良と同世代のマスコミの寵児たちには相当シニカルなまなざしを送っていたことだろう。

そして原作では第九章で初めてしっかりと前大臣の田所重喜が登場して、和賀、佐知子と食事をともにする。佐知子は忙しい政治家の父にずけずけと天真爛漫な物言いをして仲よさそうだが、田所も芸術畑はわからないなりに娘のフィアンセと言われる和賀に期待しているようだ。佐知子は、目下和賀が没頭している作品が成功すれば国際的な評価につながり、アメリカのレコード会社からも作品がリリースされる、と田所に語り、田所もできるだけの援助はすると将来の娘婿を激励する。

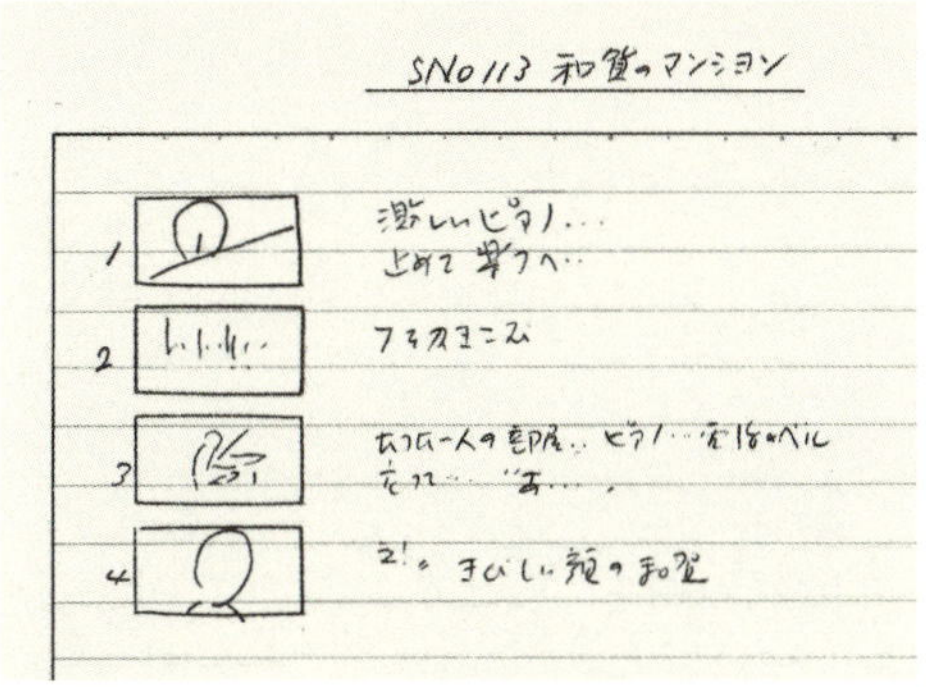

仕事場のマンションでピアノを弾く和賀英良のコンテ。
高木理恵子へのいらだちが募る。

橋本忍は、この場面もかなりそのまま活かしているが、政界の大物の田所に対して和賀がどういう物言いをするのか、というくだりは和賀の人間性を浮き彫りにするうえで格好のシチュエーションである。原作では関川に例をとりながら、表面上は仲間を装いながらも追い落とそうとする人間もいるという話になって、田所が政界にはつきものだという趣旨のことを言うと、和賀が「やっぱり、人間だからなんでしょうか。でも、わたしは芸術家のほうが、もっと露骨のような気がします」と答える。

これは後に明かされる陰惨な過去を持つがゆえの、和賀のとてつもないニヒルさの表れに違いないが、橋本忍はここをシナリオでこんなふうに深掘りしてみせた。

田所「出る杭は打たれる……必ず足を引張るものが出て来る。気をつけるんだね、誰が敵で味方か当節は分からん。親しそうな顔をしながら、実は裏へ廻り蹴落とそうとしている者だって多い時代だからね」
佐知子「パパ、政治家と芸術家の世界は違うわよ」
和賀「（ズケッと）いや、同じ人間の世界だ、そんなに変わる筈はない」
田所「うむ？」
佐知子も和賀を見る。
和賀「ただ一寸だけ違うのは、（キッパリ）我々は出来た作品そのものが勝負だと言うことです」

原作での和賀英良は、そのエゴイスティックで非情な面が印象に残るのだが、橋本忍は「同じ人間の世界だ」という和賀の発言にニヒルさや影を感じさせつつも、最後のひとことによって芸術家としての真摯さ、潔さ、覚悟のようなものを印象づける。ここは明らかに原作とは違った和賀のキャラクターの肉付けであって、この意図が奈辺にあるのかはおいおい明らかになってくる。

次の「第十章　恵美子」では、三浦恵美子が関川重雄に妊娠四か月であることを告げ、以前は関川に従って堕胎したが、今度だけは意志を通させてもらうと言った。今西がそんな恵美子を訪ねると、彼女はすでにバー・ボヌールを辞めていた。そして「第十一章　彼女の死」では、恵美子が急激な死産による出血過多で亡くなったと、バー・ボヌールのマダムから今西に連絡が入る。恵美子はなぜか転倒して腹部を強打、急激な流産によって出血多量となったらしく、亡くなる前は奇妙なうわごとめいた言葉を発していたという。

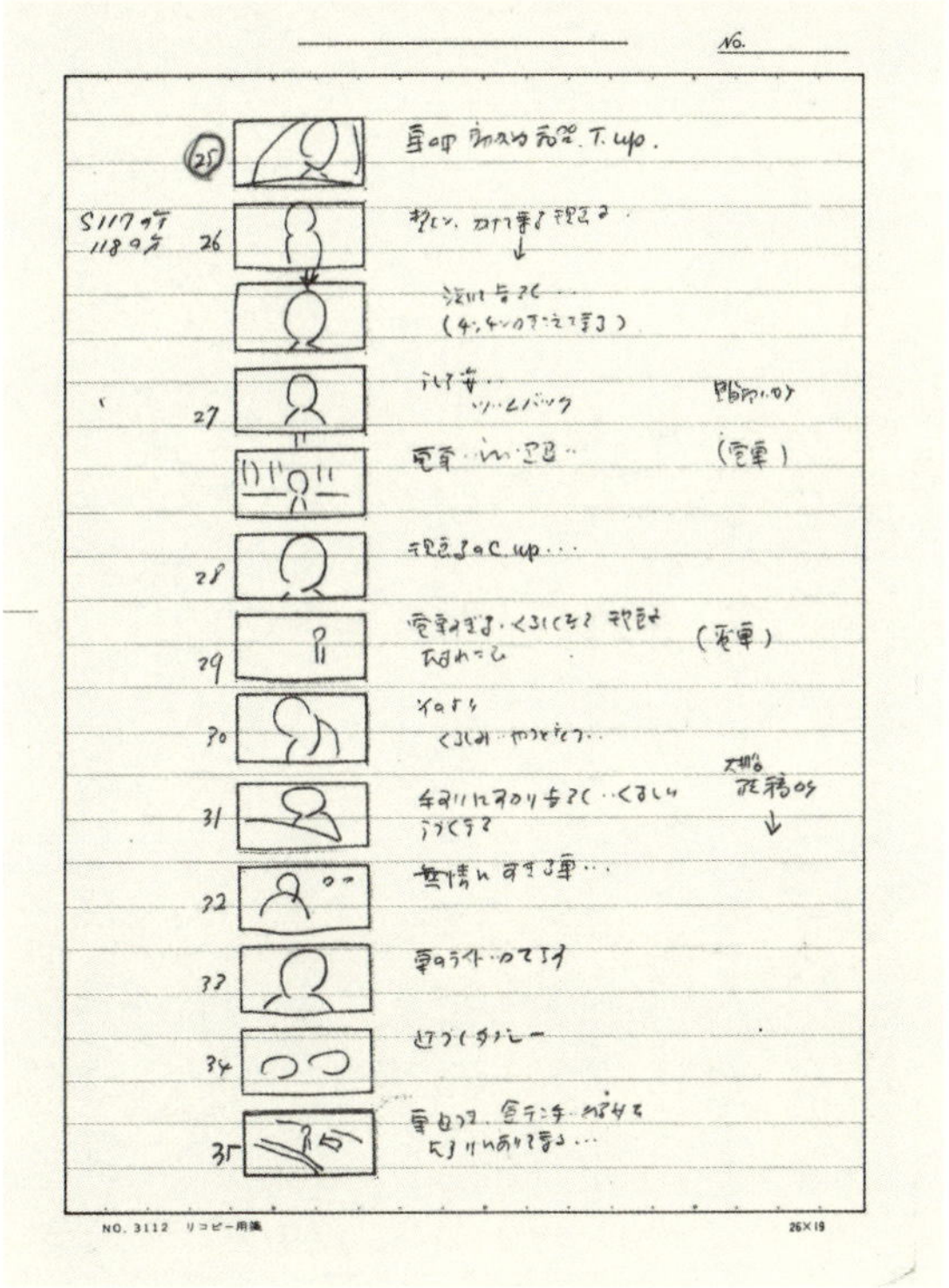

和賀英良の車から飛び出した高木理恵子が流産し
路傍に倒れるシーンのコンテ。

原作の成瀬リエ子と三浦恵美子のハイブリッドである映画の高木理恵子も、相手は関川でなく和賀だが、同じように人目をはばかって転居させられ、妊娠を知ると産むことを手厳しく反対される。シナリオでは恵美子に対する関川の冷たさを、和賀に移植している。たとえば小田急線柿生の安アパートでの密会のシーンで、

理恵子「私は何でも……どんなことでも、貴方のおっしゃる通りにして来ました。だからこれだけは

……いえ、別に手術が怖いなんてそんなことじゃ」
和賀「駄目だよ」
　低く幾分冷然と言うが、次の瞬間には急に体を起し、まるで叩きつけるような激しさで、
和賀「前にも言った筈だ、それだけは絶対に、絶対に駄目だよ!!」

さらに夜の芦花《ろか》公園の車中で、また出産をめぐる激しい諍いになる。

理恵子「私、貴方のお世話にはなりません。でも、どうしても子供が欲しいんです」
和賀「駄目だ、僕は欲しくない！」
理恵子「私が一人で生んで一人で育てます！」
和賀「その子供には父親がないんだぞ！」
理恵子「でも貴方よりは倖せだわ！」
和賀「なに！」
理恵子「父親がなくても私がいる、母親がいるわ！　お父さんとお母さんを同じ日に、大阪の戦災の空襲でなくしてしまった貴方よりはね!!」

シナリオの和賀は原作の関川のエゴイズムをかなり継承しているが、しかし彼が断固子供を欲しがらない理由は、愛人である高木理恵子との間に秘密の子をもうけることを恐れているだ

けでなく、何か他に理由がありそうな感じには描かれている。そしてここまでの時点で、妊娠した三浦恵美子は何やら関川の計略にはまって流産したことは明白だが、シナリオでは和賀はそういうことまではしていない。高木理恵子は和賀の拒絶で悲しみの極に達し、彼のもとから走り去ったところで流産してしまい、異常出血で路傍に倒れているところをたまたまタクシーに発見され、病院にかつぎこまれる。このように、橋本忍は和賀英良をかなり冷淡な人間として描きつつも、関川のような悪質さは払拭していて、何ごとかの事情が彼をそうせしめている、という雰囲気を出している。それにつながることなのか、ここで初めて和賀が戦災孤児だということが理恵子の口から明らかになる。

犯人絞り込みの弱点を補強

原作「第十二章　混迷」「第十三章　糸」で今西は、伊勢参宮が目的の三木謙一が急遽上京したのは、「単純に気が変わったというだけでは説明できない必然性があったのではないか」と思う。そこで空振りの出張が重なったので言い出しにくい今西は、休暇をもらって自費で行くことにした。伊勢の二見旅館に出向いて女中に尋ねると、三木はなぜか投宿した二日続けて同じ映画館「旭館」に出かけており、そこで予定を大きく変更して名古屋から翌朝東京に着く夜行に乗ったらしい。今西は「旭館」に出かけて、館主に三木が来館した日の番組を聞く。それは時代劇『利根の風雲』と現代劇『男の爆発』で、ともに南映映画だった。今西は帰京するや南映映画に頼んで、この二本と当日映写されたニュース映画を見せてもらった。端役からエキストラまで目を凝らしたが、しかし発見は何もない。この後、映画館では次週封切の予告篇があることにも気づいて確認するが特に収穫はなかった。

「第十四章　無声」「第十五章　航跡」で、今西は三木が二度も「旭館」に行ったのは映画ではなく、映画館の主人が目当てなのではと思い、調べると館主は新内閣の農林大臣・田所重喜と同郷で、田所を崇拝している人物だという。さらに、三木の来館時には館主が田所一家と一緒に撮った記念写真を掲示していたことを突き止める。その写真に田所夫妻や令嬢と並ぶある人物を発見し、それが三木を二度も確認のため劇場に足を運ばせ、ついに急な上京にまで駆り立てたのだと今西は確信する。

このように三木謙一の足跡をたどって今西が「自費で」伊勢に向かい、投宿先の旅館の証言で三木が二日続けて同じ映画館に行ったことを知り不審に思い、その映画館に行ってみる、という展開は原作も映画も同じである。この時公開された映画の中に何かヒントがあるのだろうかと思う点も同じだが、原作では今西が東映のパロディであろう「南映映画」に頼み込んで試写室でその旧作を上映して内容を確認する（原作が書かれた1960年は邦画の観客動員数が戦後最高となった1958年からさほど経っていないので、映画会社に警察が依頼しても量産される映画の試写が頻繁でなかなか試写室を空けてもらえない、というのが当時らしい）。

1977年版のフジテレビの連続ドラマでは今西が引退する長嶋茂雄に思い入れる野球ファンという設定で、ニュース映画を試写しながら野球の試合の映像に犯人の手がかりを見つける設定になっていたが、映画版では橋本忍はその試写を見まくる回り道のプロセスは省略して小気味いい展開となっている。すなわち、今西はその日にかかっていた映画を片っ端からチェックするまでもなく、伊勢の「ひかり座」の支配人室で早々にその手がかりを見つけてしまうのだ。連続ドラマではない映画だと、この省略はひじょうに効果的だった。

この映画館の部分の脚本での改変は、さらに原作の難点をうまく解決している。というのも、原作ではずっと関川重雄のことを臭いとにらんで追ってきた今西の捜査線上に、急に和賀も加わってくるのだが（読者にはミステリーとしての興味をつなぐために、和賀とは書かずに×××と名前を伏せたりしている）、なぜ和賀に注目するようになったのかというところが凄く弱いのだ。

その理由として清張は、ずっと和賀に対して辛辣な批評を放って優位に立とうとしていた関川が急に好意的な評を寄せ始めたことに疑問を感じた、という言い方をしているが、これはあまりにも漠然とした理由だ。

「ある人物の分が一枚加わっている。

今西栄太郎は、なぜ、この人物を手帳に書き加えたのか。

今西には、評論家関川重雄が、新聞紙上に書いた文章のことが、まだ気にかかっている。これとて、問題ではないかもしれない。しかし、刑事はあらゆることを疑ってかからねばならぬ因果な商売だった。」

と、さすがにこれは苦しいので最後の一文をもってエクスキューズとしているのだが、これは文を読んでいるだけの小説なら勢いでごまかせるかもしれないが、映画で現実の人間と風景に置き換えられると観客は納得がいかないことだろう。また、映画では登場しないのでよかったが、今西が関川に感心を持つのもたまたま羽後亀田ですれ違ったこと、そして関川の愛人の三浦恵美子が自分の妹のアパートに越してきてピンと来たことゆえであって、これも申し訳ないがあまりにもご都合主義である。

成瀬リエ子もたまたま近所のアパートに住んでいて、「岡田茉莉子似」というだけで「紙吹雪の女」に結びつけるというのもかなり乱暴であって、さらに言うと「紙吹雪の女」の記事を読んで今西が（映画では吉村が）この事件の証拠隠滅だとピンと来る、というのも相当飛躍がある。『砂の器』は、映画の評価のおかげで原作も代表作のひとつのように挙げられがちだけれども、推理のロジックの詰めが甘い箇所があちこちに見られる。橋本忍は、こうした原作の難点を払拭すべく知恵を絞って、この映画館の支配人室に飾られている記念写真によって三木謙一の線が和賀に交わるという設定に変えた。これで映画はかなり自然でスマートになった。

ところで今西はそれまで怨恨の痕跡を探って行き詰っていたわけだが、原作では、

「いたずらに桐原小十郎の顔つきばかりが目の前に浮かぶ。

その時だった——。

今西は、何か電気にでも打たれたようになった。頭の中を斜めに切って光が走るのを感じた。」

というくだりがあって、今西は三木の善行のなかにこそ殺人のきっかけが隠されているのではないかというコペルニクス的転回を経て、三木に保護された癩病の巡礼の親子の戸籍を照会し始める。これについても橋本忍の料理の仕方は巧みで、あえて今西の閃きはなにげなく描く。

ただ今西が捜査一課の一室で桐原からのクラシックな巻紙の手紙を黙読している、というシーンをはさんで、桐原老人の「お尋ねの、その親と子の乞食の出生地ですが、石川県上沼郡大畑村……」の声に続いて、次のシーンではもう彼が石川県に飛び、金沢駅から山中温泉へ向かっている。あえて詳しく語らずしばし観客を引張る展開だ。そして以下、脚本では今西が本浦千代吉の本家を訪ねて、身分を隠しながらお妙という親族から千代吉や息子の秀夫の消息を聞き出そうとする。

このようにシーンとシーンの展開の（映画内での）リアリティについて、橋本忍は原作の展開の飛躍を補う工夫を繊細に積み重ねている。ただし、その展開の辻褄に関してはかなり鷹揚ながら、さすが清張と思わせるのは各場面での描きこみである。特に第十章の、映画では描かれていないが、関川の和賀に対する猛烈な嫉妬と対抗意識、恵美子に対する冷淡さとエゴイズム、第十三章の北陸の僻村の殺伐とした不吉な空気など人間の怨念や野望、差別と格差のありようを描く時、やにわに清張の筆は冴える。

今西が「そこへ行く客はほとんどいない、辺鄙で食うや食わずの人が多い村」に赴くと「頭の大きい痩せた子」が出てきて、「その片方の目は真っ白で、残っている目も瞳が小さい」「青白く病的な感じがする」。その子の母親であるお妙に、今西はにわかに気になってきた本浦千代吉のことを尋ね、「因業な病気」をめぐる重大な事実を聞き出す。今西は、村で見かける不気味な片目の少年を、同年齢くらいの息子・太郎と比べて、その境遇の違いに暗澹たる気分におそわれるのだが、これはやがて本浦秀夫の残酷な境遇を描く伏線でもあるので、このへんは小説ならではの長さがものをいう表現力である。

冷酷非道なエゴイストから同情すべき悲劇の人へ

また、この「第十五章　航跡」「第十六章　ある戸籍」で、今西は自殺した劇団事務員・成瀬リエ子が事件当夜「恋人」である犯人に電話で請われて、宮田邦郎に頼んでこっそり衣装のレインコートを持ち出し、蒲田の人けのない場所で犯人に渡したと推理する。そのレインコートは、成瀬リエ子に思いを寄せ、彼女の「恋人」の名を今西に告げんとした直前に「急死」した俳優の宮田邦郎が公演で着るべき衣装だった。

この一方、今西はたまたま音波で押し売りを撃退する機器があることを聞きかじり、一万サイクル以上の高音、二万から三万サイクルの音波を発すると、人間は身体に変調を来たすと教えられる。大学の音響学の教授にレクチャーを受けた今西は、宮田邦郎と三浦恵美子は超音波という「新しい凶器」によって殺害され、医者も解剖医も欺かれたと確信を持つに至る。

今西は亀嵩の町役場に照会して、昭和十三年に三木謙一巡査がハンセン病患者の本浦千代吉を保護し、岡山県の療養施設に入院させたことを知り、その息子・秀夫についての記録はなく、「浮浪児にはよくある性癖」として失踪したのではないかという推測を得る。今西はその子が突然失踪して大阪に行きつき、ある人間に拾われたのではと推理する。なぜ大阪かといえば、目下浮上している「ある男」の戸籍ゆえである。この戸籍に疑念を持つ今西は、その本籍地である大阪府浪速区の区役所で、男の戸籍の原簿を精査するが、両親が同じく昭和二十年三月十四日に大空襲で亡くなっていること、さらに法務局も全焼したので本人の申し立てで本籍再生が行われたことを知る。両親の名も住所も、全てがこの男の創作なのではないかと今西は勘繰る。

こうした原作の第十四〜十六章の部分は、大団円に向けてさまざまな謎解きが連なる山場であるわけだが、橋本忍はこの原作のクライマックスに相当する部分を大胆なまでに採用していない。その最たるものが第十四、十五章で描かれる「超音波発信装置」による犯行というアイディアだ。これは和賀が電子音楽の作曲家だという原作の設定に発して、きっと清張が取材しまくって考え出した「犯行方法」に違いない。まるでTBSの秀作テレビ映画『怪奇大作戦』などに出て来そうな殺人マシンであり、その方法のクールさも犯人の性格にリンクしていて、五十歳を過ぎた昭和35年にしてこんなアイディアを思いつく清張の好奇心は賞賛さるべきものだが、これを実際映画として画にしてみたら子ども騙しのキワモノ作品になってしまったことだろう。まして「失業保険金給付額」の表と超音波を結びつけるという奇想も清張のユニークな着想に感心はするものの、映画として絵にしたら安っぽいミステリーにしかならないだろう。

こうした超音波などにまつわる奇想を一切削って、電子音楽をピアノ協奏曲に変え、第十六章で今西が思いをはせるほんの数行――

「今西栄太郎は、長いこと考えこんだ。

彼の目には、初夏の亀嵩街道が映っている。

ある暑い日、この街道を親子連れの遍路乞食があるいてきた。父親は全身に膿を出していた。」

このくだりを橋本が力技で膨らませて原作からは到底想起できない劇的でパセティックなクライマックスに翻案したのは、かえすがえすも驚くべきアイディアである。だがこの翻案の起点は、和賀英良を冷酷非道なエゴイストの殺人者ではなく、同情すべき悲劇の人として扱うというほとんど設定変更に近い発想があり、そのことで彼の悲惨な宿命を泣かせのメロドラマとして見せること、ひいてはそんな不幸な男を追い詰めなくてはならない因果な今西や吉村の悲しさをクローズアップすることが狙いとして定められたわけである。そしてこのメロドラマに相応しいのは無機的な電子音楽ではなく、メロディアスなピアノ・コンチェルトでなければならない。

こうして一種ハードボイルドで無機的な悪漢群像劇のような原作を絢爛たるメロドラマに翻案する方向へ舵をきった橋本忍は、清張がけっこう辛辣に距離をおいて描いている和賀の人間像に、いくらかでも同情すべき点を付加すべくさまざまな細かい工夫をしている。たとえば第十六章は原作におけるトリックの白眉とも言うべきくだりで、清張は戦災時の本籍復活というまさかの手続きをもって、ある人間が別人に生まれ変わることに圧倒的なリアリティを持たせる（これと出雲地方の音韻をめぐる知識が生んだトリックはさすが清張というべきものだ）。橋本忍はこのトリックをもちろんしっかり映画にとりこんでいるのだが、一点和賀の表現が大きく異なる点がある。

というのも、原作をよく読むと、十六歳と偽り実は十八歳であった本浦秀夫は、この本籍復活の手続きに乗じて架空の戸籍を捏造したわけだが、父の和賀英蔵、母のキミ子という存在から一切合切が虚構に違いないと今西は踏んでいる。つまり、この時期の秀夫はいったいどんな暮らしをしていたのか全く正体不明という扱いである。これにより読者は、秀夫という人物が謎に包まれた、そして冷酷に知恵のまわる怪物的な存在という印象を与えられる。

ところが橋本は、大阪を訪ねた今西が和賀の本籍地である浪速区恵比寿町で、戦災の前後を知る人物に出会う設定を足している。原作でも第十六章でそれに相当する呉服屋主人は出て来るものの、たいした話はしていない。だが、シナリオではここを膨らませて、地元商店街の組合長らしき人物（殿山泰司が演じた）に今西が問うと、戦時中の和賀夫妻は自転車屋を営んでいてそこにいた「小さな小僧の店員」が大変かわいがられていた、そしてそれは夫妻の子どもではないということを教えてくれたのだった。つまり、まことに細やかな話なのだが、ここで和賀を原作のように戦災を利用して戸籍全部を捏造した謎の男として描くのと、少なくとも実在する家庭でかわいがられ、そこをまたも戦災で破壊された悲惨な子どもとして描くのとでは、まるで印象が違ってしまうはずである。

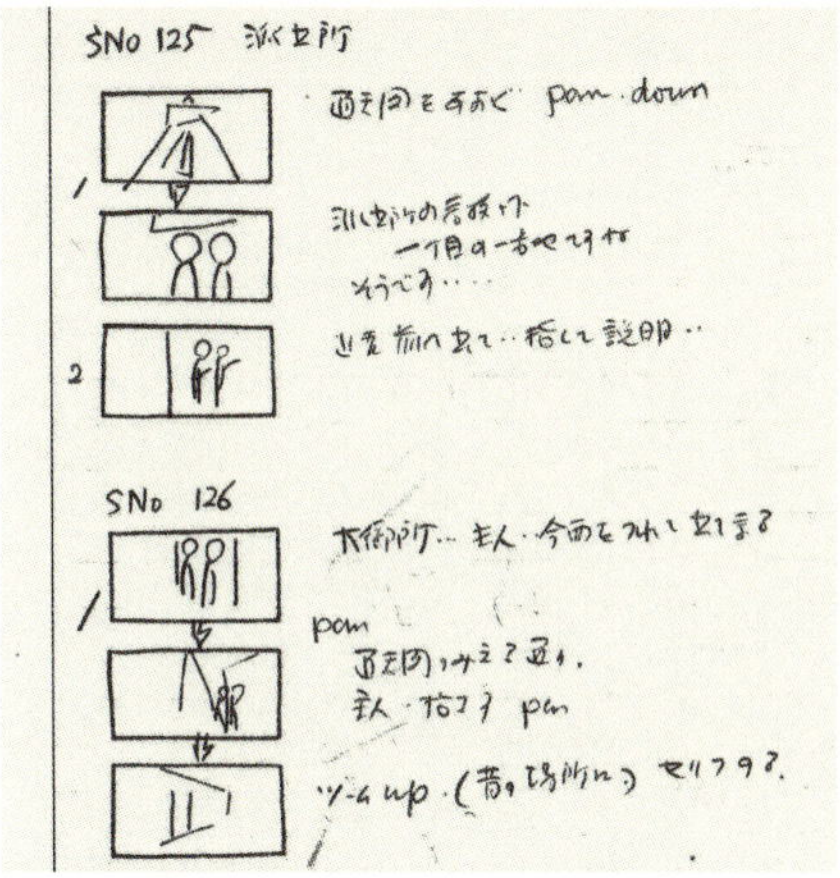

大阪の通天閣下の交番で、今西が戦前を知る居酒屋主人を紹介されるシーンのコンテ。

また、清張はこのトリックの描写で「追完届け」にふれてより厳密さを醸したり、和賀が関西にいたウラ取りとして今西が旧友に写真を見せるくだりなどを記しているが、シナリオはこういう真実味を追うあまり持って回った印象になっている箇所はカットして、逆にくだんのような当時の目撃者を引っ張り出すことで展開をぐんと快調にしている。

そしてやはり第十六章の、なぜこんなに冷徹で手を汚さない和賀が蒲田ではあんなにプリミティブな犯行をおかしたのか、という点について、原作ではまだ超音波殺人を編み出していないからだという理由になっているが、ただそういうことであれば和賀はまるで冷酷なだけの人間という印象である。ところが橋本忍は、わざわざこの殺人直前の和賀と三木の出会いは「二度目」だという設定変更を行っている。一度目の出会いの際に三木が今も存命の父・千代吉に会うことを強く希望し、それをもって殺害を決意した和賀が二度目の出会いを作った。つまり和賀は必ずしも保身のために恩人を殺す非道な人間ではなく、言わば三木の純粋に過ぎるおせっかいによって追い詰められ、やむなき殺しに至ったという流れにしたかったわけである。

この「二度目」の出会いの設定をめぐるアイディア、ひいては原作には片鱗もない本浦千代吉が生きているというアイディアなど、もう本作を悲劇のメロドラマに「転換」すると方針を決めた橋本の筆致は、一点突破の強引な勢いに満ちている。この点については、原作の最終章をめぐる解説でまた詳述したい。

ちなみに第十四章では今西が和賀の身辺を洗うように吉村に指示していたこともわかるのだが、原作ではそれが「超音波殺人」発覚の端緒となる。しかし映画では吉村が和賀を尾行するうちに、亡くなった高木理恵子のアパートを訪ねる場面に遭遇し、故人との関係が確認され、ドアノブから指紋まで採取するというお手柄につながる。このあたりの翻案の手際も痒い所に手が届く感じである。原作ではくだんのような殺人の動機やこうした物証に事欠くところが心もとないのだが、橋本はそういった弱点をひとつひとつ埋めていくようである。

なだれを打つメロドラマとイメージ

さてこうして原作は大団円たる「第十七章　放送」を迎える。ここまでに和賀英良は米財団の招聘で欧米の電子音楽視察に出発、ひと月の外遊後に新農相令嬢の田所佐知子と結婚という報道がなされており、文化人やメディアが集まる渡米歓送パーティーまで催される。渡航までの刻限に焦る今西は、渡米の前日に電波法違反の摘発係官たちとともに和賀邸に乗り込む。そこで吉村は、前衛劇団から紛失したものの代わりに使われたレインコートを借りて着用、和賀の表情に一瞬の驚愕を察知した。係官は令状を出して楕円形のブースと調整室からなる和賀邸別棟のスタジオを調べ、その装置で二万から三万サイクルの超音波が発信できること、それが人体に与える影響を記録し、警視庁で和賀を終日取り調べた。

その夜、警視庁捜査一課でひそかに合同捜査会議が開かれた。警視庁、蒲田署の捜査関係者に電波関係の技官、法医学者などが揃った。まず郵政省の技官より和賀のスタジオの超音波発信器の危険性が指摘され、続いて今西から「犯行動機については同情を禁ずることができません」という前置きのもと、和賀の正体をめぐる説明が行われた。

亀嵩に現れ、三木巡査に助けられた本浦千代吉は明治三十八年生まれで昭和三十二年に亡くなっており、その妻マサも昭和十年に死亡している。一子秀夫は昭和六年生まれだが、千代吉がハンセン病に罹患したことで夫婦は離縁、秀夫は千代吉が引き取った。千代吉の原籍は石川県江沼郡だが、発病後は「自己の業病をなおすために、信仰をかねて遍路姿で放浪」していた。昭和十三年、当時七歳の秀夫を連れて千代吉は島根県の亀嵩に到達し、温厚な三木巡査に保護される。千代吉は岡山県のハンセン病療養所「慈光園」に送られ、秀夫は手もとで保護した後、将来適当な他家に養子縁組させるべく、三木ははからったに相違ないと今西は推察する。だがこうした三木の親切にもかかわらず、放浪癖のある秀夫は亀嵩を脱走し、これが「今度の悲劇的な事件の発端」だという。

三木は警部補まで昇進して昭和十四年に依願退職、岡山の江見で雑貨商を営み、店員の彰吉を養子にして結婚させ、平和な老後を営んでいた。念願の関西旅行を思い立った三木は、伊勢の「旭館」である写真を見かけて、そこに映る和賀英良がかつて自分が保護した本浦秀夫少年だと見抜いた。七歳の子どもの顔と三十歳の青年の顔はずいぶん人相が違うはずだが、今西は「第一線の巡査には、よく人相の記憶に特異質な人がいます」と補足する。

新進作曲家として嘱望され、現大臣の令嬢と婚約して「バラ色の人生」の途上にある和賀にとって、三木は「一大恐怖」であったはずだと今西は語る。なぜならもし三木から自分の過去が暴露されたら、婚約解消はもとより、自らの「忌まわしい父を持っていたこと」「これまで戸籍詐称までしていたこと」の全てが明らかにされてしまう。ここにおいての和賀の「驚愕、苦悶は、言語に絶するものがあったと想像され」、これが蒲田操車場殺人事件の動機だとされる。

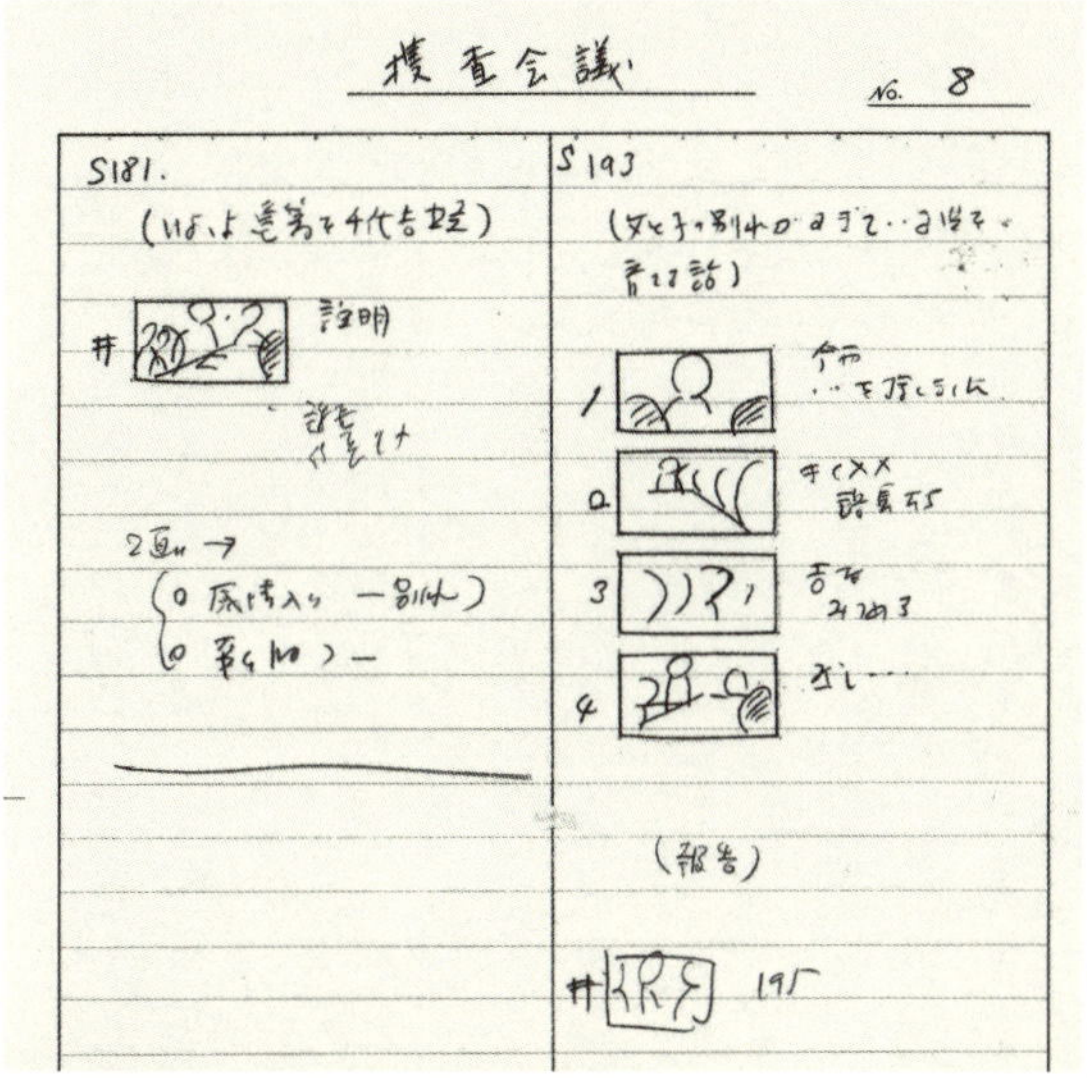

今西が亀嵩での本浦父子の別れを語る
捜査会議のシーンのコンテ。

また和賀の大空襲に乗じた戸籍の創作について今西は「十八歳の彼がそのような知恵をもったというのは、たいそう早熟であり、天才的ですが、その動機が、自分の将来のため、業病の父の戸籍から脱出したいというところにあったと思えば、同情に値します」と述べる。

そして劇団員の成瀬リエ子は和賀の隠れた愛人で、犯行当日は彼女に好意を寄せる俳優の宮田邦郎に頼んで舞台用のレインコートを持ち出して和賀に届け、捜査が「東北弁のカメダ」に注目していると知るとまた宮田を利用して亀田地方で怪しい挙動をさせて捜査を攪乱した。だが和賀の罪に絶望したリエ子は自殺、それによって和賀のことに気づき出した宮田も、電子音楽と超音波の併用で殺された。

また、ライバル意識から和賀に批判的だった関川重雄は、バーの女給・三浦恵美子を妊娠させるも中絶を拒まれて処置に窮し、和賀に超音波で流産させてくれと頼み込んだ。和賀は殺意はなかったが、恵美子はスタジオを出た後で昏倒し絶命する。これを契機として関川は和賀に弱みを握られ、態度も変わったのだった。ここまでを一気に解説した今西は、翌日の夜には羽田を発って渡米する和賀への逮捕状を請求した。

この最終章のうち、映画シナリオでは関川重雄や宮田邦郎はあらかじめ登場せず、したがって「超音波殺人」も「亀田の捜査攪乱」も却下されている。また、成瀬リエ子と三浦恵美子の境遇、性格、役割については両者のハイブリッド的な高木理恵子というキャラクターに集約されているので、映画における合同捜査会議はぐっと和賀英良に絞り込んだものになっており、一気に今西が事件の全容を語り尽すところは映画のクライマックスにもそのまま活かされている。

もっとも橋本の舵取りで全てがメロドラマ化に集約されているため、今西のキャラクターも秀夫と千代吉の悲惨な宿命に職務を超えて激しく同情する方向で、人情味が増量されている気がしていたのだが、改めて原作に目を通すと実はそもそも今西は和賀の犯行動機には同情を禁じ得ないと繰り返し述べており、和賀の逮捕時も涙ぐんでいたりするのだった。そうしてみると、橋本忍の大胆な脚色で原作はかなり改変されてはいるが、今西のキャラクターに限って言えばもともと清張が原作に籠めていたものを増幅したものと言えるかもしれない。

それにしても「自己の業病をなおすために、信仰をかねて遍路姿で放浪」という程度にしか原作では語られない千代吉と秀夫の旅路がシナリオ第一稿ではすでに想像力をたくましくて橋本忍によって大幅に膨らまされている。この時点では和賀はピアノの弾き振りではなく、指揮台のうえでタクトを振る設定になっているが「オーケストラ、荘重に始まる」とともに「S137 石川県江沼郡×××村」の旅立つ二人が峠の頂上で「無限の悲しみを湛えた眼で生れ故郷の村をじっと見降ろす」場面に乗り替わり、「S139 街道」で秋の山間では荷馬車の車夫に気味悪そうに見送られ、「S140 農家の庭先」ではひと握りの米を供すべく出てきた主婦が千代吉の「点々と不気味な赤い斑点の滲んでいるその顔」に驚愕して逃げるように家の中に戻り、「S142 山寺」ではしんしんと降り積もる雪の中、床下で千代吉と秀夫は抱き合って寝ている（S数字はシーンナンバーを示す）。

さらに「S144 海辺の道（眞夏）」で巨大な入道雲を仰いで歩く二人は、「S145 豪農の庭先（また冬）」で読経を続けるが誰も出て来ない。「S146 町外れの小学校（春）」では桜の花が咲き誇る校庭で遊ぶ子どもたちを見つめる秀夫を千代吉が無理に引っ張っていこうとするが、秀夫は頑として動かない。「S147 橋の下」では梅雨の雨を避けて、二人は小さな鍋でぐつぐつと何かを煮ながら笑いあっている。鯉のぼりが見える「S148／S150 村の道」で秀夫は五、六人の子どもに「ヤイ、ホイト！」「ホイトノコ！」といじめられて反撃するも、群がる子どもたちに押し倒される。千代吉は杖を振り上げて子どもらを退散させるも、遠くから石を投げつけながらついて来る。「S151 田園の中の一本道（再び眞夏）」では見渡す限りの広い田園を全身ぼろぼろになった二人が歩き、その行く手には中国山脈の山並みがある。そして「S153 亀嵩街道」で山峡の道をゆく千代吉はもう衰弱が激しく足取りも重い。

第一稿にして橋本忍は、原作のどこにも書かれていない親と子の凄惨な旅路をこれだけのボリュームで書き上げた。この旅路のシークエンスは、そこまでの刑事の「追っかけ」ではなく「調べ」が淡々と続く展開に比べると、音楽も加わって俄然悲劇的に誇張された展開となって観客を刺激する。これらのシーンは、完成した映画版にも概ね活かされているが、このメロドラマ的「転調」について、橋本忍が周到なところは、捜査会議で二人の過去を語る今西刑事のこの台詞である。

「この親と子が、どのような旅路を続けたのか……それは彼等二人にのみしか判りません」

つまり、これは語り部の今西刑事による「以下はイメージです」というエクスキューズであって、観客はこの今西の魔法の言葉によって、いかに以後の展開が四季の風景に彩られ、いささか現実離れした劇的なイメージの世界に飛躍しても、それはあくまで夢想なのだと解釈してそこへ飛び込めるわけである。私は山田洋次監督と『砂の器』の話をしている時に、「だいたい君おかしいよね。ルンペンというのは冬場はあたたかい方面へ南下するものだよ。それが

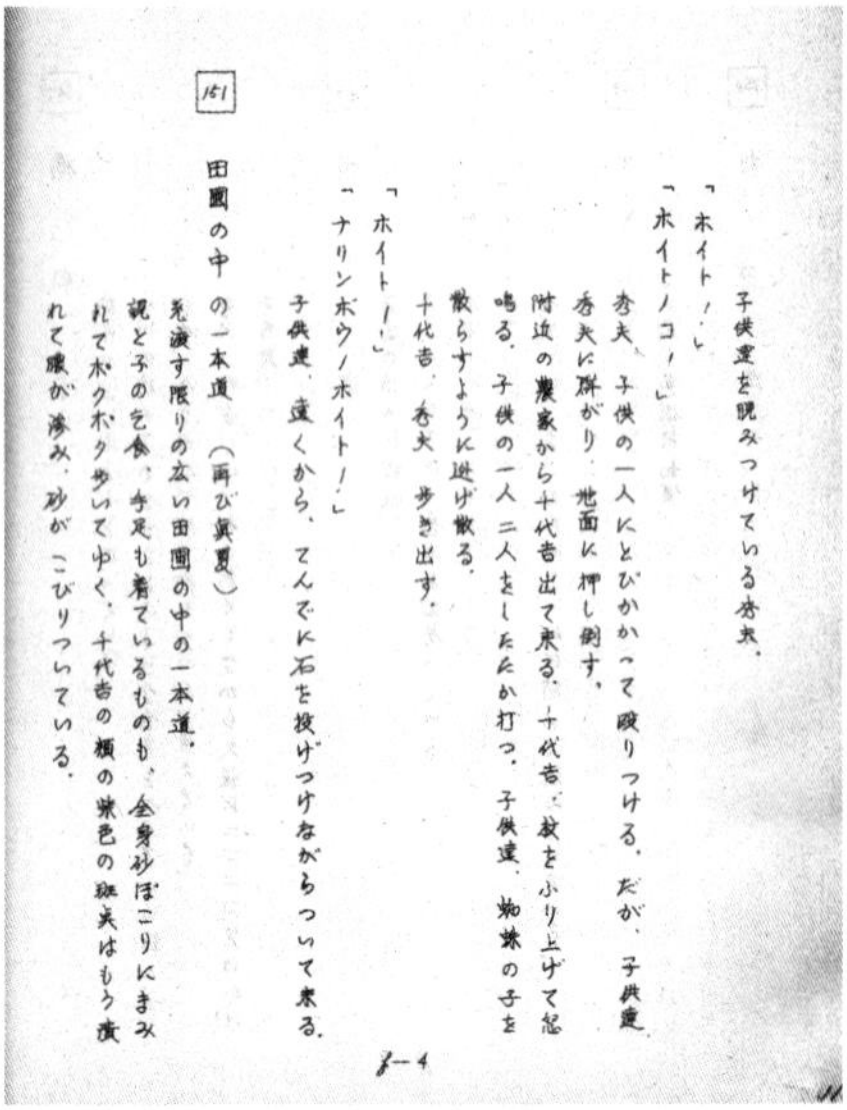

子供達を睨みつけている秀夫。

「ホイト！」

「ホイトノコ！」

秀夫、子供の一人にとびかかって殴りつける。だが、子供達
秀夫に群がり、地面に押し倒す。

附近の農家から千代吉出て来る。千代吉、杖をふり上げて怒
鳴る。子供の一人二人をしたたか打つ。子供達、蜘蛛の子を
散らすように逃げ散る。

千代吉、秀夫、歩き出す。

「ホイト！」

「ナリンボウノホイト！」

子供達、遠くから、てんでに石を投げつけながらついて来る。

151 田圃の中の一本道（再び真夏）
見渡す限りの広い田圃の中の一本道。
親と子の乞食、手足も着ているものも、全身砂ぼこりにまみ
れてボクボク歩いてゆく。千代吉の顔の紫色の斑点はもう濃
れて眼が滲み、砂がこびりついている。

8－4

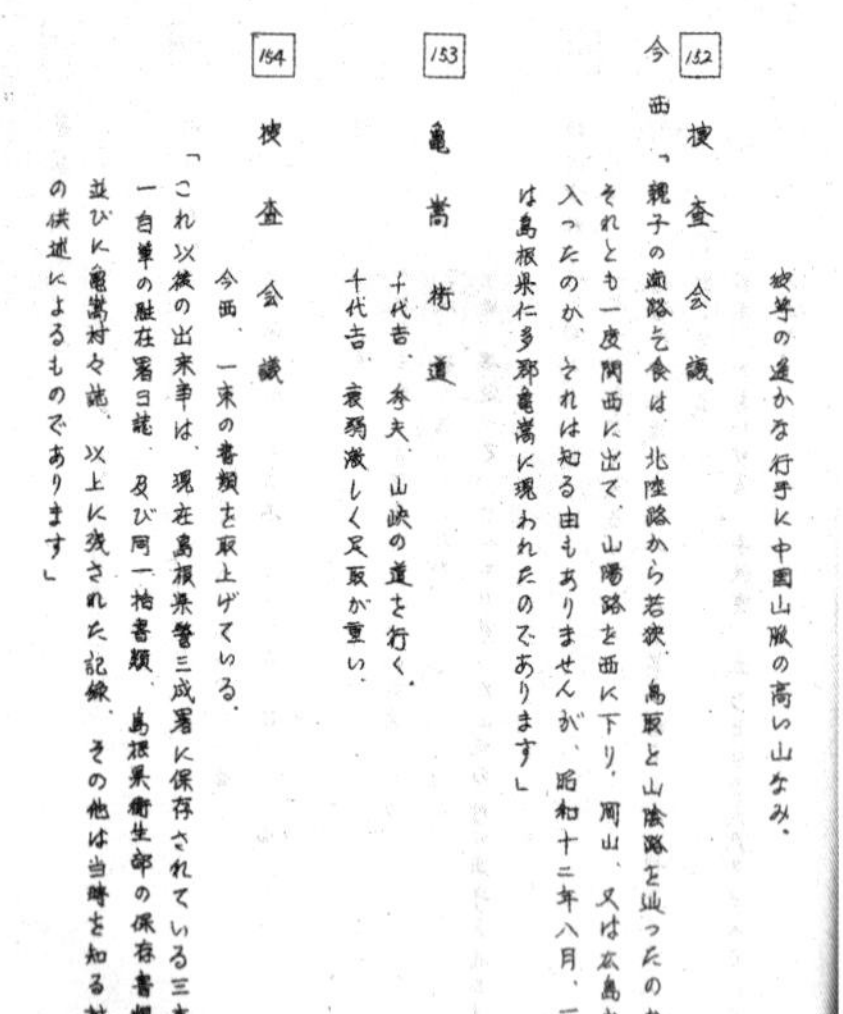

彼等の遥かな行手に中国山脈の高い山なみ。

152 捜査会議
今西「親子の遍路乞食は、北陸路から若狭、鳥取と山陰路を辿ったのか、
それとも一度関西に出て、山陽路を西に下り、岡山、又は広島から
入ったのか、それは知る由もありませんが、昭和十二年八月、二人
は島根県仁多郡亀嵩に現われたのであります」

153 亀嵩街道
千代吉、秀夫、山峡の道を行く。

千代吉、衰弱激しく足取が重い。

154 捜査会議
今西、一束の書類を取上げている。
「これ以後の出来事は、現在島根県警三成署に保存されている三木謙
一巡査の駐在署日誌、及び同一括書類、島根県衛生部の保存書類、
並びに亀嵩村々誌、以上に残された記録、その他は当時を知る村民
の供述によるものであります」

8－5

放浪する本浦父子が真夏の亀嵩に現れる
印象的なシーンのシナリオ。
橋本忍が原作では描かれない旅路のイメージを
さまざまに描き出す。

『砂の器』ではあの乞食の親子はどんどん北の雪の中に旅するんだから、本当は変なんだけど、そこは橋本さんがあえて画としての悲しさを狙ったわけだね」と言われて爆笑したのだが、あの旅路は落ち着いて観るとそういう飛躍だらけなのだ。しかしそれでも今西の「以下はイメージです」という趣旨の断りによって、観客は前半のリアリズムとは打って変わったメロドラマ的誇張に引っ張り込まれる。

テレビ時代によみがえる「本浦千代吉」

この後、三木巡査が二人を保護し、千代吉が療養所に送られることで、当時のらい予防法ゆえに二人が永遠の別れを迎え、さらに三木の情愛にもかかわらず秀夫が村を出るまでのくだりは、第一稿にして完成作と変わらぬ流れが出来ている。そしてここで再度捜査会議に戻ったところで、くだんの旅路のイメージ化とともに橋本脚本が付け加えたもうひとつの大きなアイディアがある。それはこの捜査一課長と今西の会話のくだりだ。

課長「三木謙一は軽々しく和賀の前身を口外するような男ではない。そうだろう今西君」
今西「おそらく口が裂けても」
課長「和賀だって、その点、彼の人となりはよく知っている筈だ。現在の自分の立場を説明して、強く依頼するようなことはしなくても、彼はその秘密を守り切る男だとね。すると、過去の身分がバレる……このことが殺人の動機としては、少し薄弱になって来るンじゃないかね」

この課長の疑問に対し、今西は伊勢から上京した際の三木の足取りを時系列で追って、

今西「彼等は直ぐに逢ったのです。蒲田のトリスバーでの出逢いは二度目であります。和賀がなぜ計劃的な殺意を持って二度目の出逢いを作ったのか……それは、最初に逢った時に、三木が、死に瀕している父親、本浦千代吉に強く逢うことを主張したからでありま す」

課長「なに？　本浦千代吉が生きている⁉」

このやりとりは映画ではぐっと刈り込まれて今西単独の台詞にまとめられているが、まさかの本浦千代吉の生存という設定は原作からの最も大胆な脚色、改変に違いない。それがなぜなされたかといえば、ひとえに原作のメロドラマ化にあたって和賀英良への同情を喚起するためである。原作での二人の出逢いは深夜の蒲田のトリスバーでの一度きりであり、そこで和賀がいきなり野蛮な凶行に及んだことについては、先述したように原作でも今西が疑問に思うのだった。ただそれについては吉村が、あまりに突然の三木の登場によって和賀も取り乱したのであろうという推測をして今西を（＝読者を）納得させる。原作は和賀をかなりその境遇によって捻じ曲げられた冷酷非道な人間として描いているので、こういう解釈でじゅうぶんだったのだ

が、メロドラマを志向する映画では和賀を同情すべき悲劇の人に仕立てなくてはならない。

そこで橋本忍は実に本浦千代吉が生きているという設定を付加し、融通のきかぬ善意の人である三木が和賀に父親と再会するよう強く求めた、という展開に変更した。つまり、原作のように和賀は恩人の不意の出現におびえて衝動的な殺人に走るのではなく、三木を恩人とは知りながらその忌まわしき主張のためにやむにやまれず殺害に至った、なんとも気の毒な人に映るよう実に念入りな工夫がなされたわけである。

そして今西が瀬戸内海の療養所に千代吉を訪ね、和賀の写真を見せて反応を見るところは映画でもそのまま活かされているが、第一稿ではなんとさらに千代吉をめぐる会話が続く。映画では第一稿どおり千代吉が和賀の写真を見てこんな人物は知らないと号泣するわけだが、それについて千代吉は和賀の殺しを知っているのかと捜査一課長が今西に問う。それは当然知らないわけだが、

今西「ただ、東京の警視庁から刑事が息子のことで逢いに来た。息子が何か犯罪に関係が……知らないと云わないと、息子のためにいけない。一途にそう思い込んだものと思います」

課長「(かすかな溜息をつく) 因果なことだねえ」

そう言って千代吉がどこまでも和賀をかばって否認するなら警視庁へ来てもらって事情を説

明し、さらに面通しをしてもらうことになり、それは「片時も忘れない夢に見続けた息子」に「生涯におけるただ一人の恩人、その恩人を殺した男」として対面することになる、と課長は複雑な心境で語り、今西は書類に目を落としながらぽつんと答える。

「……宿命、でしょうね」

このように橋本忍のなかで蘇った千代吉は物語を「宿命」にリンクさせる存在としてどんどん比重を増し、さらに今西は演奏ホールに和賀の逮捕に向かいながら、課長はああ言うがもはや千代吉は余命いくばくもないので聴取は無理であり、「おそらく今日一日が終ればホッとして、近いうちに息を引取るだろうね」と吉村に語る。何のことかといえば、今西は和賀のコンサートのテレビ中継があることを知ったので、すぐに千代吉に「貴方の息子さんによく似た人が、素晴らしい、いい音楽を放送するから」と電報で報せたのだという。そして「(今頃は)見ているだろうねえ、残った一つの目で、テレビにしがみつくようにしてね」と想像する。

完成した映画の観客は、まさかの本浦千代吉の登場だけにとどまらず、今西が千代吉にコンサートの放映を連絡するという展開があったと知ったらかなり驚くのではないだろうか。だが、映画においてはこのような展開は描かれておらず、それはけだし正解であったに違いない。なぜなら千代吉は戦前の因習の世界で不幸にみまわれ、あまつさえ悪法により完全に外界から遮断された島嶼に隔離されてきた存在であって、映画ではほとんどおどろおどろしいと言っていい描写でその孤絶ぶりが表現されていた。それがまた華やかな表舞台に立つ和賀との距離感を感じさせ、和賀が捨て去り、葬りたいものという印象をうまく伝えていた。それに対して、画としては出て来ないまでも、千代吉がまるでクロード・ルルーシュの『愛と哀しみのボレロ』のようにテレビ中継を見ているさまを観客に想起させるのははたして効果的かどうか。思うにこれは橋本忍がしばしば関心を見せる新旧の異物、異世界の接合に類するものではなかろうか。すなわち、橋本は『八つ墓村』における落武者とジャンボジェット、『幻の湖』における伝説の湖とスペースシャトルの対置といった新奇性に惹かれるところがあるのだが、この脚本が書かれた時点ではニューメディアであったテレビと戦前の因習、偏見の犠牲の象徴のような千代吉の取り合わせにもそんな匂いを感じる（そういえば『八つ墓村』においても戦前そのままにしか見えない旧家の物語を現代に接合するのは多治見春代が寺田辰弥を気遣っての「テレビでも見なさる?」のひとことであった）。

　こういった意外なシナリオ独自の創作を盛り込みつつ、第一稿は「S192　××ホール」で幕を閉じるのだが、ここでは「昂然と、厳然とタクトを振っている」和賀が、長い余韻とともに

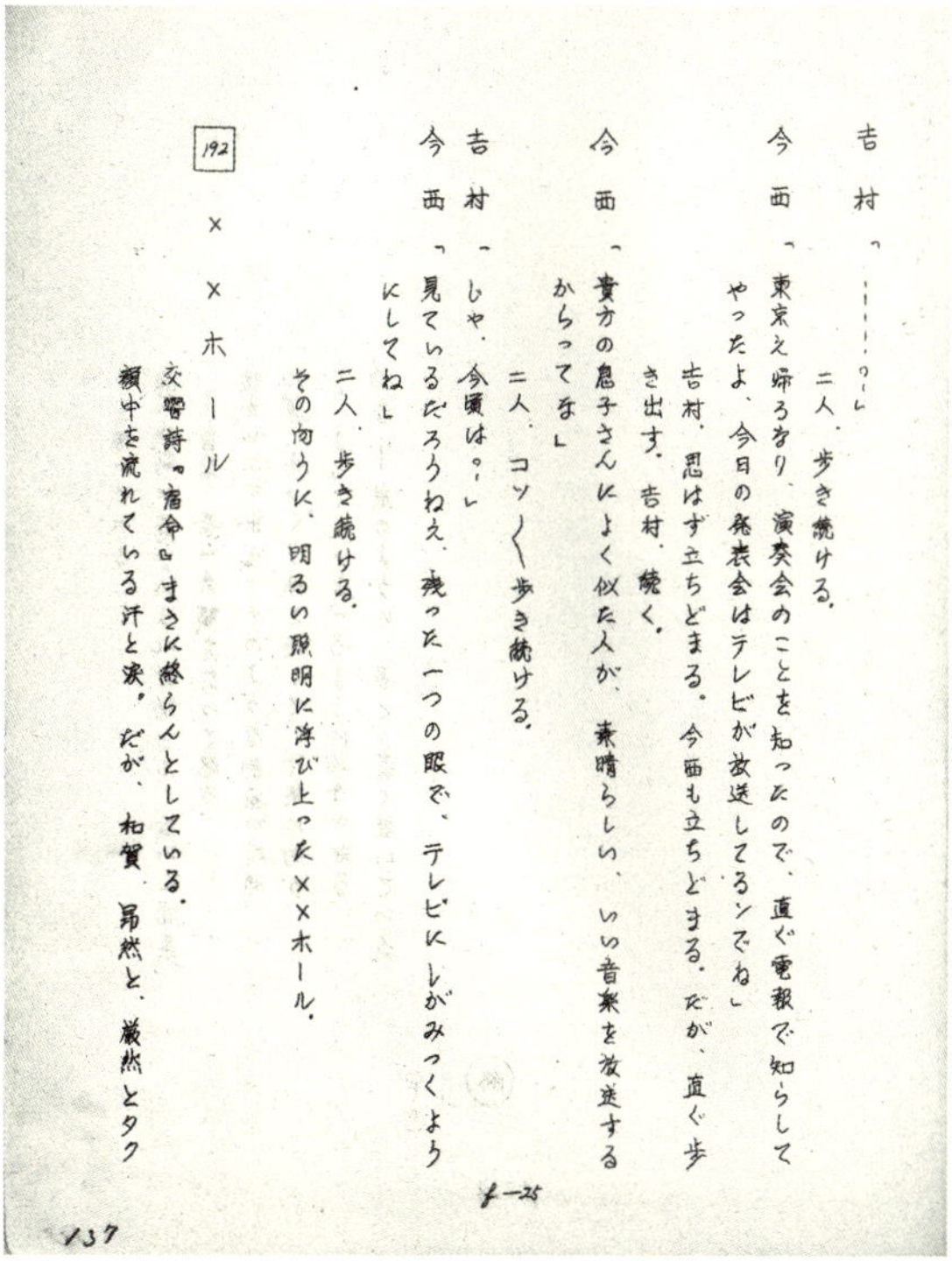
吉村「……」
　二人、歩き続ける。
今西「東京え帰ろ有り、演奏会のことを知ったので、直ぐ電報で知らしてやったよ、今日の発表会はテレビが放送してるンでね」
　吉村、思はず立ちどまる。今西も立ちどまる。だが、直ぐ歩き出す。吉村、続く。
今西「貴方の息子さんによく似た人が、素晴らしい、いい音楽を放送するからってさ」
　二人、コツコツ歩き続ける。
吉村「じゃ、今頃は？」
今西「見ているだろうねえ、残った一つの眼で、テレビにしがみつくようにしてね」
　二人、歩き続ける。
　その向うに、明るい照明に浮び上った××ホール。
192　××ホール
　交響詩「宿命」まさに終らんとしている。
　顔中を流れている汗と涙。だが、和賀、昂然と、厳然とタク
f-25
137

今西が、生きていた本浦千代吉に、和賀のコンサートのテレビ中継を教えていたというシーンのシナリオ。
千代吉がテレビにくぎ付けになっているさまを今西は空想する。

指揮を終え、「短いエアポケットのような静寂の時間」が訪れるのだが、この「静寂」は映画においても巧みに表現されていた。シナリオは長い長い嵐のような拍手を浴びる和賀の姿で終わる。後にここにはホール内で吉村が「和賀は父親に逢いたかったでしょうね」と言うと今西が「そんなことは決まっとる！　いや、彼は今父親に逢っている。彼には音楽……もう音楽の中でしか父親に逢えないのだッ！」といたく厳しい口調で語って吉村をはっとさせる、という展開が加わった。要は第一稿以上に今西の和賀への同情は極まり、もはや思い入れに近い気持ちを抱いているのだった。これをもって原作にあってはピカレスク、ダークヒーローのような和賀は、本来最も厳格であるはずの今西のお墨付きによってすっかり「気の毒な悲劇の人」に変容したわけである。

原作の卓抜したラストシーン

さて、こうしてとことん劇的に盛り上がるシナリオ、映画に対して、原作の幕切れはごく静かでスマートなものであるが、実際そこまでは新聞小説であることも手伝って、都度都度さまざまなモチーフを披歴して風呂敷を広げたあげくに捜査会議の今西の語りで強引にすべてを回収した感があった。だがそこを経た空港のラストシーンは、おそらく清張のなかであらかじめこのエンディングは用意されていたとしか思えない、みごとに決まった感がある。

原作の幕切れはこうである。羽田二十二時発サンフランシスコ行きのパン・アメリカン機で和賀が渡米する当日、国際線ロビーは田所重喜を含めて華やかな見送り人で埋まる。搭乗客の

読売新聞夕刊『砂の器』最終回「ターミナル（六）」（1961年4月20日）。
最後の一文がきわめて印象深い。

みのラウンジの外で、今西と吉村が待ち構える。そして今西が「本人に逮捕状を見せるのは君の役だ。君がしっかり本人の腕を握るんだよ」と言うので吉村は驚く。続けて今西は「ぼくはいいんだ。これからは、君たち若い人の時代だからな」と託す。和賀がラウンジに入るところで吉村は書類を見せた。「和賀英良は、ふるえそうな手でそれを取り、動揺した視線を走らせた。逮捕状だった。理由は殺人罪の疑いとなっている。見ているうちに和賀英良の顔から血の気が引き、瞳がぽかんと宙に浮いた」。吉村は「手錠は掛けません。表に署の車が待たせてありますから、おいでを願います」と優しく彼の背中に手を回し、今西も片側にぴたりと寄りそいながら「一言ものを言わなかった。表情も変わらないが、目だけがうるんでいた」。

送迎デッキでは和賀がついにタラップに現れないことで騒ぎになっていて、田所父娘も不安な顔になっている。そこへ「和賀英良さまは急用が起こりまして、今度の飛行機にはお乗りになりません。和賀英良さまは今度の飛行機にはお乗りになりません……」というアナウンスが流れる。「ゆっくりとした調子の、音楽のように美しい抑揚だった」。

この「終わりよければ……」という感じも売れっ子の量産作家の作法かもしれないが、「ゆっくりとした調子の、音楽のように美しい抑揚だった」という締めの一文などはこういうかたちでのエンディングを映画でも観てみたいと思わせるくらいだ。余談だが、読売新聞夕刊に連載中に同紙の担当の山村亀二郎は、挿画担当の朝倉摂とともに三日間羽田空港に通って、最終回の盛り上がりにふさわしい場所探しをしたという。

ともあれこうして橋本忍は、映画作品とはまるで狙いも印象も違う原作から大衆映画として「当てる」ためのヒントを抽出し、原作者としてもまるで予想せざる脚本を創りあげたのだった。この橋本の創意はもちろんだが、ここで素晴らしかったのはかくも原作を改変されても異議を唱えず、むしろ実現に向けて前向きだった清張の映画化への姿勢である。むろんいちいち映画化作業に口をはさんではいられないほど清張が執筆で多忙だったということはあるのだろうが、後年自らが映画製作に乗り出すまでの清張は自作の脚色や翻案については鷹揚であり、それゆえに際物的な凡作に堕したものもあるが橋本忍＝野村芳太郎の『張込み』や橋本忍＝堀川弘通の『黒い画集 あるサラリーマンの証言』のような傑作も編み出されたわけである。そしてもちろん橋本のここまでの原作改変を清張が面白がって応援したのも、当時自作の映画化の最高の成功例として清張自身が挙げていた『張込み』『黒い画集 あるサラリーマンの証言』の成果あってのことだろう。

そしてなかなか問題点も多い原作から弱点を省略もしくは希薄化した映画独自のシナリオを仕上げた橋本は、一脚本家という立場に甘んずることなく、1973年に『砂の器』製作を第一目標とする製作会社・橋本プロダクションを興し、そこには松竹から野村芳太郎、東宝から森谷司郎、TBSから大山勝美が参加、俳優座映画放送の佐藤正之が協力を申し出た。これに創価学会系のシナノ企画も加わった布陣で、橋本は『砂の器』実現のために立ち回った。『砂の器』は原作の大胆な改変と松竹、東宝をまたにかけた交渉、そして独立プロならではの（映画会社の撮影所では組合との関係で不可能だった）少数精鋭主義の製作体制という三点において、橋本忍という存在なくしては実現しなかった企画に違いない。

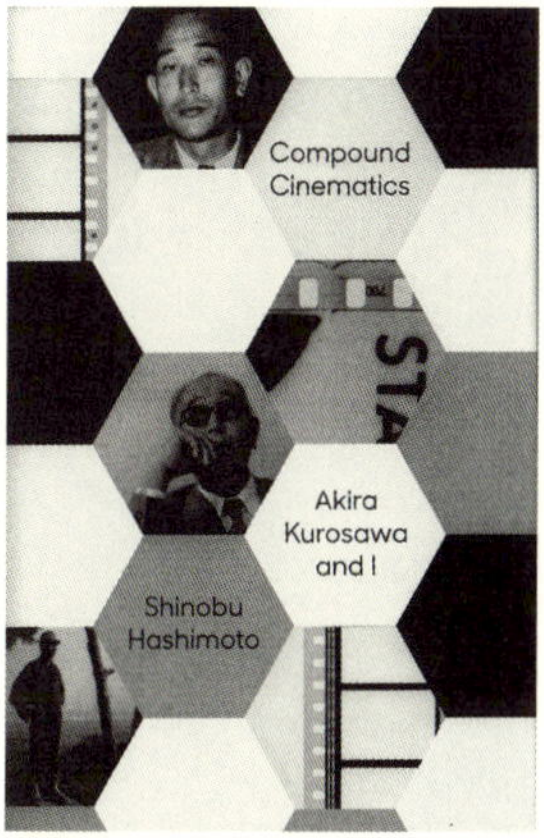

橋本忍が自伝的にシナリオ作法を論じた
『複眼の映像 私と黒澤明』の海外翻訳版
“Compound Cinematics Akira Kurosawa and I”

野村芳太郎監督の横顔

野村芳樹（野村芳太郎長男・元松竹映画プロデューサー）インタビュー

受けつがれてゆく撮影所の血脈

これより『砂の器』における野村芳太郎監督の演出について検証していくが、その前にまず野村監督がどのような出自と資質の作家であるのかについて、筆者自身が記した既出稿を引用したいと思う。これは１９１９年４月23日生まれの野村監督が85歳で逝去された２００５年４月８日から、ほんの数日後に共同通信から配信された追悼記事である。

映画『砂の器』で捜査のために伊勢の映画館をたずねた丹波哲郎の今西刑事に、渥美清の

野村芳太郎監督。

文化

野村芳太郎監督をしのぶ

映画批評家　樋口　尚文

貫いたカツドウヤの好奇心

映画「砂の器」で捜査のためにたずねた丹波哲郎の今西刑事に、渥美清の館主が「利根の朝霧」という映画の題名を教えるくだりがある。この戦前の松竹映画を撮った野村芳亭監督は、「砂の器」の野村芳太郎監督の父である。邦画草創期の名監督にして松竹蒲田撮影所長でもあった父のおかげで、野村芳太郎にとって撮影所は特別なものではなく、身の周りの「環境」であった。

それゆえ、ごく自然に松竹大船撮影所に勤めることとなった野村は、助監督として黒沢明監督「醜聞」などの作品についた後、邦画の黄金期であった一九五〇年代に晴れて監督としてデビューを果たす。

このころの野村は、ホームドラマにメロドラマにコメディーに青春物にミュージカルに時代劇にと、さまざまなジャンルの作品を横断して、そんな中に初期の傑作「張込み」もひょっこり紛れていたりするのだが、野村自身は一貫して気負うことなく、数々のお仕着せの企画をいずれもそこそこ上出来に実現してみせた。このまことに器用な職人ぶりは、やはりサラリーマン喜劇から母ものまで自在にこなしてみせた父・芳亭の遺伝子をそのまま受け継いでいる。

この姿勢は終生変わることはなかった。作品歴を鳥瞰すれば「影の車」のようなシリアスな力作を世に問うたそばからコント55号と水前寺清子の喜劇の連作に熱中したり、大作「砂の器」で絶賛された直後にヒット歌謡の便乗作「昭和枯れすすき」を手がけたり（しかもこれを意外なほどの佳編に仕上げた）。

野村はある突出した作品で批評的に高い評価を得ても「名匠」として仕事を選ぶ方向には歩まず、ひたすら「カツドウヤ」の嗅覚で面白そうな、当たりそうな企画をあれこれ試し続けた。

撮影所の衰退期である七〇年代には、独立プロでの「八つ墓村」「事件」の監督や「八甲田山」のプロデュースによって邦画の超大作ブームのけん引車ともなった。そして、その「国民的」映画として愛されている代表作「砂の器」も、実は泣かせの技巧を映画の破たんをもおそれずに注ぎこんだ、一種の「実験作」であったわけで、これも野村のカツドウヤ的好奇心を映すものだった。

こうしたにぎにぎしい作品群を放ってきた野村の体質は、多彩なプログラムピクチャーを発信しつづけてきた撮影所の体質そのものであった。そして、松竹蒲田撮影所の歴史にまるでシンクロしていた父・芳亭の生涯同様に、野村の人生は松竹大船撮影所の消長とぴったり重なっている。野村が鬼籍に入り、大船撮影所も消滅した。野村芳太郎の逝去は、撮影所の時代に名実ともに終止符を打つものだろう。

◆ひぐち・なおふみ　1962年佐賀県生まれ。著書に「『砂の器』と『日本沈没』　70年代日本の超大作映画」など。

※　※

野村芳太郎さんは8日、肺炎のため死去、85歳。

映画「八つ墓村」（1977年）の撮影現場。右から野村芳太郎監督、萩原健一、渥美清（松竹提供）

筆者による野村芳太郎監督の追悼記事（2005年／共同通信）。

演出中の野村芳亭監督。

野村芳亭監督。

1934年の野村芳亭監督の葬儀を伝える写真（野村家蔵のアルバムより）。

館主が『利根の朝霧』という映画の題名を教えるくだりがある。この戦前の松竹映画を撮った野村芳亭監督（１８８０―１９３４）は『砂の器』の野村芳太郎監督の父である。邦画草創期の名監督にして松竹蒲田撮影所長でもあった父のおかげで、野村芳太郎にとって撮影所は特別なものではなく、身の周りの「環境」であった。

１９１９年（大正8年）４月23日、浅草に生まれた野村芳太郎は、太平洋戦争が勃発した１９４１年12月に慶応義塾大学文学部芸術学科を繰り上げ卒業となり、松竹大船撮影所助監督部に入社した。だが、１９４２年に応召となった野村は翌43年にビルマ戦線に送られ、弾薬の輸送を担わされるが、そこで史上最悪と呼ばれるインパール作戦の凄惨な前線を経験する。１９４６年に復員した野村は松竹大船に復職、改めて助監督として黒澤明『醜聞《スキャンダル》』『白痴』にもついた後、邦画黄金期であった１９５０年代に晴れて監督としてデビューを果たす。
　この頃の野村は、ホームドラマにメロドラマに喜劇に青春物にミュージカルに時代劇にと、さまざまなジャンルの作品を横断して、そんな中に初期の傑作『張込み』もひょっこり紛れていたりするのだが、野村自身は一貫して気負うことなく、数々のお仕着せの仕事をいずれもそこそこ上出来に実現してみせた。このまことに器用な職人ぶりは、やはりサラリーマン喜劇から母ものまで自在にこなしてみせた父・芳亭の資質をそのまま受け継いでいる。

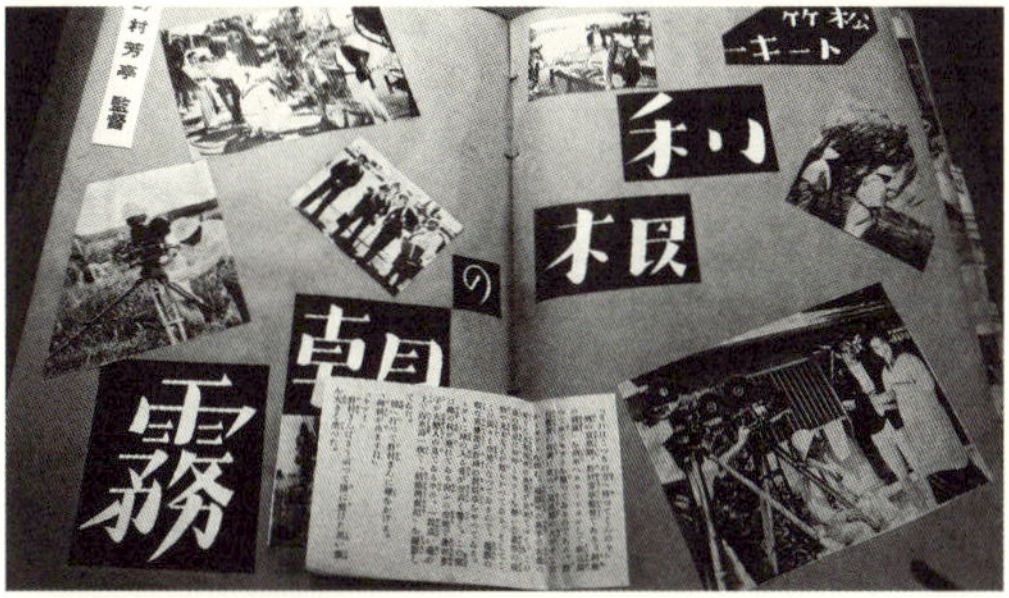

野村芳亭監督『利根の朝霧』（1934年）の記事スクラップ（野村家蔵）。

野村芳亭監督『女と海賊』（1923）のモダンなデザインの広告。

　この姿勢は終生変わることはなかった。作品歴を鳥瞰すれば、『影の車』のようなシリアスな力作を世に問うたそばからコント55号と水前寺清子の喜劇の連作に熱中したり、大作『砂の器』で絶賛された直後にヒット歌謡曲の便乗作『昭和枯れすすき』を手がけたり（しかもこれを意外なほどの佳篇に仕上げた）。野村はある突出した作品で批評的に高い評価を得ても「名匠」として仕事を選ぶ方向には歩まず、ひたすら「カツドウ屋」の嗅覚で面白そうな、当た

野村芳太郎監督と名コムビの川又昂キャメラマン（後方右）。

ロケ中にファンにサインを求められる
野村芳太郎監督。

『砂の器』の前年1973年の作品
『しなの川』撮影の休憩時間に
由美かおる、岡田裕介、川又昂と
野球を楽しむ野村芳太郎監督。

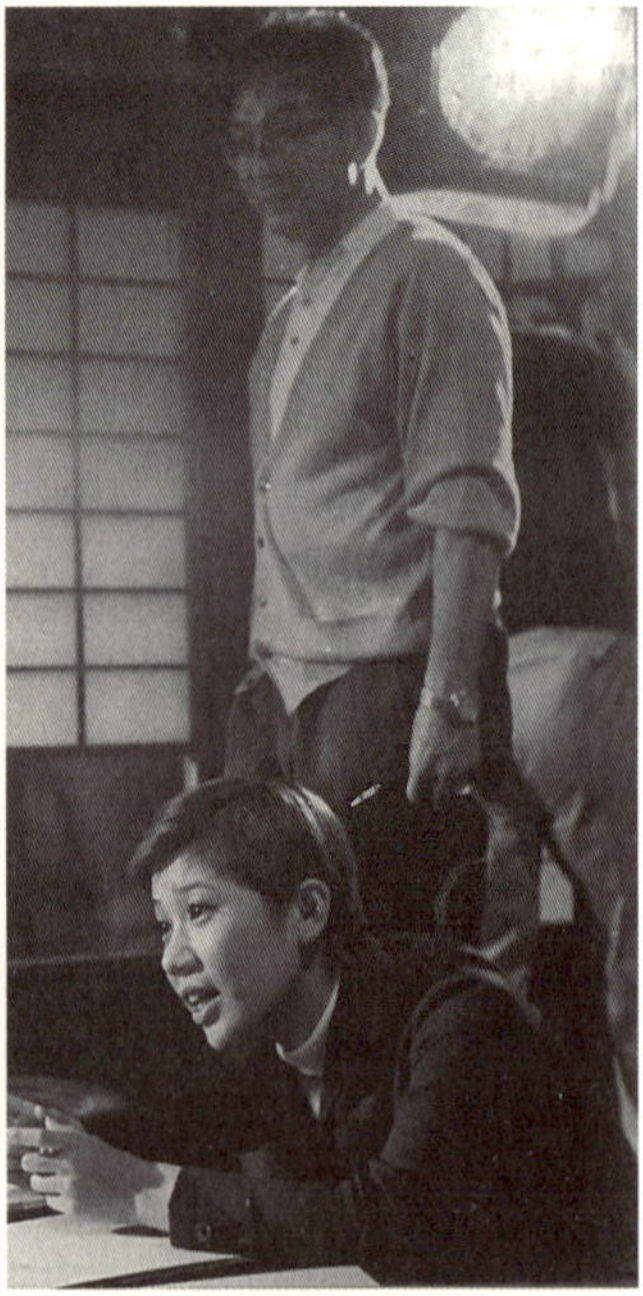

水前寺清子作品を演出中の
野村芳太郎監督。

松竹大船撮影所の
50周年記念セレモニーにて。
後列右から三村晴彦、篠田正浩、
野村芳太郎、木下恵介、山根成之。
前列左端に笠智衆。

りそうな企画をあれこれ試し続けた。
撮影所の衰退期である1970年代には『砂の器』『八つ墓村』の監督や『八甲田山』のプロデュースによって邦画の「超大作」ブームの牽引者となり、『事件』『鬼畜』などの秀作も送り出した。「国民的」人気作として愛され続けている代表作『砂の器』も、実は泣かせの技巧を映画の破綻も恐れずに注ぎ込んだ、一種の「実験作」であったわけで、これも野村の「カツドウ屋」的好奇心を映すものだった。

こうして賑々しい作品群を放ってきた野村の体質は、多彩なプログラムを送り出し続けてきた撮影所の体質そのものであった。そして、父・芳亭は1920年に松竹蒲田撮影所が設立されて間もなく撮影所長となって映画監督デビューし、数々の作品を送り出しながら1934年に病気で逝去、その翌々年には蒲田撮影所は大船移転のため閉鎖された。この自らの映画人生が蒲田撮影所の消長とぴったり重なっている父・芳亭と同様に、野村芳太郎の生涯は大船撮影所の歴史そのものであった。野村がティーンエージャーであった1936年に大船撮影所が誕生し、1941年に社会人として松竹に入社、その監督人生の全てをここで過ごした。そして2000年に大船撮影所は閉鎖され、2005年には野村が鬼籍に入った。松竹蒲田とともにあった父・芳亭に次いで、そ

鎌倉・川喜多映画記念館にてトークイベント
「監督・野村芳太郎と撮影監督・川又昂」に出席した
野村芳樹（中央）。

トークに参加した（左から）
春田和秀、野村芳樹、筆者。

の生涯が松竹大船の歴史に重なる野村芳太郎の逝去は、撮影所の時代に名実ともに終止符を打つものだった。

以上が追悼記事（一部改稿）だが、野村芳太郎監督は、こうして松竹蒲田撮影所長だった父の野村芳亭と同じ道を歩んで松竹の監督となったが、その子息・野村芳樹氏も松竹のプロデューサーとなり父の作品の製作を手がけた。

１９４８年生まれの野村芳樹氏は、慶応大学経済学部卒業後、映画斜陽期の１９７１年に松竹に入社、１９７６年の貞永方久監督『超高層ホテル殺人事件』でプロデューサーとなる。父の作品とのかかわりは、１９７３年の『ダメおやじ』で杉崎重美プロデューサーの助手についたのが最初で、後に『鬼畜』『わるいやつら』『真夜中の招待状』『ねずみ小僧怪盗伝』『危険な女たち』のプロデューサーをつとめた。

そんな野村芳樹氏に、『砂の器』から『八つ墓村』、霧プロダクション設立から解散までを射程に入れながら、お話をうかがった。

さまざまな不自然さを突破する

樋口尚文　円熟期の野村監督はすごくスマートで明晰なコンテを考えておられますが、これは現場で探るというよりも事前に青写真ができていたのでしょうか。

野村芳樹　父は脚本が完成するとシーン割りを作って、頭の中で完全に作品が出来上がった状態で撮影に入るのがいつものやり方でした。ただクランクインの前日はいつも眠れないと言っていましたね。最初に撮るワンカットで作品のタッチが決まってしまうので緊張するんだと言っていました。

樋口　1961年、野村監督は『砂の器』にゴーサインが出る前に、四月の桜のシーンの実景を撮っておこうと、正式なクランクインを待たずして撮影を始めたそうですが。

野村　九段の千鳥ヶ淵の桜と親子の姿を他の撮影に紛れ込ませて撮っていたんですね。いちおう子役さんもいたと思いますが誰だったかはわからないんです。

樋口　でもその時も父親役は加藤嘉さんで、なんと12年後も加藤嘉さんなんですね。

野村　それでいよいよクランクインしようとしたら松竹社長の城戸四郎さんが「ハンセン病を扱っていること以前に、これは自分のやってきた大船調の映画づくりに反するものだからクランクインは許さん」と中止に持ち込んだ。そして12年経って橋本忍さんがプロダクションを構えて自社も出資するとなって漸く1973年の冬から動き出したんですね。

『砂の器』青森・竜飛崎ロケの拠点・奥谷旅館にて野村組スタッフ。

『砂の器』羽後亀田ロケハン中の野村芳太郎監督。

『砂の器』茨城県北の袋田の滝にて
ロケハン中の野村監督。

『砂の器』北関東ロケハン中の
野村監督。

『砂の器』撮影キャラバンの車輌とともに。
出雲地方ロケで逗留した
玉造温泉の旅館にて。

プロデュースをつとめた映画
『きつね』のロケハンで赴いた
北海道にて野村監督。

『砂の器』石川県ロケハンと記されているが、
正しくは富山県の刀利ダム完成後に水没した
中河内地域の廃村。

樋口　城戸さんがこの作品を嫌がったのは、氏がここに日常的なリアリティを感じなかったという理由も大きかったようですね。なるべく普通にリアルな庶民生活を描きたかった経営者ですから。

野村　日本で冬にいちばん人間の数が増える県は静岡らしいんですね。というのも、温暖なので伊豆半島のほうなどにホームレスの人まで暖をとるべく集まるらしい。だから別にどこへ行ってもいい親子がわざわざ厳寒の雪のなかに旅したりしないんですよね（笑）。だから脚本の山田洋次さんも、編集の時にこの雪のシーンは抜きませんかと父に言ったらしいんですが、「これは抜かないから」ときっぱり言われたらしいです。

樋口　私も山田監督と『砂の器』についてお話ししたことがあったのですが、「君、おかしいと思わないかい。ルンペンは普通寒くなってきたら暖かい地方に移動するじゃない。この映画みたいに雪の平原をさすらったりするわけがないよね」と爆笑されていました。「でもご自分で書かれたシナリオではありませんか」とは言えませんでしたが（笑）。そんなところを筆頭に、城戸四郎に好まれた山田洋次作品とは当然違うものですからね。

野村　そうなんです。『家族』『故郷』のような作品で、日本の庶民の生活をリアリティをもって描いてきた山田さんの映画づくりの方針にも全く反している、もう「泣かせてやろう」というのが見え見えの映像なんですよね。まして城戸さんのようにヒューマニズムを掲げてきた映画づくりともまるで違う。

樋口　他にもいくつかそういう泣かせを優先するがあまり不自然になってしまった箇所はあり

ますか。

野村　たとえば今西刑事が終盤で生きていた千代吉のもとを訪ねて和賀の近影を見せる。すると千代吉はそれを息子だと気づくのだけれども、彼に迷惑がかかるとまずいので「こんな人、知らねえ」と言って号泣しますね。でも冷静に考えると、千代吉が和賀を息子だと察したとしても、まだ和賀が何をやっていて今どういう状況にいるのかは全く知らないわけだから、迷惑をかけないように息子だと認めないだなんて、いきなりそんな行動をとるはずがないんです（笑）。ここもまるでリアリティがない。

樋口　全くもってそうなんですが、なぜか気にならないのが不思議ですよね。

野村　だいたい和賀のような作曲家、ピアニストになるには大変お金がかかるわけでして、和賀のように身寄りもなく戸籍詐称をはたらいたような少年がそんな簡単になれるものでもないですよね（笑）。ところがこれだけリアリティがないにもかかわらず、この映画を観ていると意外にそんなことが気にならないんですよね。

樋口　そこが『砂の器』の独特なところですね。独特といえば、この作品はオールスタア映画なのに、メインのポスターからしてスタアの顔写真は一切なく、親子の遍路の後ろ姿というのが大胆でした。あの宣伝のキービジュアルとしてあまりにも有名になってしまった、寒そうな浜辺を歩む親と子の後ろ姿はどうやって撮られたのでしょう？

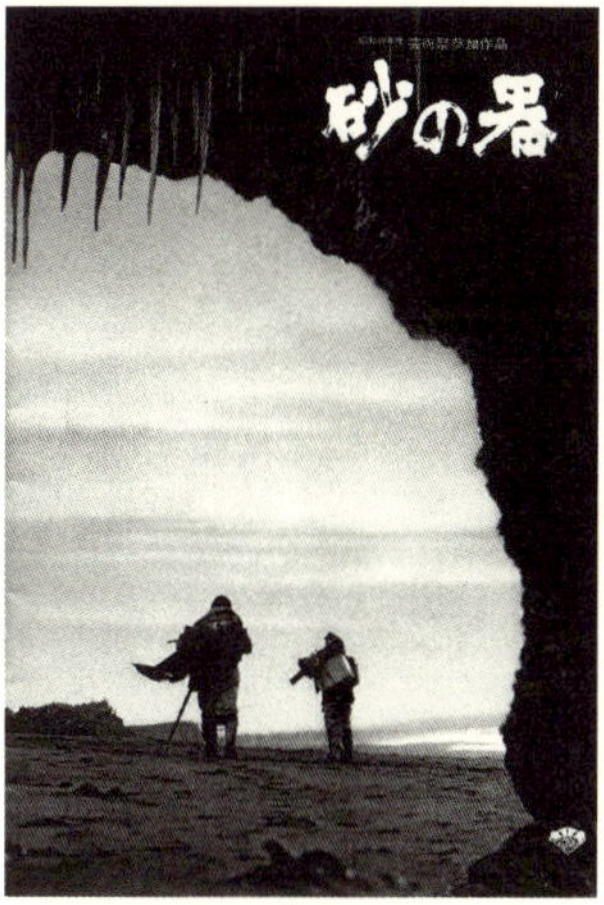

あまりにも有名な『砂の器』の
キービジュアルは、
ノースタアの思いきったものだった。

野村　あれは狙って撮ったものではなくて、スチールの金田正さんがただ普通に現場を移動している親子の後ろ姿を撮ったものらしいんです。宣伝用の写真を決める時に、スタッフが撮りためたスチールに目を通していたら、橋本さんが「これだ！」と言って選ばれたんだそうです。だからあらかじめポスターやチラシのキービジュアルにしようと考えてスチールの金田さんに撮ってもらったものではないんです。

樋口　そうだったのですか！　そして殺人現場の撮影で蒲田の操車場を使うなんてことも今は到底できないかもしれません。このロケ地選定についても芳樹さんが絡んでいるそうですね。

野村　当時、私の大学の同期が国鉄にいたんですね。彼はいわばキャリア組なので若くして悪くないポジションにいたので、こういう撮影申請に理解ある人を紹介してよと頼んで実現したのです。国鉄はそもそもこういう映画の撮影には協力的ではなかったのですが、そんな次第で幸いにして許可がおりた。でもその条件というわけではないですが、要望として、殺人現場のシーンには「国鉄さんもこんなことされて迷惑ですな」という台詞を入れてほしい、そしてどこかに車内マナーにまつわる台詞を織り込んでほしいというリクエストがあったんです。それを橋本さんに伝えたら、「まあそれくらいのことは聞いてあげましょう」となりました。

樋口　ははあ、それであの今西刑事と吉村刑事が列車の食堂車に行こうとすると、座席に横たわって通路に足を突き出しているチンピラふうの男に注意するシーンがあるんですね。でもそういうオフの台詞や込み入ったマナー描写なんて普通はしないので、その国鉄の要望が怪我の功名ではないですが「なんだか妙に細部が凝ってるなあ」と（笑）リアリティにつながっていさんのお手柄があったとか。そしてさらに、作品の山場のコンサート・シーンで使うホール探しについても芳樹さんのお手柄があったとか。

野村　橋本さんの脚本では「ＲＣＢホール」なんて書いてあるんですが、あれは浦和の埼玉会館を使ったんです。もともとは撮影所のそばということで藤沢市民会館を押さえようとしたらスケジュールが埋まっていた。その後、鶴見女子大（のちの鶴見大学）のホールにほぼ決まりかけていたんです。ただ橋本さんが今ひとつここには乗っていなくて、もっと他の候補はないだろうかということになっていた。それを聞いたので私も休みのたびに車で近郊のホールに行って写真を撮ったりしていたんです。

樋口　野村監督のノートにも「名だたるコンサート・ホールは一年前から埋まっている」と悩ましいメモがありました。それにしてもよくあのホールを発見されましたね。

野村　全く偶然で、知っていて行ったわけではないんですよね。西のほうのエリアから始めたので浦和のほうに行ったのはもうスケジュール的には後のほうでしたが、埼玉会館の写真を撮って橋本さんに渡したんです。その時は埼玉会館を特に推したというわけではなく、他の候補と一緒に写真を渡したんですが、これだということになって現地を見に行ったら即決でした。まあホール自体のつくりはどこもそんなに変わりませんけど、橋本さんは、あの最後に刑事二人が和賀を逮捕すべく降りてくる階段が気に入ったみたいです。近くに埼玉大学もあるし、学生に声をかければエキストラも集めやすいだろうということで。

樋口　撮影現場にはいらしたんですか。

野村　撮影現場はそんなに出向いてはいないのですが、あの合同捜査会議の撮影の時に爆笑の出来事がありまして。丹波哲郎さんはとにかく台詞を覚えない方であちこちにカンペが貼ってあったりしたんですが、私が見ていたら「被害者の三木謙一」を「三木のり平」っておっしゃるんですよ（笑）。これがギャグでもなんでもなく真顔で。しかも何度も何度も「三木のり平」が続くのでスタッフも苦笑してました。それなのに出来上がった作品はあんな雰囲気ですからさすがなんですけどね。でも後年ほどではないけれど、もうその時から休憩時間ともなると霊界の話をしていて、「ほら野村君、うしろに背後霊がいるから」なんておっしゃる（笑）。まあ今時は見かけないスケール感の俳優さんでしたよね。

幻の横溝正史シリーズ監督

樋口　何か『砂の器』撮影時に野村監督がおっしゃっていたことはありませんか。

野村　『砂の器』の撮影では会社のローテーションなどの都合で、冬の東北ロケ、初夏のあんずの里のロケ……など、会社都合で都度都度助監督が変わっていました。父はこのことには不満を言わないのですが、それよりもしばしば橋本忍さんが現場に立ち合っているのに、なぜ誰も橋本さんについて行こうとしないのだろうと、若い世代のハングリー精神のなさを憂えていることはありました。

樋口　本作で大いに評判をとった監督＝野村芳太郎、脚本＝橋本忍、撮影＝川又昂、音楽＝芥川也寸志のメンバーは、以後『砂の器』チームと呼ばれたりするわけですが、このチームが次

『八つ墓村』をめぐる
『週刊現代』誌の対談にて。
（左から）野村芳樹、筆者。

にとりくんだのが松本清張の社会派推理小説とは真反対の、横溝正史の探偵小説『八つ墓村』だったというのは意外でした。

野村　父は清張さんにはある時期まで大変親しくさせていただいていましたが、それ以前に横溝正史さんとも個人的に懇意にしていただいていて、作者の承諾を得たので何本か映画にしたいと言っていました。それで松竹が『八つ墓村』製作を打ち出すんですが、そこで出版元の角川書店が出資および宣伝での参画を申し込んで来たところ、作品がなかなか進まない。角川さんとしては原作をはじめとする横溝正史フェアで本を売りたいのに、タイミングがつかめない。そこでボタンの掛け違いは生じていたものの、製作の現場は角川さんとの提携に前向きだった。ところが最終的に城戸四郎会長が「出版社ごときに映画がわかるか」と提携を一蹴してしまったらしい。これは大誤算で角川春樹さんは憤慨して東宝と組んで『犬神家の一族』を製作して大ヒットさせ、以後も横溝シリーズを当てていくわけです。『八つ墓村』はすでに松竹が映画化権をとっていたから、そのまま製作できましたが。

角川書店が映画製作に進出
タイアップで年2本
まず松竹と「八つ墓村」

角川書店の角川春樹が
松竹に『八つ墓村』の
タイアップを申し込んだ
ことを報ずる記事。
野村芳太郎監督が
スクラップしていたもの。

樋口　ではもしかしたら野村監督は清張シリーズに加えて横溝シリーズの名匠になっていたかもしれないわけですね。ところで『八つ墓村』は宣伝

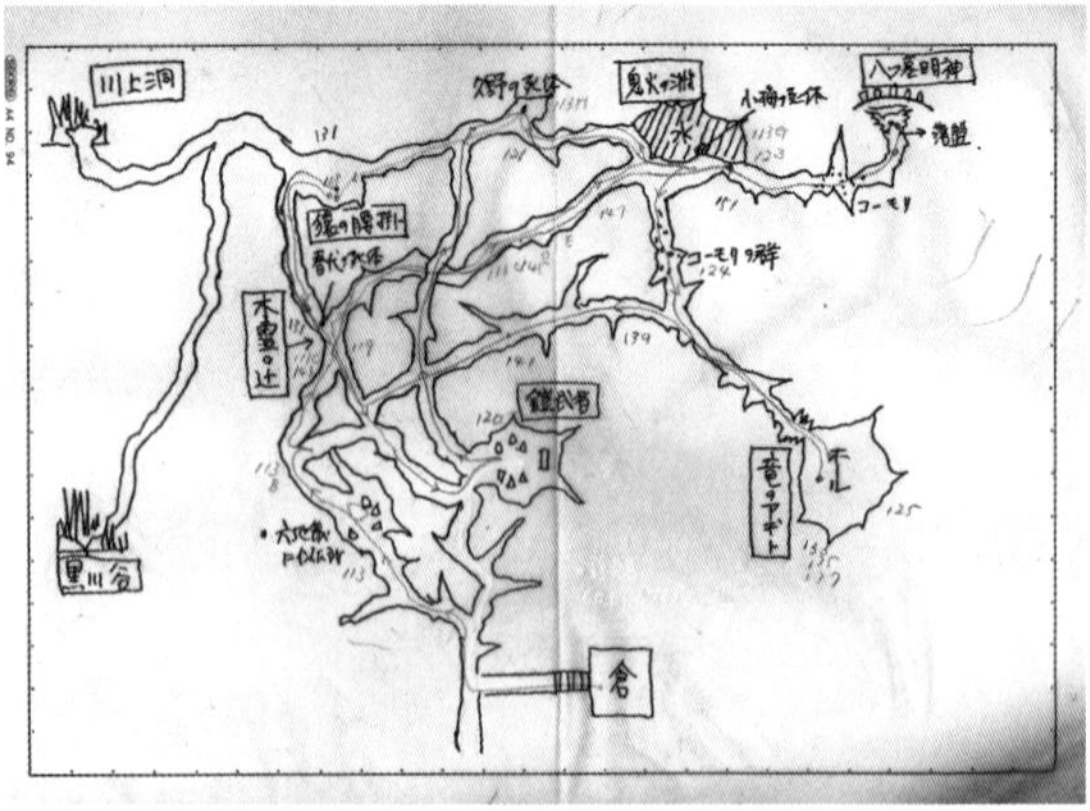

『八つ墓村』をめぐる舞台の村と地下の鍾乳洞の関連をするイラスト。

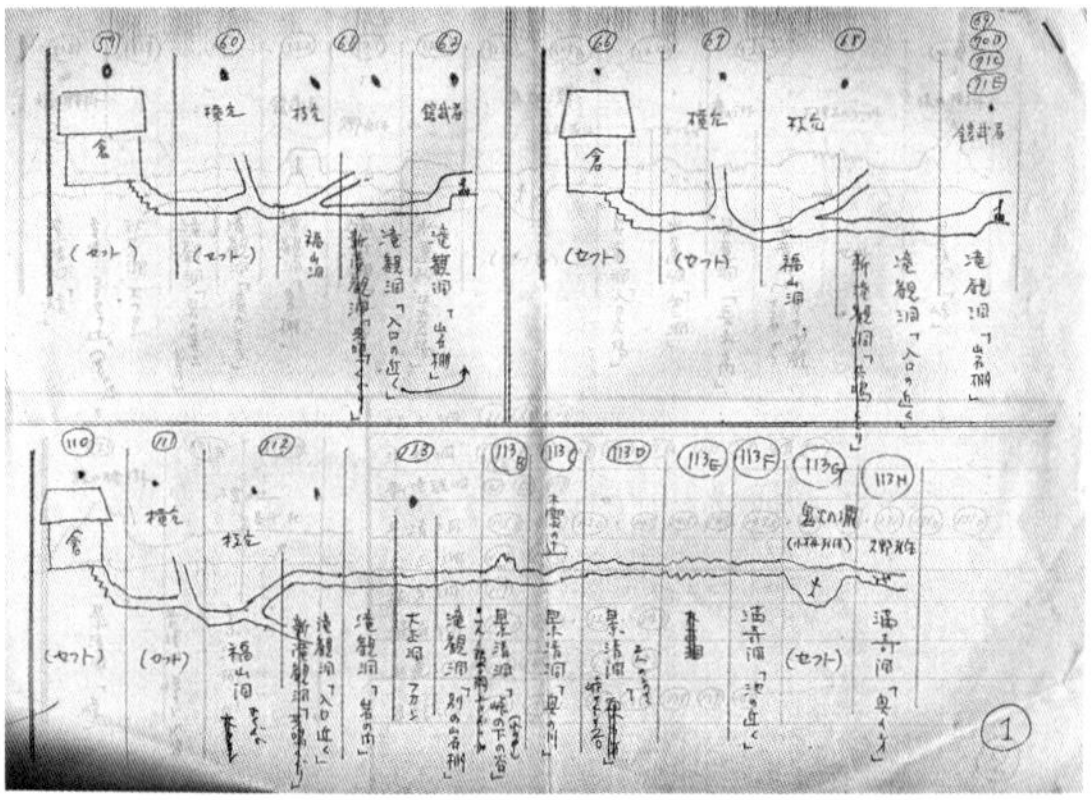
『八つ墓村』の架空の鍾乳洞を、
パートごとに現実のどこの鍾乳洞で撮るか図解したもの。

でも〝あの『砂の器』のチームが放つ〟的な惹句が付いていましたが、スタート時点ではその布陣ではなかったそうですね。

野村　内田吐夢監督の『飢餓海峡』や『宮本武蔵』シリーズの名脚本家、鈴木尚之さんがぜひやりたいと仰って脚本作業を開始されていたんです。

樋口　鈴木さんといえば、この頃はフジテレビの連続ドラマ版『白い巨塔』の脚本も大変よかったですね。

野村　ところが鈴木さんがどうにも原作を脚本にまとめきれず、ついに時間切れとなって橋本忍さんに頼み込んだんです。

樋口　それにしても東宝の金田一シリーズが時代設定も含めて原作に忠実なのに、橋本さんが書いた松竹版『八つ墓村』は時代も現代だし、『砂の器』ほどではないにせよ相当原作から変

『八つ墓村』終盤、小川真由美が幽鬼のようなイメージに変貌するシーンは、メイクアップアーティストのマキシーン坂田（写真家の坂田栄一郎のパートナー）がさまざまなバリエーションをつくってモニター調査を行った。

わっていますね。

野村　やっぱり「映画人ならこうする」という矜持があったんじゃないでしょうか。ただ金田一耕助を渥美清さんにするという発想は、松竹だからということではなくて、もともと横溝正史さんは金田一は二枚目ではないタイプがよくて、先方から渥美清さんがぴったりだと仰っていたんだそうです。横溝さんいわく、二枚目は犯人の方であると。

樋口　『刑事コロンボ』みたいなことですね。金田一耕助といえば東宝の横溝シリーズの石坂浩二さんやテレビ版の古谷一行さんがスタンダードになっていますが、実は『八つ墓村』の渥美さんが原作者のイメージだったとは。しかし同じチームの『砂の器』とはずいぶん違うようでいて、あの橋本脚本のお家芸とも言うべき回想シーンの多用は大いに共通するところですね。

野村　それからもうひとつ、あの村の殺戮シーンですが、山崎努さん扮する犯人の多治見要蔵は殺しの最中にひとことも言葉を発しません。村人の悲鳴が聞こえるなか、淡々と殺しを続けていく。『砂の器』のお遍路のシーンもそうですが、言葉を喋らないことで凄みが増すことを父は意識していたのでしょう。

樋口　野村監督は演出メモにシーンごとの盛り上げ方の強弱を★で記されていたのですが、要蔵の殺戮場面は最大値の★★★でした。150分の長尺のメリハリを職人芸的に計算されていたようですが、今でいうモダンホラー的な意匠も試みたかったようですね。

野村　あの小川真由美さんが終盤の鍾乳洞で幽鬼のようなメイクに変わるところは、

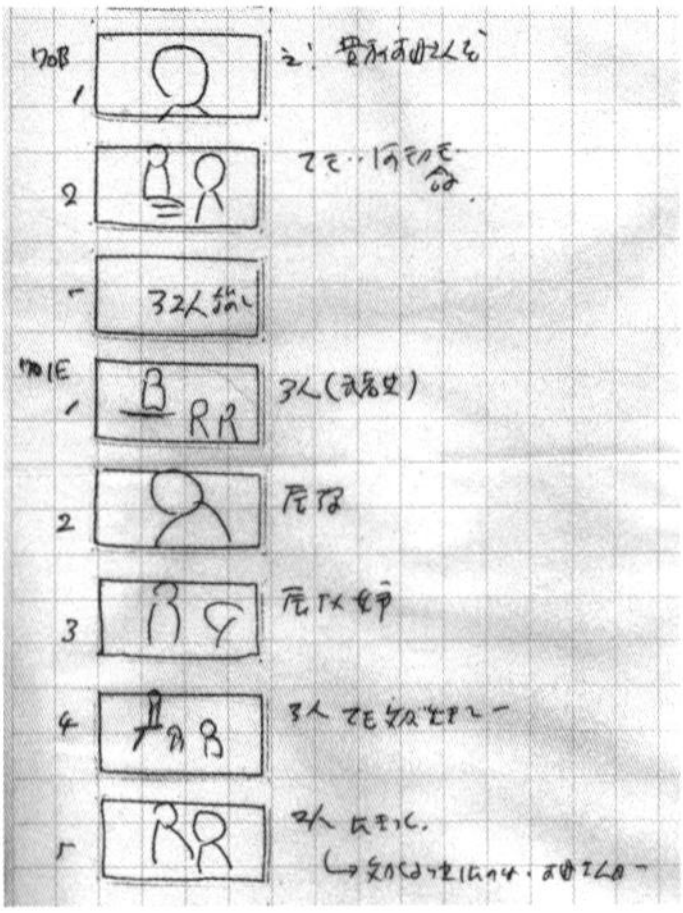

『八つ墓村』の鍾乳洞内で
主人公の寺田辰弥と多治見春代が
父・多治見要蔵の「32人殺し」を
回想するシーンのコンテ。

どこまでメイクを過激にしたらお客さんがしらけてしまうかを調べるために、何パターンもメイクを撮影して近くにあった女子大の学生に見せて感想を聞いたそうです。

樋口　それはまた野村監督らしい好奇心のあらわれですね。野村監督のノートに『八つ墓村』製作中に公開されたブライアン・デ・パルマ監督『キャリー』のチラシが挟んであったので、幽鬼といっても和風の亡霊ではなくて、ああいう洒落たモダン・ホラー風味を入れたかったのかもしれません。後の『真夜中の招待状』ではタイトルのなかに女性が松竹のコンセッションで売っているペプシコーラを飲んでいるカットが紛れ込んでいるのをずいぶん経ってから気づいて、その悪戯ぶりに爆笑しました。あれはサブリミナル効果を試したかったんですね（笑）。野村監督ほどのキャリアの方ならいかめしい巨匠然となってもおかしくないのに、そういう新しいものを吸収しようとしていたところに惹かれます。

野村　それから『八つ墓村』はロケハンに一年半を要したんですね。全国の鍾乳洞を見てまわっています。演出ノートによれば、あれは父がまず登場する鍾乳洞のイメージを描いて、それに合う場所を探したんですね。結果、意外や沖縄で撮影したものが多く使われています。

樋口　劇中で重要な多治見家の外観は備中高梁《たかはし》の庄屋の広兼邸なのですが、実際に行ってみるととんでもない山奥で、よくもまあこんなところを見つけ出したものだと思いました。後の市

岡山県高梁市の山中にある巨大な庄屋の屋敷・広兼邸が『八つ墓村』の多治見家の外観として使用された。

川崑版『八つ墓村』でもそこを使用したくらいで、まさにイメージにぴったりだとおもいました。本当に手間暇かけたお仕事ぶりですね。

野村　ともあれ完成までに歳月を要したため、逆に角川映画が『犬神家の一族』で着火させた横溝ブームに乗るかたちで『八つ墓村』も大ヒット、配給収入も19億超えで松竹の歴代記録を更新しました。松竹本社の隣の松竹セントラル劇場では、入れ替えの時間になると詰め掛けたお客さんが劇場から東銀座の駅まで溢れて大変でした。

樋口　松竹セントラルは入口に八つ墓明神のレプリカを作って、芥川さんのテーマ曲を聴きながら入場させるという力の入れようでしたね。ところで『八つ墓村』や『震える舌』などの作品では後に言うところのスプラッタ的な、あるいはショック描写について、あの名匠・野村監督がどうしてここまでえぐい表現になだれこむのか、首をかしげる評者もありましたが、私は野村監督が時々見せるこうした過剰さ、えぐさが野村監督の戦争体験に絡んでいる気がしてなりません。

野村　父は慶応大の文学部を繰り上げ卒業になって１９４２年に召集され、翌４３年にビルマ戦線に送られました。第十五師団独立自動車第百一大隊小隊長として弾薬を輸送する後方部隊にいました。そこで翌４４年の3月から7月まで行われたインパール作戦の惨状を目の当たりにしたんです。

樋口　その無謀かつ史上最悪の作戦として知られるインパール作戦を筆頭に、当時のビルマ戦線では日本兵は16万人亡くなったといわれていますね。野村監督は後年、

「嫌というほど人間の死を見てきて、一か月も二か月も死骸の中にいた。そんな極限にあって人間の本当の姿というか、人間というものの不思議さというものが見えてきました。これが後に、映画を作る原動力というかバックボーンになったという気がしますね」（『致知』１９９０年５月号）と述べておられます。

野村　私が父から戦争体験を聞いたのはずいぶん後になってからなんですよ。後に設立した製作プロダクション・クラップボードで、１９８５年頃にビルマ戦線のドキュメンタリーを作ろうということになって、戦友の方々とミャンマーやタイに行っていました。ただしこれは脚本ができず、製作費の関係もあって実現しませんでした。

霧プロとクラップボード

樋口　さて、『八つ墓村』の翌年には芳樹さんが製作につかれた『鬼畜』が公開され、高評価を得ていますが、この１９７８年に野村監督は松本清張さんと「霧プロダクション」を設立されています。これはまず清張原作の映像化の窓口だったので、映画・テレビドラマの原作管理を担っていた。松竹の製作担当役員の梅津寛益氏と野村監督が主要メムバーに参画していたので、おのずから映画化にふさわしい原作を松竹が囲い込むことになったのでしょうが、それもこれも野村監督が清張さんの覚えめでたかったことが原点ですよね。

野村　とにかく『砂の器』は「原作を超えた」と言って大喜びされて、あちこちで「最高の監督」と吹聴されていたようです。なので「霧プロ」の原作管理とともにもうひとつの軸だった清張さんの『黒地の絵』の映画化については、父が監督することが大前提だったんです。私は「霧プロ」の正式なメムバーではなかったのですが、水面下であれこれ父の加勢をしていました。

樋口　「霧プロ」での製作案件には清張さんも出資なさっていたんですか。

野村　清張さんは映像化にまつわる原作料は出版社ではなく「霧プロ」に入るようにしたので、それが「霧プロ」の運営資金になったんです。だから、資本金以外に清張さんが出資する必要はなかったんですね。松竹・霧プロの共同製作作品として『疑惑』『迷走地図』を父の監督で、『天城越え』を三村晴彦監督で映画化しましたが、あれも清張さんは製作費を出したわけではなくて、逆に「霧プロ」に原作料が入ったわけです。

樋口　しかしそんな野村監督と清張さんの蜜月時代も終わりが来てしまいます。『黒地の絵』が難航してどうしても納得のいく脚本ができあがらないので、設立から6年後に「霧プロ」は解散となります。これは『黒地の絵』の不発が主な理由ですが、やはり前年の『迷走地図』を清張さんが気に入らなかったことも一因なんでしょうね。

野村　『迷走地図』は当時、清張さんがビデオ化は許可するけれどもテレビ放映を認めなかった。原作をかなり改変したことに納得がいかなかったのだろうと思います。

樋口　しかしこの「霧プロ」解散と同じ1984年に野村監督は製作プロダクションのクラップボードを立ち上げられます。これは野村監督が社長で、松竹も出資している製作会社ということになりますね。

野村　80年代に入って企業内ではどうしても以前のように思いきった企画が通らないということで、ちょっと違うかたちでの映画製作にトライしたいと設立したプロダクションなのですが、松竹も父に完全に独立されると損だと思って出資しています。ただ若干父のほうが持ち株比率で上回っているので、監督が製作上のイニシアティブはとれるというかたちではあったんですね。そしてまず父が撮りたい企画を松竹に提案して、通らなかったものは他社にも持って行けるという取り決めにしました。

樋口　いわゆるファーストルック契約の先取りですね。

野村　映画はそういうことで、テレビ作品は自由にやらせてもらいます、という契約でした。父が社長で、川又昂さん、芥川也寸志さん、井手雅人さん、紀伊國屋書店の松原治社長、松竹の奥山融社長、そして私が役員になっていました。このクラップボードを立ち上げた大きな目的は山本周五郎原作の『柳橋物語』の映画化だったんです。

樋口　気丈で働き者の娘が対照的な男子から求愛されたことから始まる劇的なメロドラマを、大火から復興する柳橋を背景に描く作品ですね。

野村　結局遺作になってしまった『危険な女たち』の後に撮入する予定で、大竹しのぶさんや小林薫さんを主演に衣裳合わせまでやっていたのですが、やはり時代劇は製作費もかかるし当たらないから流れてしまいました。

樋口　85年の『危険な女たち』の後、なかなか『事件』や『鬼畜』のようなコクのある企画が通りにくくなったと憂える野村監督は、87年にはクラップボード発の異色企画として澤地久枝原作、田村孟脚本『ラブノート』を実現しようと動かれています。このたびその田村孟による『ラブノート』の脚本も見つけましたが、下町の中小企業に勤める若い女子従業員が愛人である中年社長の乱行に狂わされてその社長の幼い娘を惨殺するという、凄絶な内容でした。

左：澤地久枝のルポルタージュ『烙印の女たち』に収められた愛人の子殺しの実話を田村孟が脚本化した『ラブノート』は1980年頃に企画され、87年頃まで映画化の可能性が探られていた。
右：（左から）澤地久枝、筆者、小山明子。

野村　ああ、そういう企画がありましたね。

樋口　これは澤地久枝さんが現実の事件に取材したルポルタージュ「烙印の女たち」をもとにした企画なのですが、ちょうど同じ田村孟が実話由来の中上健次原作を脚本化した『青春の殺人者』にも似た印象があり、おそらく野村監督も意識はされていたことと思います。この映画化に関して澤地久枝さんにお会いしてお話を伺ったところ、野村監督から映画化したいという意向をいただいた後、特に進展はなかったけれど、逆に澤地さんのほうから「脚本化の参考になれば」と所持していた現実の犯人の女性が記録していた愛人との「ラブノート」（性交渉の記録）を野村監督にお貸ししたとのことでした。

野村　確か松竹は全く乗って来なかったですね。

樋口　それで神戸新聞などの協力を得てファンの有志も巻き込んだかたちで「神戸映画」として『ラブノート』を実現できないかと野村監督は動いていたようです。これも結局実現は見ませんでしたが、野村監督はこうして松竹のサラブレッド監督というポジションにおさまりかえることもなく、果敢に新たな作品づくりを模索されていたのが凄い。ただ90年代に入るとにわかにご体調がかんばしくない状態になられました。いま思い出しますのは、私が約30年前、90年代半ばに私が芳樹さんに仕事でお会いした際に「野村監督へのインタビューはできますか」とお尋ねしましたら、「かなり体調が悪く記憶も薄くなっているので難しいです」というお答えが返って来たことです。巷にそういう情報はなかったのでたいそう驚き、ああ遅かった、と大変残念だったのを覚えています。

野村　その時分のことを最近、山田洋次監督が新聞で語っていましたね。記憶があやしくなった父が大船撮影所を「今日はロケなんだ」と尋ねて来て、受付が大慌てになった。運よくたまたまそこに川又昂さんがいて、家に連れ帰ることになったけれど、その帰り道にタクシーで通った開通まもない横浜ベイブリッジが気に入って「ここでロケしよう」と監督が言うので、川又さんは涙ぐんだそうです。私は物心ついた時には日本映画の全盛期で父が忙しく、ゆっくりと話した記憶もありません。また父は常に自分のこと、自分の過去のことは話さなかったんですね。でも自分が松竹のプロデューサーになって、88本ある父の作品の後半数本に関わり、父の仕事ぶりに深くふれられたのは忘れがたい思い出ですね。

樋口　最後に芳樹さんが最もお好きな野村監督作品は何でしょう。

野村　昔の作品では『張込み』。ただこの映画を父がビデオで観なおしながら、えんえんと刑事が高峰秀子さんを追いかけるところはちょっとたるい、もっとシャープに出来ると言っていました。私がプロデューサーになってからの作品だと『事件』ですね。これがいちばん好きなかもしれません。

（本稿は2022年5月の鎌倉・川喜多映画記念館、2022年9月「週刊現代」〈熱討スタジアム〉における野村・樋口の対談から構成した）

『砂の器』ロケ中の野村芳太郎監督。

脚本から映像へ

野村芳太郎の「緻密」

キャスティングと構成の俯瞰

ここからは清張原作を橋本忍が大きく改変した脚本を、野村芳太郎監督がどのように映像化したのか、その際何に留意して演出したのかについて資料の細部に照らして検証してみたい。

1950年の『醜聞』、1951年の『白痴』に助監督としてついた時からその才覚を黒澤明に激賞されていた野村芳太郎は、翌52年にはSP（シスター・ピクチャー＝二本立ての添え物用の中篇映画）作品『鳩』で監督デビュー、やがて松竹大船撮影所を代表する明晰な職人監督となった。そして『砂の器』を手がけた時期において、野村はすでに77本に及ぶ作品を監督している大ベテランであり、そろそろそういったお定まりのプログラム・ピクチャーではない、刺激的な企画を手がけたいという意欲も湧き出していたに違いない。そんなところへ持ち上がったのが13年前に頓挫した『砂の器』という企画の復活であった。

『砂の器』は、1974年10月公開を目指して同年2月19日の極寒の青森・竜飛崎での親子の

構想を練る
野村芳太郎監督。

旅路から撮影がスタートした。4月には長野県千曲市のあんずの里、5月に新緑の茨城県の小学校など、日本の四季の変化を映した千代吉と秀夫の道行から少人数のスタッフによる機動的な撮影が進められ、今西刑事と吉村刑事、和賀英良をめぐるドラマ部分は追って6月20日から撮影開始となった。

この主たるドラマ部分を担う今西刑事と吉村刑事については、完成品を観てしまうともうそれぞれ丹波哲郎、森田健作という顔ぶれ以外のキャスティングは考えられないのだが、野村監督が遺したメモを精査していると「①高倉健・高橋英樹　②菅原文太・渡哲也　③三船敏郎・丹波哲郎」というアイディアが記されていて驚いた。①の高倉健は橋本プロの『八甲田山』で主演をつとめ、高橋英樹は『砂の器』に次ぐ野村監督作『昭和枯れすすき』の主演に選ばれており、年齢のことを考えてもなんとなく成立しなくもなさそうだが、②③はさすがに無理があるだろう（ちなみに渡哲也と記されたかたわらに緒形拳を挙げて消した跡があった）。

この後、丹波哲郎、森田健作、加藤剛、島田陽子というメインキャストが決定

『砂の器』東北ロケの
野村芳太郎監督。
加藤嘉と。

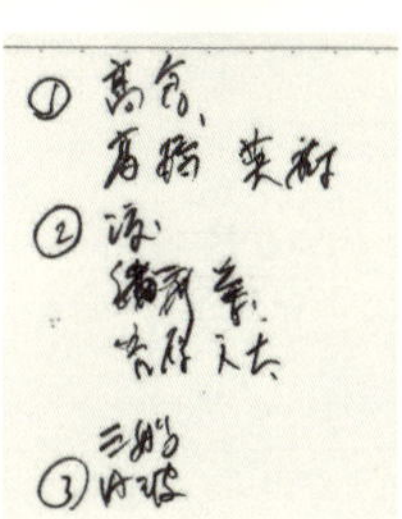

野村監督のノートにあった
キャスティングの走り書き。

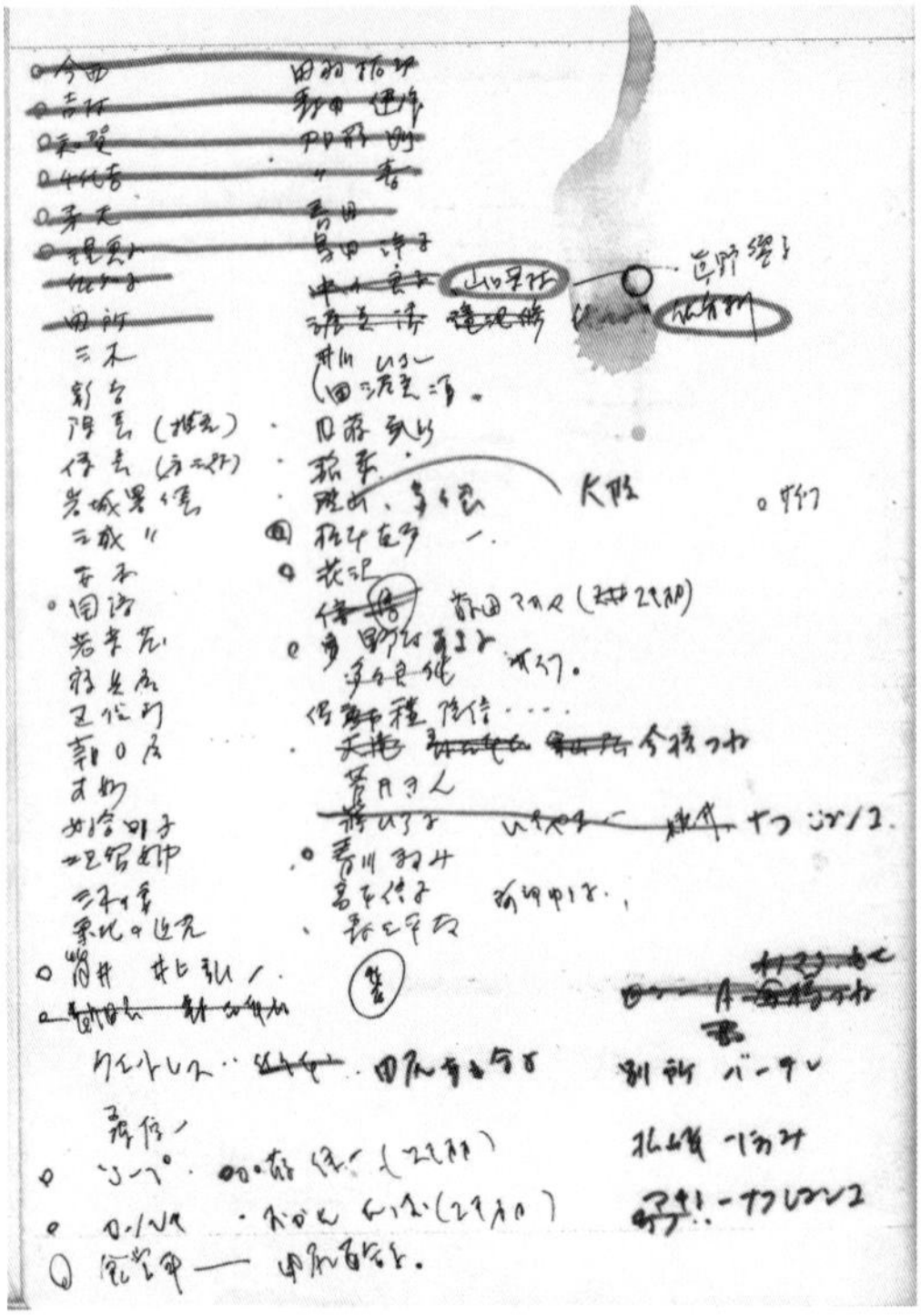

野村監督のノートより。
メイン、サブのキャスティング案は意外なものもある。

したメモを見ると、周辺のキャストについては面白い箇所があり、重要な三木謙一についてはまだ緒形拳の名はなく、かわりに井川比佐志が、さらに息子の三木彰吉には渥美清が挙がっている。ところが笑いを禁じ得ないのは、元閣僚の田所重喜の案で佐分利信のほかに滝沢修が挙がっているのはなるほどという感じだが、さらにここにも渥美清の名があることだ。つまり渥美は政界の大立者から田舎の雑貨商の息子までこなせるという見立てなのだが、結局は伊勢の映画館主におさまった。このほか田所の令嬢・佐知子には、山口果林のほか中野良子、真野響子の名が、クラブ・ボヌールの女給明子には夏純子のほか篠ひろ子、伊佐山ひろ子、桃井かおりと70年代前半にニヒルなイメージで売っていた女優たちが候補となっている。一方で、穂積隆信は新聞記者・松崎ではなく大阪の区役所職員として、藤田朝也は警視庁の検査技師ではなく信欣三が演じた国立国語研究所技官にあてられている。また、三木謙一の妻役には、演じた今井和子ではなく宮本信子が挙がっている。ところがこの時点で三森署の署長に松本克平、元署員に花沢徳衛と『警視庁物語』を彷彿とさせるメムバーが決まっていたり、ジープを運転して今西に亀嵩を案内する署員には無名時代の加藤健一が早々に選ばれている。

こうしたキャスティングの検討を経て、『砂の器』チームは中核的なドラマ部分に撮入していったわけだが、ここより野村監督が遺した撮影関連資料を参照しながら「脚本から映像へ」のプロセスでいかにきめ細かい演出がなされていたのかを探ってみたい。ここでまず確認しておきたいのだが、この資料は主に三つに大別される。まずは脚本全体を俯瞰しておおまかな展開に合わせて演出的配慮を列挙した「演出プラン」、次にその意図に則って各シーンをカット割りした「コンテ」、さらに撮影前に今いちど現場で踏まえるべき要点を自身の確認用に綴っ

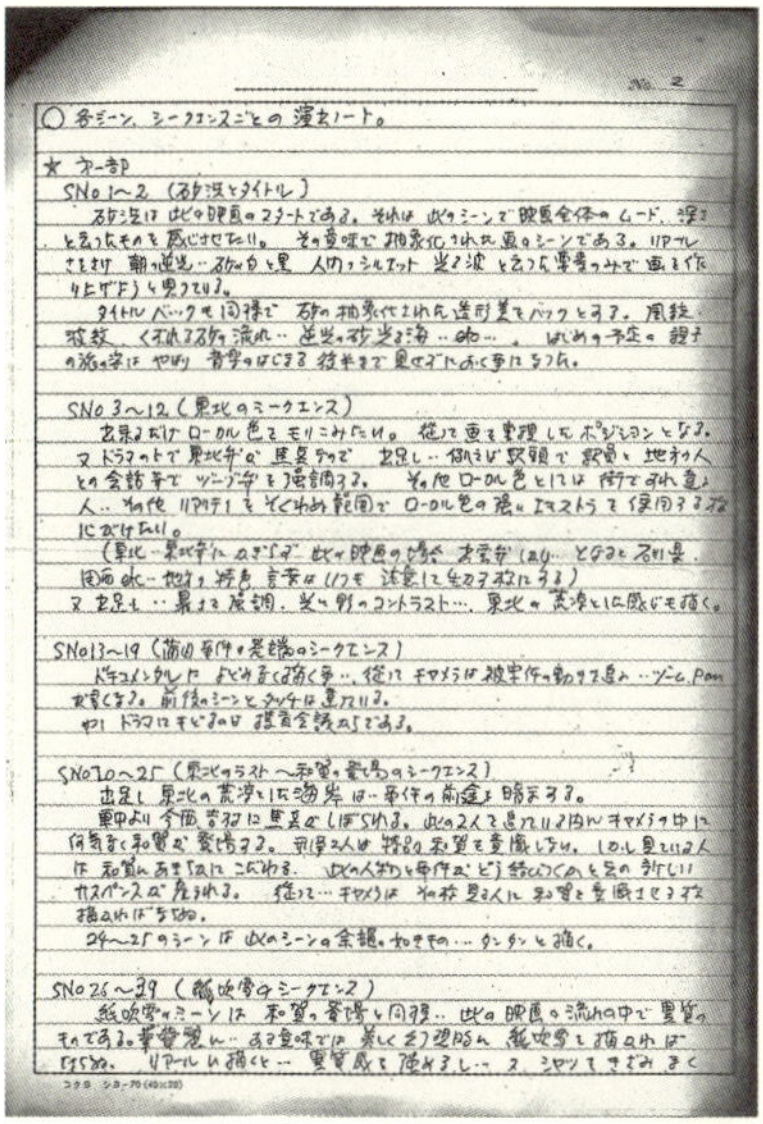
NO. 2
○各シーン、シークエンスごとの演出ノート。

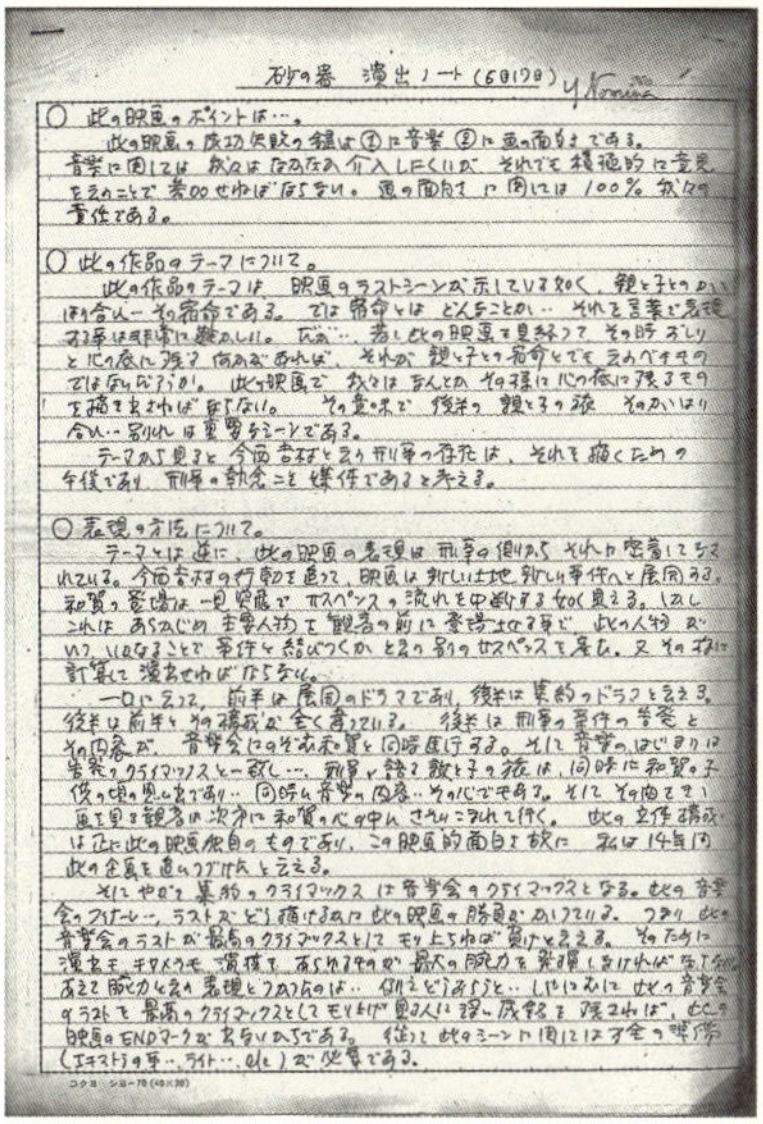
砂の器　演出ノート（6月17日）

野村監督は作品ごとに演出の方向性や重要な留意点についてまとめた「演出ノート」を記しているが、『砂の器』は特に綿密。日付が6月17日なので、俳優のドラマ部分の撮影が本格化するタイミングで記されたもよう。

た「演出メモ」である（「コンテ」をもとに美術スタッフの森田郷平によるセット図面も収録する）。
野村監督は、かねて作品ごとにこの「演出プラン」を記してスタッフ、キャストと共有し、演出の方向性を周知してきたが、『砂の器』においても、本線のドラマ部分がクランクインする直前の1974年6月17日に、野村組スタッフと出演者の一部に「演出プラン」を配っている。そこには、まずこう書かれていた。

この映画の成功失敗の鍵は、①に音楽、②に画の面白さである。音楽に関しては、我々はなかなか介入しにくいが、それでも積極的に意見をいうことで参加せねばならない。画の面白さに関しては100％我々の責任である。

野村は同じ清張映画『張込み』『影の車』などを観てもわかるように、論理的で無駄なくクールな映画話法を身上とする監督であるのだが、本作の意図としてはなから音楽と映像の面白さを優先すると記しているのが興味深い。清張原作を根本から変更して劇的なケレン芝居のメロドラマを発想した橋本忍の意図は、繊細な作劇やドラマ性ではなく、「音楽」「映像」を押し出してこそ全うできるのだという野村のふりきった演出意図は、とにもかくにも本作にはふさわしいものであった。
そしてその成否がかかっている後半の音楽演奏とドラマ部分の融合については、現在のようにデジタルで豊富な撮影素材を押さえて、編集ソフトで画と音をごく細かい単位で自在にエデイットできるわけでもない半世紀前に、これだけ密な画と音の連携が実現されたことには驚きを禁じ得ない。なぜ当時の慌ただしい制作環境にあってこんなことが可能であったのかはこの後おいおい実証的に言及してゆくことにする。

一方で野村は本作のテーマ「親と子の宿命」の表現については、

> **後半の親と子の旅、そのかかわり合い、別れは重要なシーンである。テーマから見ると、今西、吉村という刑事の存在は、それを描くための手段であり、刑事の執念こそ媒体であると考える。**

として、本作の特異さを明示している。つまり、一見本作の主役として物語を推進している今西と吉村は「媒体」、つまりは「狂言回し」であって、それはやがて「宿命」をめぐる隠れたストーリーを輪郭づける「手段」だということを確認している。またさらに、

> テーマとは逆に、この映画の表現は刑事の側から、それに密着してなされる。今西、吉村の行動を追って、映画は新しい土地、新しい事件へと展開する。和賀の登場は一見突飛でサスペンスの流れを中断するごとく見える。しかし、これはあらかじめ主要人物を観客の前に登場させる事で、この人物が、いつ、いかなることで事件と結びつくかという別のサスペンスを産む。またそのように計算して演出せねばならない。

という計算はさすがに野村芳太郎の名職人たる読みで、出来上がった映画を観ているぶんには気にならないが、脚本だけを読んでいると、確かに和賀の存在はまるで今西と吉村の裏付け捜査の内容とは絡まず、せいぜい列車のなかで瞬時そばにいただけという全く無関係な存在なのである。したがって下手な監督がただ漫然と両者を並列的に描したとしたら、単に「サスペンスの中断」に過ぎなくなってしまう。だが、本作の野村芳太郎は、この今西、吉村の線と一切交わらない和賀の描写で、一貫して和賀につきまとう陰翳を印象づけようとする。このことが和賀への興味をかきたて「この男がどう事件と結びつくのか」という「別のサスペンス」をじわじわと積み立てるのだ。こういうところは、なかなか脚本には書ききれない味つけの部分であって、監督の細心さが試されるところだ。たとえばお互いを知らない今西、吉村と和賀が先述した羽後亀田の帰途の食堂車でニアミスする何気ないシーンも、野村はきめ細かいコンテを書いて、和賀を観客の記憶に刷り込む工夫を施している。

そしてこの「演出プラン」の最初の総論部分は、こうした見解で結ばれる。

一口にいって前半は展開のドラマであり、後半は集約のドラマである。後半は前半とその構成が全く違っている。後半は刑事の事件の告発とその内容が、音楽会にのぞむ和賀と同時進行する。そして音楽のはじまりは告発のクライマックスと一致し……、刑事の語る親と子の旅は、同時に音楽の内容……その心でもある。そしてその曲をきき、画を見る観客は次第に和賀の心の中にさそいこまれて行く。この立体構成は、正にこの映画独自のものであり、この映画的面白さゆえに、私は十四年間、この企画を追いつづけたといえる。

私は松竹蒲撮影所長の野村芳亭を父にもち、子ども時代から松竹の撮影所が身近にあって、やがてエース監督として重用されてきた野村芳太郎に、そんなホームの松竹と訣別してでもこの映画を撮りたいと思わせたものはいったい何なのかというのが気になっていたが、この後半

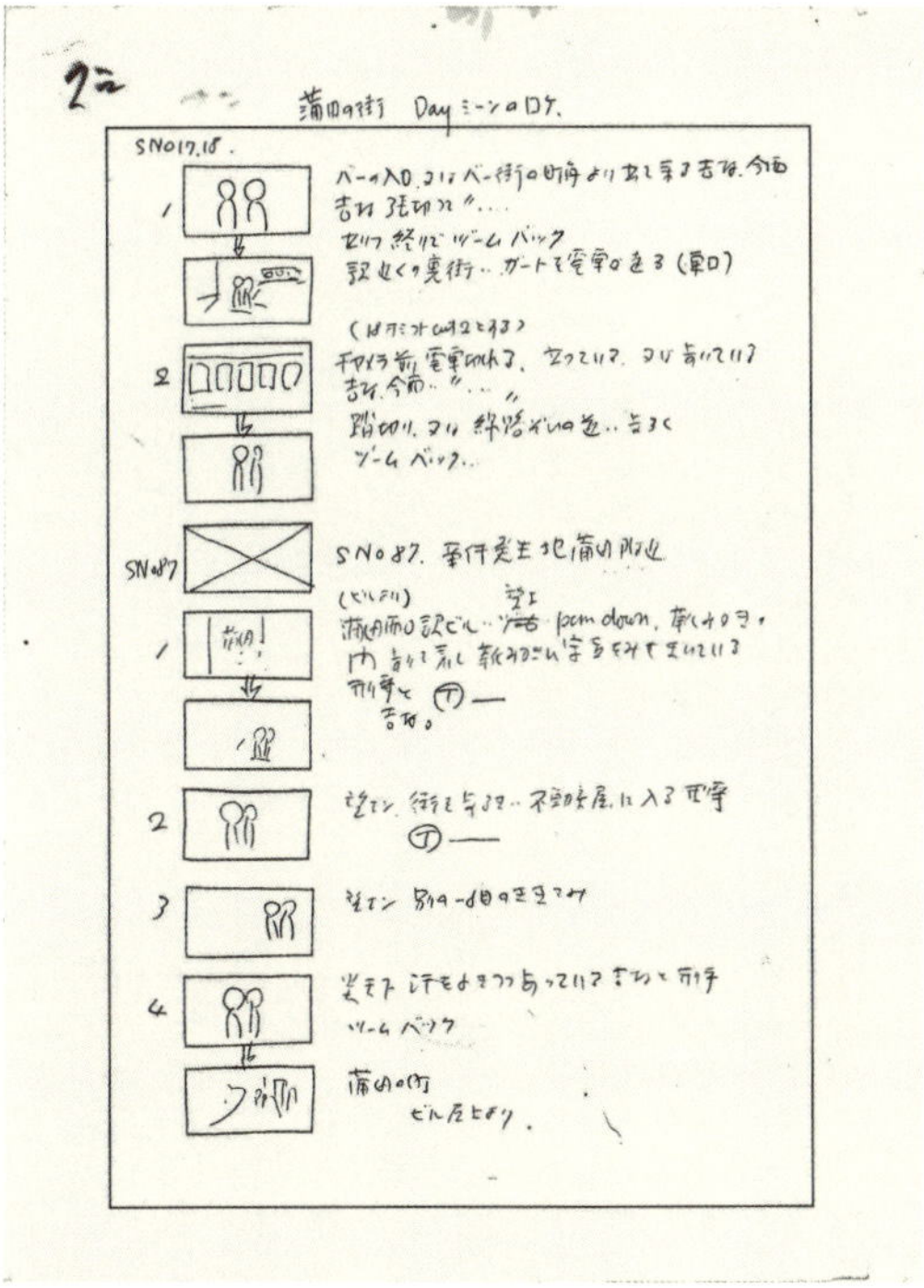

「蒲田の街　Dayシーンのロケ」と題されたコンテには
序盤の今西と吉村の聞き込み行脚と、
再度捜査員が召集された中盤の聞き込みが
まとめて記されている。

蒲田の線路をくぐってスナックに向かう今西と吉村のカットは
みごとにコンテ通りに撮影されている。

の合同捜査会議―コンサート会場―親と子の旅路の三つが同時進行する「立体構成」にそこまで惹かれていたというのは驚きである。原作の影響もあってかなり問題点も多い脚本であり、前半後半の大きな転調など挑戦的ではあれど映画の様式としては破格すぎないかというところもあって、はたして退社まで覚悟してこれに賭けるというような企画だったのだろうか。そんなふうに私は考えてしまうのだが、量産期の撮影所でさんざん規格品を作らされてきた野村芳太郎からすれば、そういった不安多き企画でも従来の松竹では許されないテーマと表現の橋本脚本のベンチャーな熱に誘われたのかもしれない。いやむしろその企画の危うさ、きわどさにこそ惹かれたと言うべきか。続いてこの総論部分では、

そしてやがて集約のクライマックスは音楽界のクライマックスとなる。この音楽会のフィナーレ、ラストがどう描けるかにこの映画の勝負がかかっている。つまり、この音楽会のラストが最高のクライマックスとして盛り上がらねば負けといえる。そのために、演出も、キャメラも、演技も、あらゆるものが最大の腕力を発揮しなければならない。腕力という表現をつかったのは、たとえどうあろうと、しゃにむに、この音楽会のラストを最高のクライマックスとして盛り上げ、見る人に深い感銘を残さねば、この映画のENDマークが出ないからである。したがってこのシーンに関しては万全の準備（エキストラの事、照明効果…ETC）が必要である。

と語られるのだが、この「腕力」という表現はまさに演出の核心にリンクしているだろう。さまざまな展開の無理をかかえつつ、橋本忍がまさに「腕力」でメロドラマ化を図ったのがこの脚本であって、その難点を気づかせずに「しゃにむに」劇的な要素、技巧をつぎ込んで大ぶりなメロドラマとして完成させるという「腕力」こそが何よりスタッフ、キャストに求められたものだった。こうして「演出プラン」の総論が結ばれた後は、「各シーン、シークエンスごとの演出ノート」として、主要な場面ごとの演出の留意点が語られる。

「ドキュメンタル」に、よどみなく

S1—S2（砂浜とタイトル）

砂浜はこの映画のスタートである。それはこのシーンで映画全体のムード、深さといったものを感じさせたい。その意味で抽象化された画のシーンである。リアールをさけ、朝の逆光、砂の白と黒、人間のシルエット、光る波といった要素のみで画を作り上げようと思っている。

タイトルバックも同様で、砂の抽象化された造型美をバックとする。風紋、波紋、くずれる砂の流れ、逆光の砂、光る海ETC。はじめの予定の親子の旅は音楽のはじまる後半まで見せずにおく事にする。（注、はじめのタイトルバックは四季の親子の旅、それがラストになった）

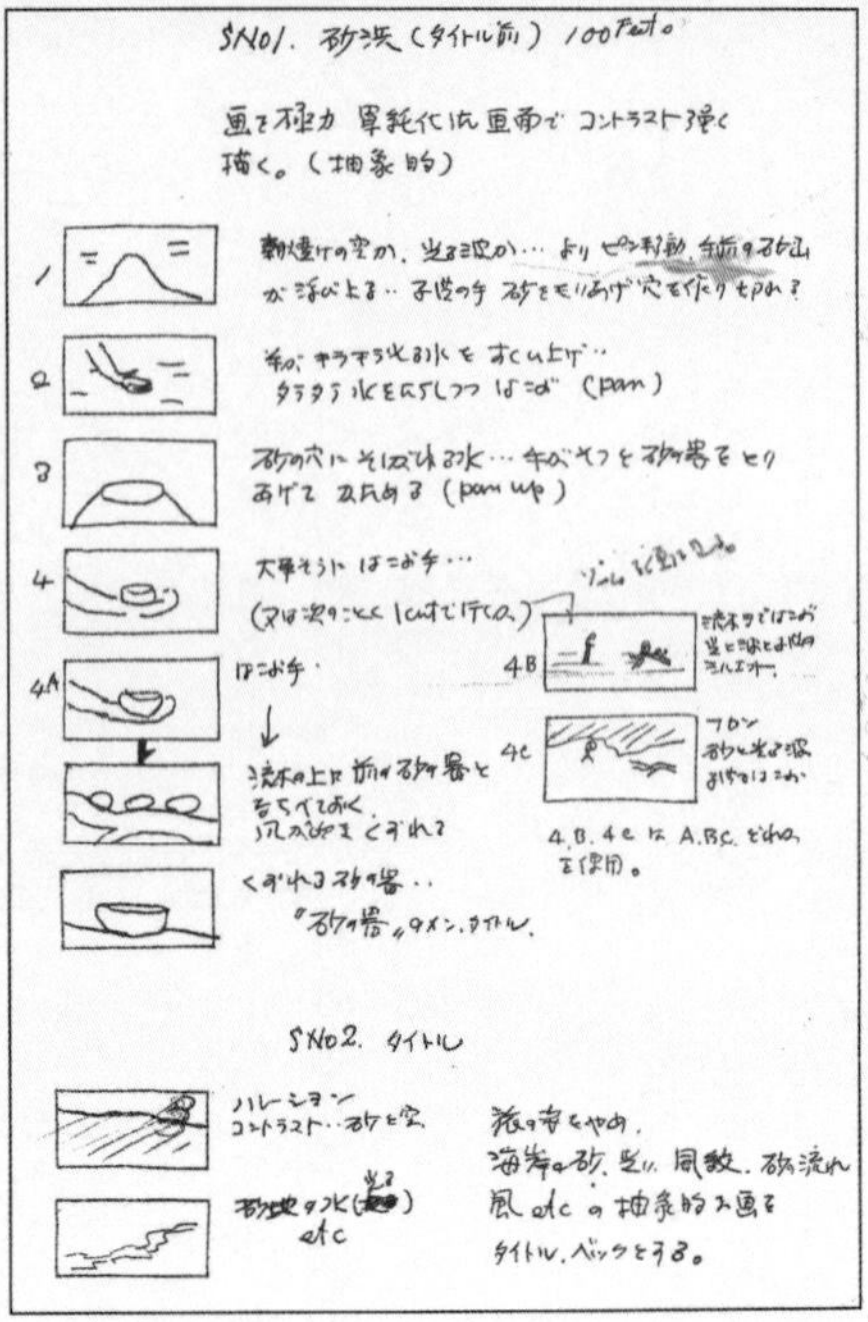

冒頭のシルエットの秀夫が海辺で砂の器をこしらえるシーンのコンテ。あらかじめ仕上がりそのままのカット割りがなされている。

この演出意図にあるように、伊豆の白浜で早朝の4時半くらいから一瞬の日の出を狙って撮影されたという冒頭の浜辺のショットは、清張原作の本作がよくあるタイプのミステリ娯楽篇ではないのだという、作品の目指す方向性や意志を観客に伝えるもので、じゅうぶんにその効果はあがっている。撮影の川又昂は「撮影報告」として「朝陽を浴びた赤黄色の砂浜、光る波、シルエットの人間といった画」の抽象性を狙い、タイトルバックも同様の意図で「風紋、砂山、砂穴」を撮ったという。１０００ミリのレンズで照明を用いず、フィルターと絞りだけで撮影されたこのオープニング部分は美しく暗示的でよいと思うのだが、ラストにある親子の旅路のイメージが冒頭に予定されていたというのは意外で、ここで子どものみならず遍路姿の親まで見せてしまうのはいささか「抽象度」を欠くので、ラストに持って来たのは正解だった。そして続くタイトルバックもこの延長であたかも一幅の絵画のような「抽象度」の砂の映像づくしだが、当初浜松の砂丘でこれを撮影していた川又は風紋を撮るためだけに鳥取まで出かけたという。だ

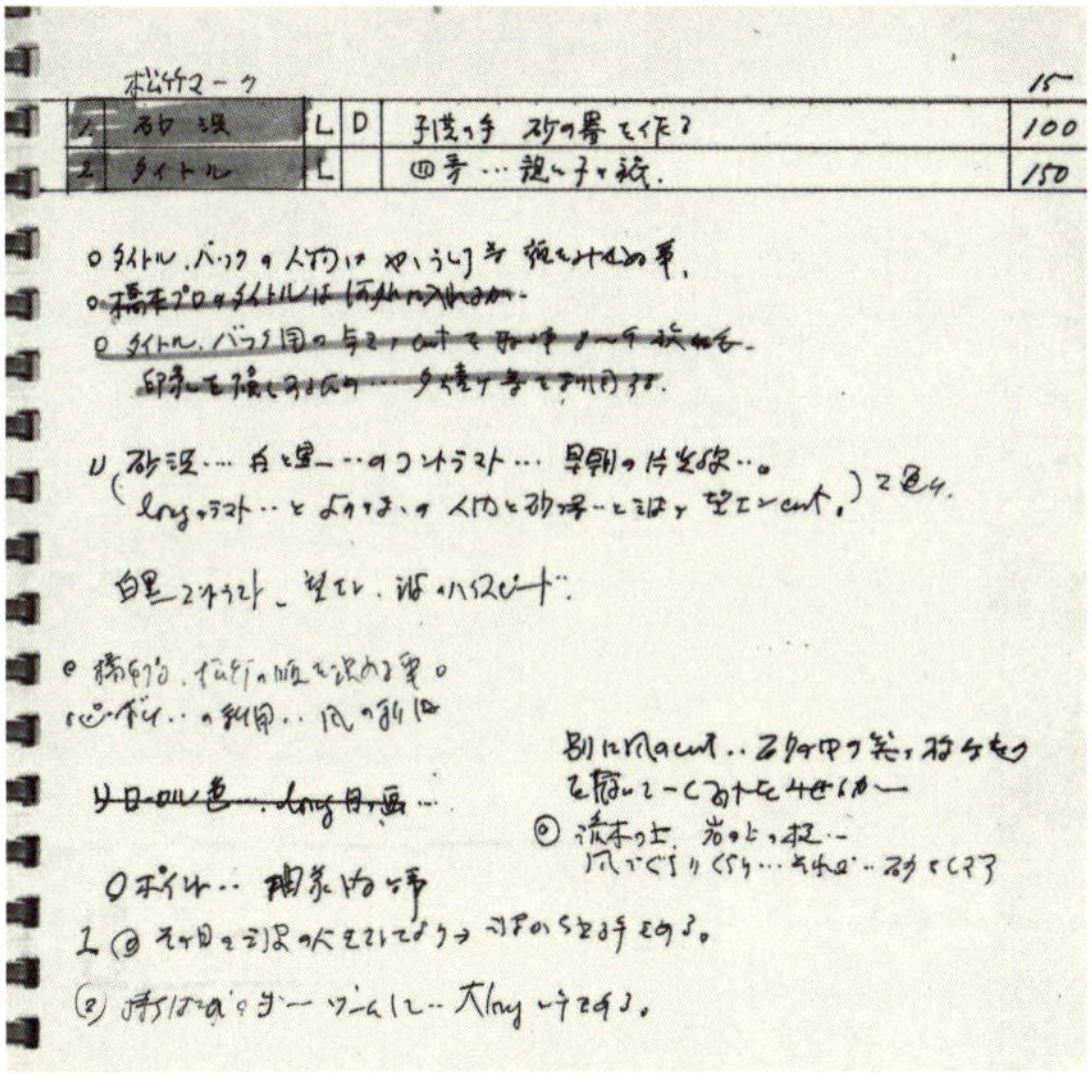

撮影前に記された演出メモ。冒頭は「白と黒のコントラスト」「抽象的であること」など映像の留意点が記されているが、続くタイトルバックは「親と子の旅」とあるが、ここも抽象的な砂の景色となった。

が実は野村監督はこんなに静謐な画のタイトルバックでいいのかと最後まで悩んでいて、川又がぜひこれでと主張して採用になったというのは意外なことである。

野村によるこのアヴァンタイトルのコンテを見ると、この冒頭の「画を極力単純化した画面でコントラスト強く描く。（抽象的）」とされたカットのひとつひとつの再現性には驚かされる。流木に砂の器を運ぶ秀夫のシルエットをはじめ、コンテが極めて厳密に再現されている。続くテーマ曲をバックにしたタイトルバックでは「旅の姿をやめ」と注記され、しばしばテレビドラマ版がやってしまうようにここで親子の旅路のイメージを出すことはせず、「海岸の砂、光、風紋、砂の流れ」などの抽象的な画を押さえるべしと指定が入っている。撮影前の演出メモにも「ポイントは抽象的なこと」「白と黒のコントラスト」と強く注記されている。

S3―S12（東北のシークエンス）

出来るだけローカル色をもりこみたい。したがって画を重視したポジションとなる。また、ドラマの上での東北弁が焦点なので、たとえば駅頭で駅員と地方の人の会話等でヅーヅー弁を強調する。その他ローカル色としては街ですれ違う人、その他、リアリティをそがぬ範囲でローカル色の強いエキストラを使用するよう心がけたい。（東北、東北弁にかぎらず、この映画の場合出雲弁しかり、となると石川県、関西ＥＴＣ、地方の特色、言葉はいつも注意して生かすようにする）また、出足も、暑さの強調、光と影のコントラスト…、東北

冒頭の羽後亀田のロケハン。

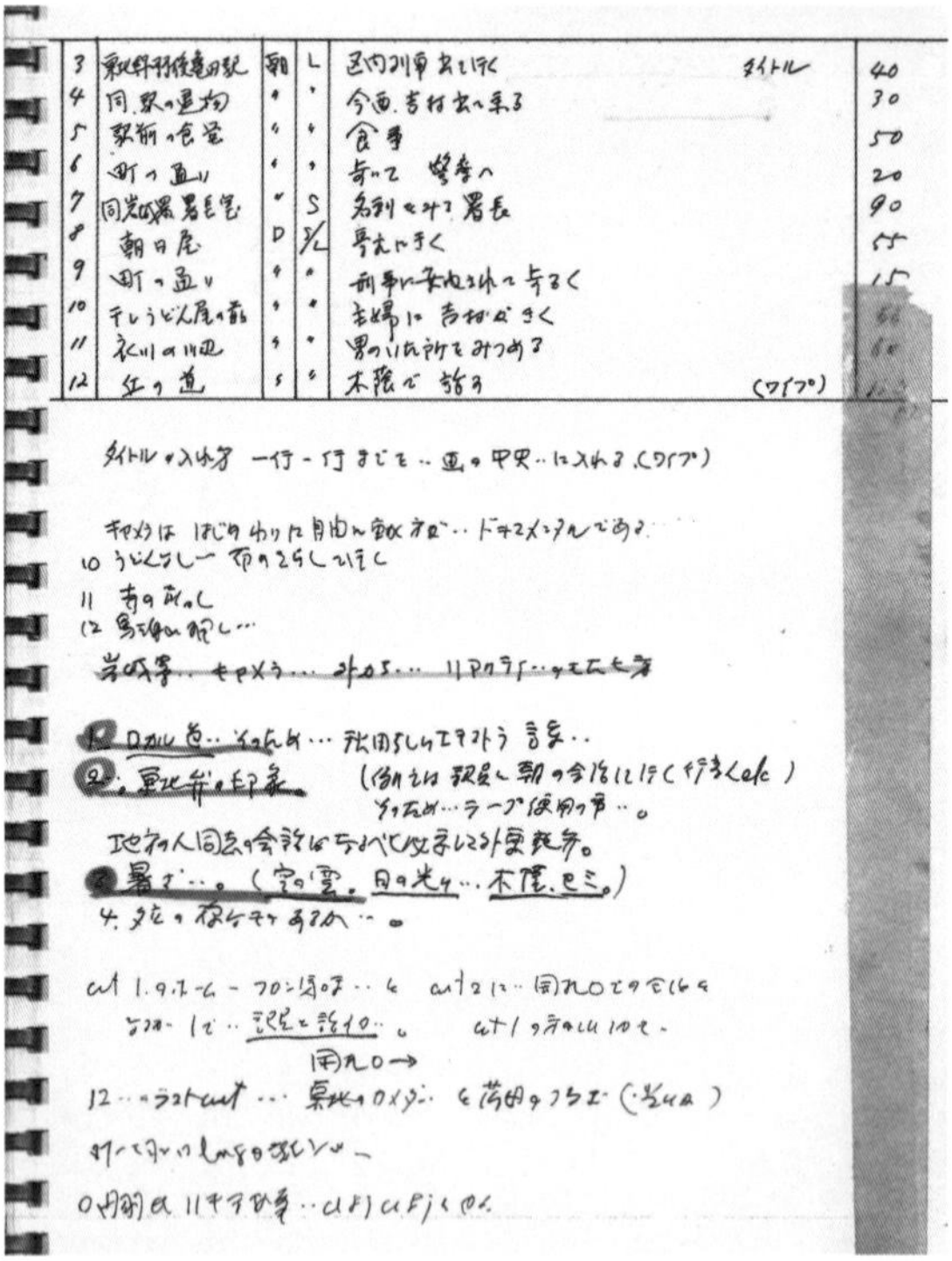

羽後亀田での捜査シーンの演出メモ。
「方言」「夏の暑さ」がポイントとして挙げられているが、
吉村が「東北弁のカメダか…」とつぶやくラストカットを、
次の蒲田の事件現場につなぐニュアンスが
留意点とされている。

の荒涼とした感じも描く。

脚本では羽後亀田に赴いた今西が現地の警察署の刑事に案内、説明を請うかたちになっていたが、謎の挙動不審な男の動静を吉村が地元の女性たちに尋ね、かなりこみいった方言で答えが返ってくるという流れに変更するなど、方言が謎解きに深く関わる作品だけに、各地で方言を聞かせる工夫は奏功している。このシークエンスの撮影前の演出メモにも夏の暑さの要素を盛り込むことに加えて「ローカル色を出すために地方の人どうしの会話は極力東北弁に」と記されているが、これは他の山陰や北陸のロケシーンについても「方言を大きく扱っている映画であるからには地方ごとの言葉を活かすことに注力すべし」という課題が再三記されている。

亀田のパートは捜査が空振りするだけのシーンに過ぎないが、山や川の風景、土地の人びとの言葉などが鮮やかな印象をのこす。

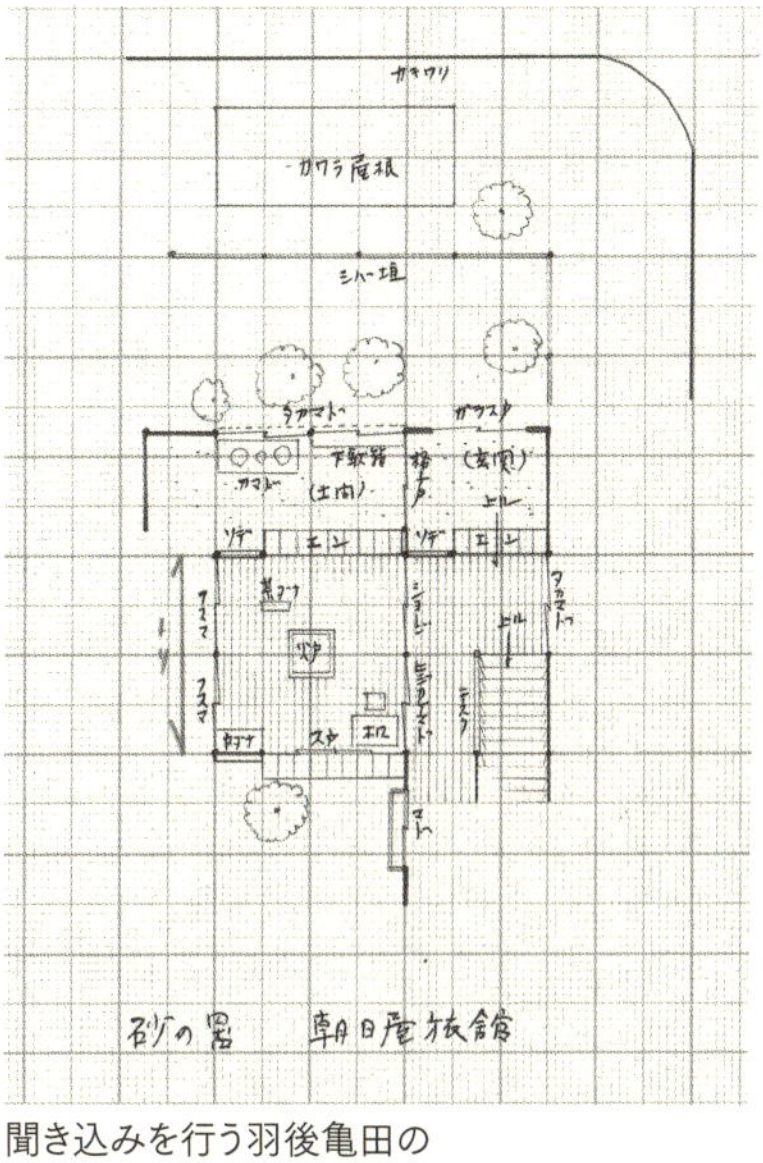

聞き込みを行う羽後亀田の朝日屋旅館のセット図面。

川又昂も「十分なローカル色、そしてやけつくような暑さを表現するのに光と影のコントラストを強調しました。一応ロケ場面は好天に恵まれ1日半の撮影でしたがネライ通りにいったと思います」と述べているが、くだんの質問される女性たちが川で反物を洗っていたり、手がかりのなさに焦る吉村を今西が亀田の龍門寺の前でなだめるところでも地元の刑事がくれた瓜にかぶりつくアクションを入れたり、野村監督は脚本にはない風物のあれこれを細部に盛り込んで効いている。

また、帰途の電車で今西と吉村が隣の食堂車に移動する場面でも、通路に足を出して寝そべっているチンピラふうの男を吉村は叱るという細部を追加して、その正義感あふれる実直な性格を印象付けたりと面白い工夫をしている（野村芳樹氏によればこれは国鉄の依頼であったというが）。実はこうした一見なんでもないようなディテールが実は観客にはひじょうに気になるものであるのを、ここまでに76本（生涯には88本）もの映画を撮って来た野村監督は熟知しているようだ。

そして今西と吉村の亀田行脚が空振りに終わり、なぜ彼らがここくんだりまで捜査に来たのか、という理由が長い回想で語られる。きめ細かいのは亀田の不毛な調べから蒲田の操車場の事件現場に回想に飛ぶ際に、演出メモに「(亀田の) ラストCUT…東北弁のカメダを蒲田のつなぎ」と記されていて、要は焦燥する吉村刑事の「東北弁のカメダか…」という独白を、以下の事件現場のシーンにつながるニュアンスで撮るようにというメモなのであった。こういったコンティニュイティを意識したきめの細かさが積み重なって、野村作品の端正な構えは出来ている。

そしてここから時間を遡行して、ようやくかんじんの事件の何たるかを観客は知らされるわけだが、ここでも野村芳太郎は映像のタッチについてこんな意図を掲げている。

S13—S19（蒲田殺人事件の発端のシークエンス）
ドキュメンタルによどみなく描くこと、したがってキャメラは被写体の動きを追う…、ヅーム〔原文ママ〕、パンが多くなる。前のシーンとタッチは違っている。ややドラマに戻るのは捜査会議からである。

本作の特徴のひとつはタイトル（スーパー）の多用で、橋本忍は後半の捜査会議／演奏会／親子の旅を一気にイメージとエモーションの世界に跳躍させる一方で、前半は全体としてドキュメンタリー・タッチのリアルさと臨場感を狙っている。それは「秋田県羽後亀田に着く」「以後は警視庁の継続捜査に移る」といった状況説明として必要なものだけにとどまらず、ディテールにおいてはシナリオにもなかった「羽後本荘で急行「鳥海」にのりかえる」などの実に細かいタイトルが追加されている。たいていの作品ではこうしたタイトルは単に説明用の手段でしかないのだが、橋本忍は語りに臨場感を醸して観客を引き込む手法として積極活用しているのが独特である。演出メモで野村は「タイトルは一行一行を画面の真ん中に入れる（ワイプ）」と出し方を言及している。

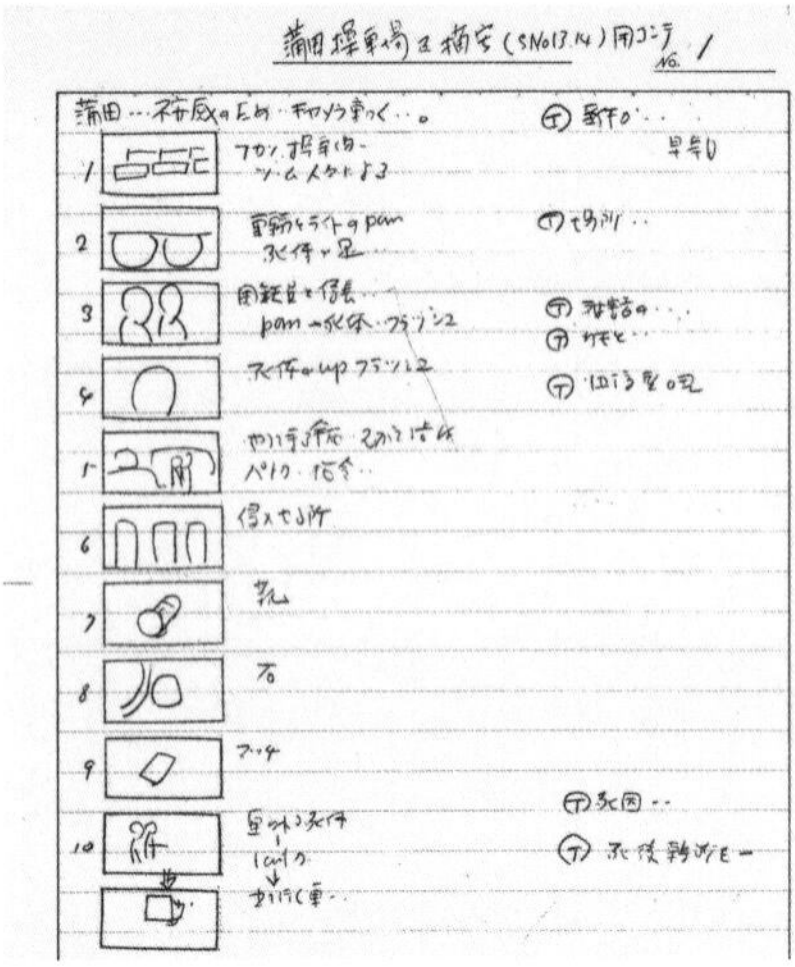

国鉄蒲田操車場構内の事件現場のシーンのコンテ。
遺体や遺留品を点描していくが、
きめ細かくコンテで指定されている。

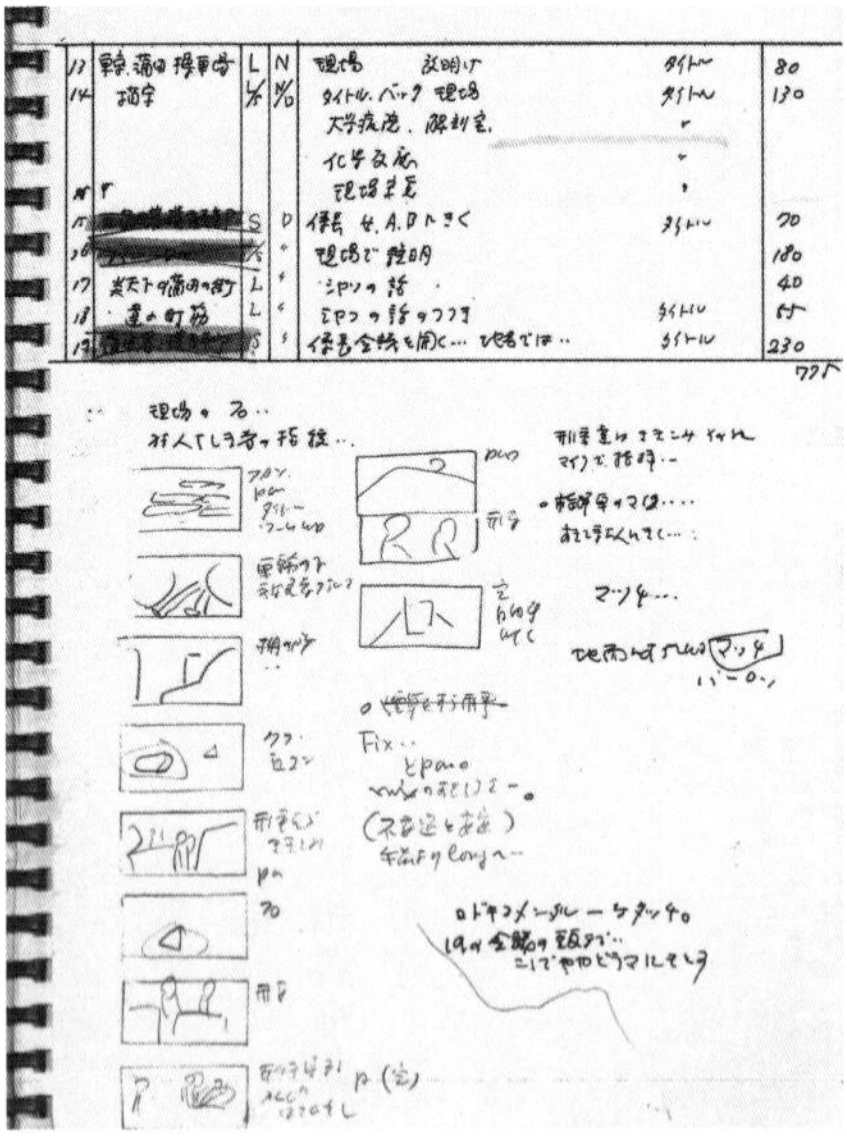

蒲田の事件現場シーンについての演出メモ。
「ドキュメンタルなタッチ」を続く西蒲田署の
捜査会議のシーンの「アタマ」まで維持してから
「ドラマにもどす」という極めて繊細な注記がある。

そして硬質なタイトルとドキュメンタリー・タッチの掛け算がひときわうまく行っているのが蒲田操車場の現場検証のシークエンスだろう。ここでは川又昂のキャメラがシリアスに現場のさまざまな事象を点描し、クールなタイトルで被害者の状況が解説される。だが、川又の「撮影報告」によればこの快調に見える操車場の撮影もけっこう難航したようで「操車場でのロケ撮影は時間的制約が一番きびしく、しかも天候にもめぐまれず、三度も中止の上やっと四度目にシュートできたといういわくつきの撮影でした。当初は6月の早朝一番電車の出庫30分前、日の出時間とマッチさせてズーム効果を狙ったのですが、前述の如き事情で実際の撮影は9月中旬となり時間のズレが大きく、大幅にコンテの変更を余儀なくさせられました」とのこ

東北を去る前に今西と吉村が東北ならではの海を見る場面はいきなり旅情が漂う。『砂の器』のいわゆるミステリーとは異なる「旅の映画」としての顔を印象づけるシーンだ。

とで、本当にスケジュール的にはぎりぎり間に合わせたようである。だが、そういった裏話を聞かなければ、この操車場のシークエンスは野村の意図がじゅうぶんに反映されているように思われる。

そしてこの操車場のシーンのキャメラワークについて演出メモで野村は「Fix と Pan（安定と不安定）の mix のおもしろさ」をねらって「ドキュメンタルなタッチ」を出し、それを続く西蒲田署での捜査会議のシーンで「ややドラマにもどす」という極めて繊細な映像の匙加減について記している。

S20—S25（東北のラスト・和賀の登場のシークエンス）

出足、東北の荒涼とした海岸は…事件の前途を暗示する。

車中より今西、吉村に焦点がしぼられる。この二人を追っている内にキャメラの中に何気なく和賀が登場する。刑事二人は特別和賀を意識しない。しかし見ている人は和賀に、明らかにこだわる。この人物と事件がどう結びつくかという新しいサスペンスが産まれる。したがって…、キャメラはそのように見る人に意識させるように描かねばならない。

このシークエンスでの和賀の処理については、くだんの総論の段階から野村がいたく気にしているところであるが、第一稿から決定稿まで和賀はただ今西、吉村と同じ食堂車で目立っていた、という表現にとどまっていた。そこに野村はもう少し気にならない範囲の工夫で今西、吉村と和賀に接点をもたせようと撮影現場で探ったようで、今西らのテーブルで相席になっていた白人の青年を、別のテーブルから和賀たちが「ジョン、こっちが空いたよ」と呼び、彼が席を移った後に「すみません。忘れ物をしたものですから」と和賀がタバコとライター（?）を取りに来る、という実に細かい肉付けを施した。こういう細部はさすがに脚本では書ききれないところであって、野村がこの細かい作劇を加えたのはその演出メモにいわゆる「ドキュメンタル」な効果を狙ったのだろう。

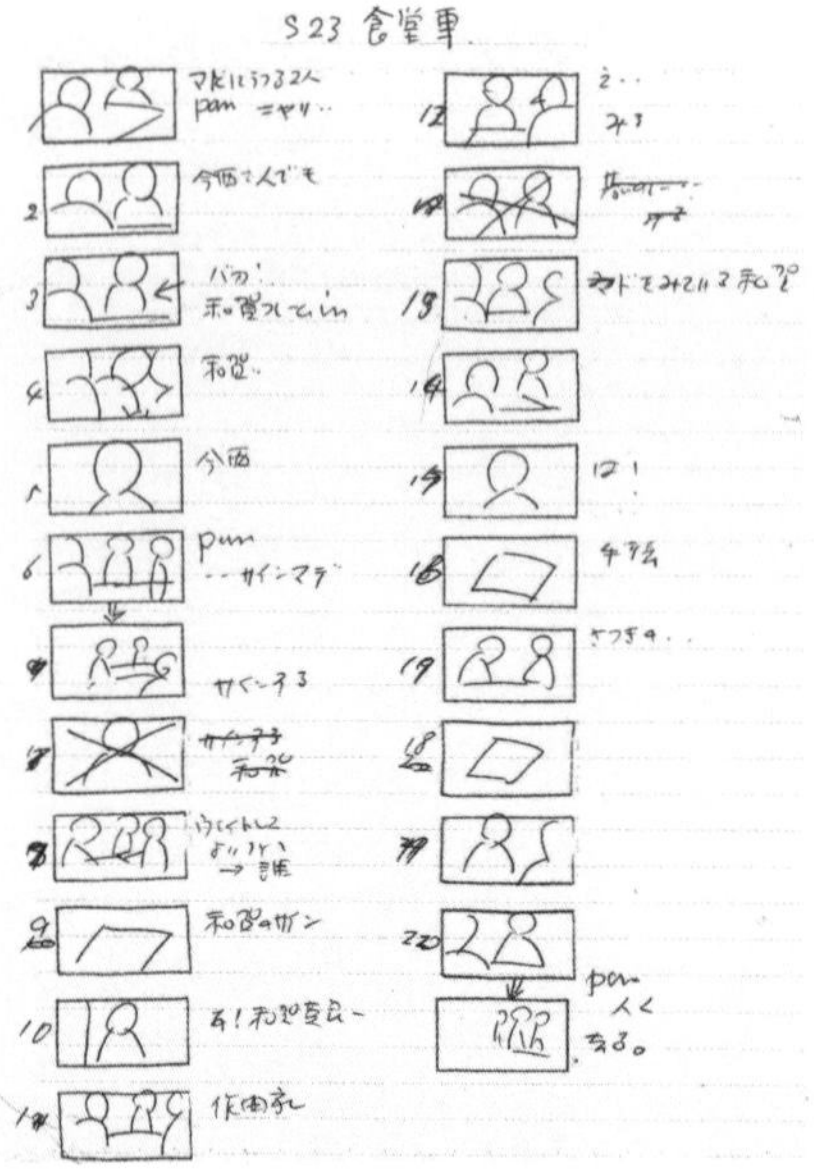

東北から帰京する急行列車の食堂車で、
今西と吉村が和賀英良とニアミスするシーンのコンテ。
なにげないシーンだが、
実に細かく丁寧にカットが割られている。

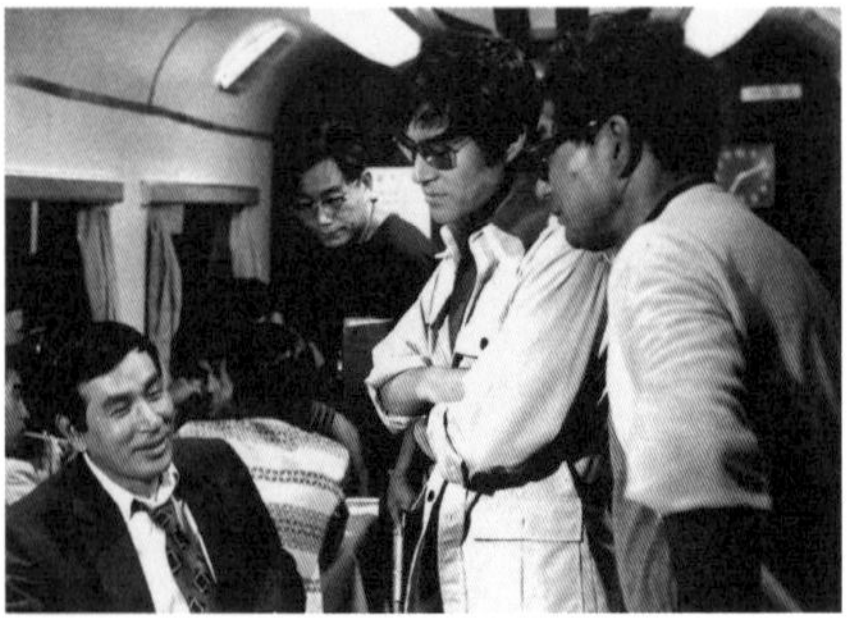

実は劇中で今西と吉村が和賀と至近で
接点を持つのは、この食堂車のシーンのみである。

ちなみに、この「ジョン」と呼ばれる長髪と髭の白人の優男は、同年の山本薩夫監督『華麗なる一族』冒頭にも出演していたおなじみの仕出しガイジンだ（仕出しとはエキストラをさす現場用語）。この「ジョン」をはじめ和賀を囲む面々は、原作における「ヌーボー・グループ」のメムバーということになるのだろうが、映画ではほぼ人相も見えないくらいの描き方で、彼らが英語か仏語かで議論している雰囲気で、なんとか文化人グループふうに感じを出そうとしていた。

凡庸なプログラム・ピクチャーであれば、ここは丹波哲郎に対する今ひとりのスタア俳優である加藤剛の初登場シーンということで、あからさまに加藤が映える寄りのカットを挿入するのがお定まりなのだろうが、野村はここで加藤剛＝和賀英良がさりげなく忘れ物を取りに来るだけで（しかも画面から見切れている）、以後も取り巻きのテーブルに紛れている、という扱いにしてみせた。もっとも野村がどう頑張っても演じているのが加藤剛だけに、俳優序列でミステリ映画の犯人がばれてしまうというううらみは免れないのだが、少なくとも本作の前半のドキュメンタリー・タッチの文体に加藤剛をおさめるという意図にはかなったかもしれない。野村の演出メモでは「あくまで今西中心のキャメラワークだが和賀をさりげなく目立たせる」と記され、「和賀のカットにピアノの音を入れる…」というアイディアも書かれているがそれは却下されたようだ。

そしてこの今西らは和賀を有名人として遠巻きに眺めながらも、それ以上の関心はなく、そのまま今西が詠んだ俳句の品評に話は横滑りする。そのやりとりでほんの一瞬、今西には妻子がいてけっこう子煩悩らしい横顔ほのめかされるのだが、原作がけっこう今西の家庭での様子にも踏み込んで妻のほか親類まで顔を出すのに対し、映画では今西、吉村の私生活はこれ以外全く描かれない。野村は演出メモではないノートの走り書きに「刑事の家庭と云ったものがもう少し描かれるか」と記していたが、この線は変わることはなかった。野村は続いて、

S24・S25のシーンは、この〔前の〕シーンの余韻のようなもの……、タンタンと描く。

とわざわざ注記しているが、これは落胆気味の二人を乗せた夜行列車が上野駅（演出メモでは赤羽付近を見込んでいるが実際は田端操車場の広い画）に到着しつつある「6時43分 上野駅に着く」シーン、続いて西蒲田署の捜査本部の入り口の「国鉄蒲田操車場内殺人事件 特別捜査本部」の張り紙がはがされて本部解散を伝えるシーンであり、ごく何気ない箇所であるのだが、あえてこういう細部に「タンタンと」と入念な指示をいれるところが野村らしい。劇中のドキュメンタリー・タッチをうまく維持するうえで、こういう本当に何でもない細部への配慮が大切であることを野村は熟知している。

そして、ここからが脚色段階から問題となっている「紙吹雪の女」のシークエンスである。

弱点をやり過ごす技巧

S26—S39（紙吹雪のシークエンス）

紙吹雪のシーンは和賀の登場と同様……、この映画の流れの中で、異質のものである。華麗に……、ある意味では美しく幻想的に紙吹雪を描かねばならぬ。リアールに描くと、異質感を強めるし……また、シャツをきざみ、まくという行為の非論理性、非現実性を意識させてしまう。それを感じさせない美しさが必要で……、キャメラワーク、ライテング〔原文ママ〕その他工夫を要するシーンである。警察と新聞社はリアールでよい。

この本作中もっとも観客が不自然で容認しがたい「紙吹雪の女」のくだりについては、そもそも原作自体に無理があるのだが、橋本忍の脚色を経てもなぜかこのアイディアは（黒澤明からもナンセンスだという指摘を受けながら）なぜか温存され、映画版にまで残ってしまったものである。原作をこれほど改変した橋本がなぜこのアイディアの代案を思いつかなかったのかは不思議だが、野村は演出プランにあるように自らもこの箇所に「非論理性、非現実性」を重々意識しながら、このシーンを撮ることになった。

原作ではこの犯罪の物証をわざわざ公然とまきちらすという不自然なアイディアに、それをまいた女が何回もの偶然を経て捜査線上にあがるというご都合主義が目立って厳しい印象であったが、橋本脚本はせめてその後半の吉村が高木理恵子に出会うまでの偶然をかなり短縮し、語りの勢いによって観客にあれこれ考える隙を与えないで乗り切ろうとした。そして野村はさらに、この「紙吹雪の女」の行動を「華麗に」「美しく幻想的に」粉飾することで、ここを一種ファンタジーめいた印象にしてみせた。つまり、ドキュメンタリー・タッチで攻めてきた作品なのに不意の夢想的なイメージを挿入して、観客を思考停止させようというわけである。

撮影前の演出メモには「紙吹雪の女は出来るだけムードで…」「説明にならぬ事。画それ自

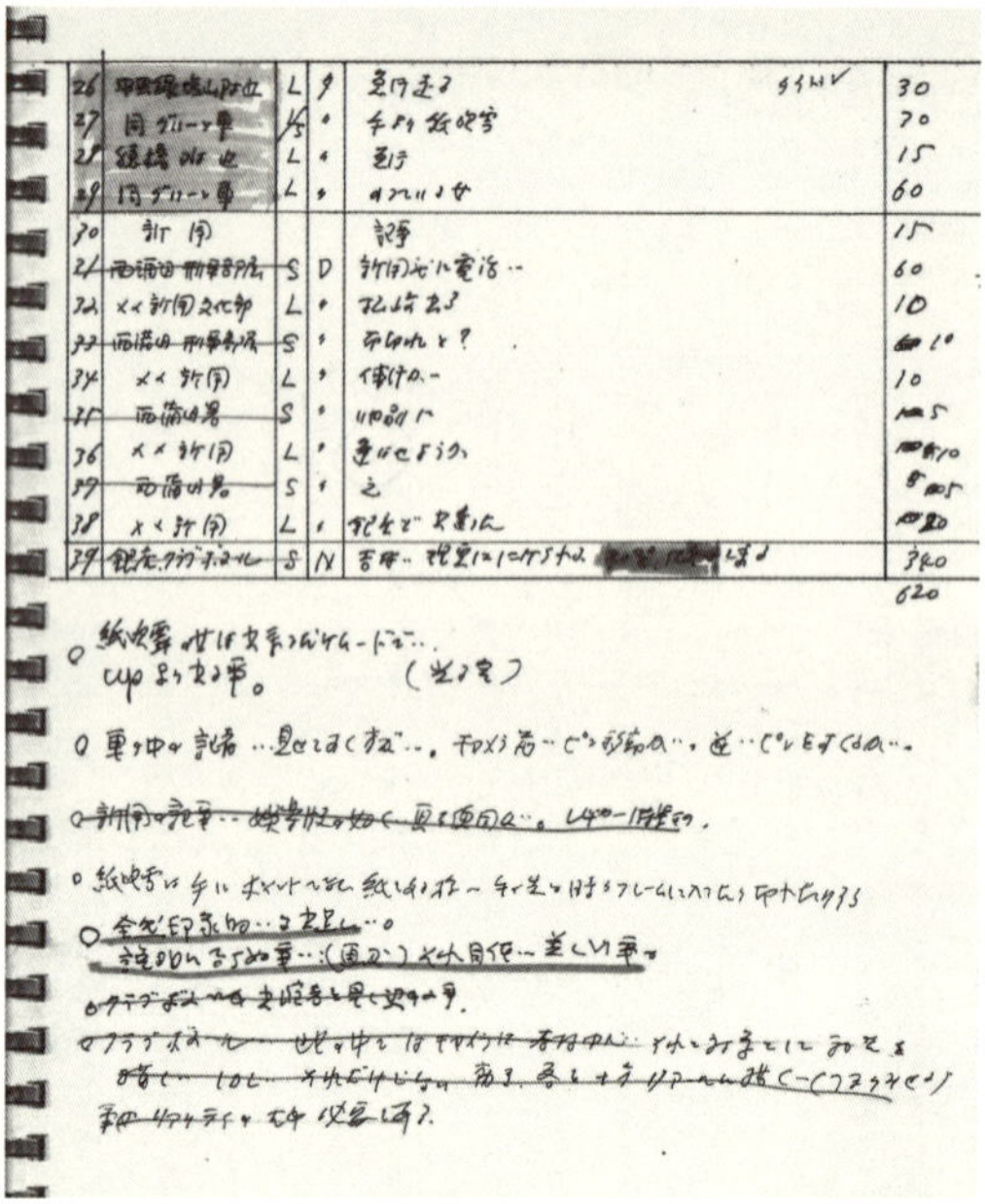

本作の弱点である「紙吹雪の女」のシークエンスの
演出メモでは、「美しく、説明にならぬこと」が重点とされ、
この無理筋の設定を感覚的にやり過ごす工夫が記されている。

クラブ・ボヌールのセットにて。
野村監督、島田陽子、森田健作。
後方にカメオ出演で協力した村松英子の姿がある。

体が美しい事」と記されている一方、「電車の中の記者…見せておく方が…」と目撃者である新聞記者の穂積隆信をここで見せておくほうが次のシーンのつながり上望ましいとピントの送り方まで含めて計算している。こうした橋本のテンポと野村のデフォルメによって、本来なら目も当てられないはずの「紙吹雪の女」を観客の判断停止のまま通過させたわけである。本作中最も難儀であったはずの「紙吹雪の女」の表現を、映画の手練れが寄ってたかって「力技」でやり過ごしたというわけだ。

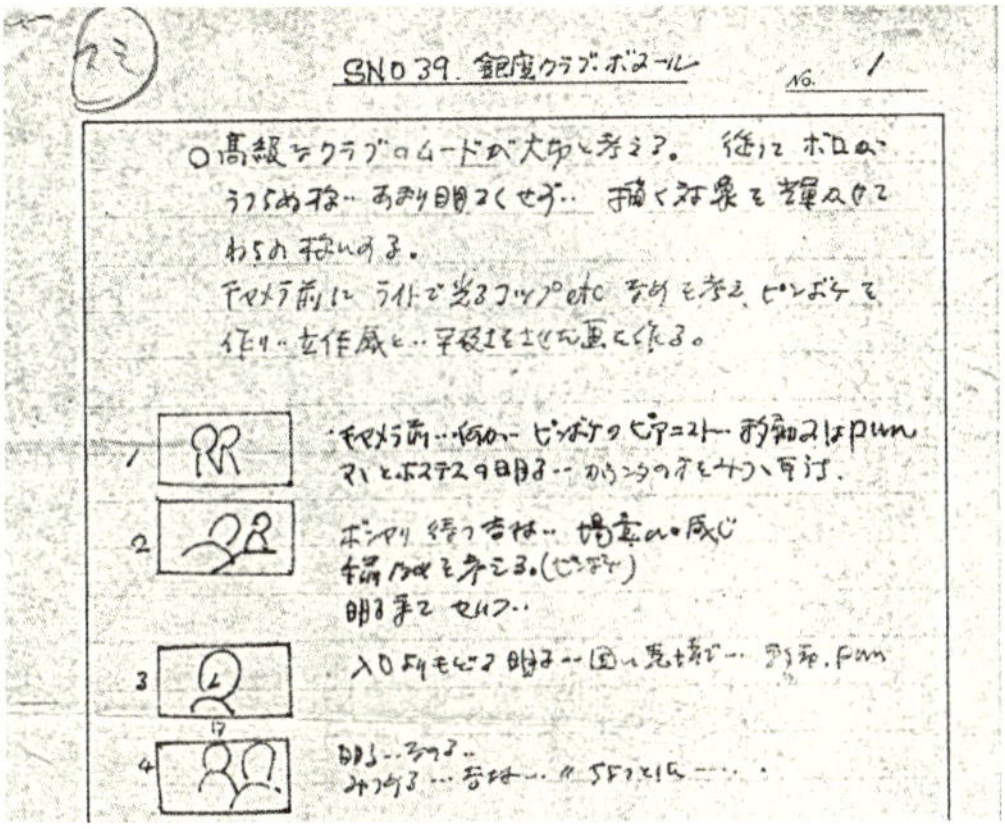

銀座のクラブ・ボヌールのセット撮影では、
高級クラブの印象を出すため、照明を落として
セットのボロが出ぬようにとの指示がある。

川又昂が書き残した「撮影報告」では、ここは「紙吹雪の女」を幻想的に撮りながらも「しかし中央線塩山付近を走る夕景の列車は説明せねばならぬ。一番頭を痛めたシーンでした」と述懐している。このシークエンスでは「紙吹雪」をまく女の手は列車の窓をセットに作って撮影し、列車が走る実景と組み合わせていたが、「結局、夕景のロケーションをセットでの高速度撮影、ビニール膜による夕焼空、効果は思っていた半分も上らず、残念」とのことで、川又の中ではもっと美しく誇張されたイメージショットだったのかもしれない。

ところで、この観客に「紙吹雪」の行為を冷静に考える間も与えず、吉村は瞬く間にそれが銀座のクラブ「ボヌール」の女給・高木理恵子であることを突き止め、勤務中の彼女を直撃する。こ

村松英子と筆者。

の「ボヌール」の描写について野村は、

しかしS39のクラブ・ボヌールは演出に計算が必要のシーンである。和賀という人間に関しては、汽車の中だけではまだ何も描けていない。ここで恋人のいるクラブへ親友の芸術家にとりまかれ、しかも佐知子と来る、ここで彼の性格その他、人との接し方、話し方等、明確に描かねばならぬ。また、バーの客や、ホステスの反応によっても彼が今、どの様な社会的位置にいるかというあたりも描ける。そのためには、このシーンの出演者は厳選する必要がある。

といった諸注意を挙げている。「ボヌール」をセレブリティの社交場として描き、そこでもてはやされる和賀の立ち居振る舞いをもってそのキャラクターを表現するという趣旨であるが、野村が「実際には橋本プロ関係及特別出演者で撮影された」と付記しているように、この場面は橋本忍本人、音楽担当の菅野光亮らいわゆる「内トラ」でこなしている。そんななかでひときわ目をひくのは「ボヌール」のママ役の村松英子なのだが、なんと写真家の大竹省二ともどもクレジットにも名前がない「カメオ出演」なのだった。このことがずっと不思議だった私は近年村松氏に会った際にどういう経緯での参加だったのかを尋ねたのだが、当時の独立プロの映画では所縁の映画、劇団関係者から請われてこういった協力をすることはいくつもあったので、おそらく本作もそういうもののひとつで、急に呼ばれて現場に行ったはずで、セットで行われた撮影がたいへん順調だったのはよく覚えているとのことだった。
ここで和賀は演出プランのように特にオンで聞こえてくる重要な台詞もなく、シナリオ通り吉村とその相手をするホステスの明子（夏純子）によってカウンターから遠目に観察されているだけで、むしろ和賀のセレブリティぶりを代弁するのは明子であった。さてこうして本作の「難所」を勢いで乗り切ろうと工夫しつつ、続く場面は一転して現実感に満ちた被害者の養子・三木彰吉（松山政路）が警視庁に出頭するくだりである。

S40—S50（事件の急展開のシークエンス）

ドキュメンタルなシーンで……、本も一部直る……、警視庁の受付け、宿直室、大学の死体置場、車の中、捜査一課の部屋と、ドキュメンタルに動き回る。亀嵩発見も同様でドキュメンタル・タッチである。

いそいそと「紙吹雪の女」のシークエンスを通過して、ここでまた本線の野村芳太郎らしいドキュメンタリー・タッチが回復する。三木彰吉が父の遺体を確認し、その来歴や人となりを語る長い会話中心の場面だが、場所を転々とさせて変化をつけている。「本も一部直る…」というのは、第一稿から決定稿まで三木彰吉は警視庁の一室で父の遺品や現場写真を確認するにとどまっていたが、映画では大学病院に保管している遺体に対面するというかたちになっており、そこへ向かう車中でも会話が続いた。コンテにおいてもロケハンの成果がこまごまと活かされて、この長い会話を飽きさせない工夫がなされている。

また、遺体確認後に今西が大学の医師に「長いこと保管していただきありがとうございました。これで仏さんも浮かばれます」と礼を述べるというディテールがわざわざ付加されていて、こういう点もまた細部の真実味にこだわる野村らしさの反映だろう。川又昂の「撮影報告」によれば「ドキュメンタリー・タッチで警視庁内、大学病院死体置場、車の中とロケーション撮影を多くし、すべて実在の場所へ行っての撮影です。当初予定していたライト台数は半減し、コントラストを強めています」とされ、橋本プロの製作条件の厳しさも窺える。なお、野村のコンテを見ると警視庁でのロケは、この三木彰吉が現れるシーン、今西刑事が出雲出張から戻

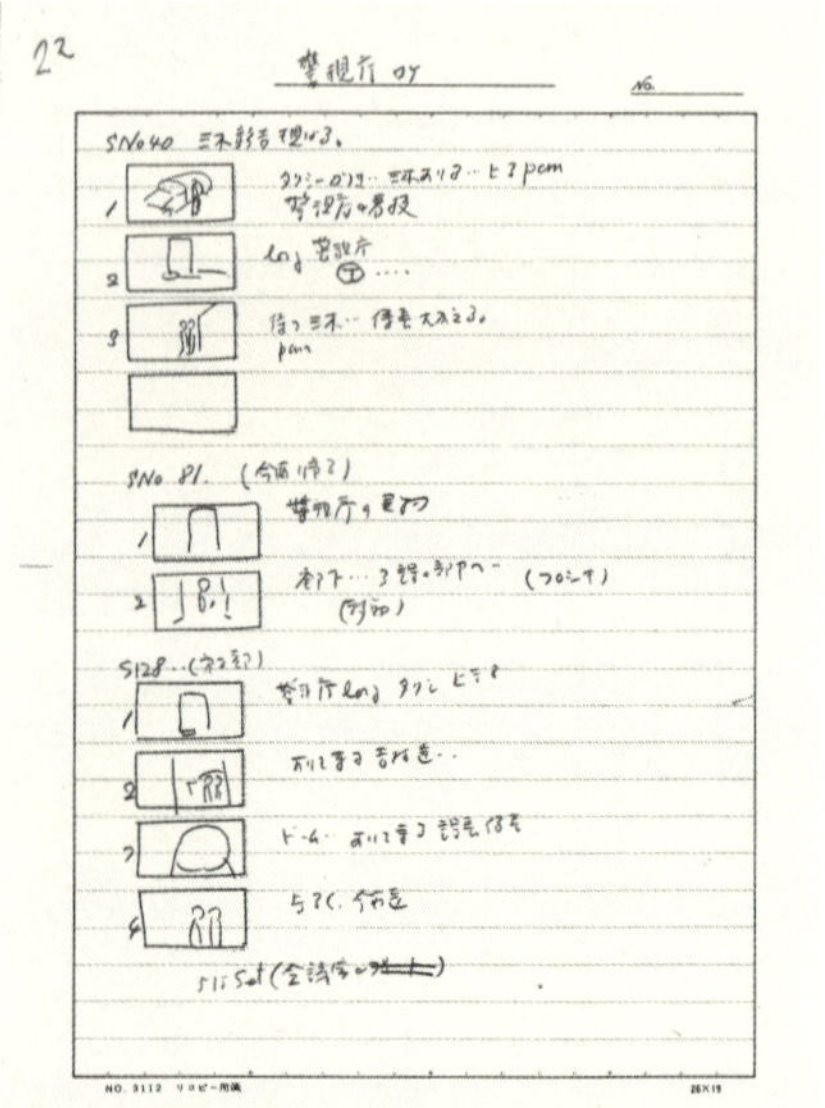

「警視庁ロケ」のコンテでは、
被害者三木謙一の養子・彰吉が出頭してくるカット、
奥出雲で手がかりなしの今西が
庁舎に戻ってくるカット（完成版には見当たらず）、
合同捜査会議に西蒲田署の面々や捜査一課長が
集まってくるカットがまとめて記されている。

警視庁前の三木彰吉（松山省二）とロケ隊。

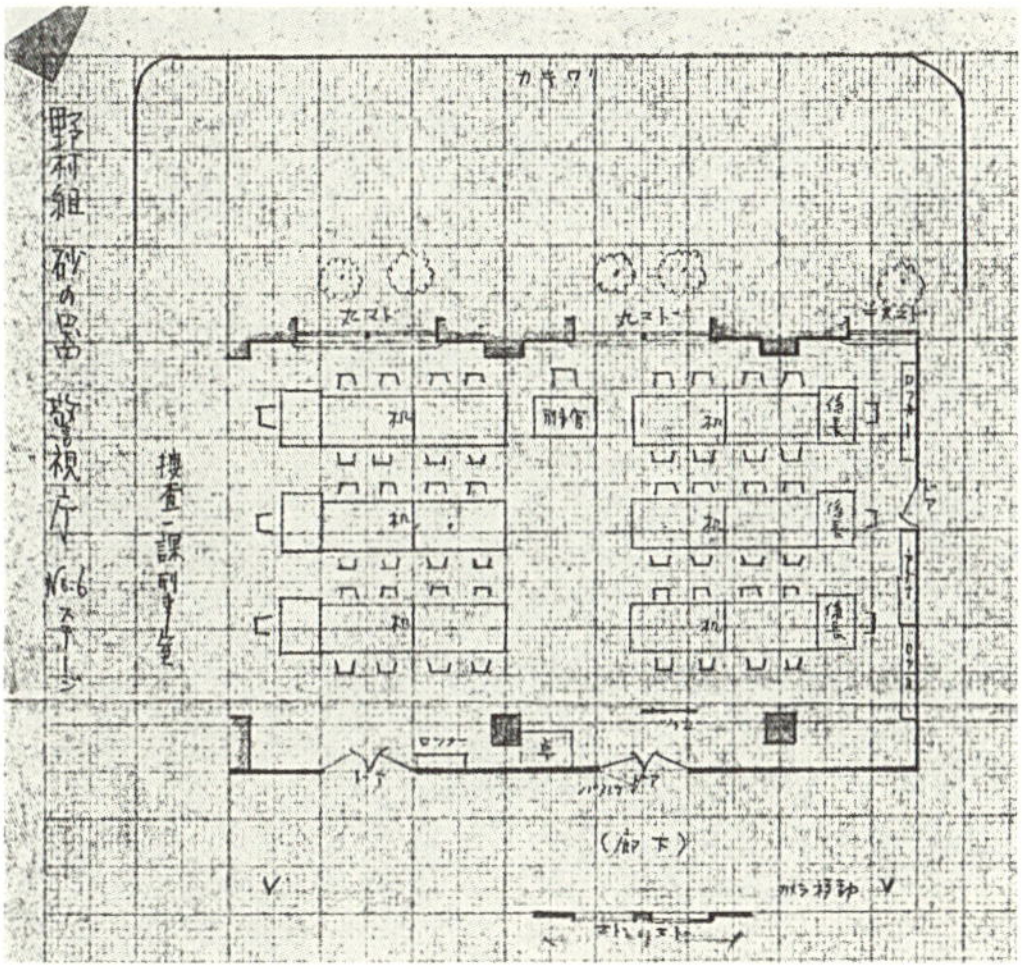

警視庁捜査一課のセット図面。

警視庁内で今西が
三木彰吉の話を聞くシーン。
この場面はセット撮影である。

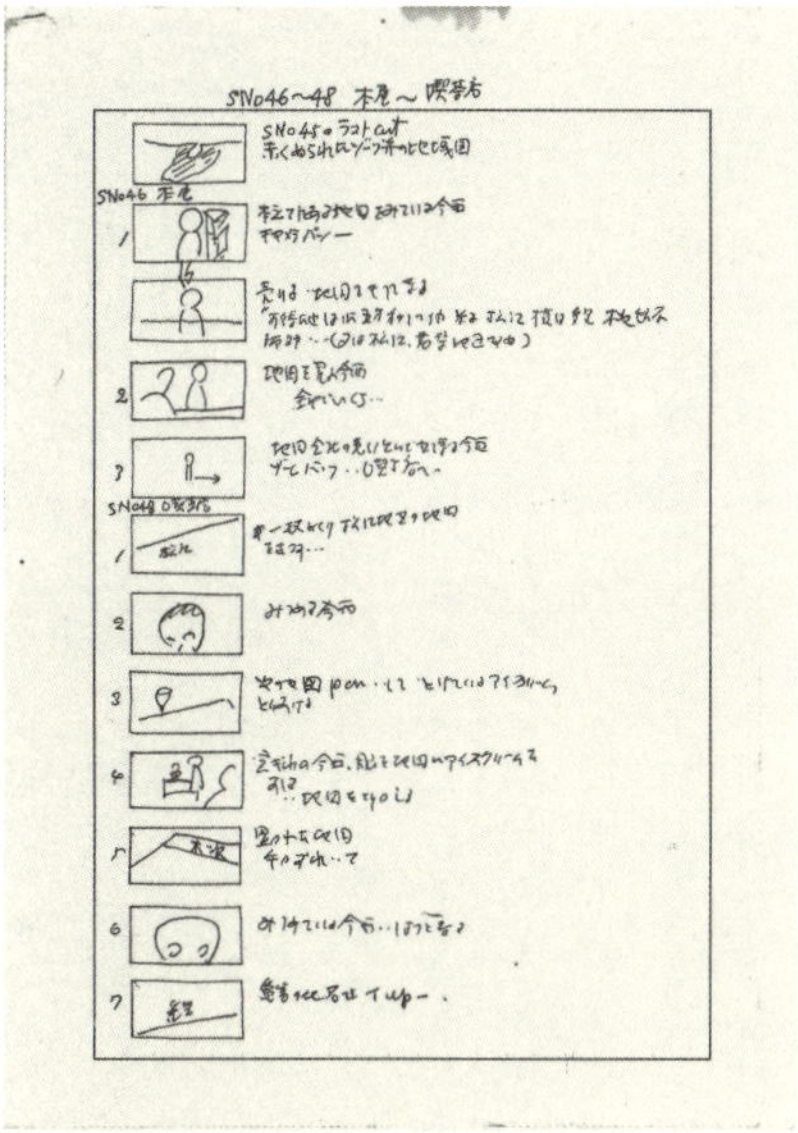

国立国語研究所で知見を得た今西が
喫茶店で分県地図を凝視して
「亀嵩」を発見するシーンのコンテ。
当初のシナリオから書かれていた今西が
溶けたアイスクリームをすするくだりはもとより、
完成作の精密なコンテの再現度に驚かされる。

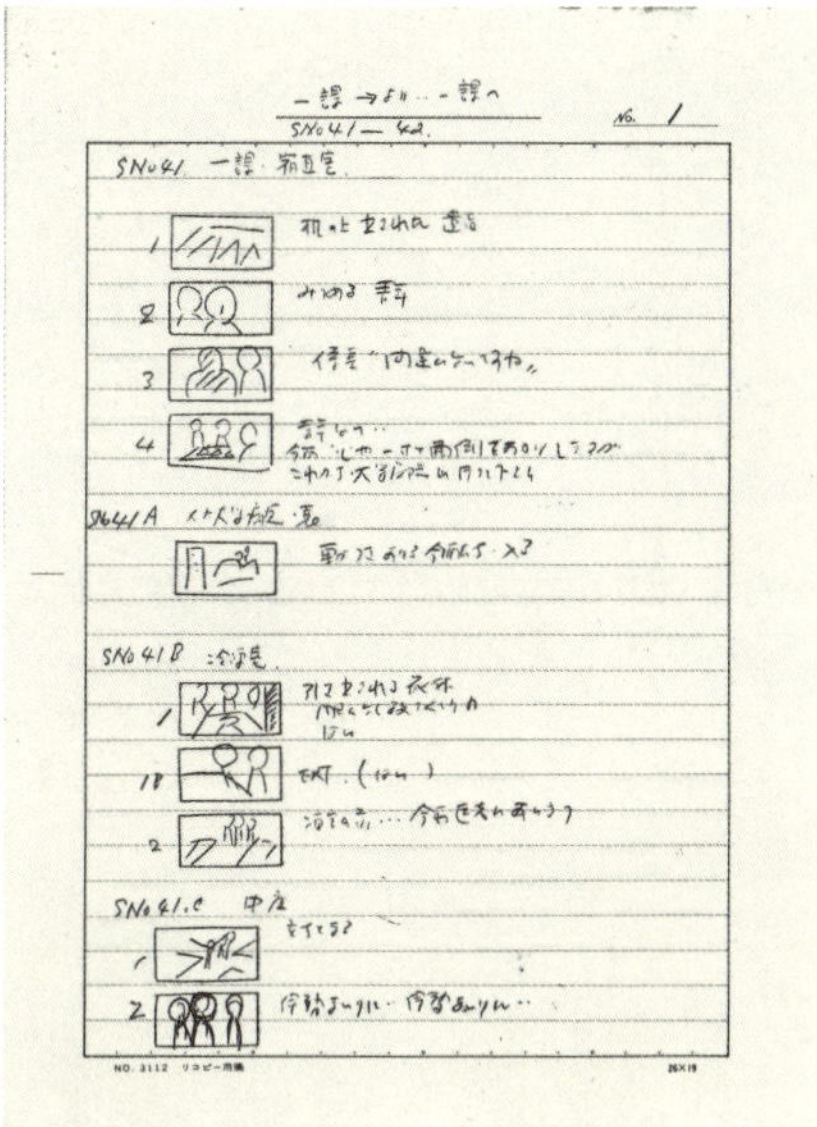

大学病院で三木彰吉が
父の遺体を確認するシーンのコンテ。
ロケハンで確認した現地の中庭の風景まで
描きこまれている。

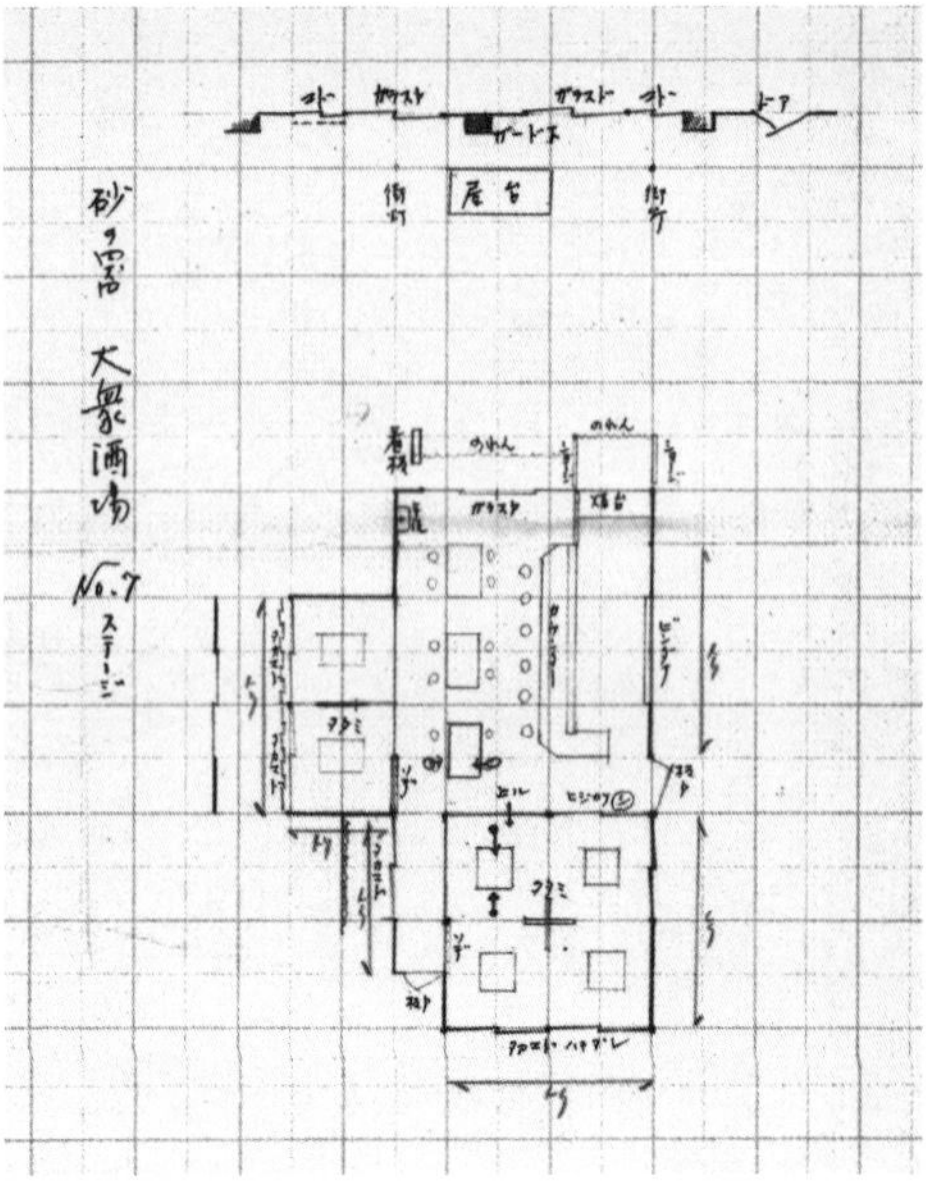

渋谷の大衆酒場のセット図面。

った日の庁舎外観、合同捜査会議に吉村刑事や捜査一課長が集まって来るシーンがそれぞれ撮影され、以下のセット撮影のシーンに接がれていることがわかる。

今西はこの後、国立国語研究所（決定稿まで千代田区一ツ橋と記されているが撮影当時は北区西が丘に移転していた）を訪ねて、技官の桑原（信欣三）から東北地方と出雲地方の音韻の類似について聞かされる。このことと戦災時の本籍復活手続きについては清張原作の目覚ましい着眼点であるが、次いで今西は駿河台下の内外地図で出雲地方の地図を買い、お茶の水の喫茶店でそれを広げて「亀嵩」を発見する。ここで今西が時間を忘れて地図の細部にのめっていたことを表す「アイスクリームが溶けかゝっている」という描写は第一稿から決定稿、そして映画まで活かされているが、左党の今西らしいアイスのすすり方がまたよい。

そしてこの大発見を経て勇躍出雲地方に出張となった今西が、居酒屋でこの経緯を上機嫌に吉村に報告する場面は演出も演技も大変調子が出ている感じであるが、

渋谷の大衆酒場は、その意味で夕景の飲み屋街の情景を入れてセットにつなぐ。中での芝

居は、今西、吉村の関係がもっともよく出るシーンで、リアリティを強めるため、飲み屋のフンイキをとくに大事にしたい。

と、野村の演出プランにあっても実は重視されていた。この飲み屋のセットは野村の次回作『昭和枯れすすき』にもほぼそのまま使われていたと思うが、庶民的なホームドラマや喜劇が多い松竹大船撮影所の美術ノウハウは、たとえば和賀英良のアーティストとしての仕事部屋などについてはやや不得手そうだが、こうした大衆酒場については店の構造から店員の衣装に至るまでさすがのお家芸という感じで、観客の多くは実際の店舗で撮ったと思ったことだろう。

続いて今西が勇躍出雲地方へ向かうシークエンスは、本作中でも最も旅情を誘うところだろう。

緩やかさと急転回

S51―S80（出雲のシークエンス）

このロケはあとの親子が亀嵩に現はれる〔原文ママ〕シーンのため、特に注意を要するシーンである。前半、余部より三成にかけては、その距離感、旅のたのしさ（実感）といったもの……、あたかも見る人を、山陰の奥地まで旅する実感を描くこと。

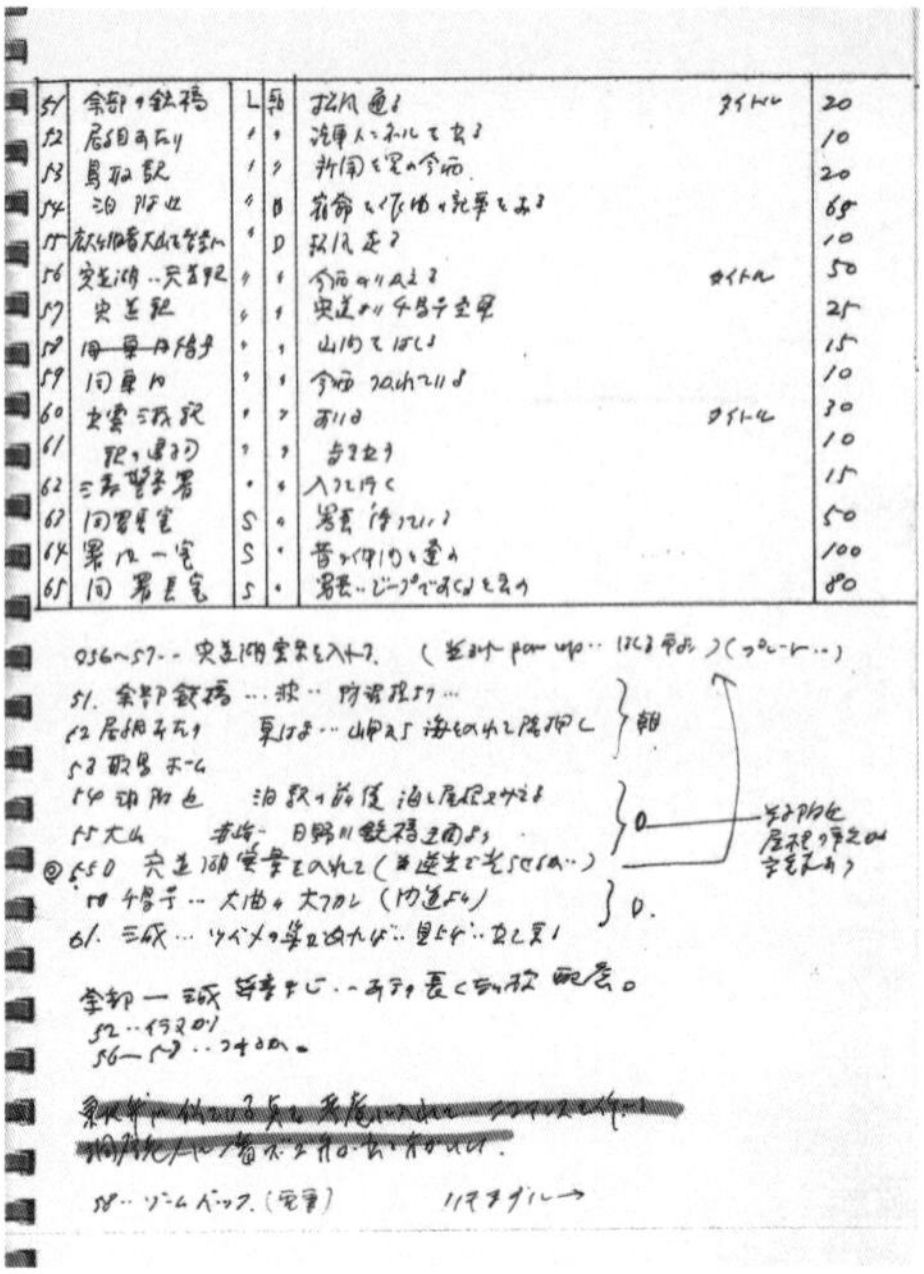

亀嵩へ向かう今西のえんえんたる列車の旅を追う
シークエンスの演出メモ。
押さえるべき駅や車窓からの風景が列挙されているが、
出雲三成駅で「ツバメの巣があれば見上げて出て来る」
とあるのはロケハンの成果だろう
（完成作には見当たらない）。

この演出意図はうまく実現されているだろう。決定稿ではこの今西が亀嵩へ出向く道中のシーンに「時間があれば、松江や宍道湖も見物したい」「しかし、先を急ぐ、木次線経由広島行、準急千鳥号を待つ」「東京を出て約二十時間」「しかし、夏の陽はまだ高い」など完成作よりずっと多くのタイトルが想定され、そのディテールの強調によってまさに『張込み』にもあった「距離感」を出そうとしていたが、野村はほどよくタイトルを削りつつ、映像と演技によって清張原作の持ち味でもある「旅のたのしさ」をふんだんに盛り込むことに成功していた。

コンテおよび演出メモを参照すると、列車の運行の様子に加えて鳥取で新聞を買い、泊付近でそれを読んで和賀英良の記事を見つけ…と旅のプロセスが細かく刻まれる。劇中でふれられているようにこの時代はまだ新幹線が東京―岡山までしか開通しておらず、そこからは山陰本線の急行の旅となるのだが、『張込み』以来の刑事の出張の大変さを描くにあたって新幹線の部分を描かなかったのも大事なところだろう。それでいて演出メモには「余部から三成に至る部分はあまり長くならないよう配慮」と記されている。

川又昂のキャメラも「今西刑事が東京を離れ、鳥取、松江、宍道を経て三成に入るまでは、その距離感と旅の実感をもたせて、観客を奥出雲の地へそのまま旅さす気持で描いてみました」と述べているが、同じような高さの山がだらだらと続く中国山脈はあまり絵にならないといううらみもあったようだ。演出メモには「出雲三成駅にツバメの巣があればそれを見上げて今西が出て来る」とあるのだが、これは先立つロケハンで巣を見かけたということだろうか。

鳥取駅で撮影する列車の到着を待つ野村監督とロケ隊。
丹波哲郎の姿も。

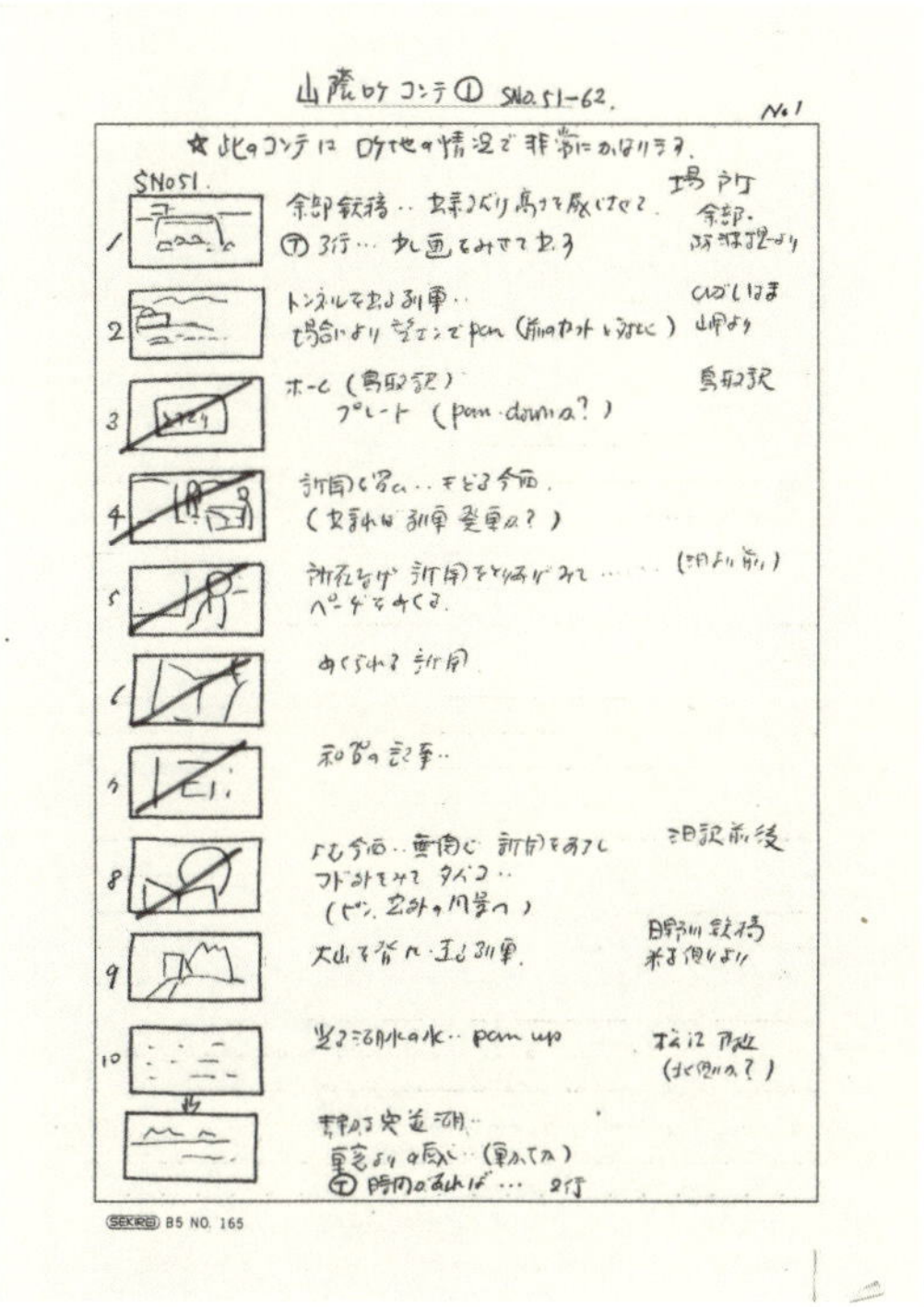

亀嵩へ行く今西の列車の旅を描いたコンテ。
今西が鳥取駅で買った新聞を泊駅前後で読むうちに文化面で和賀を発見するなど細かい描写の積み重ねが記される。
このシークエンスも完成作のコンテの再現性に驚かされる。

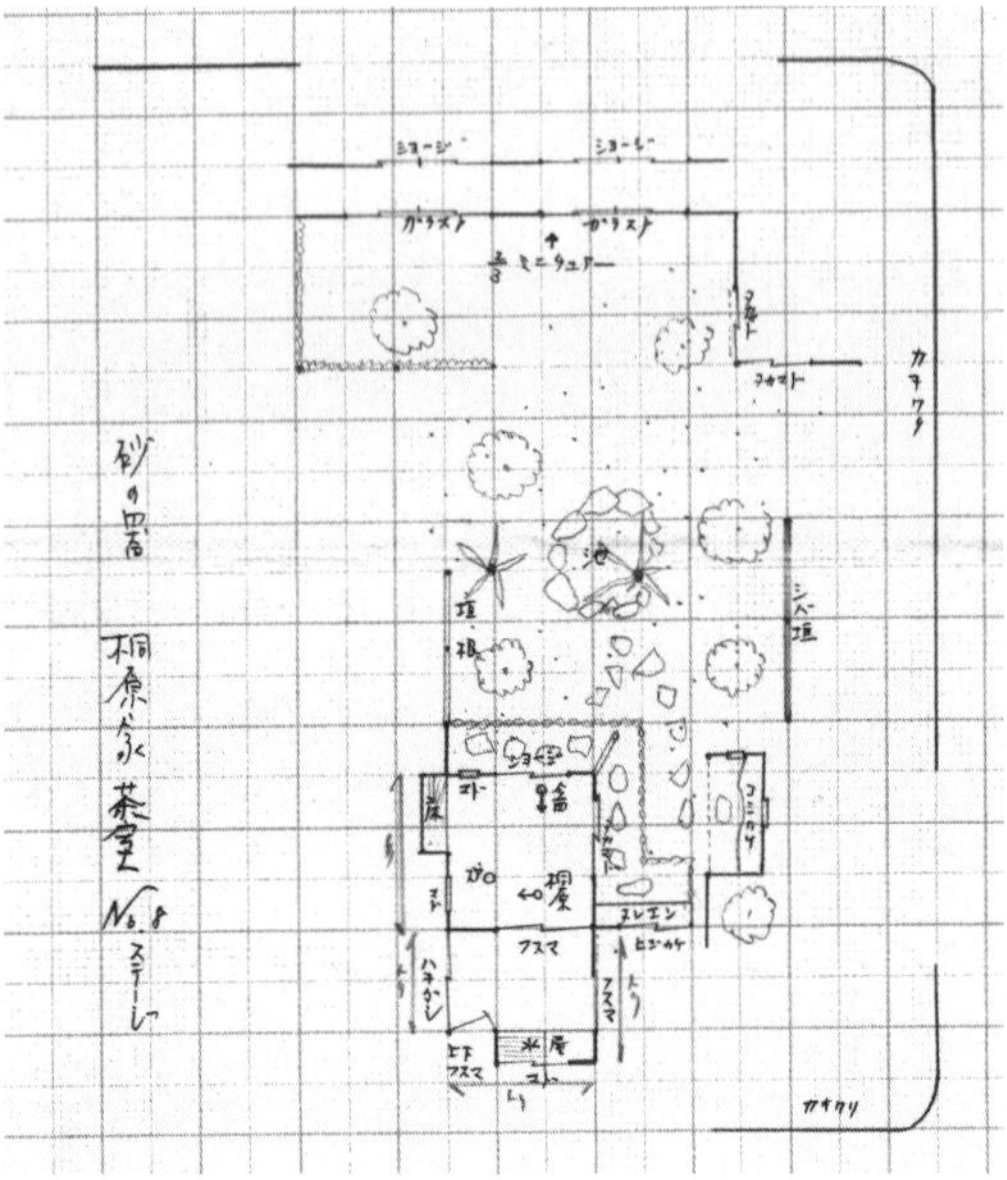

亀嵩で算盤業を営む桐原老人（笠智衆）の
茶室のセット。

亀嵩では地元の役場の人たちまで
エキストラで動員されている。

この旅情あふれるブリッジを経て、今西が三森署に着くとまた調べのシーンが続く。この松本克平、花沢徳衛ら『警視庁物語』のメムバーが出て来る警察署のシーンは大船撮影所のセットに変わる。

三成よりは出雲弁の配慮を要する。そして桐原老人と逢い、とくにそれを感じさせる事

（そのため笠さんには早い目に出雲弁の練習を頼むこと）
今西が感じるごとく、この奥出雲まで来て、三木の過去の何もつかめない。しかしこの土地に事件の鍵の何かがある。その印象で亀嵩の駅に立つ。この予感が後で、駅での親子の別れのクライマックスにつながる。宿命というものを感じさせるためにも、このような予感を大事に描きたい。

この一連のシークエンスも淡々とした会話の場面が続くのだが、三森署の署長が「（亀嵩まで）汽車はもう一駅ですが、駅から村まではかなりの道のりですから、署のジープを用意しております。どうぞ遠慮なく」と今西に気を遣って、若い警官（加藤健一）が今西をジープに乗せて亀嵩を案内するシーンを付加するなど、場面の変化を持たせつつ細部のリアリティを出そうと試みている。

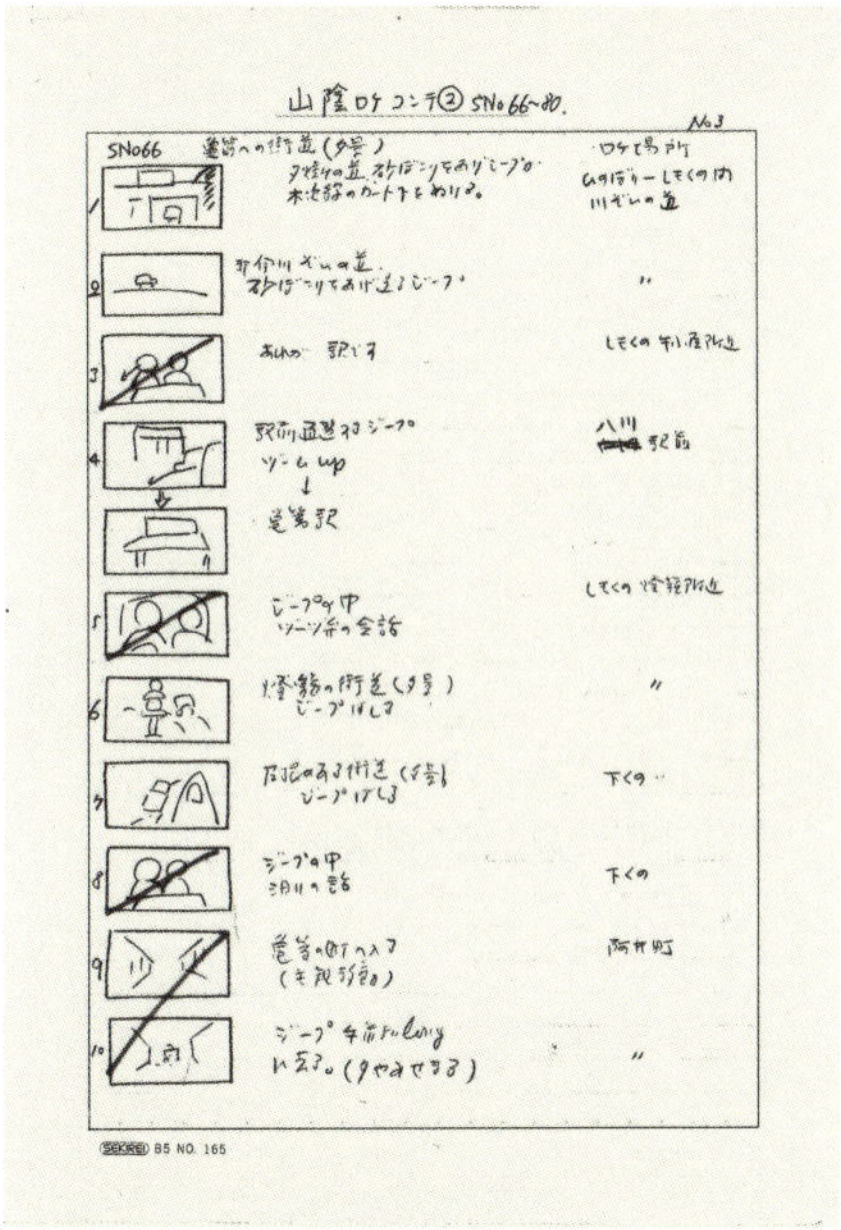

三森署の若い署員（加藤健一）が今西をジープで案内するシーンのコンテ。亀嵩駅のシーンは「八川駅」、駅周辺は「下久野」で撮る、と指定あり。

そして「笠さん」こと笠智衆扮する桐原老人のくだりも大船撮影所のセットで撮り、その手ごたえなしに焦る今西が、橋本忍流のインスピレーションでわざわざジープを亀嵩駅で停めさせてしばし駅のホームにたたずむ。「亀嵩駅に

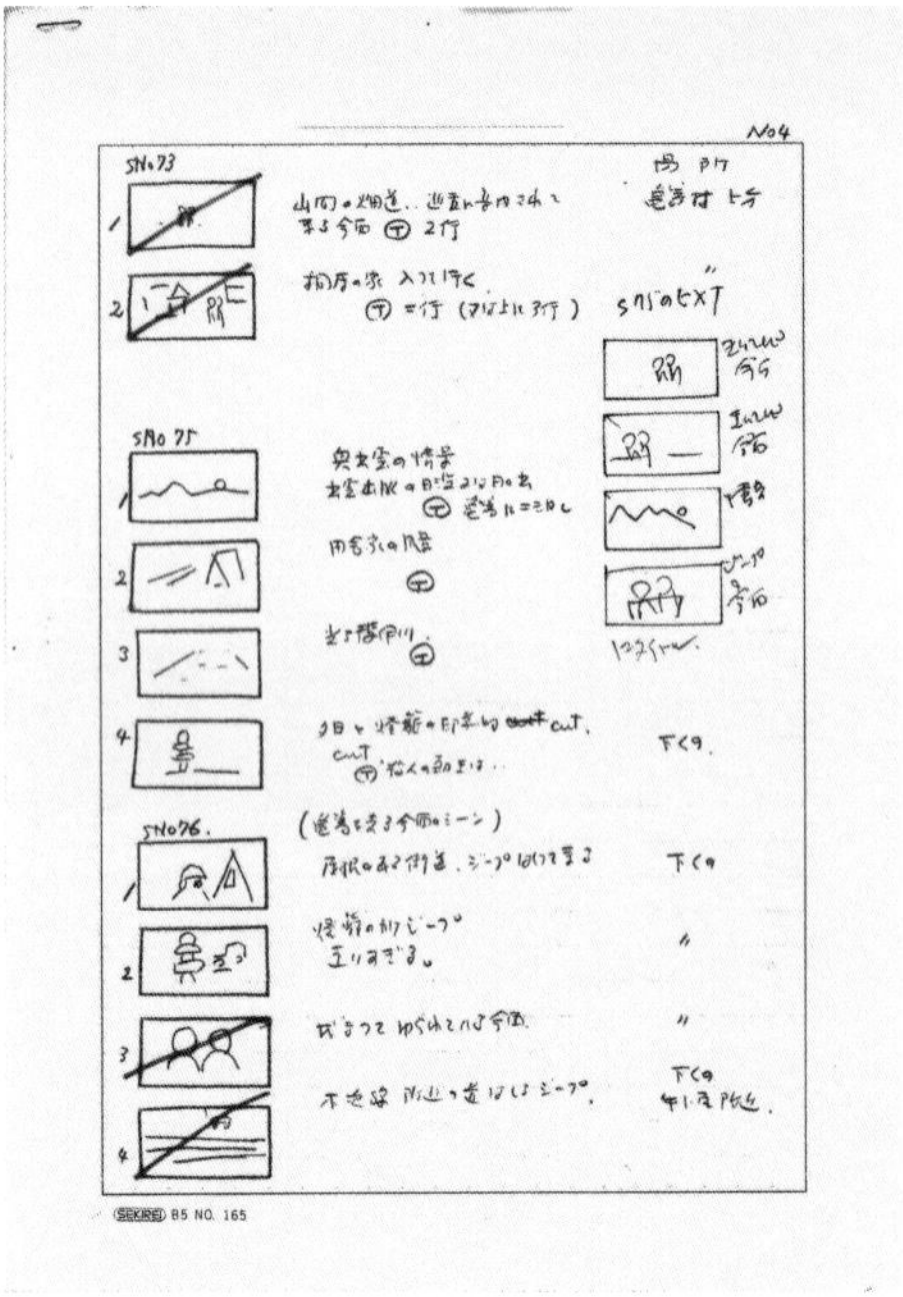

亀嵩での今西の捜査をたどるコンテ。
コンテでは秀夫が砂の器をつくる
斐伊川の光る水面や
下久野の燈籠と夕陽のカットなどが
夏らしく描かれているが、完成作では
雨のなかを今西が村民たちと
語らっている様子が点描される。
川又昂は奥出雲では天候不順で
狙いの画が撮れなかったと
語っていたが、
たとえばこういう箇所のことだろう。

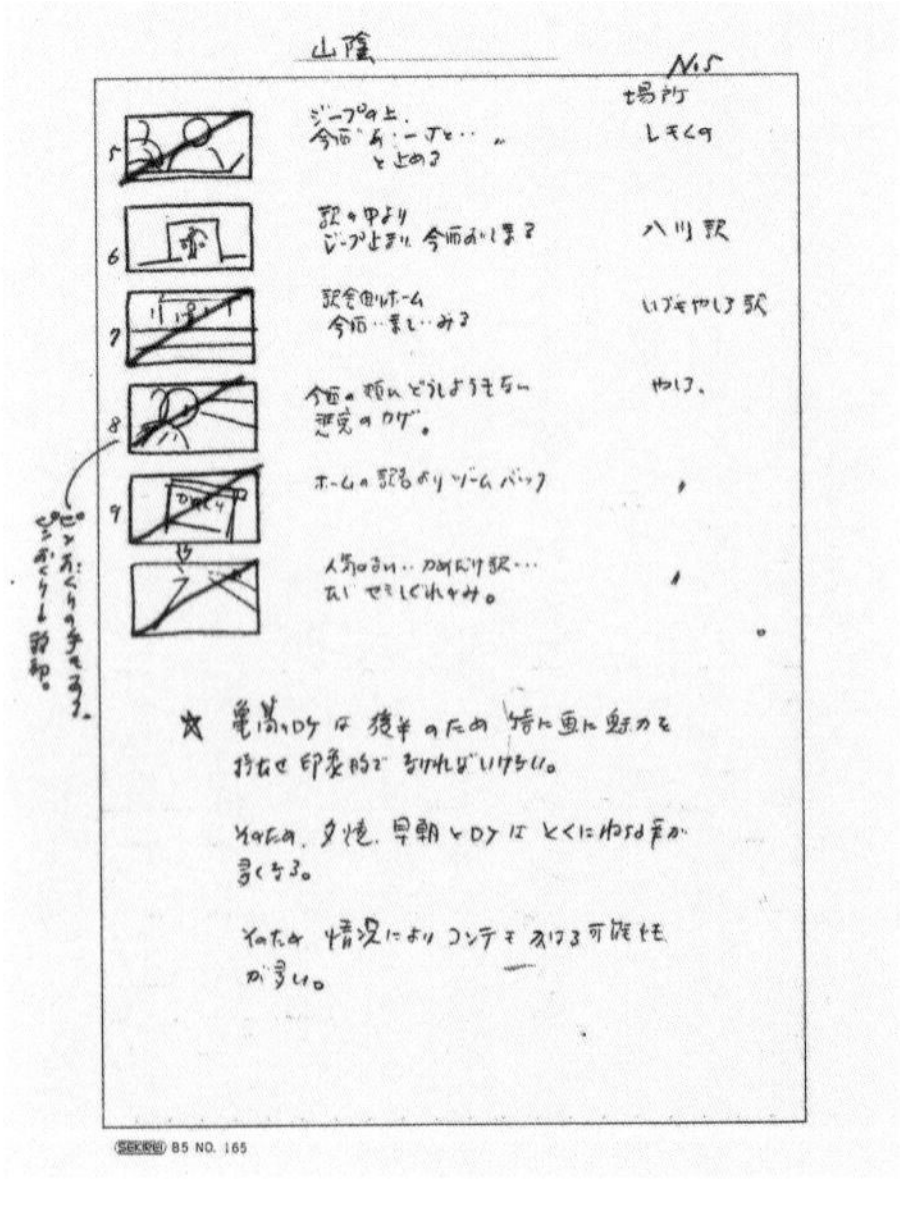

奥出雲で何も
手がかりを得られなかった今西が、
亀嵩駅にふと降り立つシーンのコンテ。
ここに指定されているように、
「亀嵩駅」のイメージを
作り出すために、駅の周辺、
駅の入口、駅のホームを
それぞれ別の場所で撮影するという
凝りよう。また、亀嵩のロケは、
後半部分については
「特に絵に魅力を持たせ
印象的でなければならない」と
注記されている。

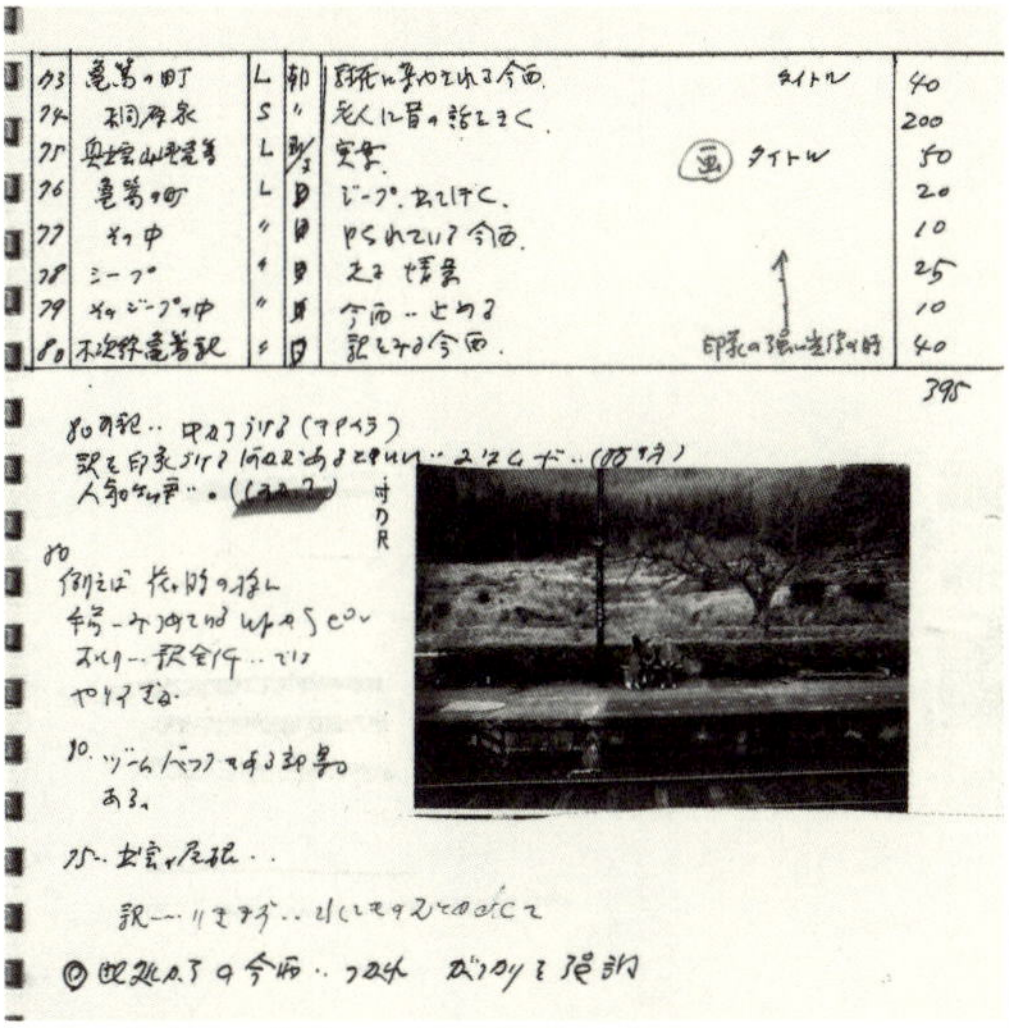

今西の奥出雲の捜査シーンに関する演出メモ。
駅のホームのイメージとして
野村監督が何かの雑誌の切り抜きを貼っている。
また、ここからの今西は「疲れ、がっかりを強調」とされている。

立つ今西刑事には、この土地に何かがあるという印象を持たせたい。その今西の予感が後半行われる親子の別れにつながってゆく。そういう予感といったものを大事に描きたいためにラストカットの今西刑事のクローズアップにはカメラアングル、太陽光の角度等に十分気を配ったつもりです」と川又昂は述べているが、同時に意外や「亀嵩村ロケは、現代場面（昭和46年）および後半出て来る昭和18年代の場面共々中々画にしにくい場所でカメラポジションには頭を痛めました」と現場を振り返っている。

その証しにこのシーンのコンテを見ると、今西がジープを停めるカットは下久野《しもくの》、駅舎の外観および駅舎からホームに出るまでは亀嵩駅から備後落合方面に二駅先の八川《やかわ》駅、そして今西が立つホームは亀嵩駅から宍道方面に二駅戻った出雲八代駅で撮ると注記されている。これは本作のファンの間ではつとに知られていることだが、なんとこの映画では本当に亀嵩駅は一切使われておらず、外観は八川駅、ホームは出雲八代駅と、近隣の駅の風景のパッチワークで幻の「亀嵩駅」を造型しているのだった。これらのイメージは「現在」の今西の探訪で一度観客に刷り込まれ、後半の回想で本浦親子の悲惨なドラマの舞台として再び登場す

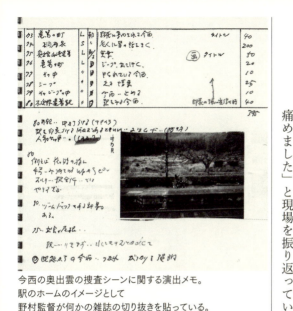

出雲八代駅ロケにて。
野村芳太郎監督、丹波哲郎。

出雲八代駅。亀嵩駅のホームの場面は
全てここで撮影されている。

実際の亀嵩駅は映画には一切登場
しないが、逆に掲げられた青みがかかった
「亀嵩驛」のプレートは映画で使われたもの
そっくりのレプリカである。

ることになる。演出メモでも、後半へ向けての「刷り込み」の亀嵩ロケは美しく、鮮やかで印象的であらねばならぬと注記されて、また本シークエンスは今西の疲れや落胆を強調すべしとも記されている。

S81―S87（血液型O型発見より、和賀、理恵子のシークエンス）

このあたりから刑事側の追及と犯人側の描写がカットバックして描かれる。つまり事件というか、映画そのものが急展開をはじめる。したがって、シーンとシーンの結びつきはより密接になる。前のシーンのラストと次のシーンのファーストカットに神経を使はねば〔原文ママ〕ならない。また、シーンもすべて、簡潔にして、重さを増さねばならず、すき

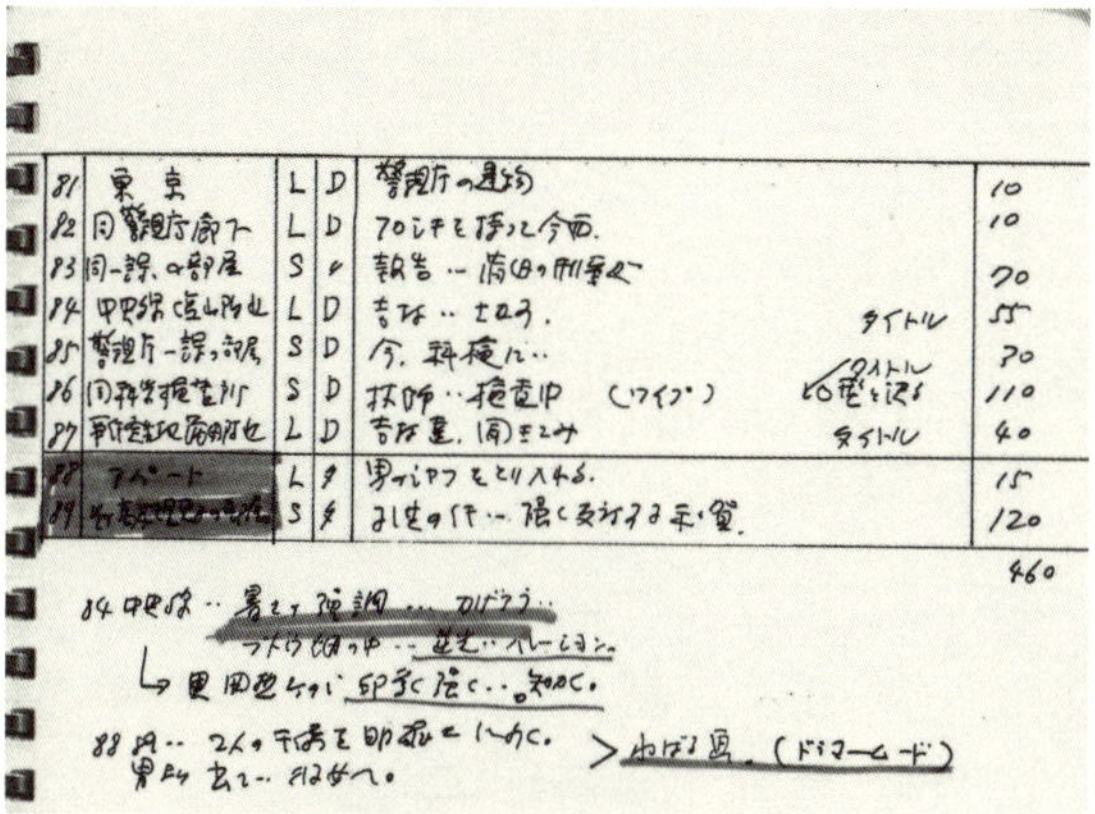

演出メモでは中央線塩山付近で吉村が物証を探し回るシーンには「暑さ強調…かげろう…ブドウ畑の中…逆光、ハレーション」といった要素がメモされ、高木理恵子のアパートで和賀が同衾しているシーンは「２人の関係を明確に描く」のに加えて「ねばる画」という注記が印象的。

があってはならない。いわばこれからが、この映画の中盤戦である。S81―S86は吉村の執念のもっとも出る所である。S87は簡潔に。

以上のシークエンスは、はりきって出かけた出雲地方から意気消沈して土産なしで帰還した今西に、その一方で文字通り地を這う捜査で物証をあげてきた吉村が朗報をもたらすというくだりである。中央線の塩山付近の線路を這いまわって酷暑のなか吉村が「紙吹雪の女」がまいた布切れを探すシーンは、そんなに長い尺ではないものの、演じた森田健作の回想によれば野村と川又が雲のかたちひとつにこだわって数日粘って撮ったらしい。野村の演出メモには「中央線…暑さ強調…かげろう…逆光、ハレーション」といった要素が並ぶ。ここから警視庁の科学検査所で吉村が技師（藤田朝也、クレジットはふじたあさや）に血液型判定を急かして苦笑され、「十時間経過した」のタイトルが流れるあたりの流れはいかにも野村らしく快調である。

こうして物証が出たことでS87の捜査員再招集のシーンになり、続く「追われるもの」の和賀の描写になるのだが、ここまでに犯人が和賀だと開示されているわけでもなく、和賀

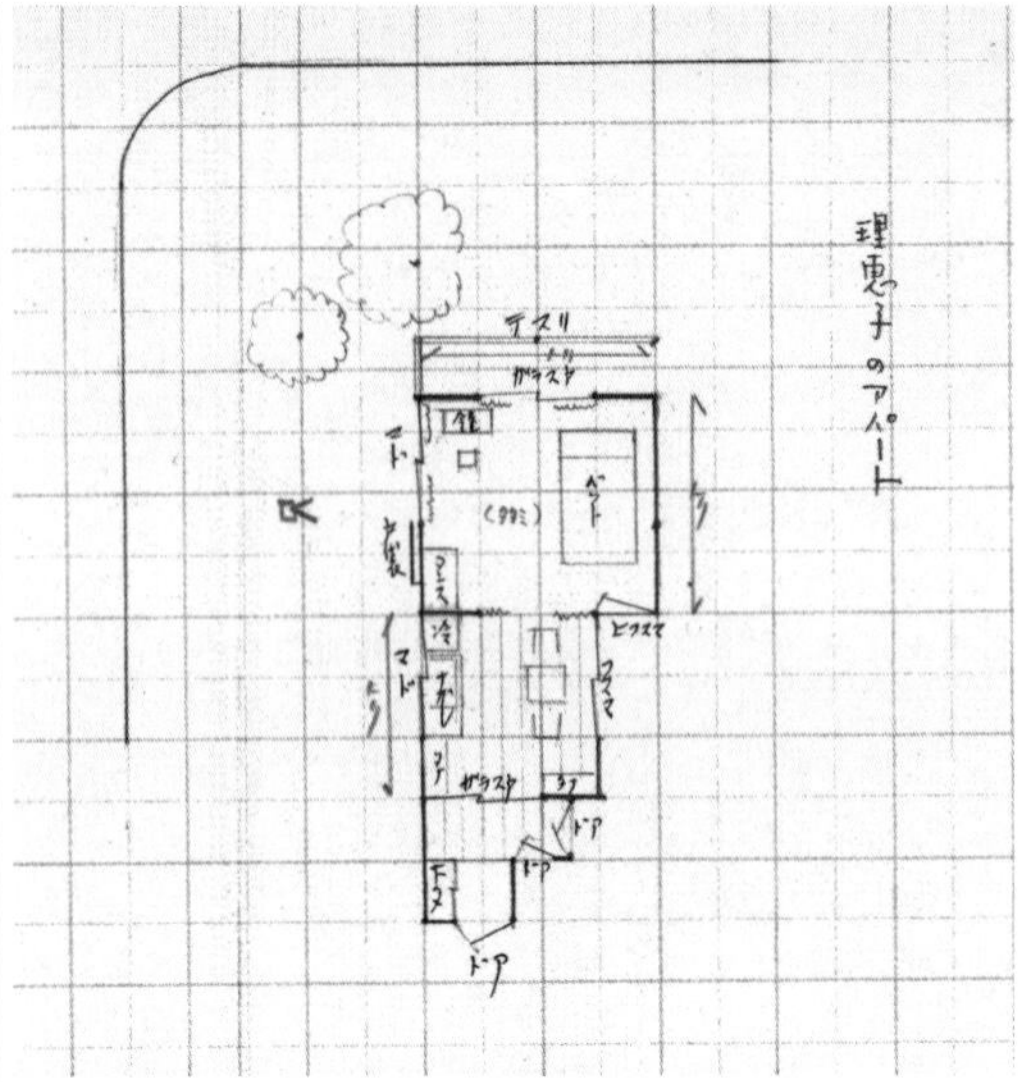

高木理恵子のアパートのセット図面。
小田急線柿生付近の線路沿いの殺伐とした場所にある設定。
いわゆる1Kの大変つつましい間取り。

は今西の捜査と全く交わらない位置で全く無関係な生活をしている姿が描かれるだけなので、厳密に言えば観客からするとまだ「犯人側の描写」には見えない。ただ野村の言わんとしていることは、これまでよりも和賀のシーンを刑事のシーンに釣り合うよう増やすこと、そこで和賀のさまざまな横顔を匂わすことによって「この人物が犯人もしくは犯行の秘密を知る重要人物なのだろう」「この人物が〝追われる側〟にいるのだろう」という雰囲気を着々と醸してゆく、ということだろう。

S88—S89は追われる側、和賀と理恵子の関係のもっとはっきり出るシーンで、二人の関係、現状を明確に観客につたえるよう描かねばならぬ。（結果、加藤、島田のベッドシーンが産まれた）

ここは小田急線柿生あたりの安アパートで和賀が愛人の高木理恵子とひそかな情交を重ねていることを描いているが、第一稿から決定稿まで特に具体的なベッドシーンはなく、理恵子が男のシャツをたたむ傍らに和賀が寝転んでいるという表現にとどまっていた。だが第一稿から

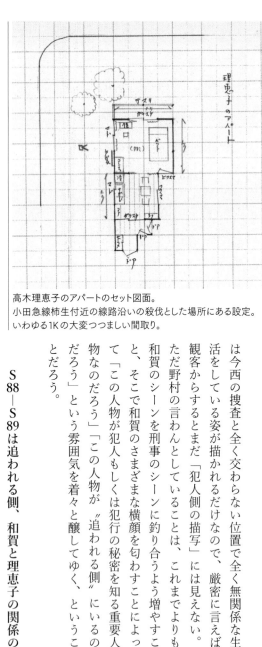

13年を経て、日活ロマンポルノさえ誕生している70年代半ばの感覚としてはいかにもおとなしすぎるということだと思うが、野村ははっきりと男女関係がわかる同衾のカットから始めた。あまつさえ野村は、それまでお嬢さんふうの役柄ばかりで肌など見せたこともなかった島田に一瞬のヌードを見せることまで頼んでいるのだが、その理にかなった説得を後年の島田は笑いながら回想している（本書の島田陽子インタビューを参照）。ここまでのS81からS89までの今西・吉村サイドと和賀サイドの対置が際立ってくる部分を、野村は明記はしてないが「追うものと追われるものの①」と括っているようであり、以下のS90からS104を「追うものと追われるものの②」と記して意図を解説している。

S90　亀嵩の記録から、三木と子供の関係を嗅ぎ出す。その子供という点にポイントをしぼる事。
S91　今西の捜査と、吉村の捜査の交叉点である。二人の刑事の執念を描くこと。

前シーンで理恵子の妊娠出産を強く拒む和賀の暗い激情にふれた後で、今西がごく淡々と静かに「亀嵩村村史」を精読し、いつもの渋谷の大衆酒場で今西と吉村が高木理恵子を公開捜査にできない口惜しさや三木が行動を変えた伊勢への関心について語るシーンに続く。和賀が何かとてつもない暗部を抱えていて、何やら愛人へのエゴ以上の頑なさで子供をつくることをはねつける孤独感と、捜査の行き詰まりにいらだって酒をあおる吉村や「これまでに東北山陰と、

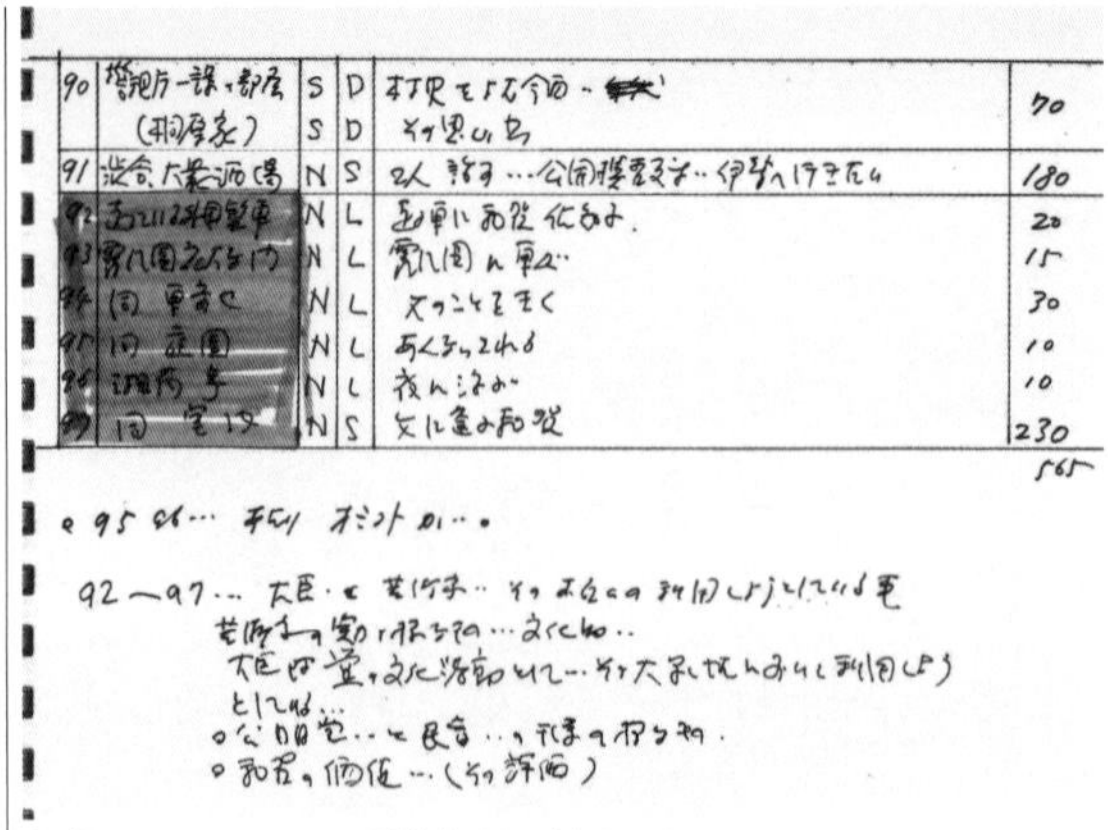

和賀がフィアンセの田所佐知子に連れられて
その父で元大蔵大臣の田所重喜に会う場面の演出メモ。
政治家と芸術家が互いを利用している雰囲気、
および田所による和賀の評価が匂うように、という注記がある。

土産のない出張ばかりしているから、ちょっと切り出しにくくてね」と苦笑する今西の側の親しみのもてる庶民感が対置される。そして、このまだ理由は不明だが冷たく張り詰めた和賀の、もう一面を伝えるのが以下の場面だ。

S92—S97　田所の登場、田所という名士を登場させる中で、和賀の現在の社会的位置が描かれる。また田所と和賀の二人の接し方で和賀という人間もはっきり描ける。いろいろの意味で重要なシーンである。前大臣というような人間を登場させると、映画はよくリアリティを失う場合がある。すると話までリアリティを失ってしまう、気をつけねばならぬ点である。出来るだけ田所、和賀、佐知子を人間臭く描く必要がある。

前蔵相の田所と娘の佐知子、フィアンセの和賀の会食を描く場面だが、野村は演出プランでこうした政界の大物の表現のリアリティのなさを回避すべく、決定稿にはないこみいったディテールを付け加えている。第一稿から決定稿までは和賀と田所佐知子が「霽風園」という庭園のある宴会場（撮影は白金台の八芳園で行われた）に赴いて、庭園内の丘の中腹にある「湖南亭」と

和賀が佐知子を乗せて
「霽風園」に乗りつける愛車は
ポンティアック（車種はカタリナと思われる）。
ゼネラルモーターズが1926年に設立した
ポンティアック・ブランドは
2010年に廃止となった。

いう料亭に歩いて行くと、田所重喜が女中相手に盃をあけているという展開だった。ところが映画では「党の連中と実業界の人」（おそらく脚本の「財界の連中と党の総務局長」を佐分利信がアドリブで変更したと思われる）と事務所で会議中のカットが新たに設けられ、話の途中で田所が中座し、佐知子と和賀を料亭に連れていって会食をするという流れになっている。さらに秘書が田所に「お客様がお待ちになっておりますが」と心配して確認すると「いや、今からここで食事をする。待たせておきなさい」と豪胆な返事をする。このちょっとした展開の工夫が、田所のあくの強い大物ぶり、策士ぶりを匂わせるうえで大変奏功している。

ここで政治家の貫禄を感じさせた後、「後援会長」を自称する田所が「今日はこれができたので来てもらった。党の文化部に作らせたものだ。切符のほうは心配いらん。もう手配は済んでる」とコンサートのパンフレットの見本を和賀に見せるところも決定稿には存在しない。決定稿では田所が「何か大きいものを作曲してるんだって」と問うと、和賀が「秋のアメリカ行までにはぜひ発表したいと思いまして」と答えるレベルの関係であったが、映画においてはもっと親密で、和賀が田所に食い込んでいるさまを見せている。美術部のスタッフがこしらえたコンサートのパンフレットがいかんせんデザインも紙質も安っぽいところが涙ぐましいものの、こうした工夫によって田所父娘にとりいって和賀がまんまとセレブリティの仲間入りを果たしたことが明快に描かれた。

野村の演出メモには「大臣と芸術家…そのお互いを利用しようとして

和賀（加藤剛）が田所重喜（佐分利信／右端）にライターを差し出す場面の演出をする野村芳太郎監督。

いる事」「大臣は党の文化活動として利用しようとしている」「公明党と民音の様なもの」といった諸々が書きつけられているが、ちなみに『砂の器』製作準備たけなわの1973年秋に公開されてヒットした映画『人間革命』の脚本を手がけた橋本忍は、その縁で創価学会傘下のシナノ企画（旧社名は民音プロダクション）にも協力を仰ぎ、撮影大詰めの1974年7月からシナノ企画が「製作協力」として参加、チケット販売では民音（民主音楽協会）が大いに貢献したようである。シナノ企画は『人間革命』『砂の器』のヒットを皮切りに、以後も『八甲田山』『聖職の碑』『動乱』『かあちゃん』『バルトの楽園』などの映画作品に出資している。

また、まことに何気ない細部ながら、田所が和賀に「出る杭は打たれる…必ず足を引張るものが出て来る。気をつけるんだね、誰が敵で誰が味方か全く見当がつかん」と処世上の警告を始めたところで、煙草を喫おうとした田所にすかさず和賀がライターの火を差し出す。普通なら誇り高きアーティストはこういう動作をすることに躊躇があって、まして相手が手練手管の大物政治家となるといっそう抵抗があるはずなのだが、この和賀のためらいのない身振りには泥にまみれつつ這い上がってきた男のハングリーな横顔が見えてしまうのである（そんな加藤剛があまりに清潔な善人顔で屈折や暗さが漂わないため、ずっとファッショングラスをさせてまなざしを見せないという工夫も）。シナリオのどこにもこんな動作の指定はないので、こういう細部をもって多くの背景をほのめかして見せる野村の演出は、演出プランにおいてセレブリティ描写の嘘くささを補って余りある。

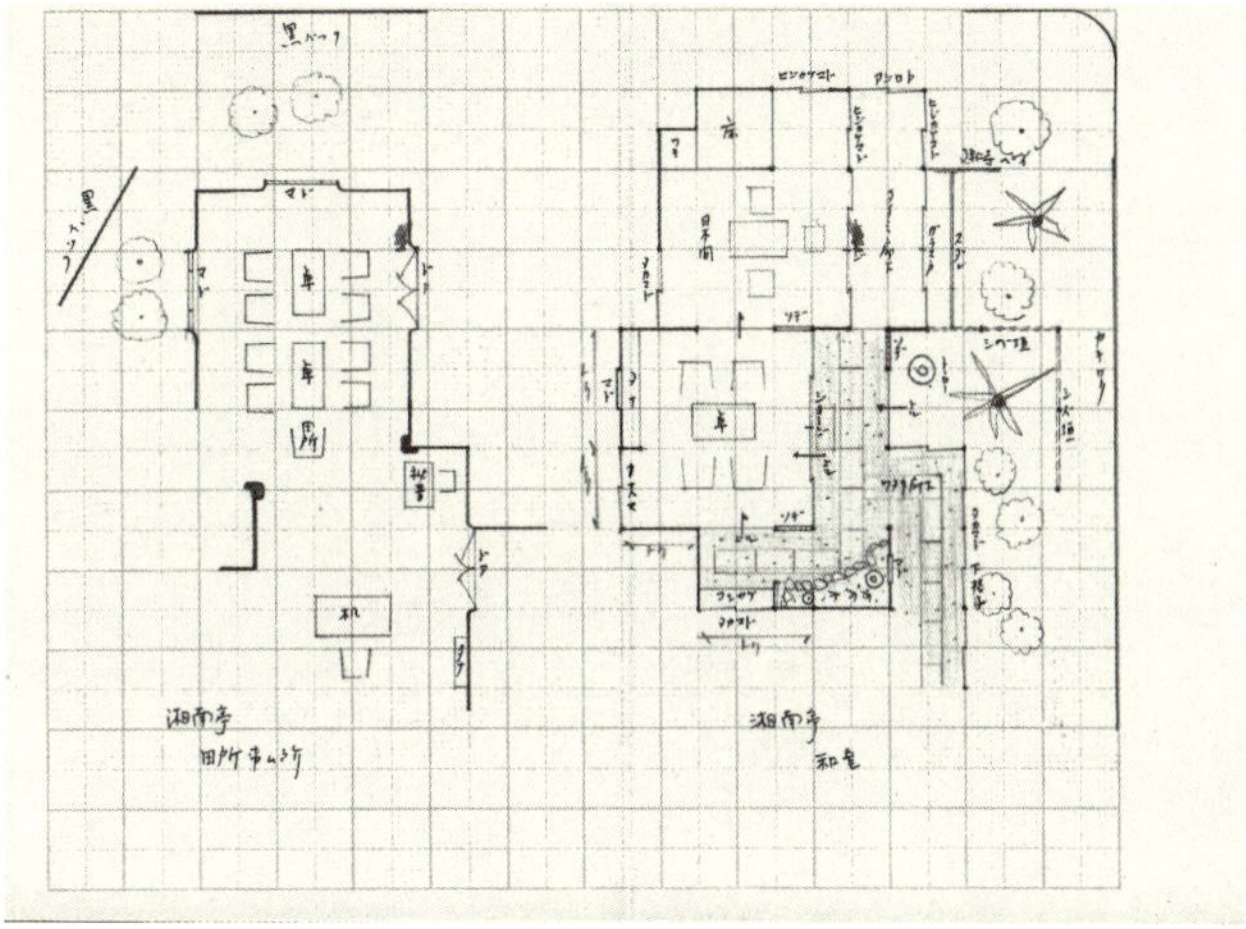

「霽風園」の料亭「湖南亭」と同館内にある田所事務所のセット図面。
ここで党の関係者は待たされることになる。

山場へ向けてのたたみ込み

S98　今西の方は伊勢へ、今西の気付かぬ背後に、和賀と深い関係にある田所の写真が飾られている。この辺、サスペンス映画の面白さである。いきごんで伊勢に行った今西の気持に見る人を引きこんで、彼の気づかぬ壁に田所の写真のある事を、観客にのみ見せる、演出の面白さといえる。

今西が伊勢に到着する画に「休暇を利用し自費で伊勢へ行く」というタイトルがのるところでは劇場の観客から静かな笑いも起こったが、これまで野村が狙った「旅のたのしさ」がここでもうまく出ている。伊勢の旅館・扇屋の女中・澄江と今西の会話も淡々としたものだが、春川ますみや瀬良明（たったひとこと発するだけの出演だがいるだけで雰囲気が出る）といった芸達者の持ち味や、調べの背後で旅館の女性たちがひそひそ噂話をして

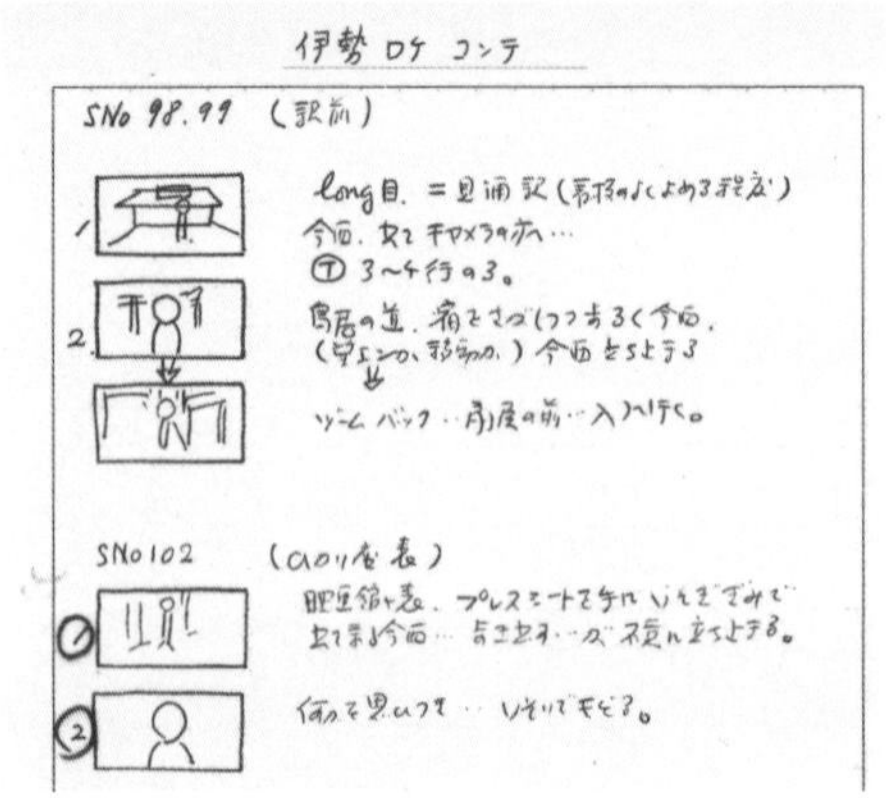

今西が伊勢を自費で訪れるシーンのコンテ。
三木謙一が投宿した旅館「扇屋」と
二度訪ねた映画館「ひかり座」のそれぞれ外観を撮影。

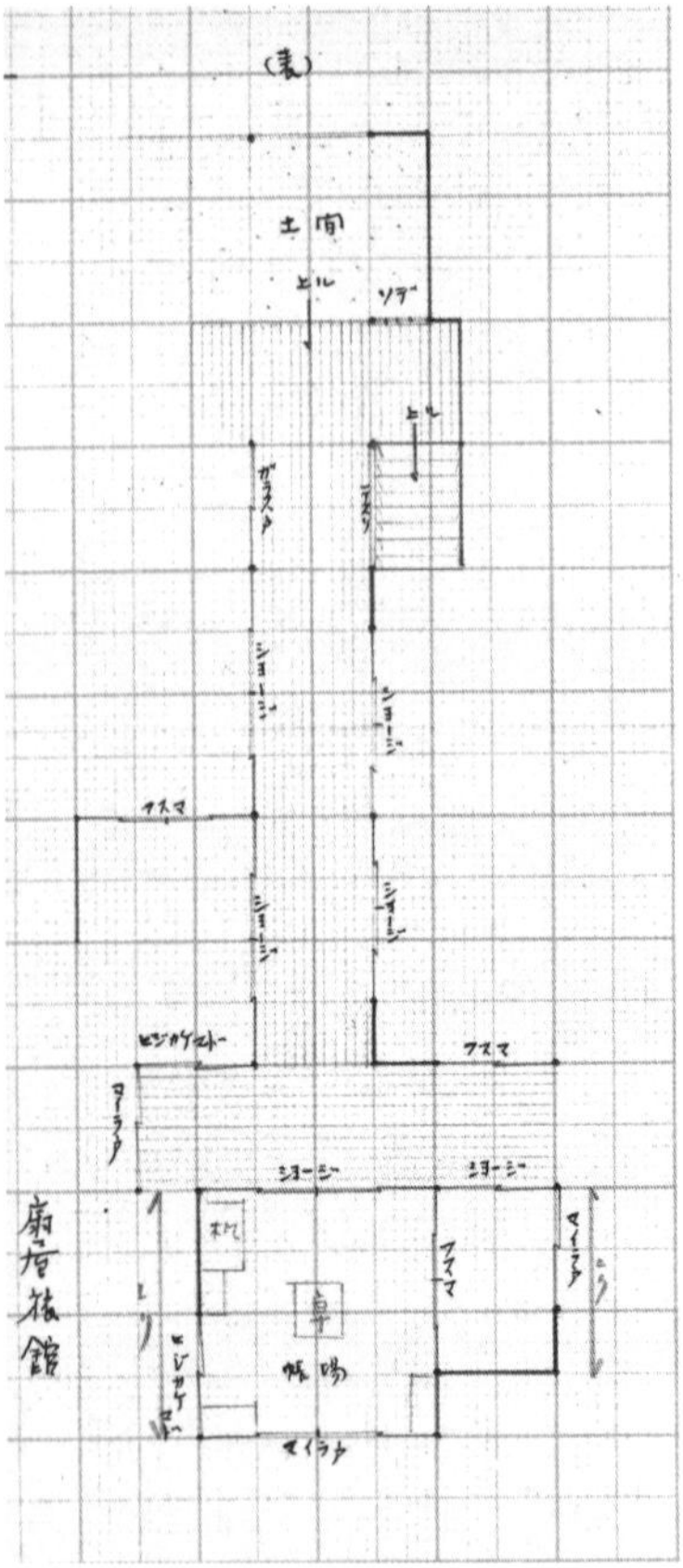

旅館「扇谷」のセット図面。
この鰻の寝床のようなヌケの廊下に、刑事が来たことをひそひそ噂しているふうの掃除中の女中をボケで入れるなど芸が細かい。

伊勢の旅館「扇屋」の内部はセット撮影である。
左から瀬良明、春川ますみ、野村監督、丹波哲郎。
こうして今西が調べに赴く先々に味のあるバイプレーヤーが配置されているのも本作の愉しみである。

いるらしいボケの画までのこだわりで、飽きることなく観られる。演出メモで野村はここでも伊勢の言葉のイントネーションに注意すべしと記している。

　そして劇場が沸くのが、続く伊勢の映画館・ひかり座の支配人役で渥美清が登場する場面だが、確かにこの配役はまことに洒落ている。渥美と丹波哲郎のやりとりは軽妙で魅力的だが、セットの雰囲気も含めてこのシークエンスは松竹のプログラム・ピクチャーの安定感

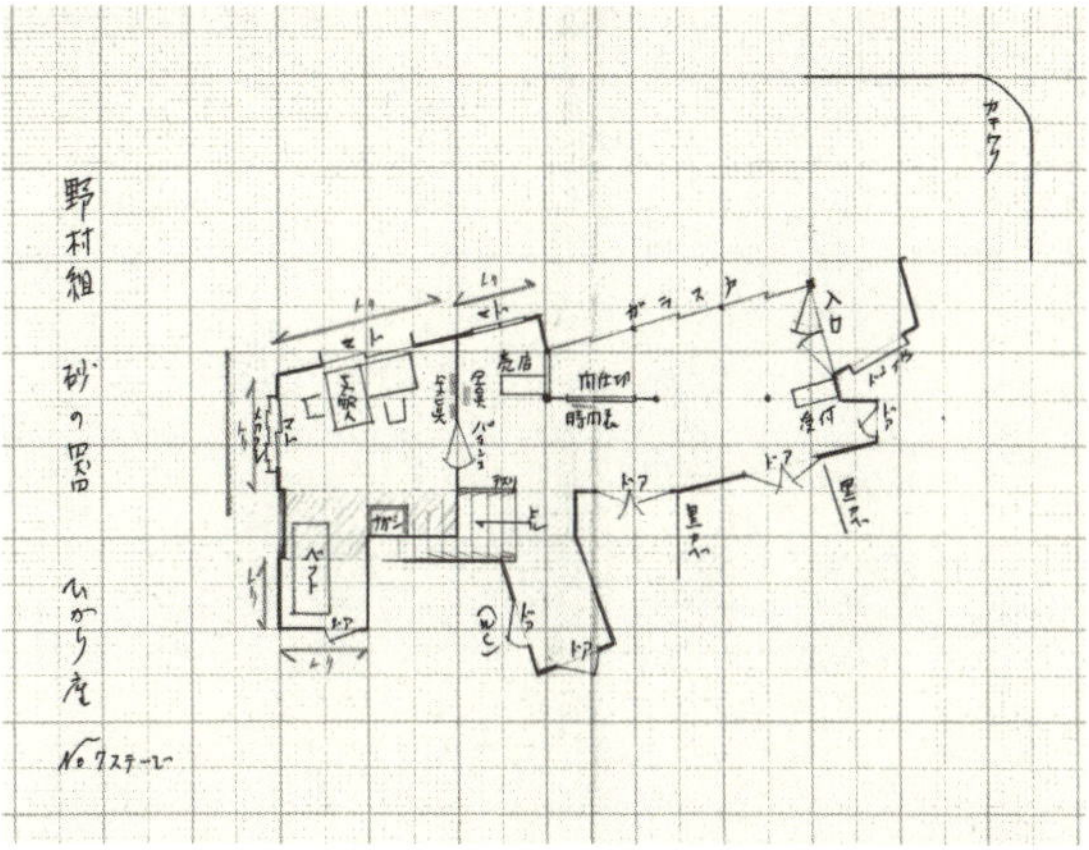

伊勢「ひかり座」セット図面。
劇場ロビーの売店脇の壁に
田所一家と和賀の記念写真、
その裏の事務所の壁に
田所重喜の肖像が貼られている。
昭和の町にとけこむ庶民的な
映画館の様式が思いだされる。
事務所の脇にベッドまであるのは、
オールナイト上映時の
宿直のためだろうか?

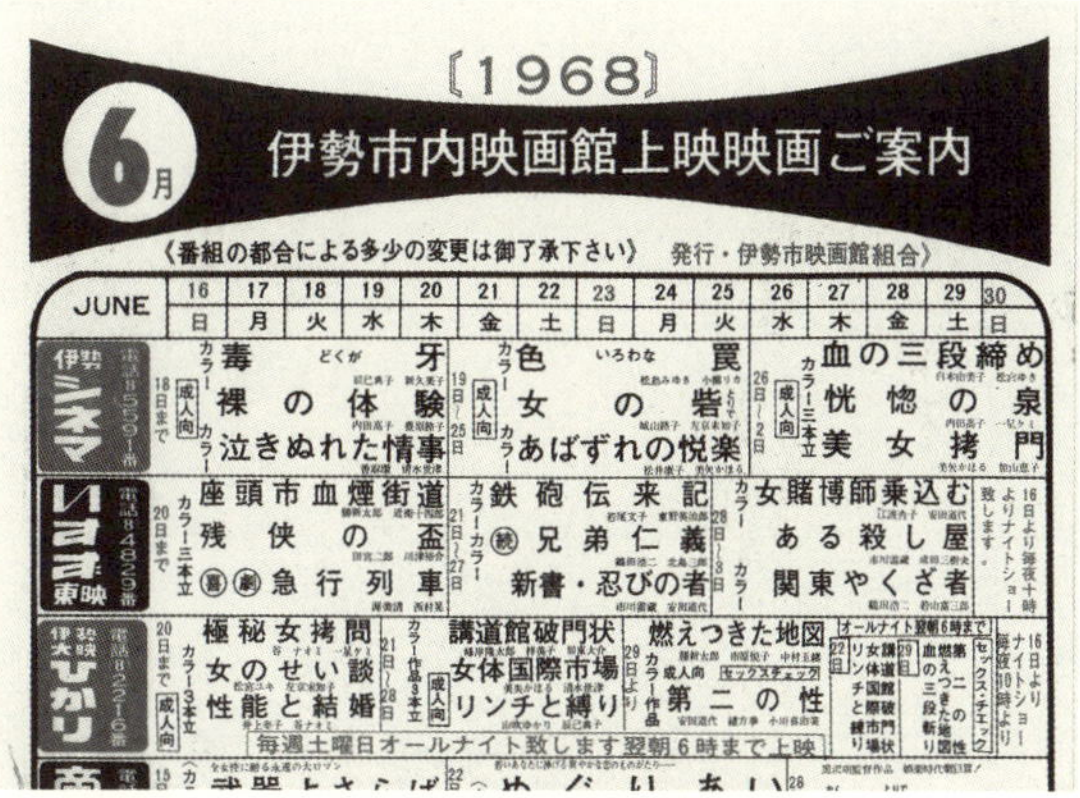

〔1968〕
6月 伊勢市内映画館上映映画ご案内
《番組の都合による多少の変更は御了承下さい》 発行・伊勢市映画館組合》

JUNE 16日 17月 18火 19水 20木 21金 22土 23日 24月 25火 26水 27木 28金 29土 30日

伊勢シネマ 電話8 5591番
18日まで 成人向 カラー 毒牙《どくが》 / 裸の体験 / カラー 泣きぬれた情事
19日〜25日 成人向 カラー 色罠《いろわな》 / 女の砦 / カラー あばずれの悦楽
26日〜2日 成人向 カラー三本立 血の三段締め / 恍惚の泉 / 美女拷門

いすず東映 電話8 4829番
20日まで カラー三本立 座頭市血煙街道 / 残侠の盃 / ㊋㊍急行列車
21日〜27日 カラー・カラー 鉄砲伝来記 / ㊌兄弟仁義 / 新書・忍びの者
28日〜3日 カラー 女賭博師乗込む / ある殺し屋 / カラー 関東やくざ者
16日より毎夜十時よりナイトショー致します。

伊勢大映 ひかり 電話8 2216番
20日まで 成人向 カラー3本立 極秘女拷問 / 女のせい談 / 性能と結婚
21日〜28日 成人向 カラー作品3本立 講道館破門状 / 女体国際市場 / リンチと縛り
29日より カラー作品 成人向 燃えつきた地図 / セックスチェック 第二の性
オールナイト翌朝6時まで 22日 女体国際市場 講道館破門状 リンチと縛り 29日 燃えつきた地図 第二の性 血の三段斬り セックス・チェック
16日より毎夜10時よりナイトショー
毎週土曜日オールナイト致します翌朝6時まで上映

清張原作では旭館とされた
伊勢の映画館は、
映画では「ひかり座」となっていた。
当時の伊勢の映画街を調べると
本当に「ひかり座」という劇場が
あるのだが、
映画のロケ(劇場外観)も
ここで行われたそうである。
60年代から松竹系、大映系、
日活系を転々として
『砂の器』の3年後の1977年には
閉館となっている。

「ひかり座」で上映されている映画は、
野村芳太郎監督、水前寺清子主演の
松竹映画『三度笠だよ人生は』('70)。
野村監督のアルバムに遺る現場スナップ。

和賀の仕事場のマンションを
田所佐知子（山口果林）が訪れるシーン。
和賀が愛玩している子猫は、加藤剛の飼い猫で、
加藤のアイディアにより「出演」が決定。
撮影当日、加藤夫人が現場に連れてきたという。

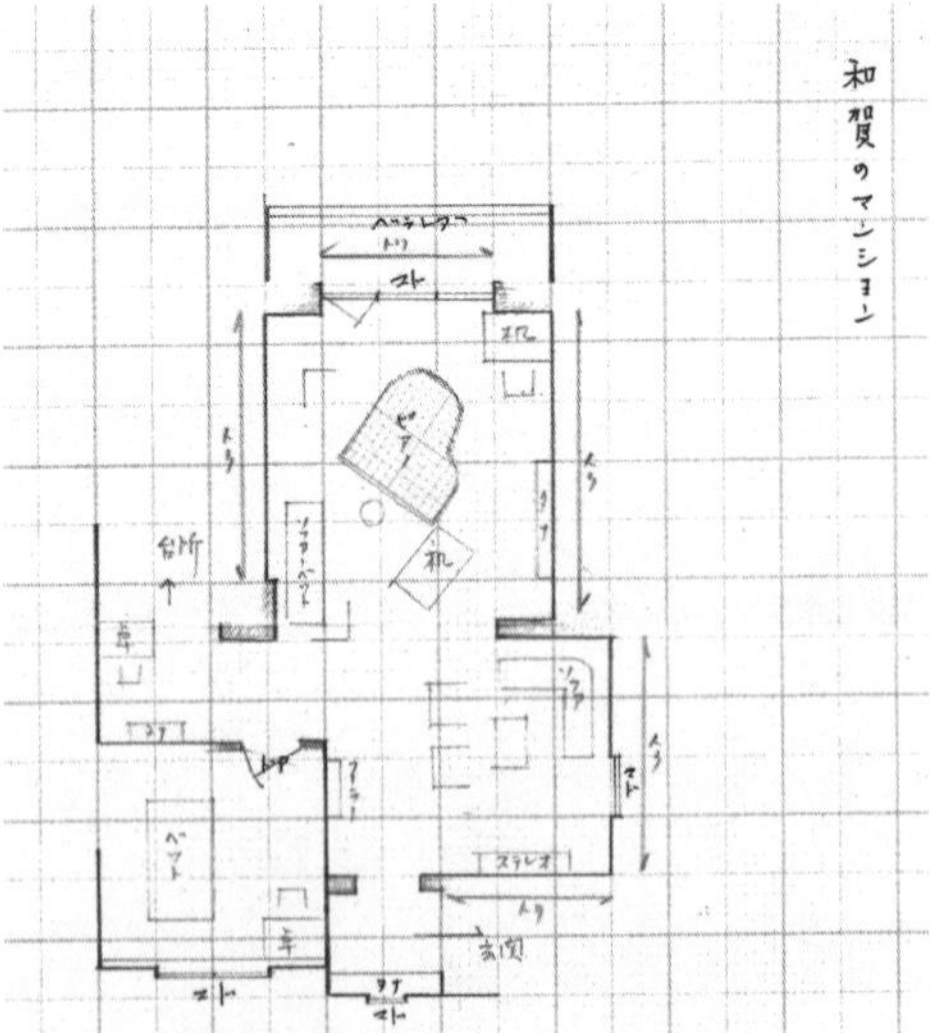

和賀のマンションのセット図面。
佐知子が寝室から
高木理恵子の香水のついたハンカチを持ってくる。

そのものだろう（こうした町場の「小屋」や大衆酒場といった庶民感あふれる場所の挿話となると大船撮影所の特に美術の据わりの良さが際立つ）。ひかり座で上映されているフィルムは１９７０年の水前寺清子主演の野村作品『三度笠だよ人生は』だが、売店といい事務室といい、当時の街になじむ封切館の様子がよく再現されたセットだ（劇場の表は実景）。そして続くシーンは、この雰囲気とは対照的な和賀の仕事場のマンションである。

Ｓ１０４　田所の娘、佐知子が和賀のマンションに来ている。和賀と佐知子の関係は、こ

のシーンを的確に描く事で説明される。またここで会話される宿命の論議はテーマを理解する上で、和賀の考え方を知る上でも。注意を引くように描くこと。

シナリオでは「渋谷あたり、高台にある高級マンションの一室」という設定になっていることの最前線のアーティストの部屋というのは、松竹撮影所の美術スタッフの引き出しにはないタイプのテーマだが、邦画黄金期に美術担当にクレジットされて以来、お家芸のメロドラマ、喜劇から松竹には珍しいミステリー、サスペンスまで幅広く手がけてきた森田郷平をもってしても、なかなか難しいお題だったようだ。ピアノ、テープレコーダーの他は白いパーティションがあちこちに置かれ、壁には菅井汲ふうの額装されたリトグラフが何点か飾ってある。そこまでは頑張っているのだが、こんなトーンに電灯のスタンドなどの雰囲気はミスマッチで、極め付きは玄関になぜか通称「ジャラジャラ」と言われた「珠のれん」が掛けてあって、ここは申し訳ないが苦笑してしまうところである（邦画がモダンデザインのリビングをまっとうに表現できたのは、その方面を研究しまくった東映の今村力美術監督による１９８０年『野獣死すべし』あたりからだろうか）。

ちなみにここで和賀は「倖せなんてものがこの世にあるのかい」というニヒルな私見を述べるのだが、決定稿では続けて宿命の定義として「人間は誰でも自分の考えや判断で生きていると思っている。しかし、本当はもっと大きなものに支配されている。これに気がついた時から、なんとか抜け出そうと必死に焦るが、絶対にそれからは離れられない……つまり、生まれてきたこと、生きているということかもしれない」といささか丁寧に過ぎる説明を加える。完成版のつながりを観るとおそらくこの台詞は撮影されているはずだが、野村が最後のワンフレーズだけに留めてほとんどカットしたのは正解だろう。

ここでの味付けとしては孤独な和賀を癒している子猫の存在だが、これはなんと加藤剛からのアイディアで、撮影直前に電話で野村に提案があったもようで、現場には加藤夫人が自宅で飼っているこの子猫を運んできたという逸話がある。そしてこの後、S105からS127までが野村によれば「追うものと追われるものの③」というパートになる。

S105―S127

前にも述べた中盤戦最後のたたみ込みである。

S105より金沢へのつなぎもキャメラは躍動的なタッチがいい。

S109の大畑村は、あとの親と子の旅立ちのため強烈に印象深い画が必要である。

S110―S112のシーンは、観る人にかくしている部分が多く、意味不明のシーンになりやすい。乞食の親子〔原文ママ〕、とくに子供のことをきき出そうとしている事だけは、明確に判らせる必要がある。また、石川の方言を研究のこと。

このあたりから観客が少しとまどうかもしれないのは、今西が犯人にたどりつくためのアクションが二手にわかれるからである。ひとつはＳ１０５で警視庁の捜査一課で今西が亀嵩の桐原老人への聞き込みで気になった「親と子の乞食」の本籍地を知って、その現地・石川県の大畑村へ向かって親子の素性を探る線。今ひとつは三木謙一の行動を変えさせたらしい伊勢の映画館の写真に映っていた和賀英良の来歴を、本籍地の大阪で調べるという線。

このシークエンスは前者の本浦千代吉と秀夫とは何者なのかを本籍地で調べる旅なのだが、野村が「かくしている部分が多く」というように後半中心に張り出してくる「親と子の乞食」はここまでに写真もイメージも見せられていないので、観客としては何のために誰について調

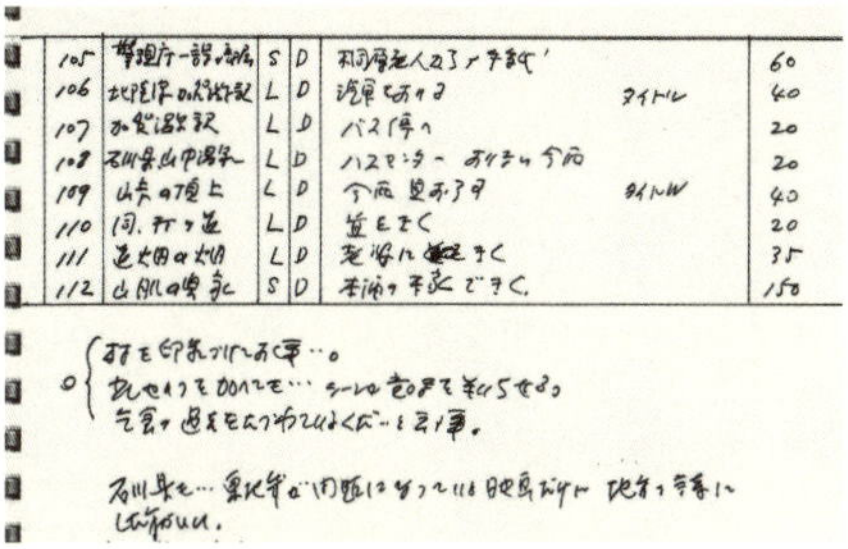

今西が本浦千代吉の過去を追って
石川県上沼郡大畑村へ赴くシーンの演出メモ。
この展開は観客にはややわかり難いので、
「台詞を足しても乞食の過去をたずねていることをわかりやすくすべきでは?」という
懸念点が記されている。
また、ここでも方言が軸の作品なので
地方の言葉を重視しべしという注記がある。

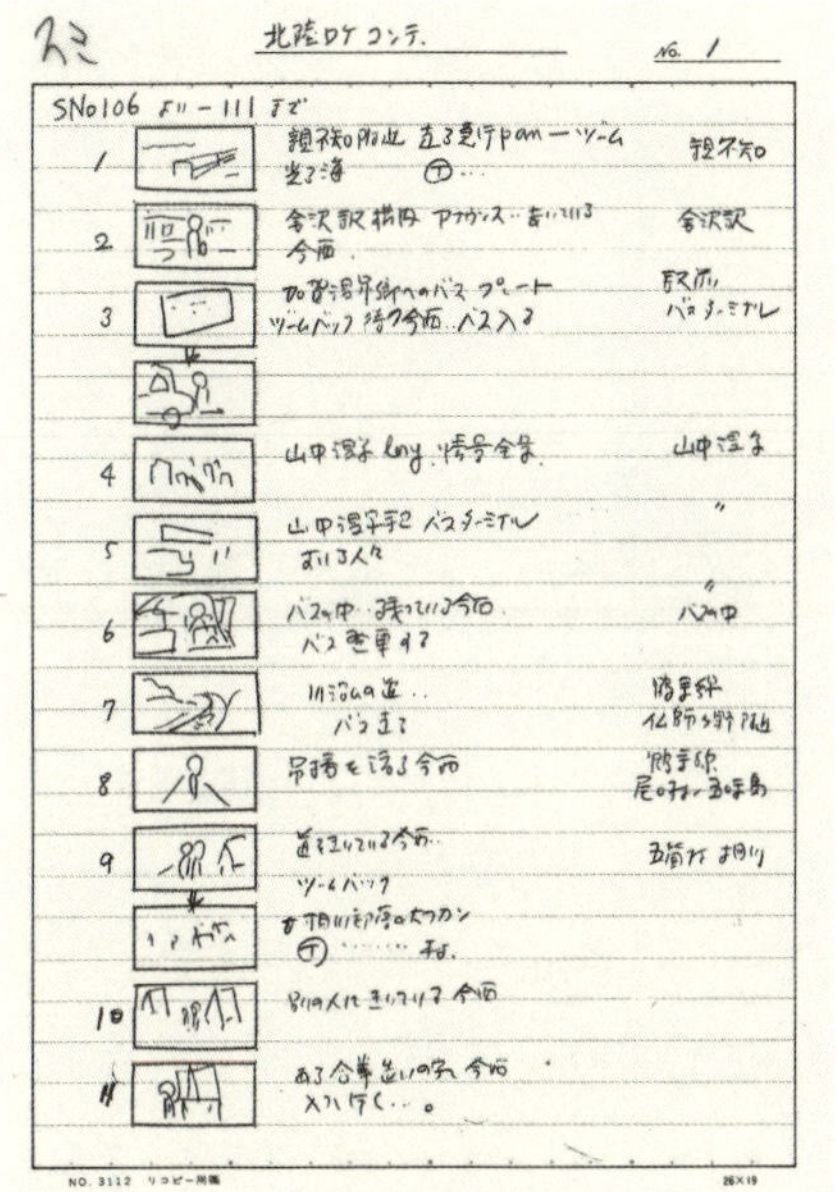

「北陸ロケ コンテ」では、今西がまた
列車とバスを乗り継いで北陸の山村に赴くまでの
行程を丹念に追っているが(吊り橋など
ロケハンの成果もふんだんに織り込まれ)、
ここもまたコンテの正確な映像化に驚かされる。

今や世界遺産になった越中五箇山の
相倉合掌造り集落でのロケ。
丹波哲郎と、この場面だけに出演の菅井きん。

べているのか思い浮かべ難いところではある。そんななか、野村がとにかく「子供のことをきき出そうとしている事だけは、明確に判らせる」というポイントを示したのは職人監督の技である。そしてこの本浦の縁者・お妙に名脇役の菅井きんを配し、お妙がいくぶん警戒しながら今西に昔語りをするニュアンスをうまく出している。

このシーンは世界遺産になった富山県南砺《なんと》市の相倉《あいのくら》合掌造り集落で撮影されているが、今西の道中から川又昂のキャメラはズームを多用した超望遠ショットで、来るべき親と子の旅路の起点を観客に刷り込んでいる。演出メモにも「村を印象づけておく事」「シーンの意味（乞食の過去を尋ねているということ）を台詞を追加してもわからせる事」とある。先立つ今西の亀嵩行では、亀嵩駅（使用したのは出雲三成駅）の霊感シーン以外はそれほどこういった引きの風景が押さえられていないのだが、それは川又が「亀嵩方面は絵になるところがない」と述懐していたように、意外や超ロングショットで戦中の風景として耐えうるロケ場所に乏しかったのかもしれない。

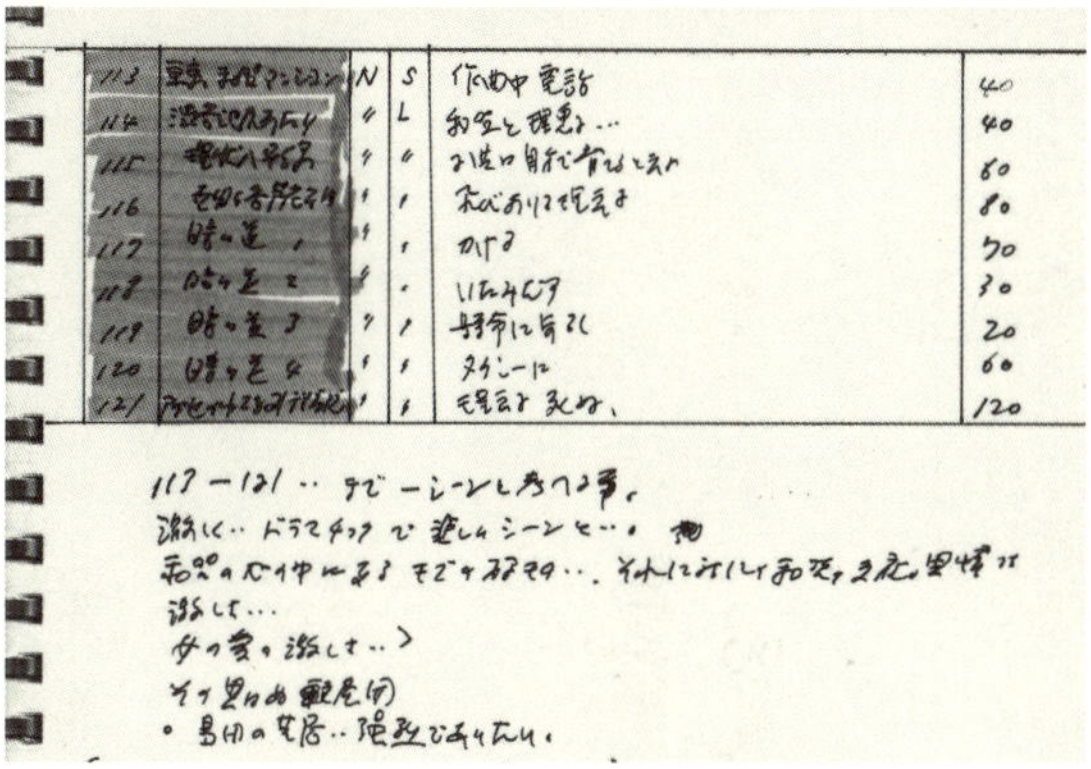

自室で作曲中の和賀の電話が鳴り、堕胎ができなかった
高木理恵子とおちあって諍いになる場面の演出メモ。
理恵子（島田陽子）が和賀の車から降りて、慟哭の夜道で流産し、
ついに医院で死に至るまでをひとつのシーンと考えると記されている。
「和賀の心の傷と理恵子の愛の激しさ」がポイントとされている。

S113　秀夫の話から、和賀のシーンにつなぐ、秀夫が和賀ではないかと見る人に思はせてよいと思う

S114—S121の和賀と理恵子の芝居は、激しく、ドラマチックである方がいい。自動車の中は撮影がむづかしく、なかなかリアールに描けない、しかしこのシーンではリアリティが必要である。そのため実景を多くアクセントとし生かし、リアリティをもたせる必要がある。理恵子の死は悲しくありたい。

S122　米原駅は、一瞬の静けさといったドラマの流れを感じさせたい。

S113は中絶を拒む高木理恵子が仕事中の和賀に電話してくるところで、以下のシークエンスは誰にも聞かれたくない話ゆえ和賀が車中で理恵子とやりとりをするくだりだが、ここは和賀の「お父さんとお母さんを同じ日に、大阪の空襲でなくしてしまった」という来歴が理恵子の話から初めて明らかになる

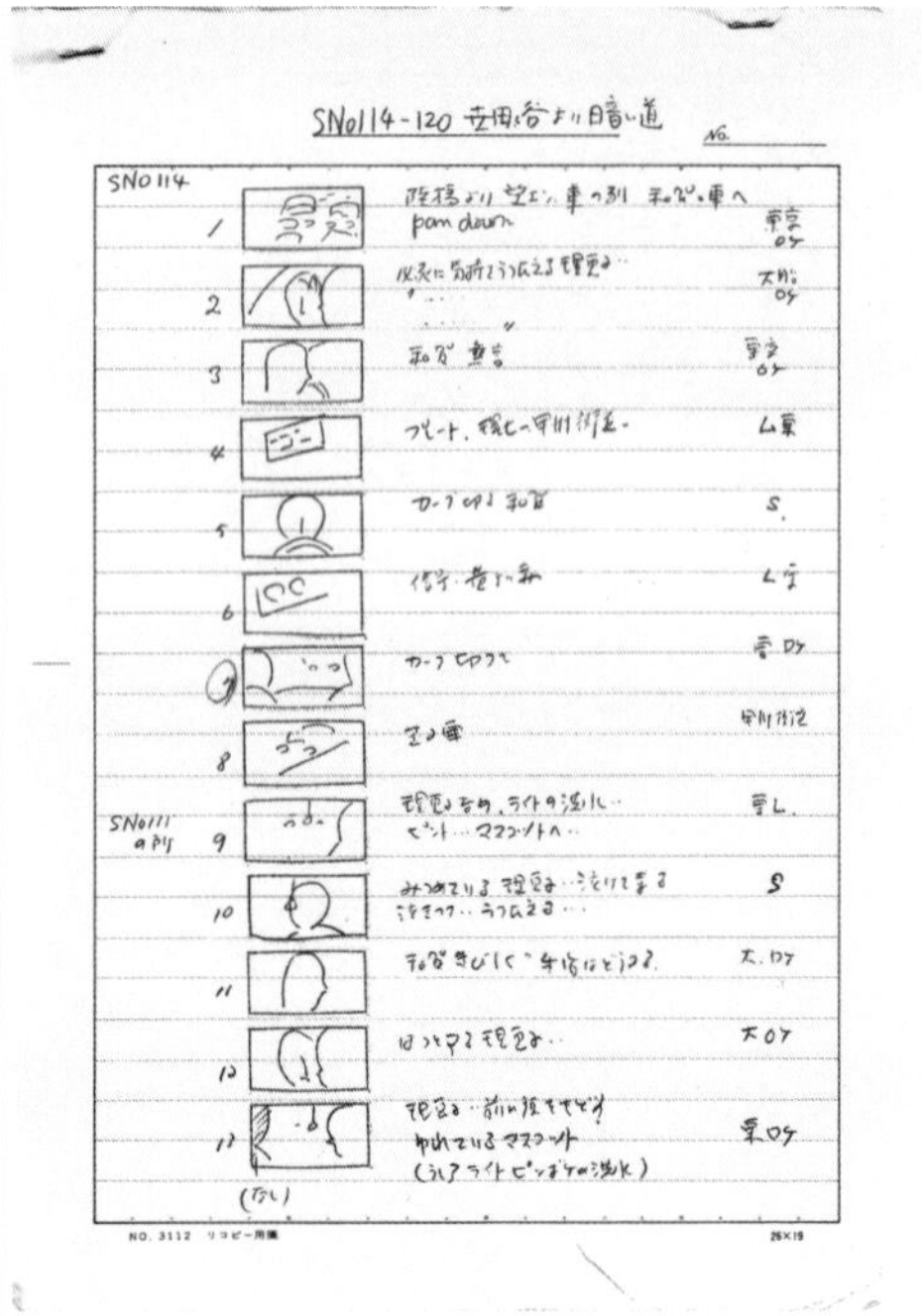

和賀と理恵子が夜の走る車中で
激しい諍いになるシーンのコンテ。
車にぶらさがっているマスコットを随所に使いながら、
理恵子の感情の爆発を描く。
こういった細部の工夫は野村監督の職人芸だろう。

場面でもある。そして理恵子が「一人で生んで一人で育てます」とまで言っているのに、あいかわらずの頑なさと冷淡さで絶対にだめだと言い張り続ける和賀には、その戦災の秘話も含めて何事か背景が潜んでいるのだろうと暗示する雰囲気でもある。演出メモには、ここは「激しくドラマチックで悲しいシーン」であり「和賀の心中にあるものと女の愛の激しさ」がぶつかりあう「思わぬ展開」ゆえ、「島田の演技は猛烈でありたい」と記されている。細かい肉付けとして車中にぶらさがっている仲睦まじいつがいの鳩(?)のマスコットに理恵子がいらだって引きちぎるというシナリオにはない工夫がされていて、コンテにも細かく流れの指定がされている。このマスコットは田所佐知子がマーキングしていたものなのだろう。

この後、理恵子が急な流産による異常出血で行き倒れになる場面について、川又昻は「できる限り照明度を少なくし、実景をアクセントに入れて効果を上げるように試みました」と述べているが、この二人の衝突から理恵子の夜道での彷徨と死まではリアルさを重視した画調、作劇になっている。ここでいかにも野村らしいのは、シナリオでは理恵子は下腹を押さえ「喘ぐような呼吸と激痛の呻声をあげ続ける」という表現どまりだったのだが、完成版では理恵子が下腹からのおびただしい出血を掌で確認して驚愕するという画になっている。これは後の『八つ墓村』や『震える舌』などで強烈なショック表現で観客を震撼させた野村ならではの残酷への踏み込みだろう。しかしここに関しては、実は数シーンにしか登場しない高木理恵子を深く印象づける唯一の山場であり、本作の島田陽子の演技のたったひとつの突沸点でもあるので、この鮮血のアクセントはむしろ必要だったと言えよう。

　そして野村が演出メモというかたちではなくノートに走り書きした文章に興味深い記述があった。そこには、この理恵子の流産を和賀との口論の末の事故として描くのではなく、和賀が理恵子を乗せた車を状態の悪い山道で走らせて、意図的に流産を招くという展開はないだろうかと記されており、それはこの流産を「感覚的殺人」として見せたいからだという。1978年の山根成之監督の松竹作品『ダブル・クラッチ』で高校の恩師の地井武男が愛人の松坂慶子を流産させて死に至らしめるシーンでまさにこのアイディアそのものが描かれていたが、それをやると和賀英良になるべくメロドラマ的な同情心を盛りたい本作の狙いは損なわれただろう。

　コンティニュイティを重んずる野村は、大畑村から和賀の仕事場へのつながりについても繊細に考えていたが、S121のかつぎこまれた外科医院で亡くなる理恵子のシーンから

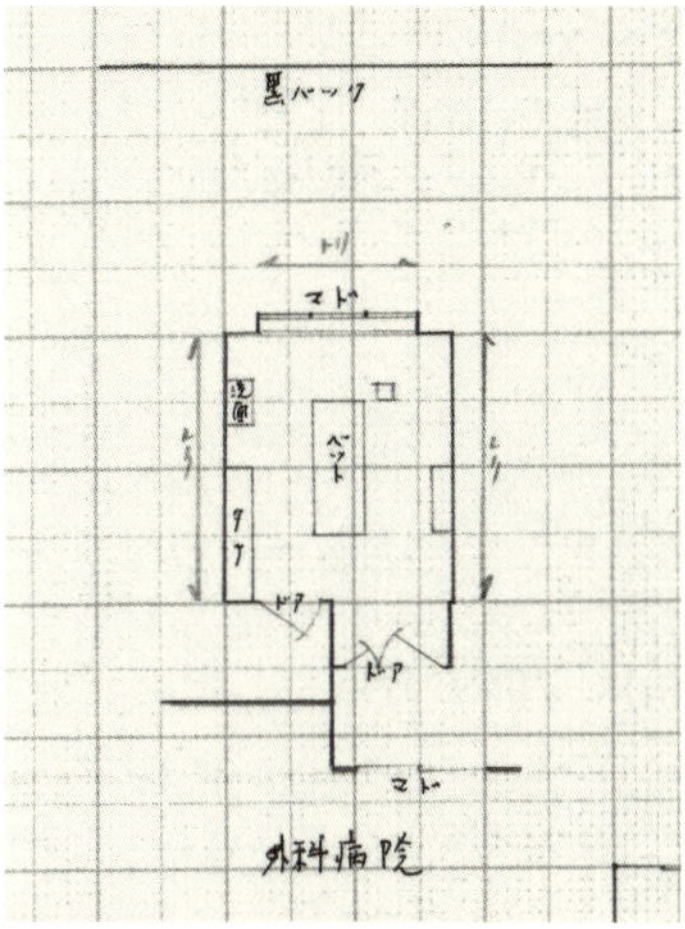

高木理恵子が流産の異常出血ゆえに運びこまれた、産婦人科ならぬ外科病院の診察室のセット図面。

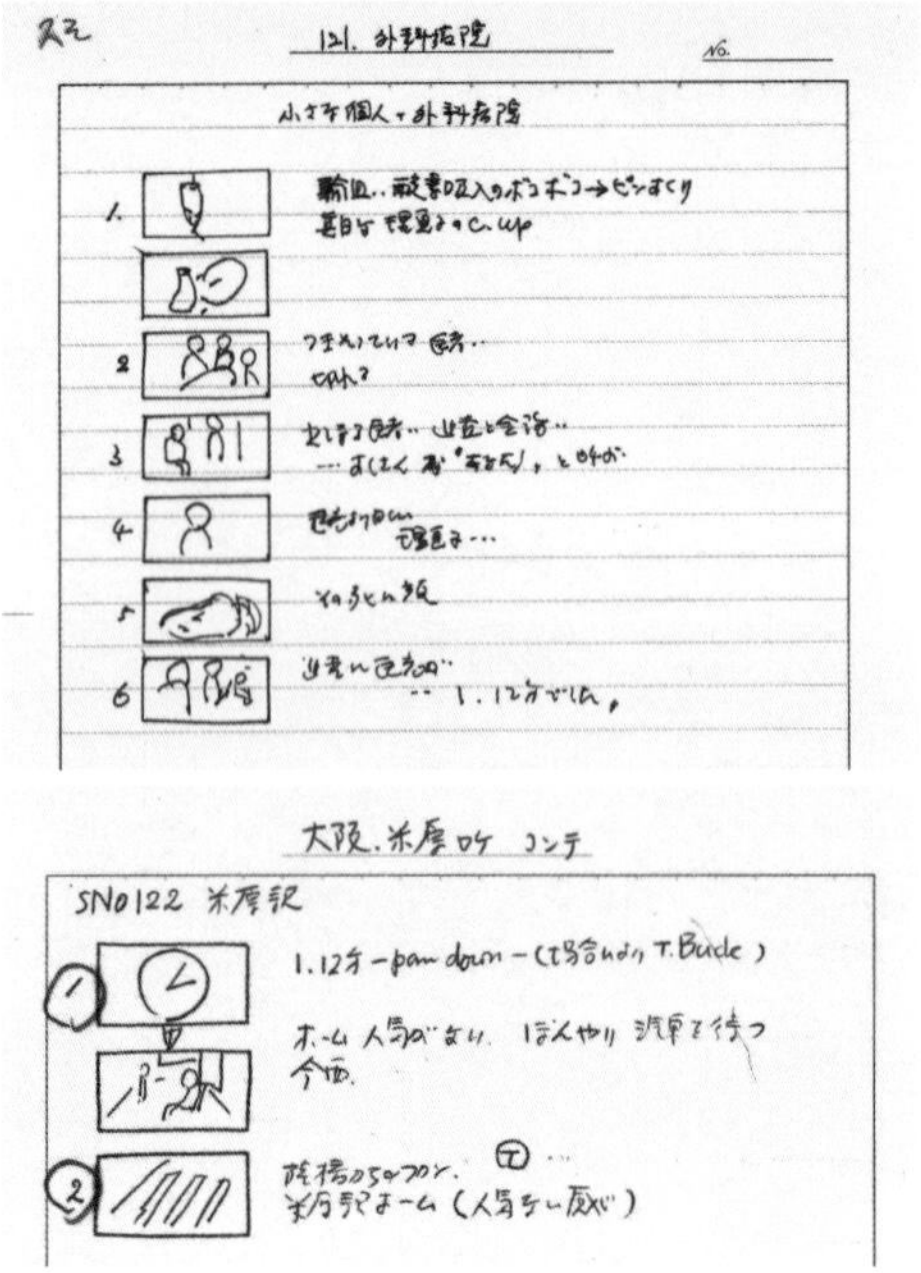

かつぎこまれた病院での身元不明の理恵子の臨終と、同時刻に今西が米原で大阪行きの列車を待つさまを「1時12分」の時刻で結びつける心憎いつなぎがコンテに記されている。こういった細かな工夫が観客の興味をこつこつと牽引し続ける。

S122の深夜の米原駅を臨終時刻の時計でつないだのも丁寧な職人芸だった。

S123―S126　大阪は見る人を今西の気持ちに引きこみ、今西と共に推理する。そして焼けた戸籍のこと、和賀は実は子供ではなく小僧だとき、今西が、はっと思いついた瞬間、キャメラはS127作曲中の和賀のアップにつなぐ、これが前半の終りである。

今西の大阪行きについては、先立つ米原駅のシーンで乗り換え列車を待つ姿にかぶせて「ある男の戸籍調査のための大阪行きである」というタイトルが入る。主要登場人物が少ないので当然それは和賀なのだろうと誰もが思って見ているのだが、三木と和賀を結ぶきっかけとなった伊勢ひかり座掲出の写真については田所重喜の肖像しか見せられていないので、観客はそのほのめかしの余韻のもと「ある男」が決定的に和賀だとは断定されぬまま大阪のシークエンスを観ることになる。

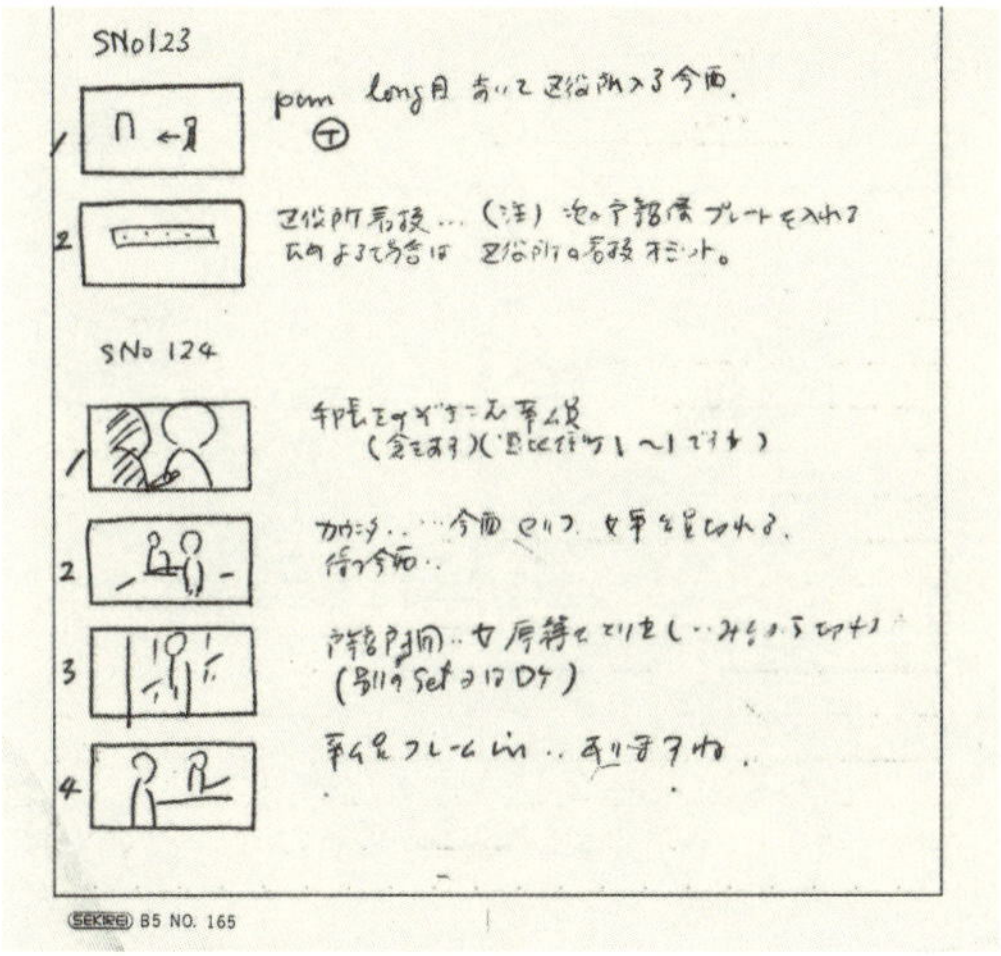

今西が大阪の浪速区役所に出向くシーンのコンテ。
区役所外観の画をカットされている。

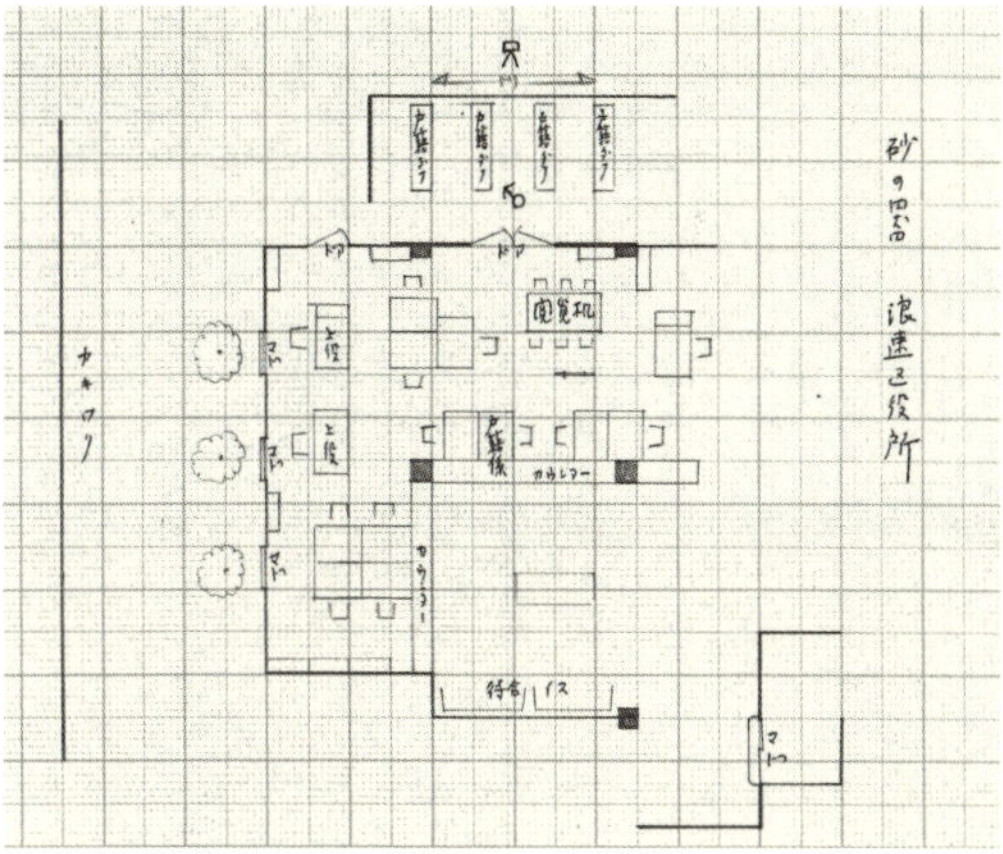

浪速区役所戸籍課のセット図面。

そして清張原作の大きな発見である戦災による本籍再生のトリックにまつわる浪速区役所の戸籍課の場面も、なかなかリアリティのあるセットで撮影され快調に進行するが、ここで「和賀英良」の本籍をめぐる調査だというのが明示される。そしてこれを受けた今西は通天閣下の派出署を訪ね、巡査にこの界隈の戦前戦後に詳しい人物を紹介してもらう。第一稿では寝具店の主人だったが決定稿では和風の飲み屋「大御所」の主人に変更となり、殿山泰司が絶妙の雰囲気で昔語りをする。前章でもふれたように、ここで橋本忍は和賀を戸籍全体を創作した正体不明の男とせずに、少なくとも和賀自転車店の子どものいない夫婦に拾われて「可愛い子で、夫婦ともまるで自分の子のように可愛がっておりました」という時期が明らかに存在した、ということをこの飲み屋の主人に証言させている。

通天閣下の商店街でのロケ。戦前から町を知る居酒屋主人に扮した殿山泰司がひじょうに印象的。しかもこの主人はなにげなくも捜査の壁を突破する最重要の証言をして、今西を驚かせる。

これは和賀が原作のように戸籍全体を創作した疑いもある冷徹で狡猾な怪物的人間ではないというエクスキューズになっているだけでなく、深読みすれば、選べない親の「業病」によって人生を歪められた和賀が、大阪で情愛ある夫婦と出会えたにもかかわらず、避けられない「戦災」によって一家を全滅させられ、言わば「宿命」によって二度も人生を悲惨に変えられたまことに気の毒な人物というふうに大幅な設定変更が行われているわけである。

そして、居酒屋「大御所」主人の語りでそこを見抜いた今西の驚きと納得の表情に、うっすらと悲しく優しいピアノの「宿命」のメロディが聞こえてくるのは象徴的だ。今西はこうして和賀を追い詰めた瞬間から、その度重なる不幸への同情の念をかき立てられたというわけである。ここにおいて映画『砂の器』は前半のミステリから後半のメロドラマへと転調を果たし、その幕開けのように、謎が解けたその時、キャメラはピアノを弾く和賀を悲劇の人としてパセティックにアップにするのだった。野村の演出メモには「ムードを強調」とあり、川又昂は「和賀の作曲中の部屋は音楽も画も激しさを要求され、脚本上は昼間のシーンであったのを夜のシーンに変更して、スタンド灯りにし、ハイの部分を強調して露出面でのアンバランスなネライを打ち出してみました」と述べている。

野村が「前半の終り」とするこの時点で映画は約88分が過ぎており、残りはラストまで約55分なので、ちょうど「序破→急」という感じの展開になった。最初の洋画系劇場でのロードショーではこの約88分までを「第一部　紙吹雪の女」として、インターミッションをはさんで残り約55分を「第二部　宿命」として上映するのが橋本忍の当初の構想だったようだが、全篇が2時間23分にはおさまっているので、公開前の宣伝会議で「インターミッションは必要なし」とされた（第三章の「宣伝から公開へ」を参照）。この流れで、ロードショー公開に次ぐ一般封切時もインターミッションなしの通しで全篇上映されたが、奇しくも2017年から始まった『砂の器』シネマ・コンサートでは奏者の休憩も必要なので、この原点のシナリオの二部構成に忠実にインターミッション付き上映が再現された。

同時進行シークエンスを成立させる精密コンテ

S128—S144（後半、捜査会議のはじまりより、本浦秀夫と断定するまで）

捜査会議と、音楽会場の同時進行、推理の進展と刻々近づく発表会、このカットバックのタイミングが重要である。また、シーンのトーン、芝居のボリュームの対比が計算を要する。

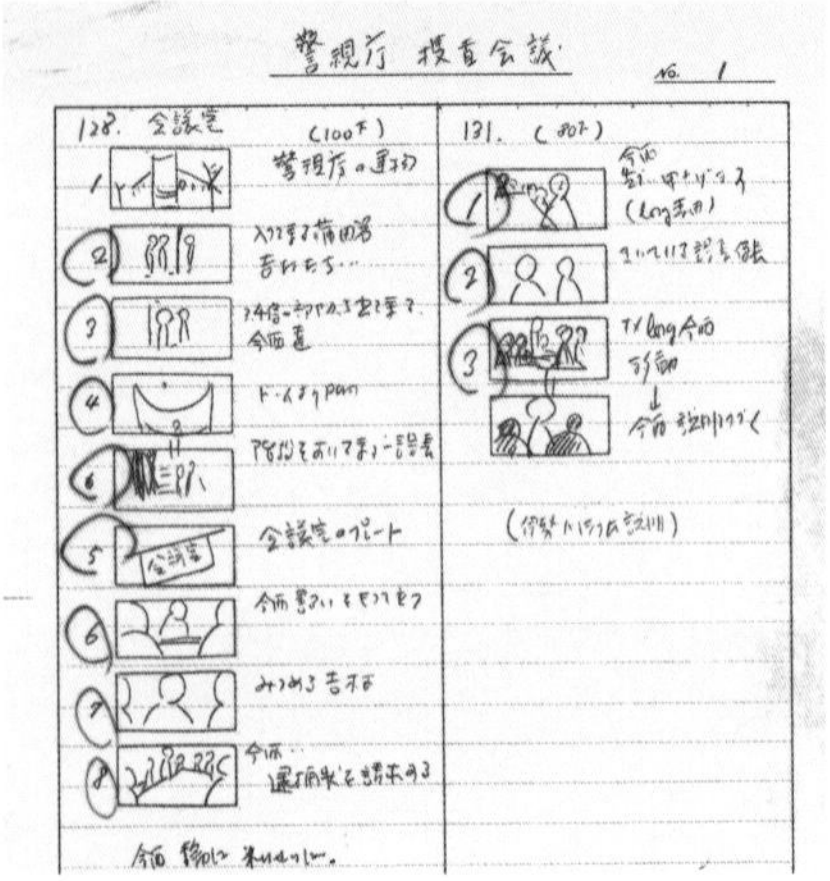

本作のクライマックス、
警視庁合同捜査会議のはじまりのシーン。
警視庁と西蒲田署の面々が集まって来て、
今西の語りが始まる。
コンテはコンサートのシーンと
親子の旅路のシーンを省略して、
こうしたブロックごとに記されている。

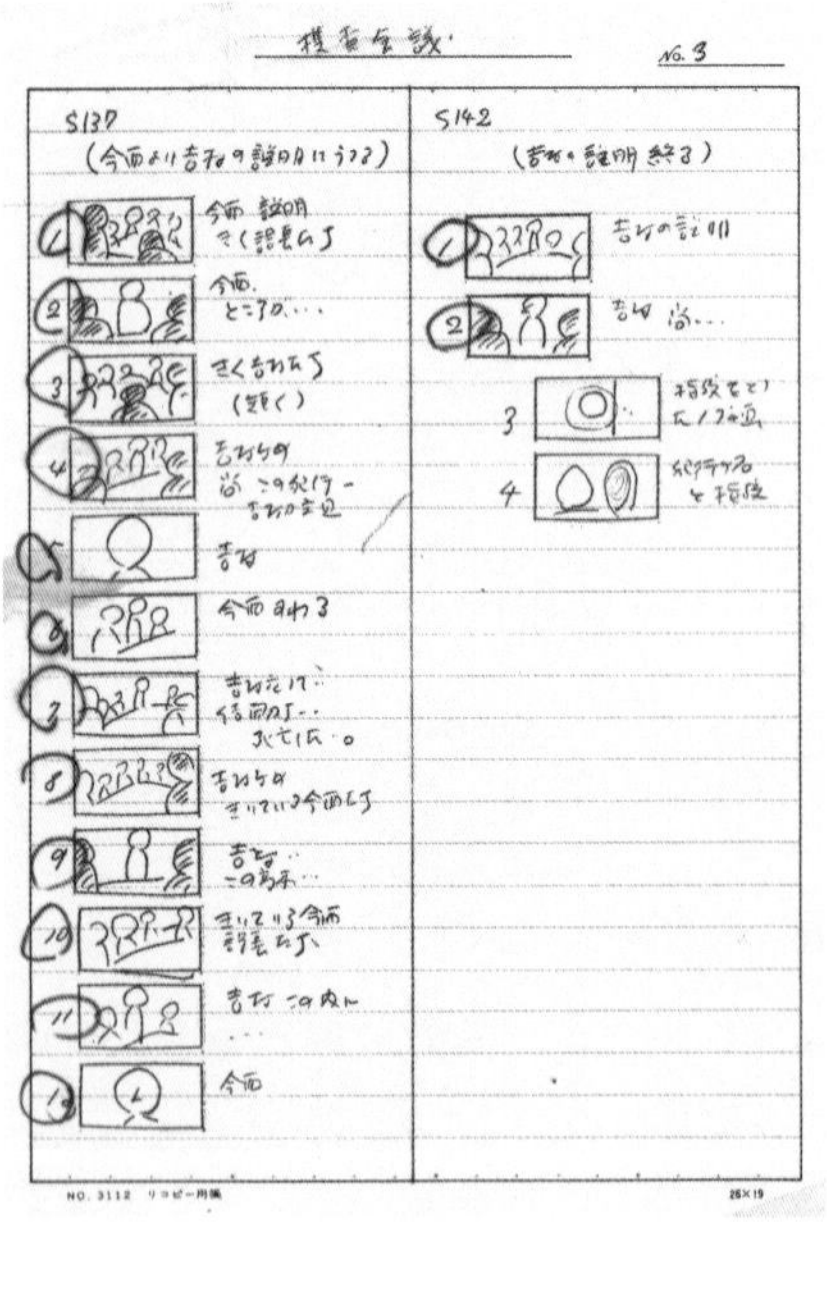

この後半からは構成が転調し、「警視庁合同捜査会議」「コンサート会場」「親と子の旅路」での三つの出来事が同時進行する。そしてこの「親と子の旅路」が始まる前においては、「合同捜査会議」でのミステリの回収が主軸となるのだが、そこで観客は犯行の謎解きとともに、本作が魅力的なストーリーテリングのためにあえて伏せていたシーンが補完される。そのひとつが「なぜ今西の伊勢ひかり座での調べの後に和賀が捜査線上にあがったのか」という点であり、今西が鍵となる記念写真をひかり座で発見する回想シーンが開陳される。今ひとつが「高木理恵子の死は何を招いたのか」であり、和賀を尾行していた吉村によって理恵子と和賀の関係のウラが取れ、また物証まであがった経緯が回想される（ちなみにもともとの脚本では和賀が理恵子の住む「新宿・愛住町辺り」の「若葉荘」を訪れるのを尾行中の吉村が見かけるのは二度めであり、5日前にも

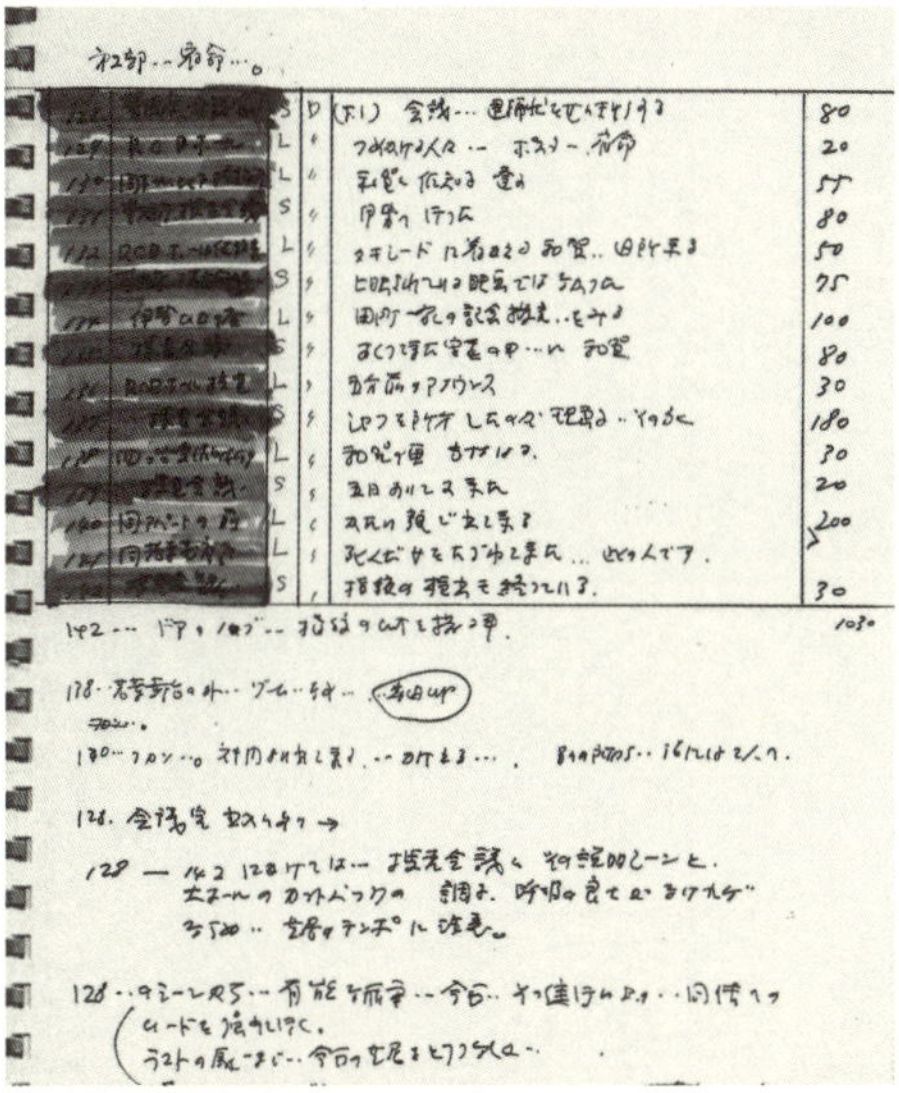

完成作では芝居の緩急、飽きさせない
キャメラワークが滑らかな展開を生んでいる
合同捜査会議のシークエンスだが、これは
ブロックごとに会議を撮っていく過程での
野村監督の細心なコンティニュイティへの
配慮の賜物である。

合同捜査会議は今西の進行のもと、
伊勢の映画館や四谷のアパートの調べを織り込みながら
核心の「犯行容疑」に迫ってゆく。
それと同時にコンサート会場に聴衆が詰めかけ、
和賀が開演の準備を進めるプロセスが交互に描かれる。
この助走部分について演出メモでは
「捜査会議の説明シーンと大ホールのカットバックの調子、
呼吸のよさがなければならぬ。芝居のテンポに注意」
とあり、また目をひくのは有能な今西の語りをもって
「同情のムードを強めていく」とあることだ。

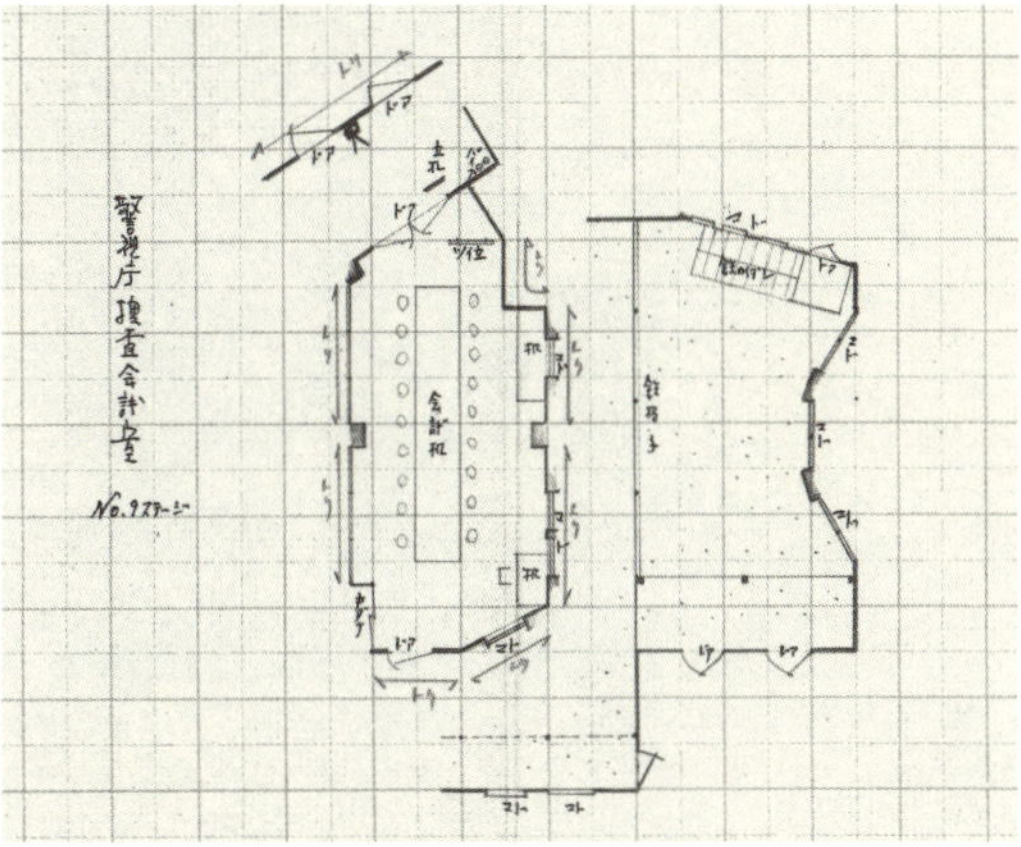

警視庁合同捜査会議のセット図面。
さまざまな方向から
出席者の表情を撮れるようになっている。
この全体の形状は当時の警視庁の
建物のフォルムを受けてのものだろう。

右頁図版：
今西が吉村（森田健作）に
一時バトンタッチして、
犯人の和賀と情婦・高木理恵子の
関係を説明させるシーンのコンテ。
きめ細かい
カット割りがなされている。

ここを訪ねて2〜3分で出て来るというシーンが設定されており、実際に撮影もされたもようだが野村が「二度訪ねてくるのは意味不明」としてオミットし、完成作のようなつなぎになっている）。

これらの挿話の補完によって、物語上の謎も解かれるわけだが、そもそも映画として欠けていたピースが埋められていく快感がこのシークエンスのかなめだろう。これらの脚色というより込み入った創作が橋本忍の第一稿の段階ですでにきっちり仕上がっているところが驚きであるが、こうした構成を犀利な語りのキレをもって具現化してゆく野村演出も目覚ましい。この意図を受けて立った川又昂も「各シーンのつなぎは大変むずかしく、シーンの頭および尻のカットのサイズの大小、ライティングには特に入念に気を配って対処しました」と述べている。シナリオで「RCBホール」と記されている演奏会場は浦和の埼玉会館、演奏は東京交響楽

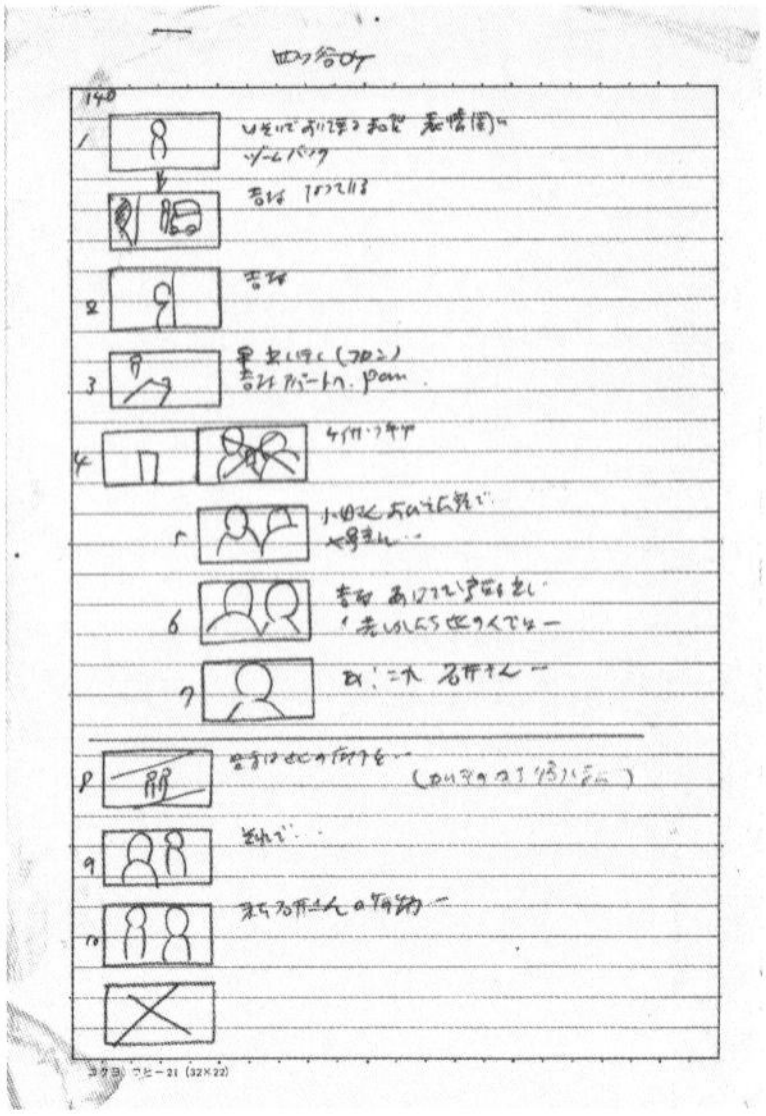

吉村が和賀を尾行して
理恵子のアパート「若葉荘」にたどりつくシーンの
コンテ。ここも和賀に迷惑がられる
アパートの住人に扮する野村昭子が好配置。

「若葉荘」は四谷の人気店「たいやき わかば」が
隣で経営していたアパート（現存せず）。
ここは野村芳太郎邸の近所である。

団で行われたが（第二章ではこの撮影に実際に参加していた当時の東京交響楽団のフルート奏者・佐々木真氏の回想を伺っている）、和賀の控室を田所が訪れるシーンには音楽監督の芥川也寸志、作曲・ピアノ演奏の菅野光亮も顔を出している。

S145―S166（登場する和賀より、親子が亀嵩につくまで）

ここからドラマの中心が捜査会議より音楽会へうつる。そして音楽が始まると、その内容として過去の親子の旅に焦点がしぼられ、見る人をそれに引きずりこむ。勿論音楽が勝負であるが、旅の画もまた勝負である。ここにこの映画の力が最大限に発揮される必要がある。（このために春夏秋冬、一年を要した）

この和賀英良が「ピアノと管弦楽のための組曲 宿命」（劇中では「オーケストラとピアノのための〝宿命〟」）を自らピアノを演奏しながら指揮する（弾き振り）映像と、親と子の旅路の映像のきめ細かいシンクロ具合については、現在のようにデジタル素材の画と音を編集ソフトで自在にエディットできるわけでもない、センスと手作業でこなしてゆく編集の時代に、ここまで絶妙に画と音のニュアンスが噛み合っているというのは、公開当時ひじょうに驚いた記憶がある。これについて川又昂が言及している。「勝負所の音楽会の撮影は9月中旬埼玉会館で行われました。準備その他を入れて3日間の勝負です。一週間前より監督とテープレコーダーを囲んで、

〝宿命〟のコンチェルトを聞きながら、コンテの打ち合わせは連日綿密に行われ、撮影当日は十分頭に入っているもののエキストラ、連日1200名、楽士90名、常備ライト150k、ジェネレーター60kの大撮影となると種々の制約に悩まされ思っていたこと、考えていた事の半分も実現できませんでしたが、まずまずの効果を上げられたのは演出、撮影、音楽、編集による事前の打合せがあったからこそと痛感致しました」（川又昂「撮影報告」より）。

ここを時系列で振り返ると、6月下旬にドラマ部分の撮影が本格化する以前に「親と子の旅路」の冬の青森・竜飛崎およびその近辺（S152の岬の突端の祠、波打ち際、百姓家、S154・15

コンサート撮影に参加した東京交響楽団のメムバーによれば、きわめて細かいパートごとに次々と撮影が行われたという。加藤剛のピアノは音が鳴らない仕掛けになっている。

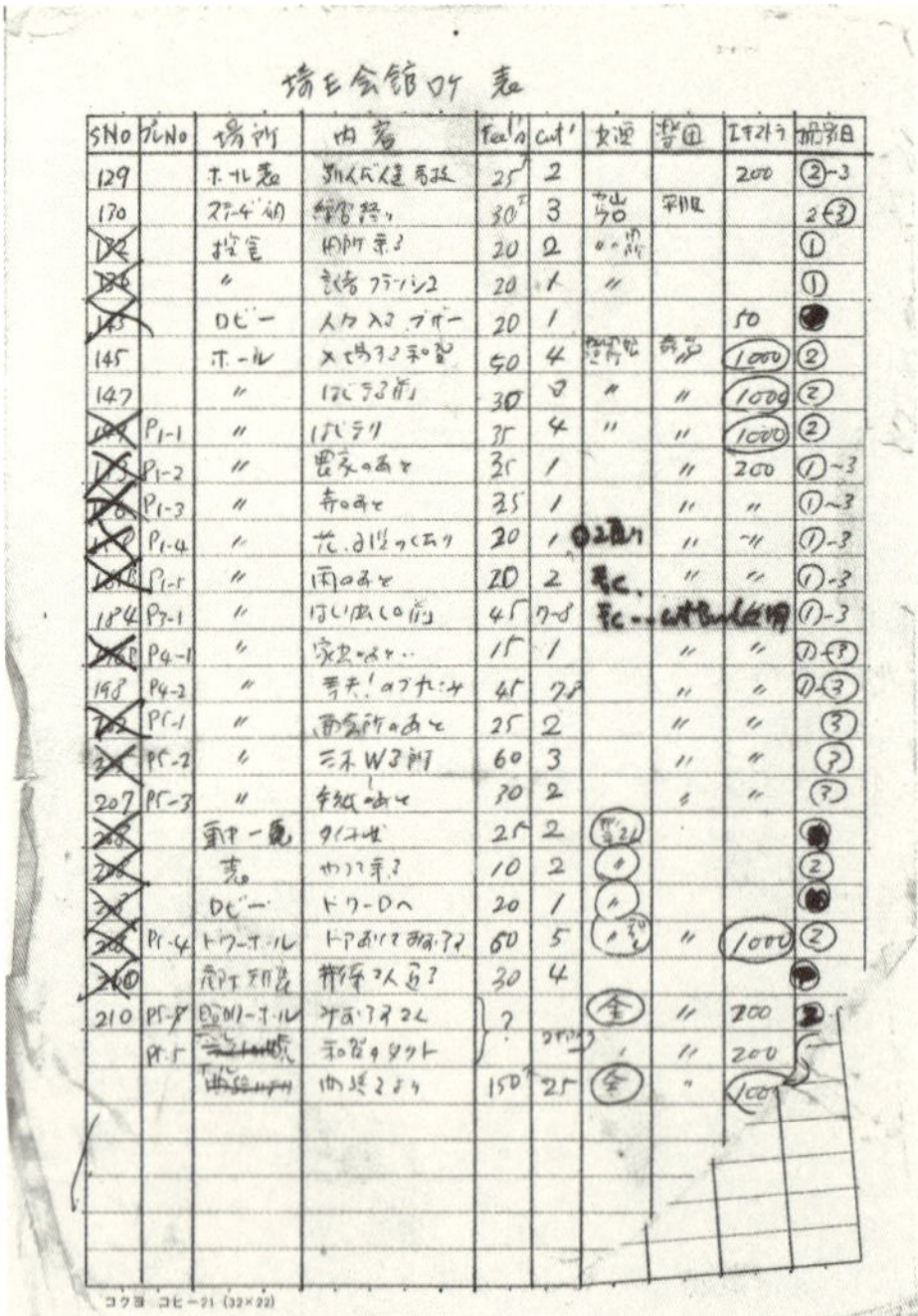

脚本では「RCBホール」となっているロケ地・埼玉会館での「ロケ表」。ここで消化すべき必要カットがあらかじめ極めて綿密に割り出されていることがわかる。それに応じて撮影場所、3日間の撮影の割り振り、必要なエキストラ数（最大1000名）などが一覧になっている。

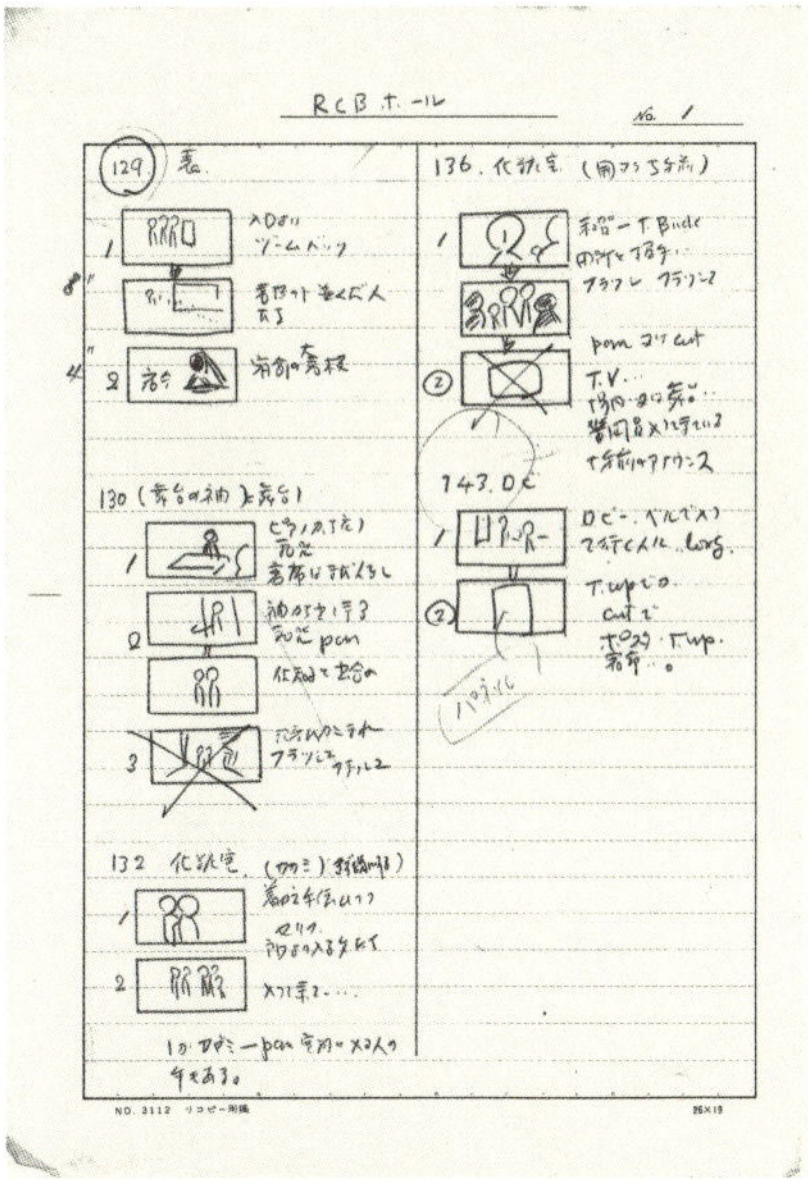

コンサートホール内外の観客や和賀の音合わせ
など開演前の動静が描きこまれたコンテ。
音合わせの後で和賀と佐知子が記者のフラッシュを
浴びるカットなどがオミットされている。

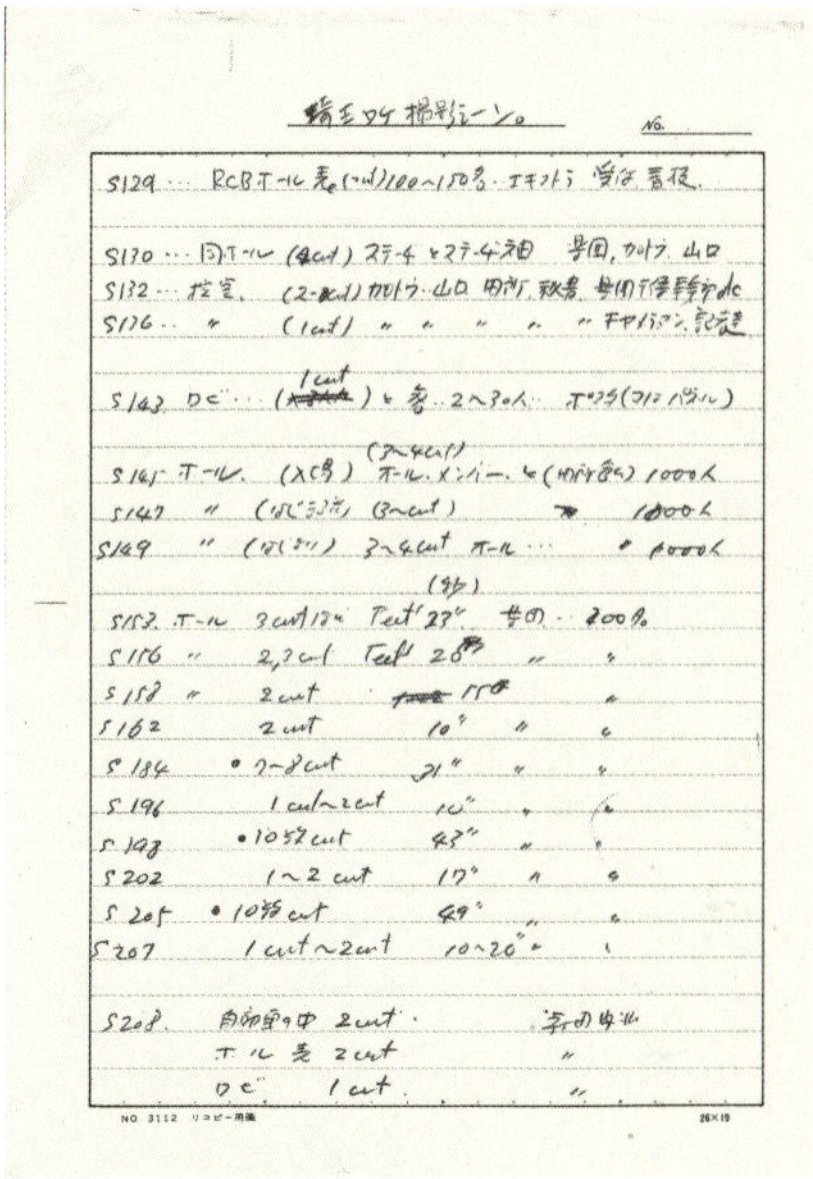

埼玉会館の「ロケ表」別頁には、
厳密な該当シーンとカット数まで
洗い出されている。

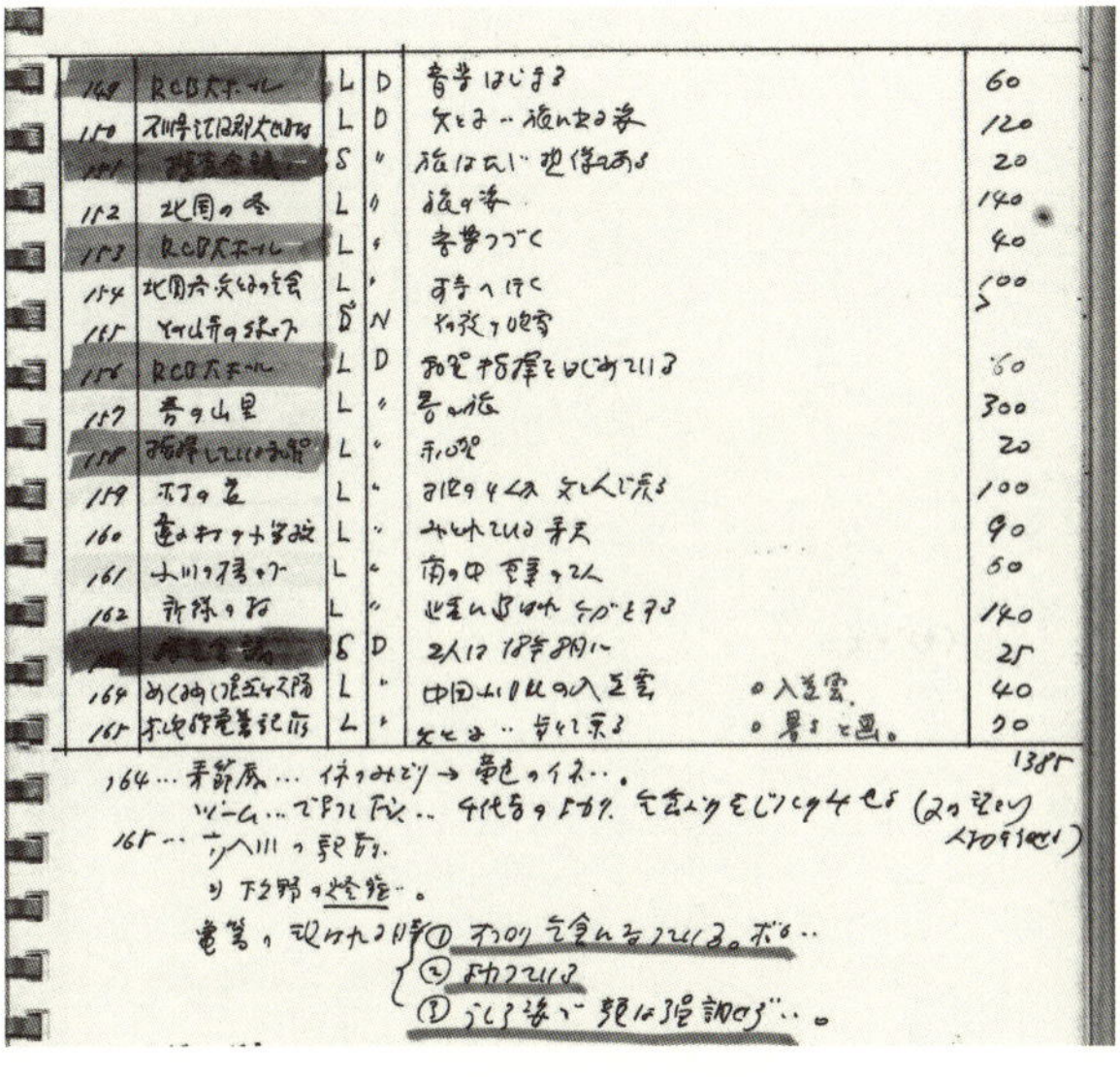

組曲「宿命」の演奏が始まり、父と子の放浪の旅が回想される本作のクライマックスについての演出メモ。本浦父子が石川県大畑村を出て島根県の亀嵩にたどり着くまで、今西が「この親子の旅は想像するだけで、二人にしかわからない」とエクスキューズをつけたことで一気に旅路はイメージの世界に跳ぶ。二人が亀嵩に着く前に、一度捜査会議に戻って今西が「昭和十八年八月、二人は亀嵩に現れた」と語るシーンがあったようだが、そこはカットされている。亀嵩に着いた本浦千代吉のひどい衰弱ぶりを描くように、とも記されている。

5の雪原、山寺）、長野県更埴《こうしょく》のあんずの里（S157・159の「桜の花」の山里）、北茨城の袋田温泉方面（S160の小学校、S161の雨宿りの場所、S162の新緑の村）の撮影が先行してじっくり行われた。川又昂によると「このロケーションに関しては時間的に余裕があったので私のネライ通りの事ができたものと満足しています。しかし八月下旬より行った一番ヤマ場である山陰ロケは悪天候に災いされ十分な効果を出すことができなかったのが残念です」とのことで、親

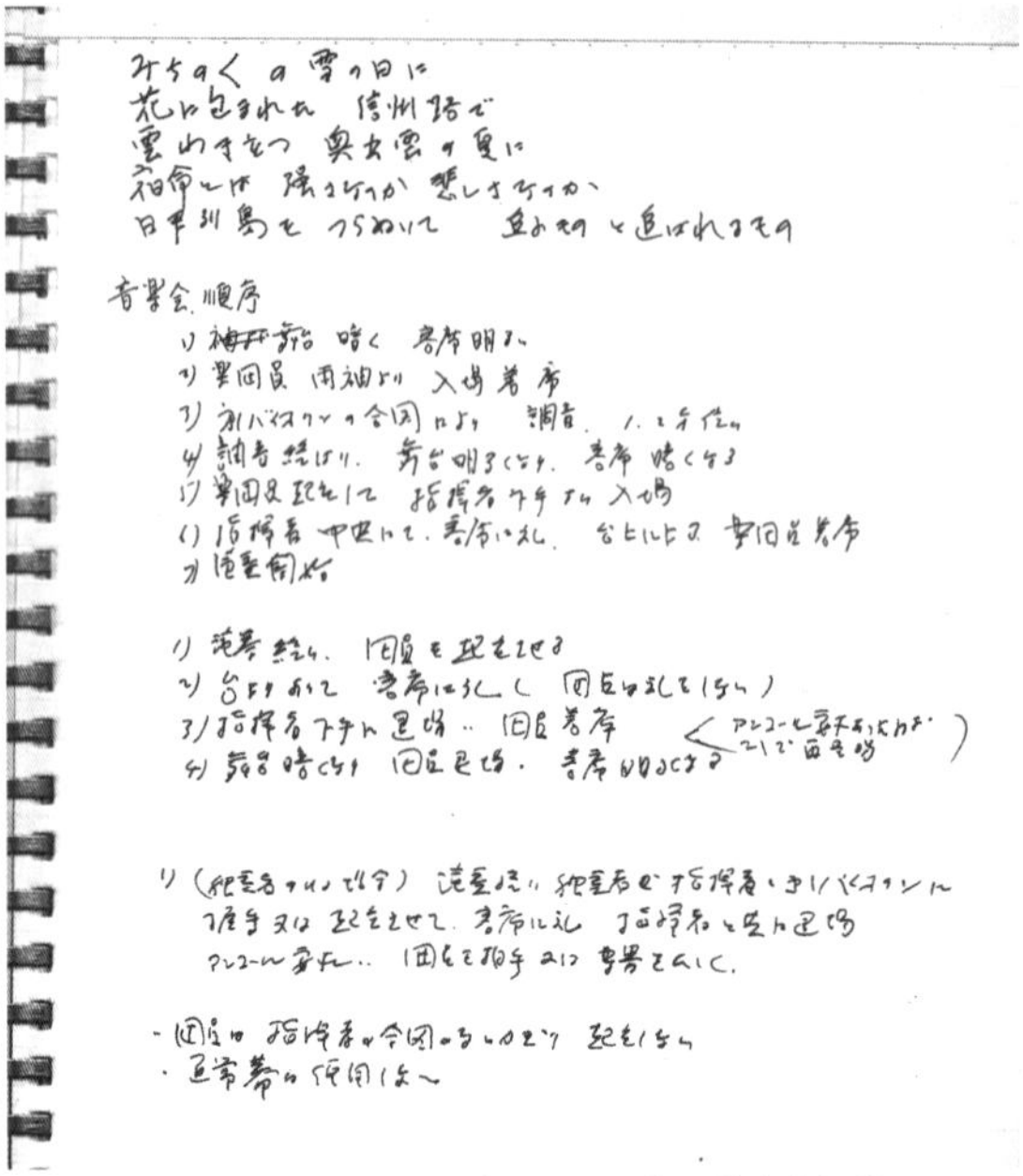
みちのくの雪の日に
花に包まれた信州路で
雲わきたつ奥出雲の夏に
宿命とは 陽気なのか 悲しさなのか
日本列島をつらぬいて 追うものと追われるもの

音楽会順序

クラシック・コンサートにおける楽団員の所作の基本的知識（入退場のタイミングやコンサートマスターによる調音など）が記されたメモもあった。なぜか橋本忍による一種ポエムのような作品コンセプトも書き添えてある。

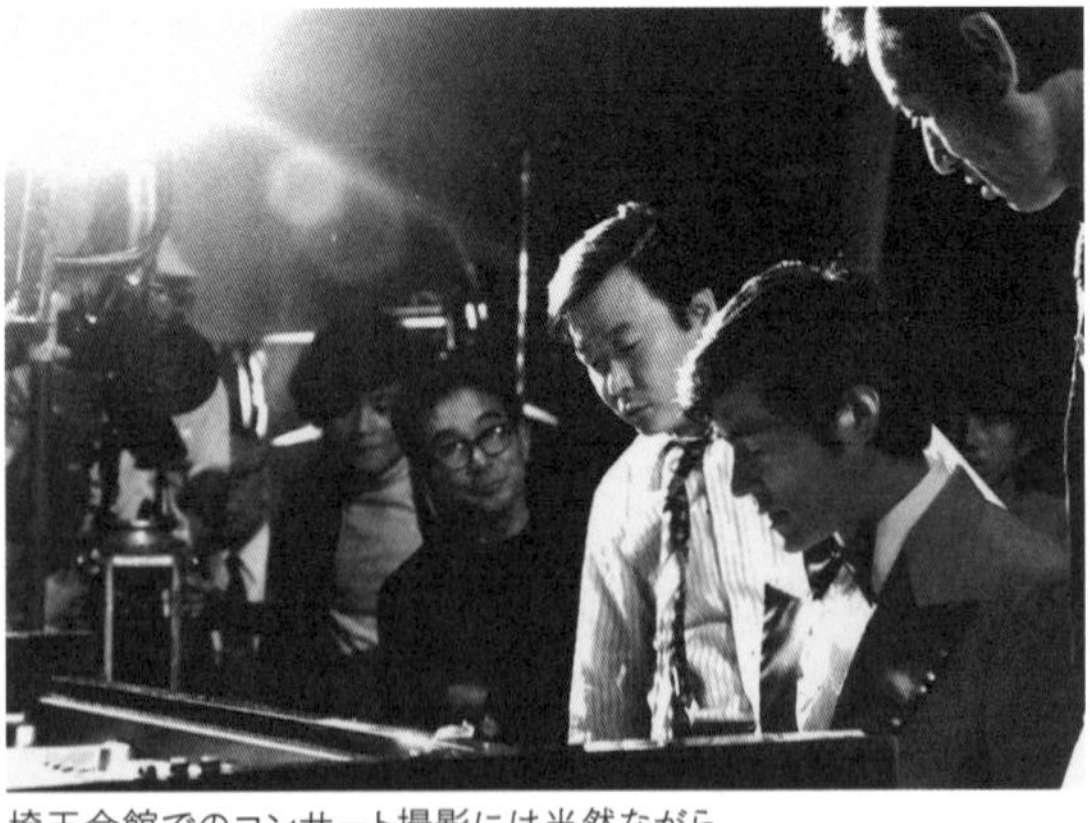

埼玉会館でのコンサート撮影には当然ながら音楽スタッフもつきっきりだった。
右から音楽監督の芥川也寸志、加藤剛、作曲の菅野光亮、野村監督。

加藤剛は鳴らないピアノで演奏シーンを熱演したが、指揮はさすがに難しいのでキャメラ後方で指揮をする芥川也寸志の動きを模倣していた。
それゆえに指揮が演奏に遅れている箇所もある。

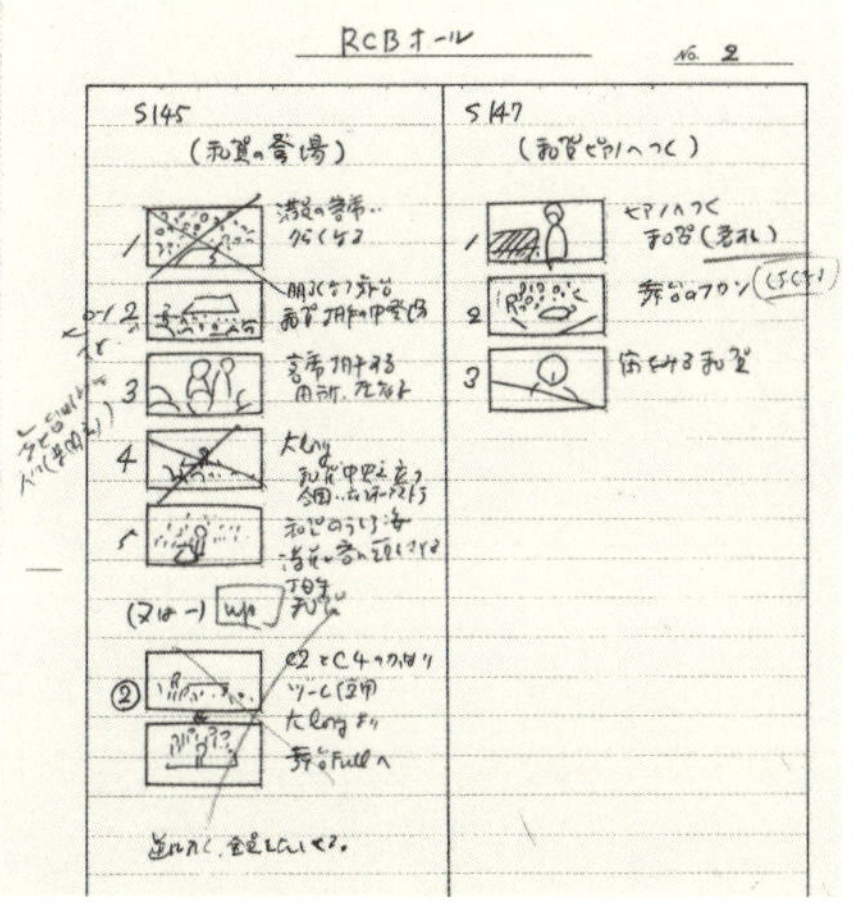

和賀が入場し演奏が開始されるまでのシーンのコンテ。

子の旅路のコースの始点となる富山の相倉合掌造り集落、終点となる島根の亀嵩に関しては現在時制の今西の撮影とセットで行う必要があるため、後半に回されてやや時間に追われたもようである。

そして、「宿命」の作曲が完了したのがこの初夏の北茨城に新緑を撮りに行っていた頃で、その東京交響楽団による録音が行われたのが8月下旬の山陰ロケの前である。ということは、音楽が仕上がってから9月中旬の埼玉会館でのコンサートシーンの撮影まで3週間強ぐらいであって、しかもそこには山陰の撮影も含まれているので、ゆっくり音楽を聴きながら撮影・編集プランを練るというわけにもいかないスケジュールである。川又によればコンサート撮影の1週間前からテープを聴きながら細かい打合せをしたというが、実はさらに驚くべきはコンサート撮影から10月19日のロードショー公開までほぼ一か月しかなく、しかもそこに橋本忍の急な意向で親子の旅の秋を撮るべく北海道ロケまではさまっているということだ。そこれは興味深いコンテである。今西は和賀が故郷を捨てて旅に出た理由が「それは父、千代吉の病気、当時としては不治の病と言われた癩病であったのであります」という衝撃的な事実を語る。この決定的な台詞を語る今西について、三つの撮り方のパターンが挙げられている。A案＝段階的なアップを重ねて今西の顔を撮る、B案＝今西の顔をズームアップしていく、C案＝フィックス。結果としてはC案のフィックスが採用された。また、「二人の旅は想像するしかない」と語る今西の撮り方も、吉村はじめ刑事たちが見守るカットをはさんだパターンのほか今西が語っているフィックスが撮られていたが、こちらもエキストラカットとされていた後者が採用されている。

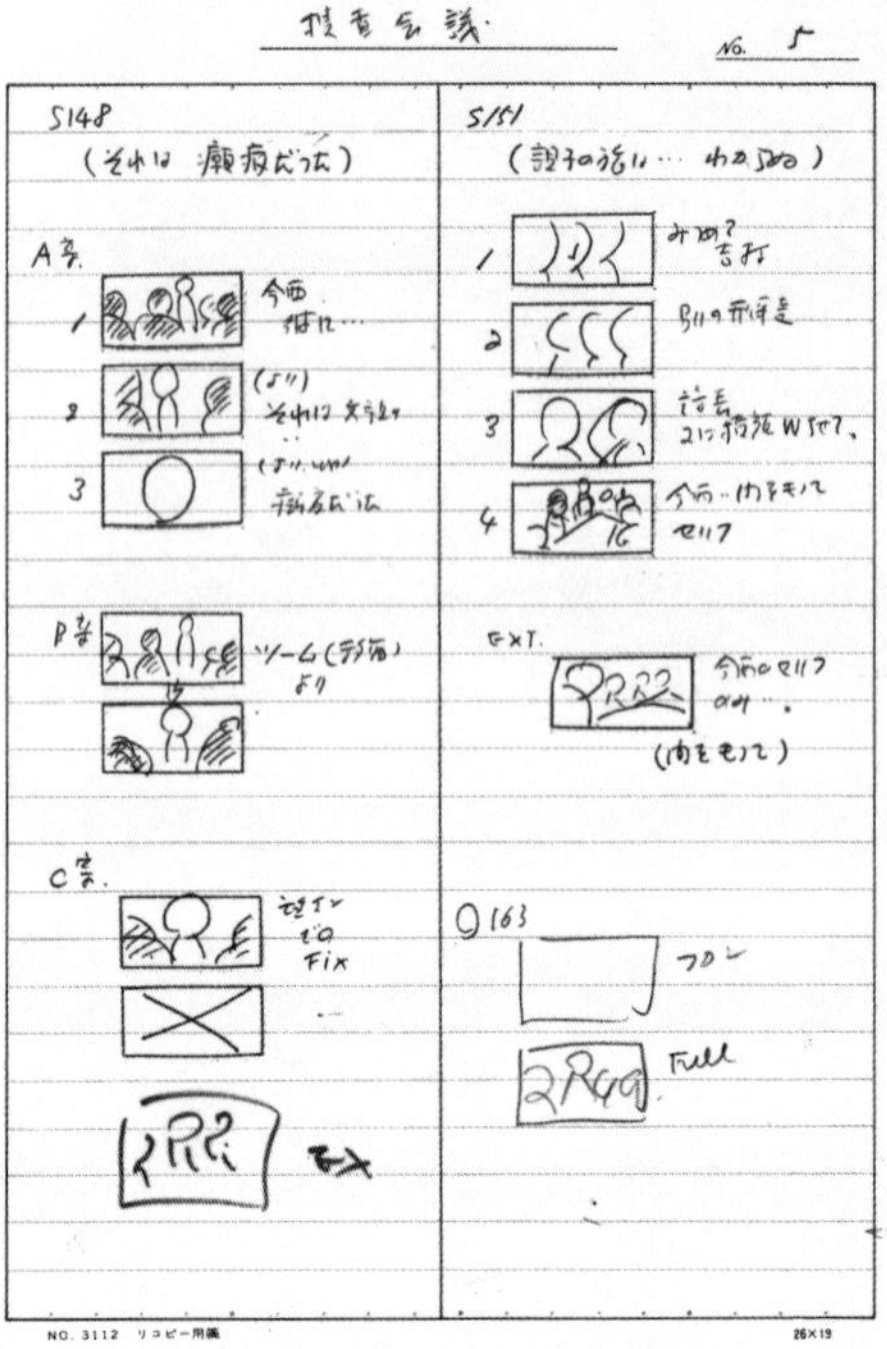

このコンテも面白い痕跡がある。完成版では和賀がピアノを弾くところから始まって、その「弾き振り」でオーケストラが演奏を始め、本浦親子が村を出るシーンに乗り替わるが、コンテでは今西が訪ねた大畑村や吊り橋の現在の風景に、二人の旅立ちがオーバーラップするという案が記されている。これはあの村が二人の捨てた故郷だということをわかりやすく観客に伝える工夫だったのだろうが、完成作はごくシンプルなつなぎになっている。

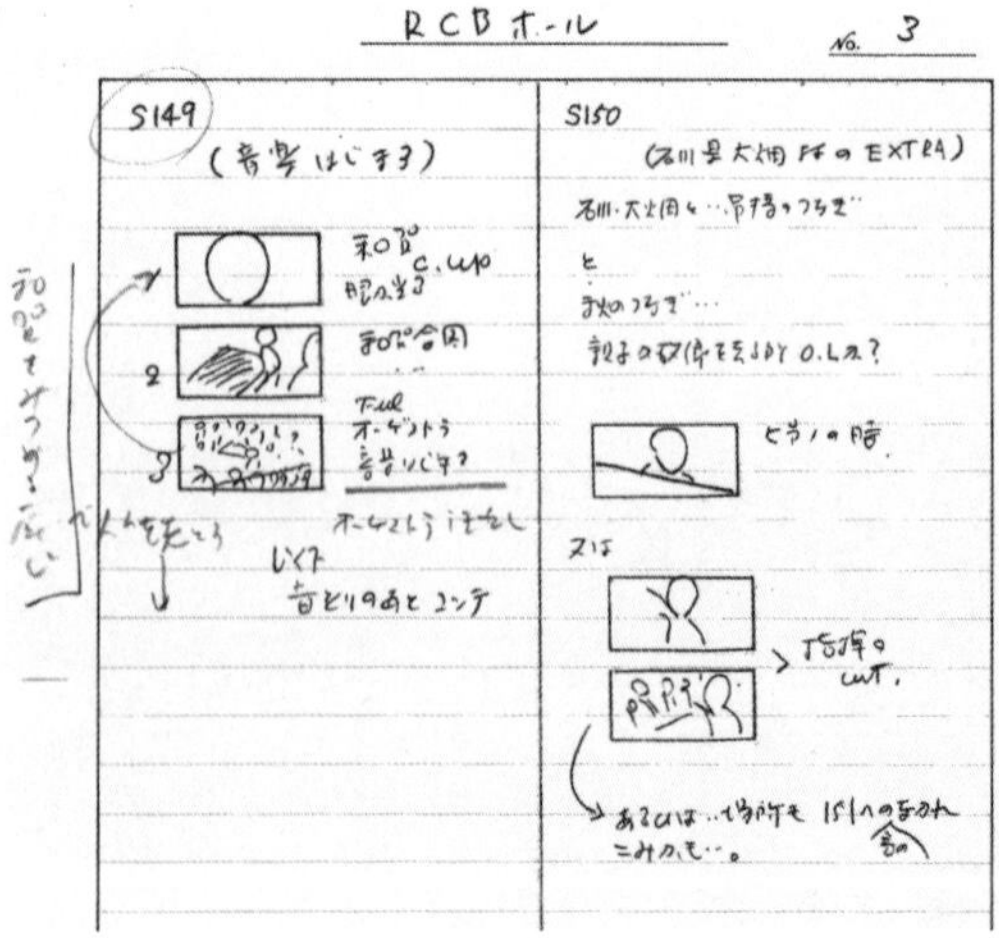

の走りながら考える速度でよく本作のような複雑な編集とダビングが（当時のハードで）どうして可能であったのだろうと首をかしげざるを得ない。編集の太田和夫は井上梅次、瀬川昌治、前田陽一といった監督たちの作品で鍛えられた名職人で、野村作品は『しなの川』『ダメおやじ』から『砂の器』を経て『八つ墓村』『事件』『鬼畜』といった主要作品、そして遺作『危険な女たち』までを手がけ、後には大林宣彦監督『異人たちとの夏』も担当しているが、こうした明晰でシャープな編集ができる手練れがいてはじめて可能となった案件に違いない。

ちなみに「親と子の旅路」のシークエンスは第一稿でほとんどイメージは固まっており、決定稿ではさらにいくつかの旅の場面が加わっているが、特に脚本から演出でさらに練られたのは第一稿のこんな部分だ。

S148　村の道

農家の所々に鯉幟。五、六人の子供、秀夫を取巻いている。

「ヤイ、ホイト！」

「ホイトノコ！」

秀夫、怒りをこめて眼を一杯に開いて睨みつけている。

S149　××ホール

タクトを振る和賀。

S150　村の道

子供達を睨みつけている秀夫。

「ホイト！」
「ホイトノコ！」

秀夫、子供の一人にとびかかって殴りつける。だが、子供達、秀夫に群がり、地面に押し倒す。
付近の農家から千代吉出て来る。千代吉、杖をふり上げて怒鳴る。子供の一人二人をしたたか打つ。子供達、蜘蛛の子を散らすように逃げ散る。

実際の映画のこのシークエンスでは、村の子にとりかこまれている秀夫が杖をふりかざす。

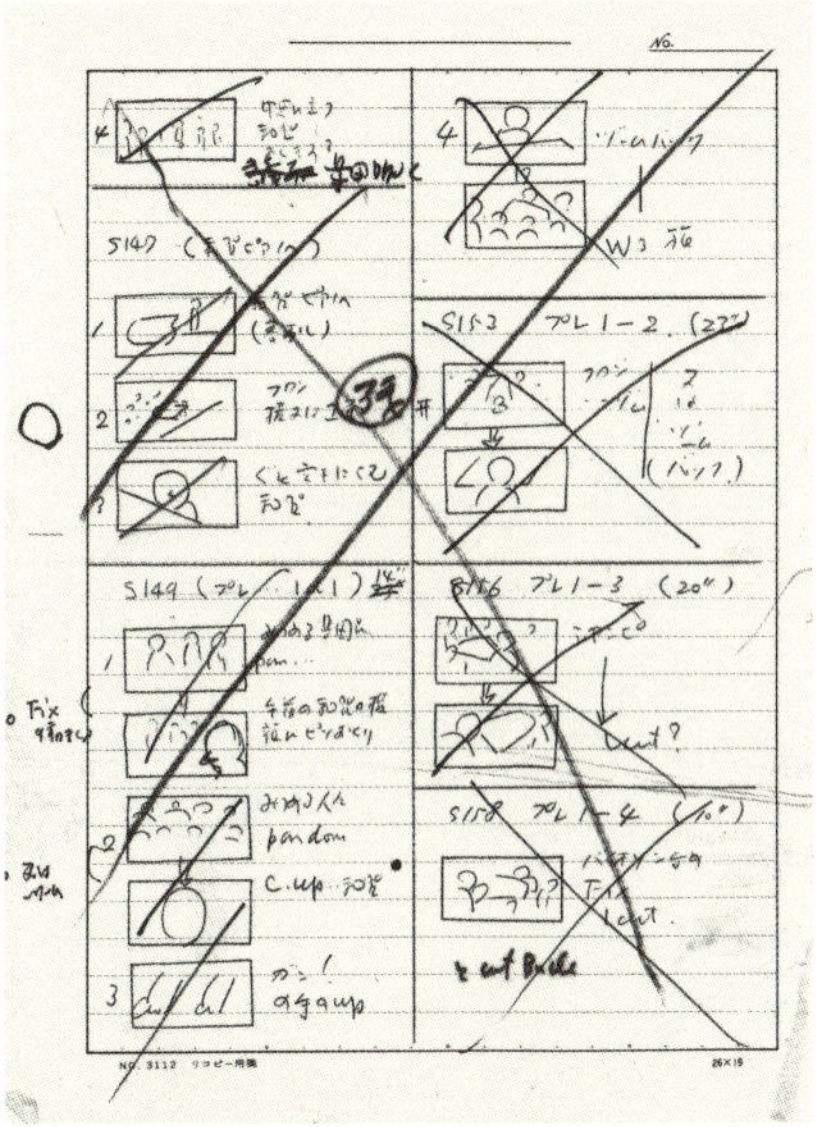

『宿命』の演奏が始まり、親子の旅路が
北国の波打ち際、雪原、山寺の縁の下、
春の山里と進行するはざまのコンサートシーンが
細かくパートごとにコンテ化されている。
右下のシーン158はのどかな春の山里で
秀夫が五、六人の子どもに取巻かれているシーンで、
「CUT BACK」と赤字で記されている。
これは、腕をふりあげ指揮する和賀と
いじめっ子に杖をふりあげた秀夫の
ダブルアクションで現在―過去を遡行することを指す。
まことにきめ細かい工夫である。

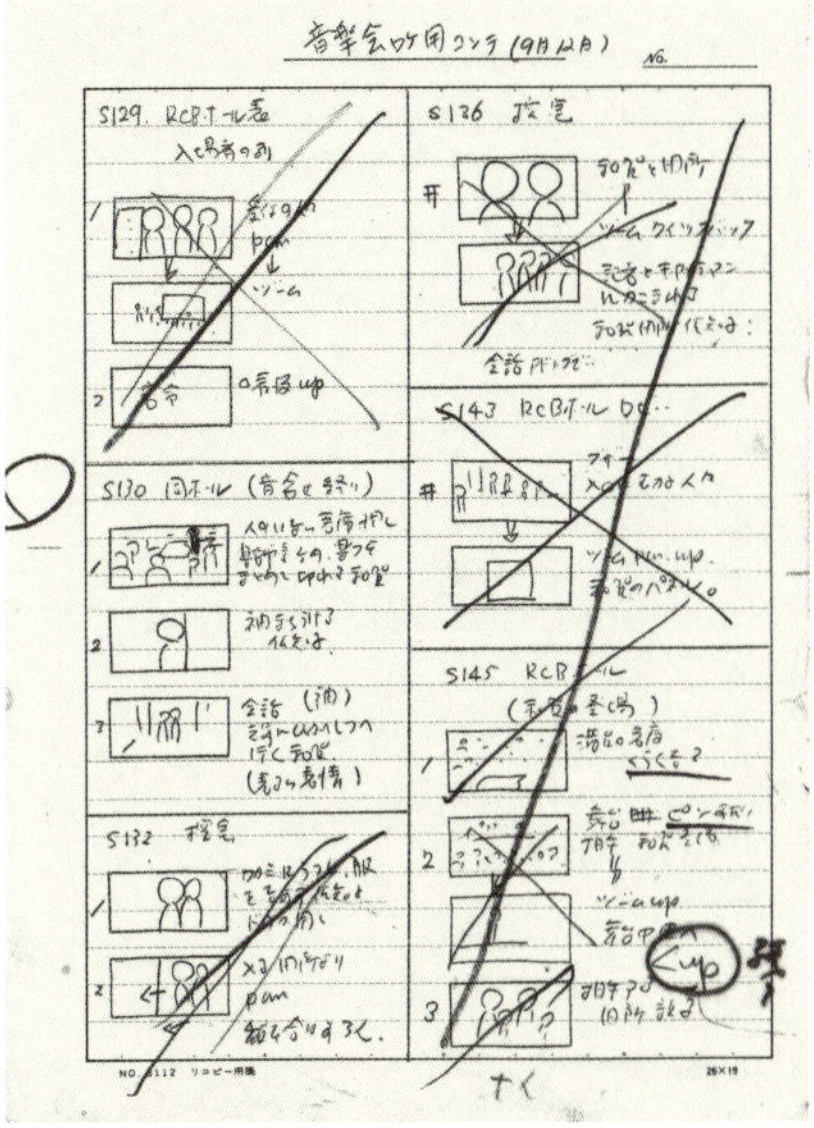

コンサート開演前の会館ロビー、ステージ、
控室のコンテ。

するとそこでインサートされるのは単に「タクトを振る和賀」ではなくて、その杖をかざして怒りを爆発させる秀夫そのままの壮絶な表情で手を振り上げる和賀の姿なのだった。つまり、杖を振り上げる秀夫と手を振り上げて指揮する和賀のダブルアクションでつながれているわけだが、これなどは撮影済みの旅路の映像素材と出来上がった楽曲を照らしながら、このような意図でつながるカットをコンサート撮影時に撮ることを決めておかなければ出来ない編集である。この箇所を筆頭に、季節ごとの旅路のシーンと和賀のコンサートでの演奏、指揮のシーンはけっこう芸の細かいつながりが計算されている。

また、この第一稿の「村の道」の場面では村の子供たちが「ホイトノコ!」などと叫んでいて、先行するカットでは秀夫

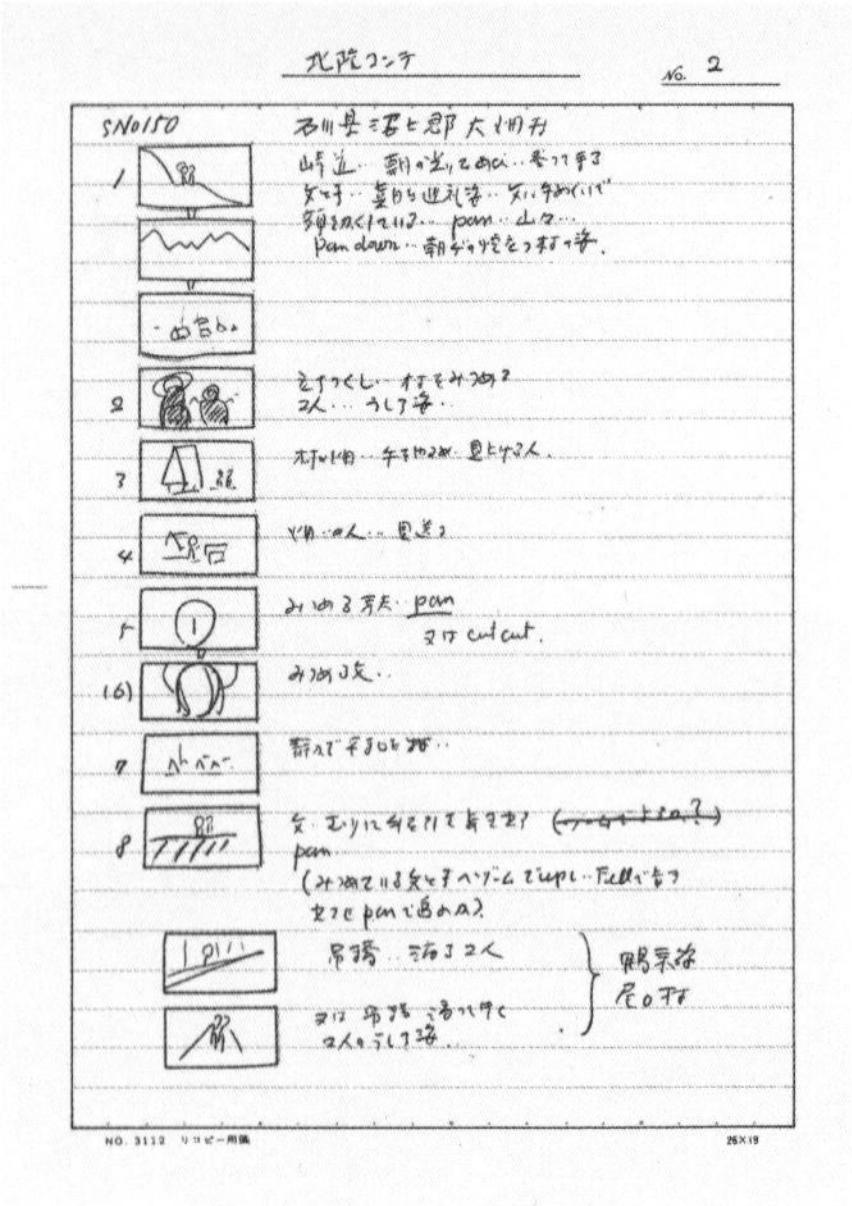

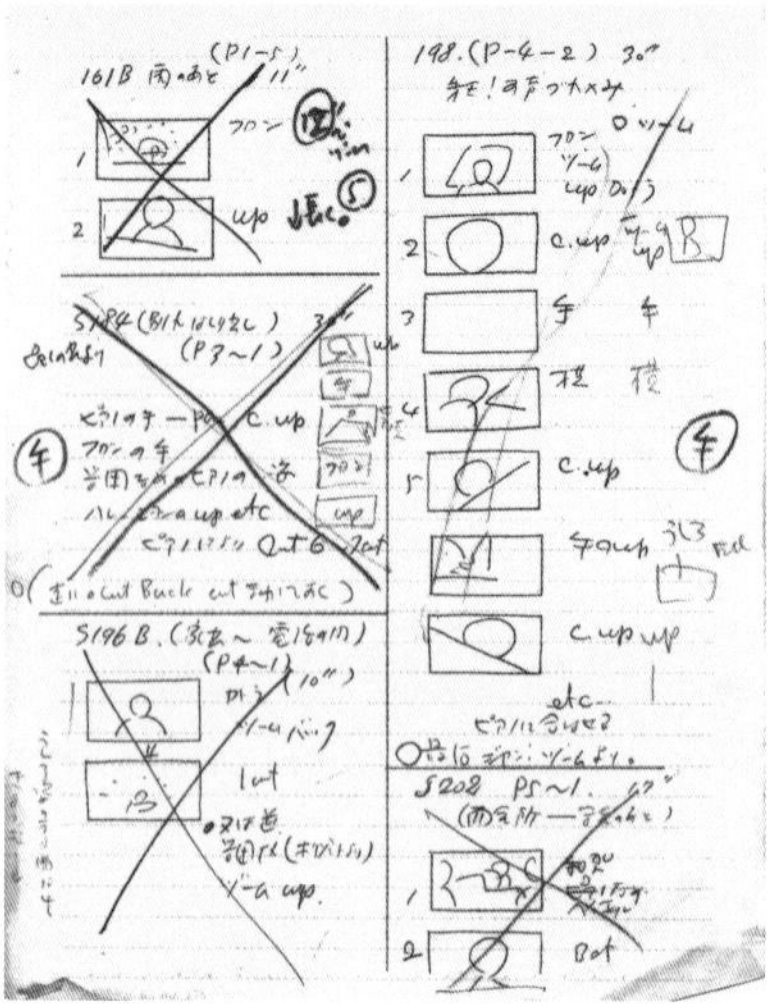

雨の橋の下で食事をする父子、
隔離される父を追って亀嵩駅に走る秀夫、
庇護してくれる三木謙一の家を出ていく秀夫、
今西の面会を受けて嗚咽号泣する本浦千代吉
といったシーンを受けてのコンサートのカットが
きめ細かく記されたコンテ。
秀夫の家出のシーンではコンサートシーンを
もっと複雑に絡ませようとした痕跡があるが、
これもシンプルな編集に落ち着いている。

「北陸コンテ」は越中五箇山で撮影された
「石川県上沼郡大畑村」を
本浦親子が遍路姿で出ていくシーンを記している。
完成作では、彼らに気づいて見送る農民、
そして悲痛な千代吉の表情で終わるが、
コンテによれば千代吉がむりやり秀夫の手を引いて
歩き出し、今西が歩いた吊り橋を渡るところまでが
撮影されていたようだ。

本浦千代吉（加藤嘉）、
本浦秀夫（春田和秀）の
冬と春の旅路は、
季節感の関係で、本筋である
今西らの捜査パートが
撮影開始となった初夏に
先行して行われた。

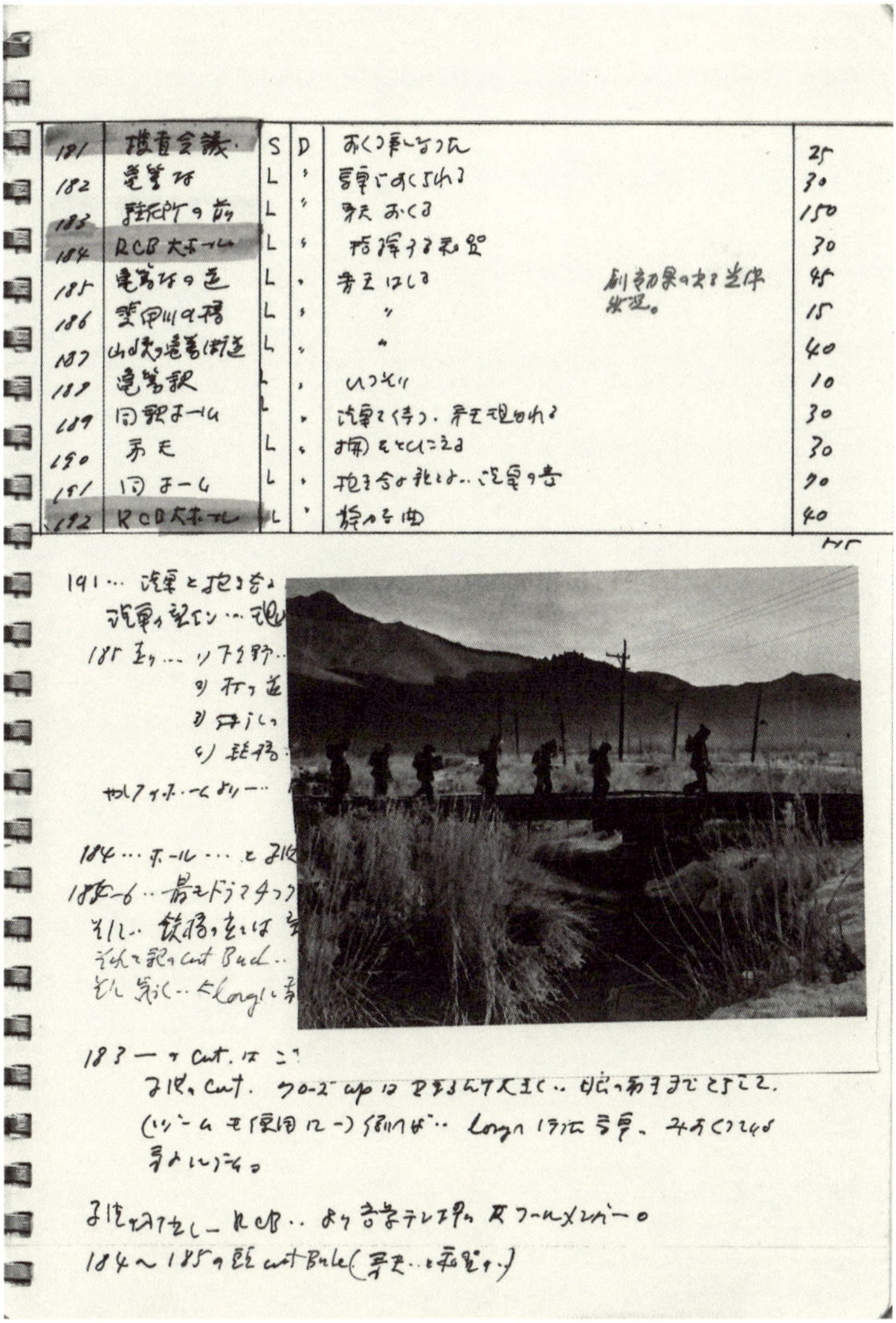

181	捜査会議	S	[illegible]	25
182	亀嵩署	L	[illegible]	30
183	駐在所の前	L	[illegible]	150
184	RCB大ホール	L	指揮する和賀	30
185	亀嵩の道	L	秀夫はしる	45
186	[illegible]	L	〃	15
187	山峡の亀嵩街道	L	〃	40
188	亀嵩駅	L	ひっそり	10
189	同駅ホーム	L	[illegible]	30
190	秀夫	L	[illegible]	30
191	同ホーム	L	[illegible]	70
192	RCB大ホール	L	[illegible]	40

本作で最も劇的なメロドラマが展開する秀夫と千代吉の別れのシークエンスの演出メモ。

駐在所の前で荷馬車に載せられた千代吉と秀夫が食い入るように無言で見つめ合うシーンについては「こまかく描き、強烈に押す」「クローズアップは出来るだけ大きく、眼の動きまでとらえる」と記されている。

さらに亀嵩駅で抱擁する父子の壮絶な感情が爆発するシーンについては「最もドラマチックに仕上げるべき箇所」「鉄橋の秀夫の走りは望遠で少し長めに」「駅で待つ三木が走って来る秀夫に気づく→秀夫のズームアップ」「父子の抱擁と走ってくるSLのCUT BACKとSLの音強調」など、完成作で活かされている映像と音の効果が全て狙いとして記されている。

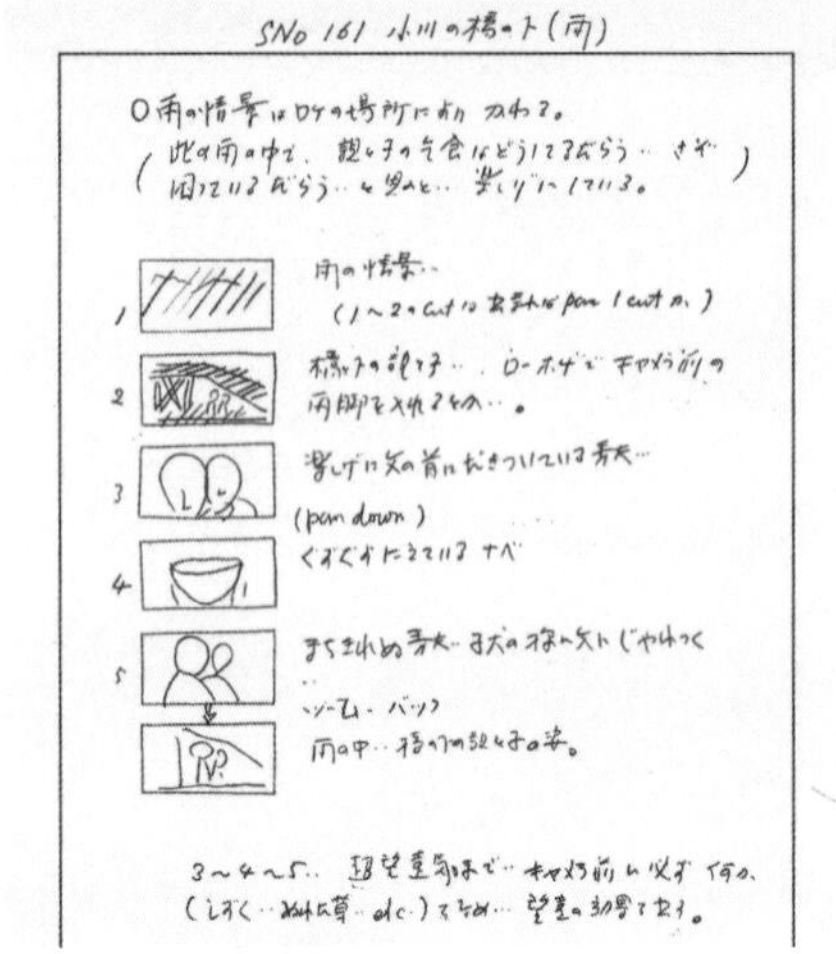

親子は小川の橋の下で何かを煮て食べている
シーンのコンテ。野村監督のメモには
「この雨の中で親と子の乞食はどうしているだらう
……さぞ困っているだらうと思うと、
楽しげにしている」と記されている。
旅路の描写のなかで、ここだけは悲愴感のない
ほのぼのとした描写になっている。

がご詠歌を口ずさむ箇所もあるのだが、完成作では旅路の場面で一切人物の声はカットされ、聞こえて来るのは「宿命」の楽曲のみとされた。もともと秀夫については第一稿から台詞が一切無かったのだが、野村は旅路のシーンですべての音声、音響をカットした。ただし11〜15人ほどの体制で機動的に行われた旅路のシーンの撮影には録音部も1名参加してデンスケ（取材用可搬型テープレコーダー）で音声を録っていた。ダビング時には効果のスタッフが、たとえば千代吉を乗せた台車の音などを凝って作ったりもしたが、野村はそれを当てたバージョンは全て却下した。

こうして音声、音響も省略されて音楽のみとなった画面のなかで、川又昻は500〜600ミリの望遠ショットで劇的なズームを多用して盛り上げまくる。小津安二郎の女房役だった厚田雄春キャメラマンの撮影助手であった川又からすると、このあざとくあからさまなズームの連発が端正なショットを作りえないことなど百も承知であろうに、『砂の器』についてはこうした手法に打って出た。かつて大島渚『日本の夜と霧』で無駄な情緒をぶった切るかのような長回しと急激なパンで図太く硬質な文体を創った川又だが、『砂の器』という絢爛たるメロドラマでは禁じ手のズームで抒情をかきたてるのだった。また禁じ手といえば、旅路の大詰めの親子が真夏の亀嵩にたどり着く超ロングショットでは大空から二人にパンする際に派手にハレーションが入っていて、ここは映像の修辞がピークに達しているところだと思うのだが、これについても川又は「最後の音楽自体もテンションが上がってくる。画の方も（テンションを）上げなくちゃという事でハレーションをまともに入れているんですよね。そういうことをお客さんがどの程度わかってくれているか。ちょっとでも激しい画を作ろうと思っていますから」と言及している。これは誇張ではなくて、亀嵩以前の旅路は初夏までに撮りあげているが、この亀嵩ロケの直前には音楽も出来上がっているので、その楽曲のどのあたりのどんなテンション

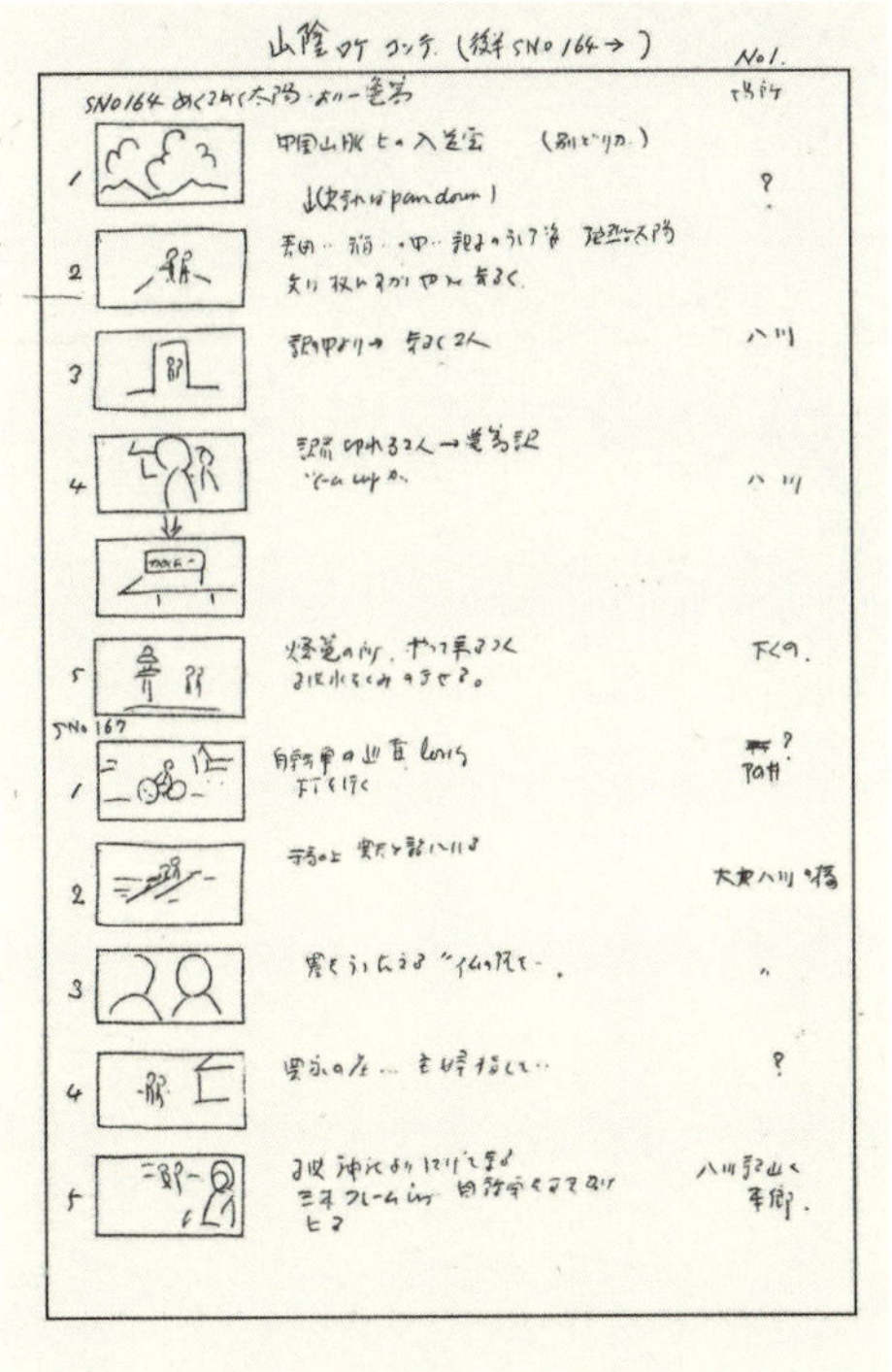

「山陰ロケコンテ」では本浦親子が放浪の末に亀嵩に到達するシークエンスが記されているが、その冒頭の
「中国山脈上の入道雲（別撮りか）→
（出来ればPAN DOWN）青田…稲…の中、
親子の後ろ姿。強烈な太陽。
父は杖にすがり、やっと歩く」という野村監督の期した演出意図は川又昂のキャメラワークによって、
奇跡的にこのままのかたちで映像化されている。
このカットは本作のなかでも最も美しく力を帯びたもので、
川又昂の手腕が存分にものを言っている。
野村監督が控えめに「別撮りか？」と記している夏空から
一連のパンダウンで、超望遠レンズでとらえた
親子のとぼとぼ歩く姿は壮絶である。
また、「強烈な太陽」を表現するため
あえて大胆にハレーションを活かして、
その劇的さが観客の涙腺を刺激するのだった。
なお、これに続いて村の噂を聞いた
三木巡査（緒形拳）が、村人たちの訴えを聞きながら、
親子の保護に向かうプロセスは
完成作ではカットされている。

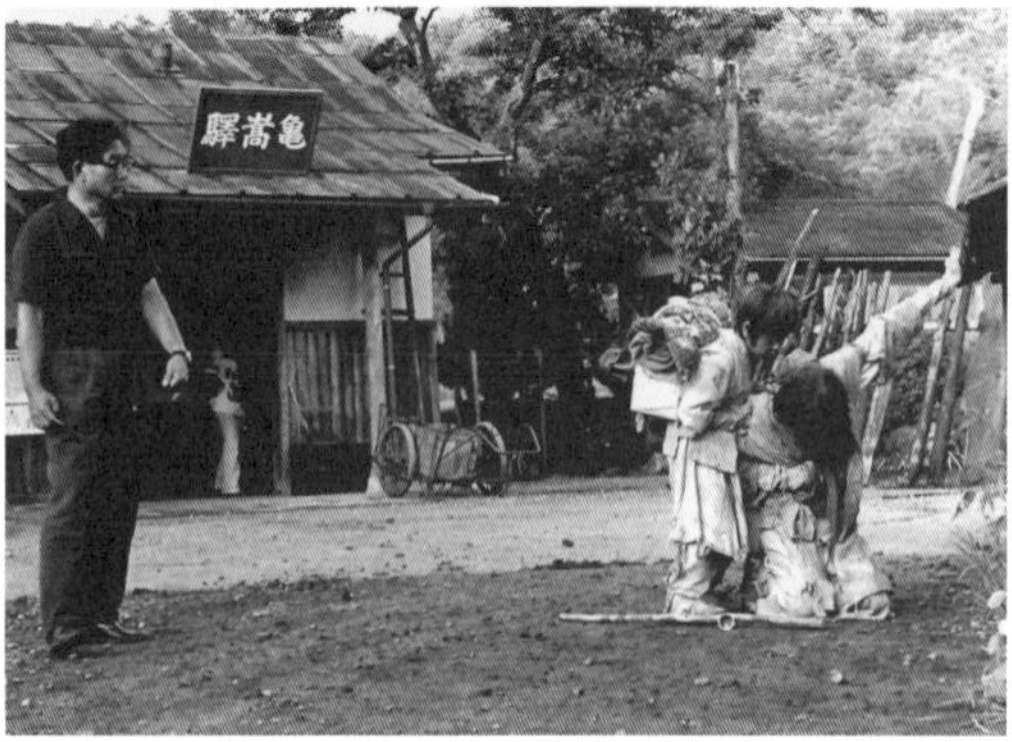

本浦父子が亀嵩駅を通過するシーンは、
そこに至るシーンのキャメラワークが見事すぎるため、
駅の看板→弱った父子のズームアウトがいささか段取り臭く
見えてしまう。かんじんなカットだが、本作のなかでは
例外的に芝居も含めて珍しく生っぽい印象があった。

に拮抗した画を撮るべきかという見込みが立っていたのだろう。そしてこのハレーションのことは多くの観客は意識していないはずだが、自覚せぬうちにこの映像の劇的な外連に涙腺を刺激されまくっているはずなのである。川又昂は日本映画史にあって重要な撮影監督だが、こうした作品の内容、方向性に応じた思いきった撮影手法の選択センスや『影の車』の光学処理と重ね焼きを駆使した「レリーフ効果」などの実験精神が物語るように、通り一遍の名匠にはおさまらないキャメラマンなのである。

　ところでこのハレーションとズームの劇的な効果のあとで、親子が通過する亀嵩駅は、先述したように実際の亀嵩駅ではなく、備後落合に向かって二駅めにある八川駅という小さな駅舎に「亀嵩駅」の看板をかけて行われた。この駅舎の飾り変えや親子の動きなどがやや生っぽかったのが気になった。本作ではあまりそういうことを感じさせる箇所がないので、天候不順の出雲ロケのスケジュールが押していたのかもしれない。

　ともあれここまで親子の旅とコンサートのまるまる12分にも及ぶ「サイレント演出」が続けられ、その始点において今西がひとことだけ「この親と子がどのような旅をつづけたのか、私にはただ想像だけで……それは、この二人にしかわかりません」という言葉をはさむのみで後は音楽だけが鳴っている。そもそものシナリオではこのシークエンスの終点間際に今西の「この親と子は、北陸路から若狭、鳥取と山陰路を辿ったのか、それとも一度関西へ出て、山陽路を西に下り、岡山、または広島から入ったのか、それは知る由もありませんが、昭和十八年八月、二人は……」というリアルな推測がいったん入って、そこからくだんのハレーションとズームで押しまくった稲田と親子のカットにつながる流れだったのだが、映画はこの台詞をカッ

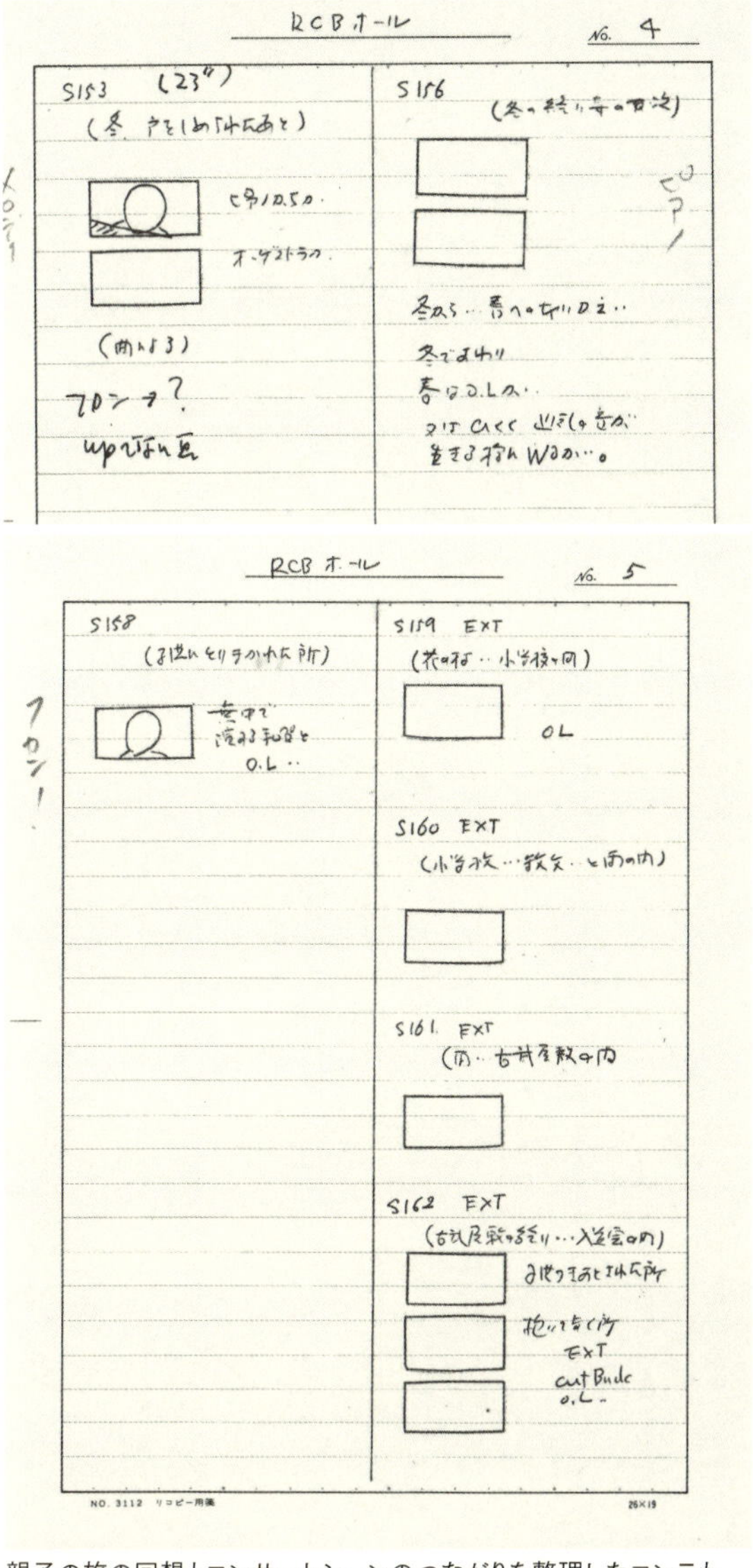

親子の旅の回想とコンサートシーンのつながりを整理したコンテもある。四角の空欄がコンサートのカットで、たとえば冬から春へ季節が変わる時はカットつなぎではなくオーバーラップにするとか、鈴の音を活かせないか等々のアイディアが記されている。
それは完成作でもかなり反映されている。

トして亀嵩到着までを外連味たっぷりに描いた。始点における「以下は想像である」という今西のエクスキューズゆえに観客は武装解除して、映画前半のリアルな捜査過程とは別の映画のような劇的に誇張された旅のイメージに甘く呑まれてしまうのだから、何もここであえてそれを覚ます台詞を入れることもないのである。

さて、この旅路のシークエンスは一貫してエモーショナルな高みで表現されるのだが、一点、決定稿にはない野村の怜悧なアイディアが活かされた箇所がある。それはS162の新緑の村で巡査（浜村純）に突き飛ばされた秀夫が怪我をするところで、シナリオには「秀夫は目尻の下が切れ、ドクドク血が流れ出している」とされているが、野村は左の額に派手な傷を負わせている。これは三木謙一や本浦千代吉が約三十年ぶりに成人した和賀の写真を見てはたしてすぐに本人と気づくものだろうかという原作由来の弱点を補うべく、手がかりとしての傷痕を残したわけである。このアイディアはなんと秀夫に扮した子役の春田和秀の額に当時そんな傷痕があったのを見て、野村がひらめいたものらしい。

以後、この額の傷はS136で和賀が鏡の前で髪を整えながら傷痕を気にするカットやS197の三木から逃れて茂みに隠れている秀夫の泣き顔のアップで強調されるが、言葉としてふれられることはない。だが、これのショットが言わず語らずして原作の無理をカバーしているのだった。

そして亀嵩に親子が漂着してからは、またドラマが粛々と進行する。

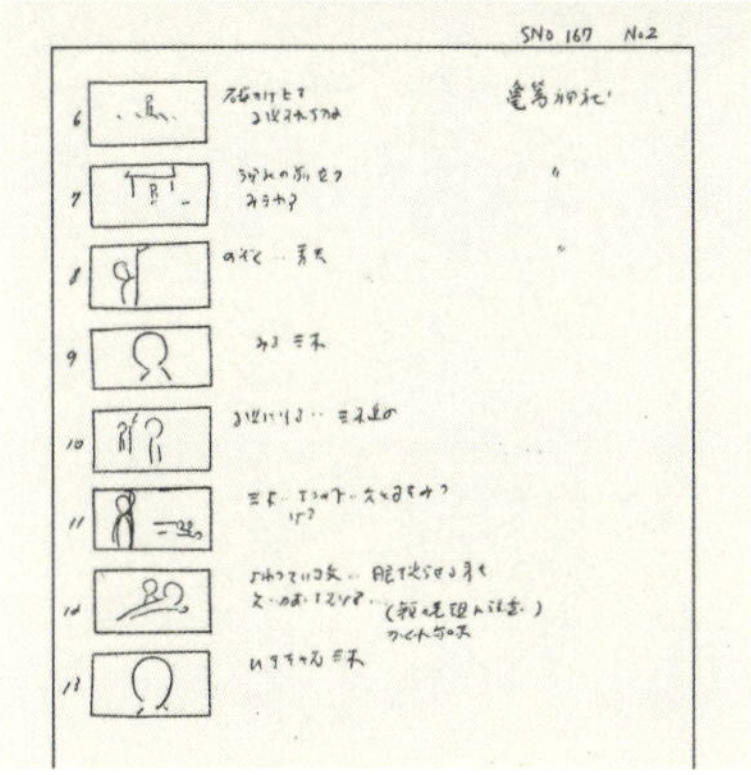

三木巡査が湯野神社で隠れている本浦親子を発見するシーンのコンテ。

メロドラマ的な押しの連続

S167―S198（亀嵩のシークエンス）

音楽が主であったあとなので、調子をドラマの方へもどす。このシークエンスでは、癩病院へ行く親子、斐《ひ》伊《い》川で砂の器を作る所、そして岡山へ送られる親子の別れ、これが思い出のクライマックスにもり上がらねばならぬ。ここは演出も、演技も思い切った押し場所である。それから秀夫の家出がある。ここでは秀夫を呼ぶ三木の声を生かし、指揮している和賀に流し込む。この辺の秀夫と和賀の一致は演出にも工夫のいる所である。

いったん組曲は終り、今西は三木が親子を発見して千代吉を隔離病舎に入れ、秀夫を駐在所で預かるまでを静かに解説する。映画では三木が村はずれの神社の拝殿で千代吉と秀夫を発見するところから始まるが、決定稿ではその前に「S168 家並みの外れ・橋の上」と「S169村の道」で農夫から「（親子の乞食に）何もやらないと畠の芋は掘る、茄子や胡瓜をちぎる」、主婦から「（親子の乞食を）なんとかしてもらわないと、今に納屋や家の中まで這入りこんで米を麦までを！」と三木が村民から苦情を受けるくだりがあって、主婦の指さす

三木巡査が千代吉を避病院に運んでいくシーンの緒形拳と野村監督。緒形拳はほぼこの亀嵩の回想シーンのみの出演だが、純粋で一本気な善人である三木の人格をうまく表現していた。この三木のおせっかいなほど誠実過ぎる性格が犯行を招いたとも言えるので、ここは重要なポイントである。

「山肌の鎮守の森」へ向かう、というくだりがあるのだが、ここをばっさりカットしたことで展開がスムースになっている。そして保護された千代吉は本籍の確認を経て岡山県の療養施設に入ることになるのだが、映画で細かく背景は語られないものの、これが千代吉と秀夫の永遠の別れとなってしまうのだった。明治40年にまさに千代吉のような「放浪癩」と呼ばれたハンセン病の放浪患者を施設に収容隔離する「癩予防に関する件」が制定され、さらに昭和6年にこれを改定した「癩予防法」が施行、隔離対象も広がってすべてのハンセン病患者の強制隔離が目指され、「無らい県運動」なども起こった。この千代吉と秀夫にまつわる物語はまさにこの「癩予防法」時代の悲劇であり、アメリカではすでに戦時中に特効薬も開発されていたにもかかわらず、継続して昭和28年に制定された「らい予防法」はなんたることか平成8年の廃止まで見直されず、ハンセン病患者、元患者は、一般社会と断絶した生涯を過ごさざるを得なかった。元患者による「らい予防法」違憲国家賠償請求が認められ、厚生労働大臣が謝罪したのは実に21世紀に入ってのことである。ちなみにこの国家賠償請求訴訟で国側敗訴の判決が下った後、即座に「控訴せず」の政府決定を出した小泉純一郎首相は『砂の器』のファンであったという風説もある。

奥出雲へのロケは
今西刑事の捜査を描く現在パート、
本浦親子と三木巡査の出会いを描く
過去パートを同時に行っているが、
劇中では時代が違うのでそれぞれの
登場人物が同画面に存在することはない
（生存していた千代吉を除いて）。
ところがこの珍しい現場スナップでは、
休憩する丹波哲郎の向こうに、
斐伊川で砂の器をつくるシーンの
秀夫役の春田和秀が映りこんでいる。

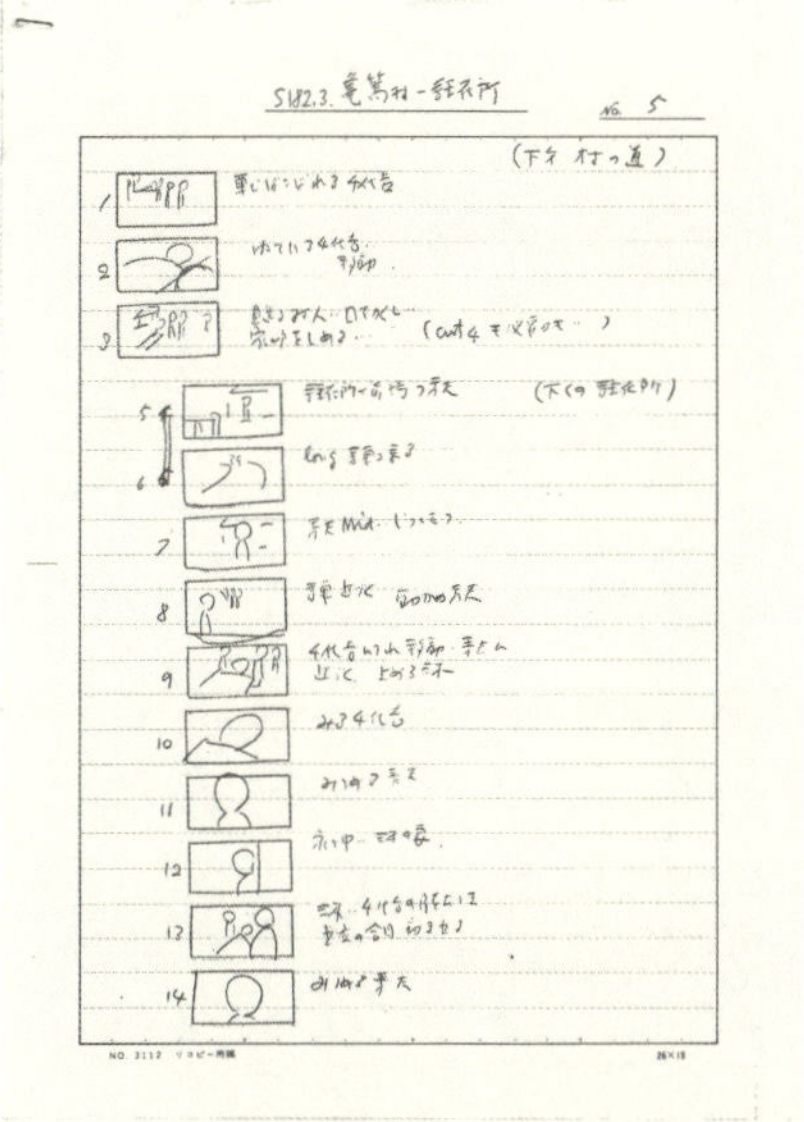

遠方の国立療養所に送られる千代吉と秀夫が
駐在所前で見つめ合うシーンのコンテ。ここも
完成作ではコンテ通りに正確に再現されているが、
万感の思いを抱えながらただ見つめ合うしかない
父子の悲痛さもさることながら、これまで
前面に出て来なかった三木の妻（今井和子）が
二人の姿を後ろから見ていて落涙するという
思わぬカットのインサートが効果的だった。

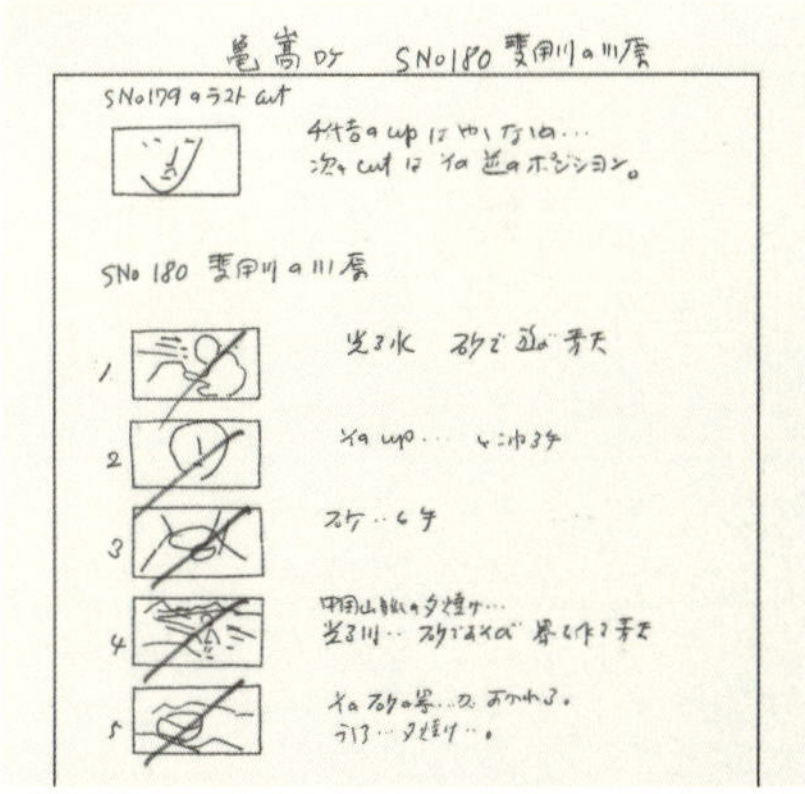

父が隔離された後、斐伊川の清流で
子どもらしい時間を過ごす秀夫のシーンのコンテ。

駐在所前での千代吉と秀夫の
一度めの無言の別れは、続いて
二人の感情が爆発する亀嵩駅ホームの場面に至る
セミ・クライマックスと野村監督は位置づける。

亀嵩駅での別れの悲痛さには、こういった背景があった。そしてメロドラマとしての『砂の器』は、いったんの落ち着いたドラマ語りを経て、ここでまた旅路に次ぐ二度目の沸点を迎える。そして今度は三木の情愛にもかかわらず秀夫がまた放浪に出てしまうのだが、演出プランのように三木が秀夫を呼ぶ声をコンサートの和賀の表情にまでかぶさって奏功している。

S199—S205（捜査会議より、千代吉が生きている所まで）

ここでの最高のショックは今でも千代吉が生きている事である。（原作では死んでいる）**そのため亀嵩の別れまでの千代吉は体が弱り、とてもつまいと思はせておく必要がある。ハンセン氏病の描写は、問題を引き出す可能性が強い。特にメークアップを研究せねばならない。いずれにしてもここをクライマックスにしたい。次のシーンS206も和賀の描写として重要で、ここに三木の声をダブらせようかという案がある**（映画は三木の顔をダブらせることになった）

観客は親子の旅路、そして亀嵩での永遠の別れとエモーショナルな沸点が続いて、もうこれでさすがに涙を搾り取るのはかんべんしてほしいというくらいの気持ちになっていたであろうが、ここでまさかの千代吉の存命という映画独自の展開があって、橋本と野村は容赦なく悲劇を盛り上げる。これは和賀がなぜ恩人の三木をあやめたのかという疑問を払拭するための設定変更であり、子を思う千代吉の壮絶な叫び（加藤嘉の演技はまことに凄まじい）とそれに続く老いた三木が和賀に父親との再会を強く求める回想によって、原作の非情な和賀はすっかり同情すべき不幸な青年に上書きされた。こうなると観客も和賀が冷酷な打算の人と訝ることを忘れて、もう遠慮なく存分に泣けるのであった。

　こうして『砂の器』のメロドラマ化はまさかの展開まで使って完成されたわけだが、この虚構的なテンションで描かれるべきシークエンスの撮影にのぞんで、川又は「実在の岡山県にある療養所は一見単なる市営住宅の連なりとしか私には見受けられなかったため、美術監督との打ち合わせで劇的盛り上がりを設定しました」といい、そのためにセットで「シルエットが浮

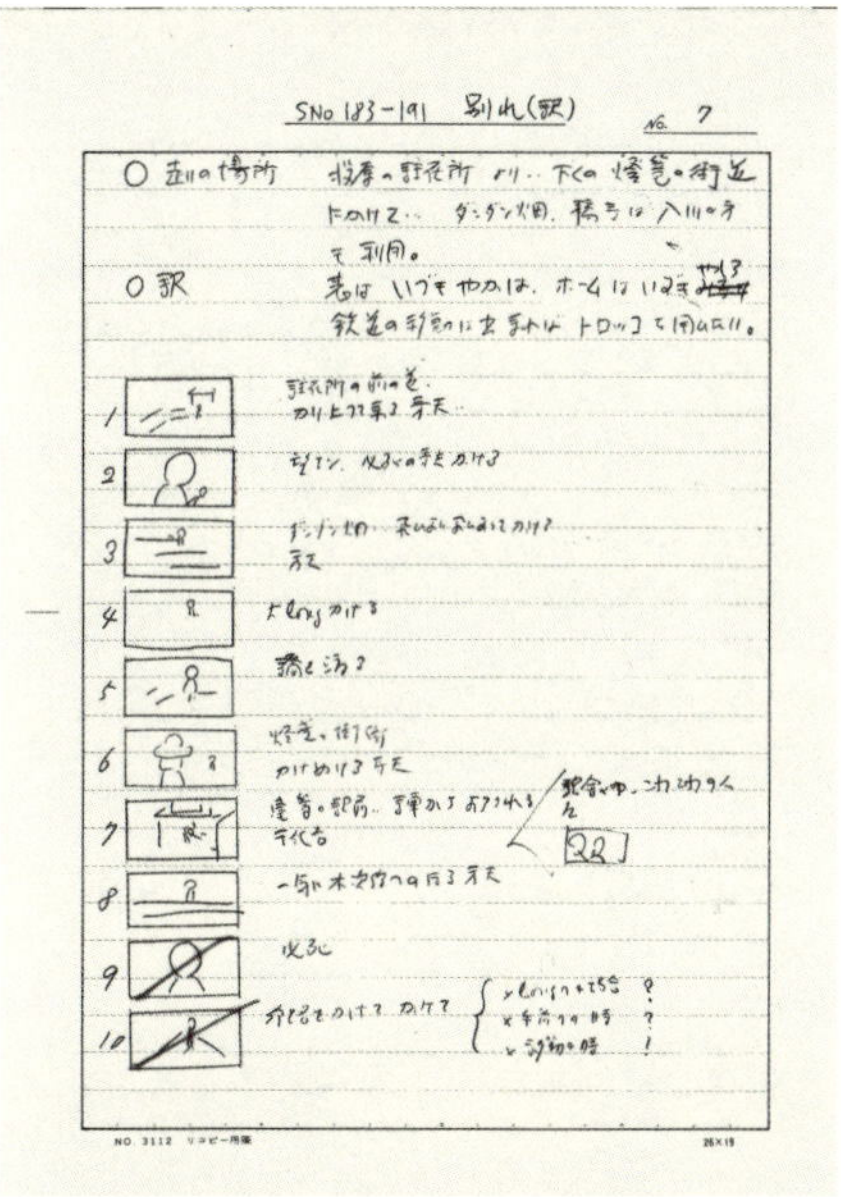

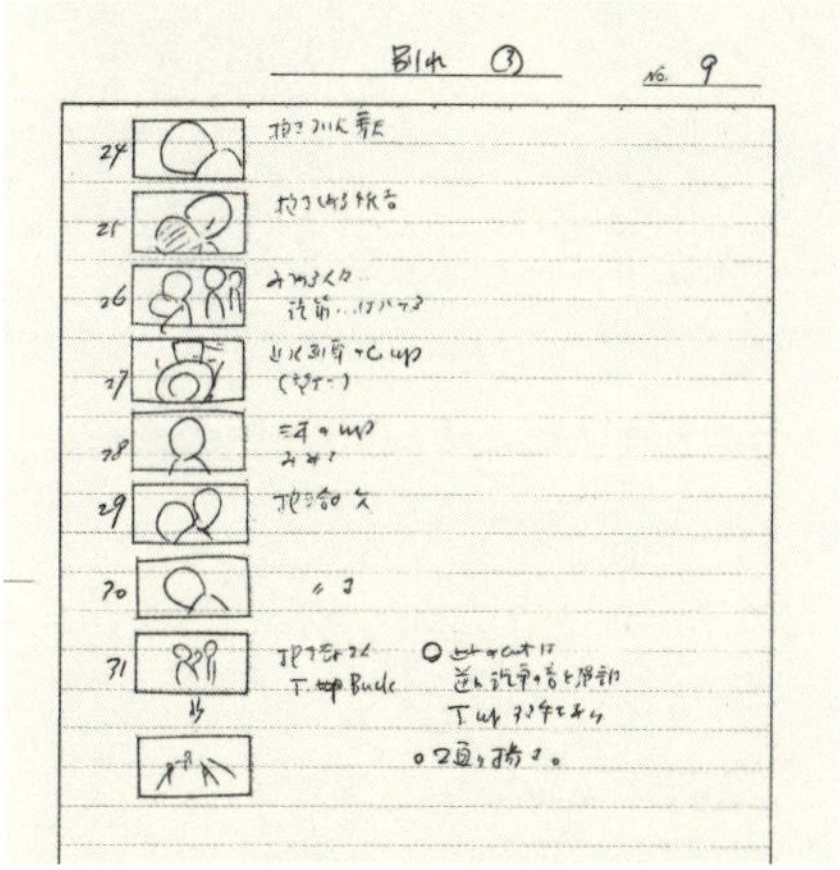

秀夫がたまらず亀嵩駅で汽車を待つ千代吉のもとへ駆けてゆくシーンのコンテ。最もメロドラマ的な感情が盛り上がる場面だが、最後に駅で号泣する二人をキャメラがトラックアップまたはトラックバックしてとらえると記されている。さすがにそこまで芝居がかった盛り上げ方をするのはどうかと思われるが、完成作では二人の号泣するアップが交互につながれてシンプルに締めくくられた。

亀嵩駅での親子の別離のシーンは
スタッフも涙ぐむほどの熱演であった。
ちなみにせっかくチャーターした
SLが正面カットしかないのは、
先頭車両の後ろが客車ではなく
貨物列車だったからである。

父の病気のせいで
保護する篤志家も現れない秀夫を、
子どものいない三木巡査夫婦が
育てる決心をした。
右から緒形拳、春田和秀、
野村監督、今井和子。

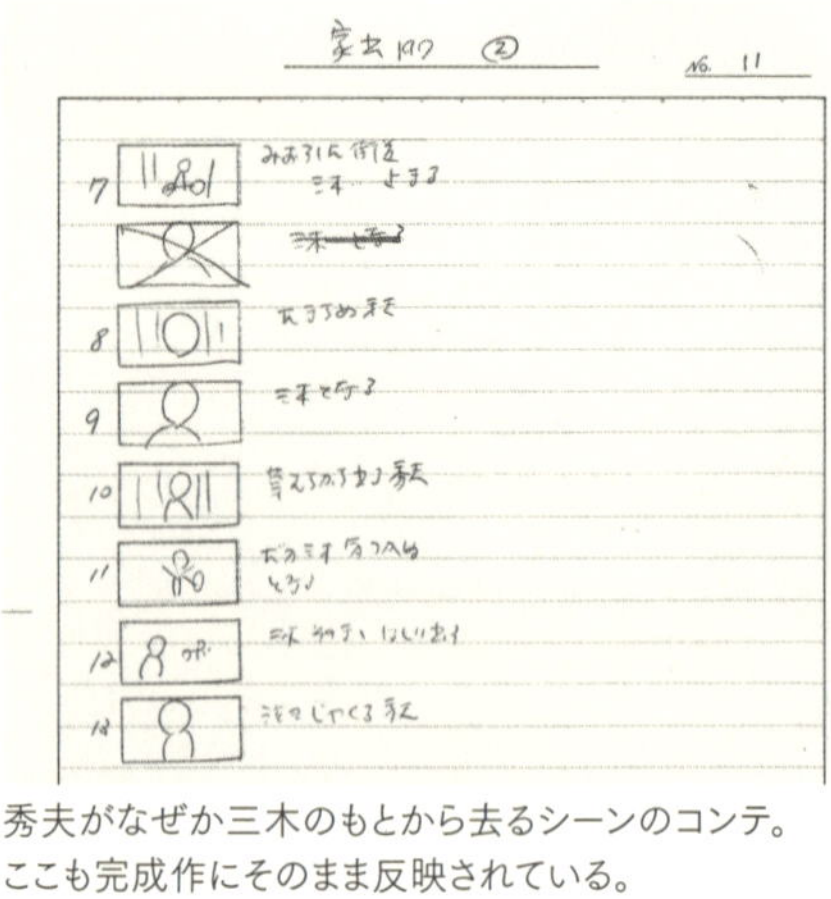

秀夫がなぜか三木のもとから去るシーンのコンテ。
ここも完成作にそのまま反映されている。

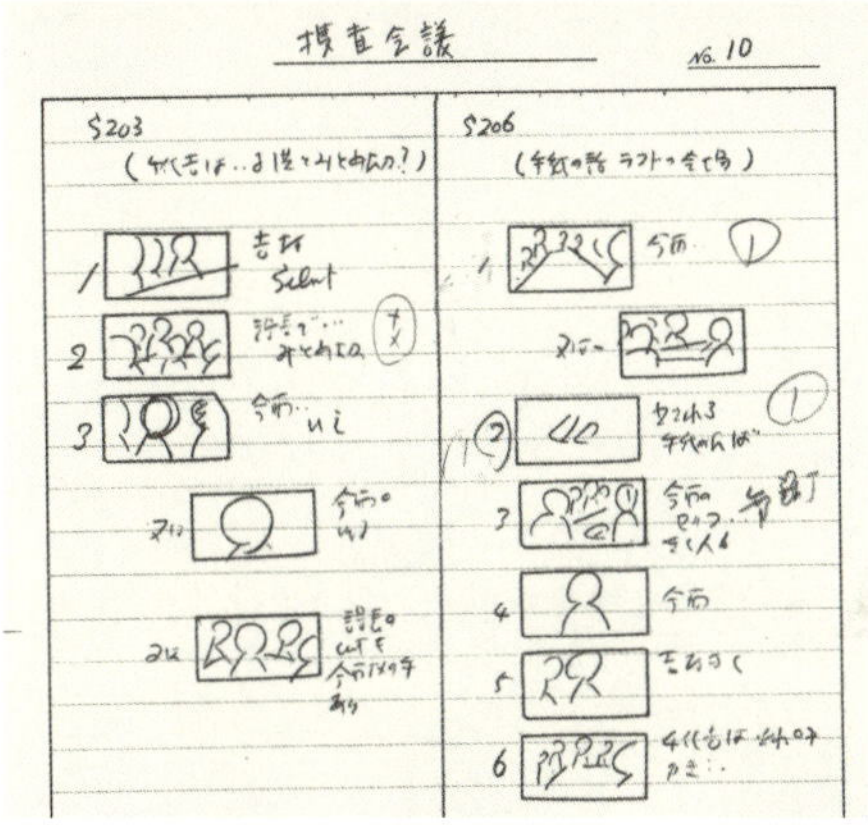

合同捜査会議で今西が本浦千代吉が存命だと明かしたことで驚きが走る。捜査一課長（内藤武敏）は、「千代吉は和賀が秀夫だと認めたのだね?」と問うと、今西は「いえ」と答えている。ところが完成作の編集では、今西が返答する前に画面は千代吉の療養所に切り替わる。千代吉の不意の号泣は暗に言わず語らずしてその写真を秀夫だと認めているようなものなので、大意を汲めば確かに「いえ」というのが正しい結論とも限らない。おそらく編集時にこうした議論はなされたに違いない。

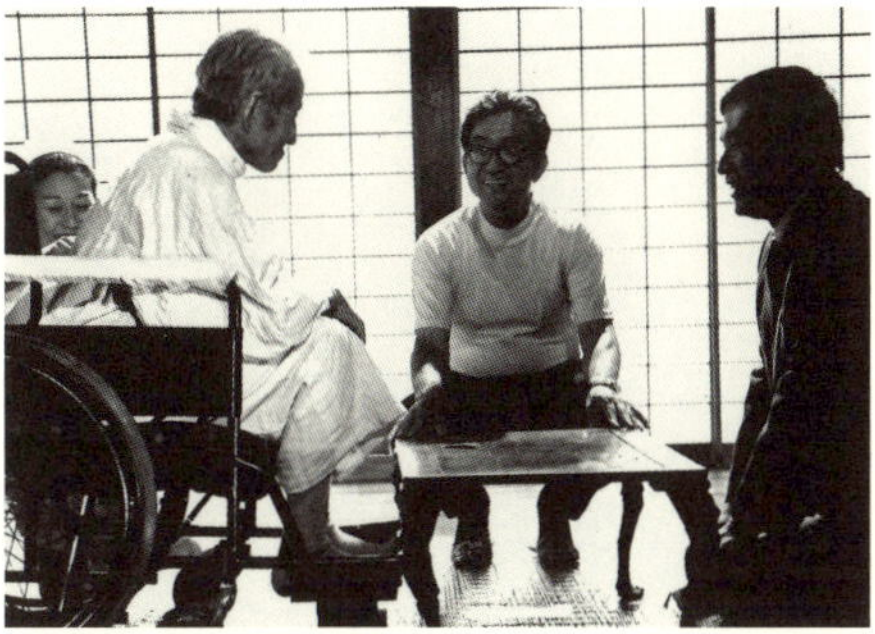

現場スナップで全員が笑っているのが信じがたいくらいに、この場面の千代吉の唸り、震えるような号泣は悲劇の極みである。加藤嘉の演技のボルテージが観る者を圧倒する。

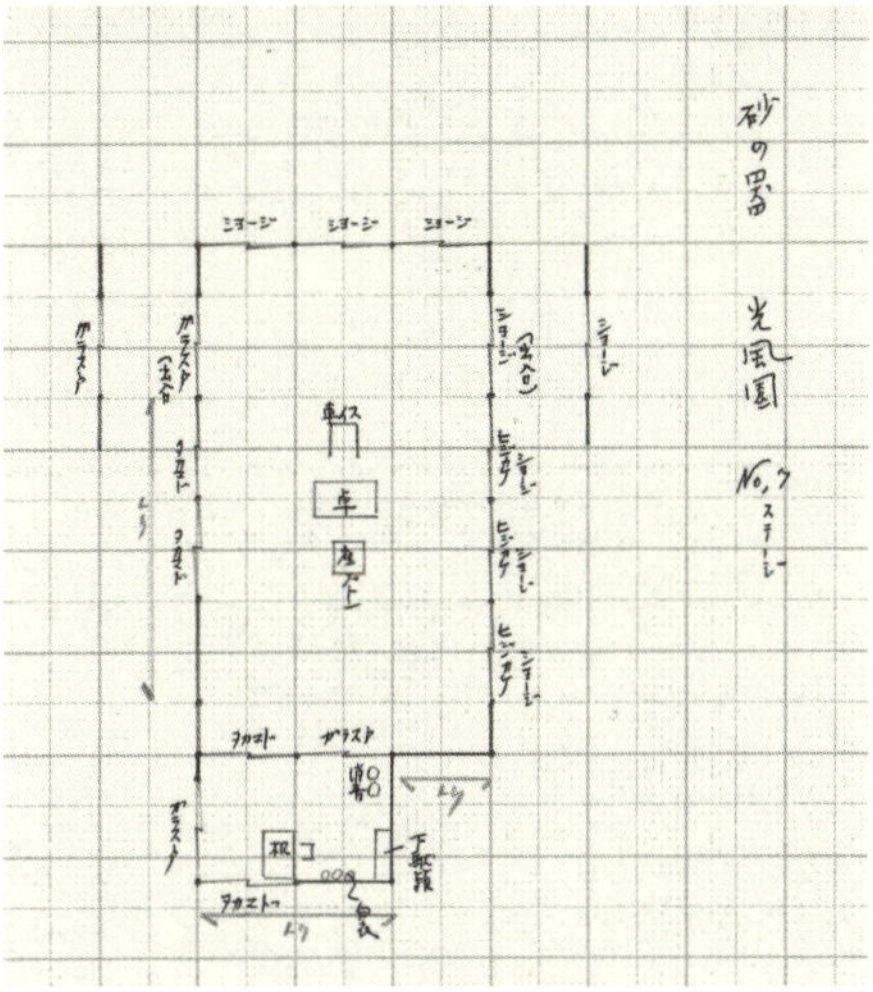

国立療養所「光風園」セット図面。車椅子にのった本浦千代吉のシルエットからものものしく始まるシーンである。川又昂はこのシルエットの時間をもっと長めにしたかったそうで、セットの通路にもっとストロークが欲しかったという。

かぶ長い廊下の移動」を狙ったのだが、本当はもっとシルエットをためて長く追いたかったのにセットが想定より狭くてかなわなかったのだという。しかし現状でも隔離施設のものものしい（いっそおどろおどろしい）暗さは表現できていると思う。また、この鬼気迫る雰囲気のなかで今西と千代吉が向かい合う際に、川又は付き添いの看護婦もいなくなって千代吉だけになったほうが画として強いと野村に提案したが、ここはあくまで看護婦がいないと極端な画になるということで、野村はずっと看護婦の姿が見えるようにした。もう発作じみた嗚咽に駆られている千代吉の背中を看護婦がさするのは印象的であったが、野村は人物がエモーショナルになって画も劇的になってきたところでやり過ぎは回避したかったのだろう。

そして野村メモにあるように「ハンセン病の描写は要注意」だったわけだが、すでに本作の制作にあたっては全国ハンセン病患者協議会（全患連）と脚本内容の協議を行っていた。たとえば当初のシナリオではこの千代吉と施設で面会する場面で今西は予防着を着用している設定になっていたが、これではハンセン病は伝染力が極めて弱いことが誤解されるという全患連の指摘で普通の背広姿に変わった。そして全患連の要請にのっとって、加藤嘉の患者としてのメイクの程度も入念に配慮された。

S206—S211（捜査会議の終りよりENDまで）

捜査会議で三木より千代吉への手紙のことを話す今西の中に、今西の感じる親と子の宿命

がにじみ出なければならない。その宿命がＳ２０７で演奏され、そこに逮捕令状がダブる事で、より宿命を感じる。刑事の到着、音楽の進行、ラストが近づく、刑事の見つめる中Ｓ２１１は今、どのような旅の画を使うかは判らないが、秋のシーンは九月末撮影のため、北海道になると考えている。

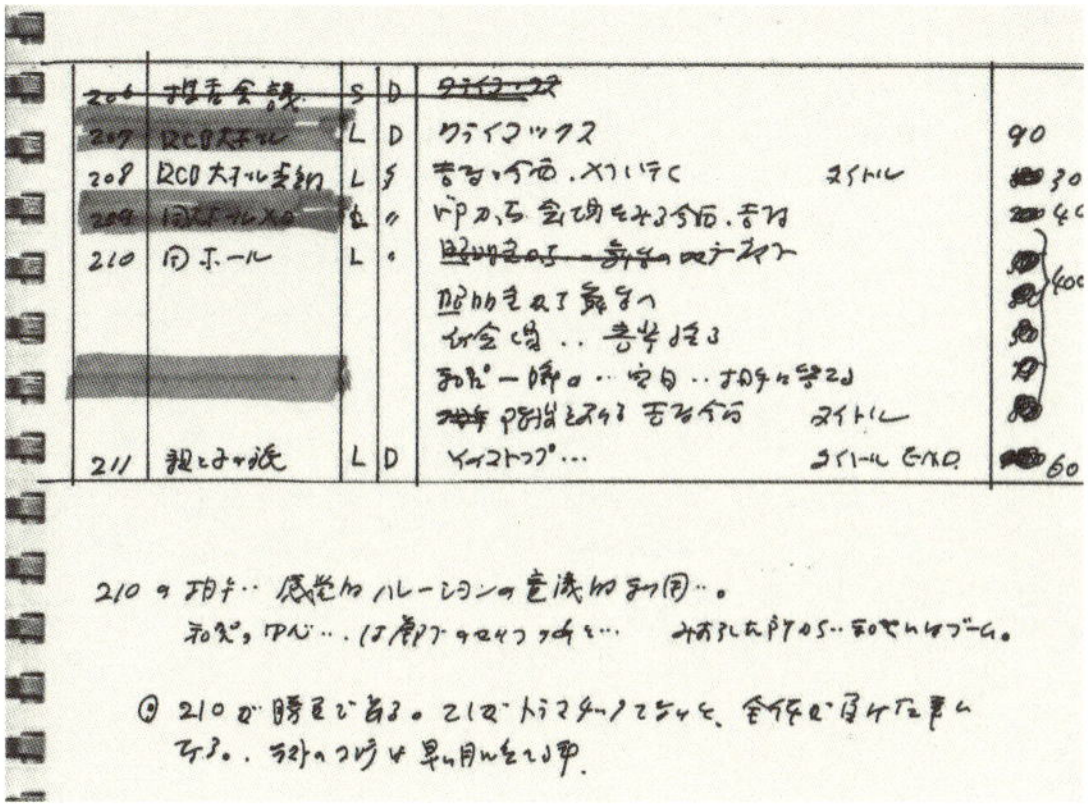

合同捜査会議終了後、今西と吉村がまだ「宿命」演奏中のRCBホールに赴くシークエンスの演出メモ。今西と吉村が照明室に向かいながら、和賀が父親に会いたかったであろうと語りながら、楽曲の終盤を渾身で演奏する和賀の姿を見とどける。野村監督は「ここが勝負である。ここがドラマチックでないと全体が負けたことになる」と記している。また、演奏を終えた和賀が観客の熱い拍手のなかで「一切の物音が聞こえない、何か真空のような中でボンヤリ放心してしまったように立っている」ことを「ハレーションの意識的利用」で描くとしている。またこの瞬間に和賀の脳裏に「生まれて来たこと、生きているということ…」という自らの声が再生されるというシナリオでの案はオミットされた。

大団円では親と子の旅がリフレインされるが、ここでどたんばで北海道まで行って撮った秋の風景が披露される。しかし印象的なのは画像の荒涼たる津軽の風景だろう。シナリオではここで「アンコールのように再び始まる宿命の曲」とあるが、つい先ほどまで演奏されていた劇的な楽曲ではなく、「宿命」のメロディを孕みつつ静かな鎮魂の曲でエンディングは締められた。

千代吉が三木と長年続けてきた文通の束を押収した今西が、その子を思う内容に感じ入って涙ぐむ場面は、丹波哲郎が淡々と語るバージョン、やや涙するバージョン、いたく号泣するバージョンを撮って、川又は最も激しいものが好みだったが、野村は間をとったバージョンを採用した。ここで丹波がやり過ぎると、加藤嘉の熱演と相殺されかねないので、この判断は妥当だろう。

そして今西と吉村は、遂に逮捕状を手にRCBホールに乗りこむのだが、まずはバックヤードに回って和賀の演奏を感慨深く眺め、「和賀は父親に会いたかったんでしょうね」と言う吉村に、今西は「そんなことは決まっとる。彼にはもう音楽、音楽の中でしか父親に会えないのだ」とかなり悲痛に和賀に同情した心境を吐露する。これはそれでも和賀を追い詰め捕えなければならない側の因果な役回りを語ってもいるわけだが、これについて野村は演出メモの留意点として「S209　刑事2人、会場に入って行く…その2人の宿命…を感じさせる工夫」と記している。「宿命」を和賀の側の主題のみにはとどめないというわけである。

コンサートの終演後には「ハンセン氏病は医学の進歩で特効薬もあって現在では完全に回復し社会復帰が続いている　これをこばむものはまだ根強く残っている非科学的な偏見と差別のみで本浦千代吉のような患者はもうどこにもいない」とタイトルが入るのは全患連の条件でもあった。続く、S211は親と子の旅路のイメージの世界だが、ここで紅葉が映っているのは、なんと公開まで二週と少々という段階で、橋本忍の粘りで川又が阿寒湖まで行って撮ってきたものだ。そして旅路のイメージがモノクロになるのも、川又が野村に提案したことのようだ。

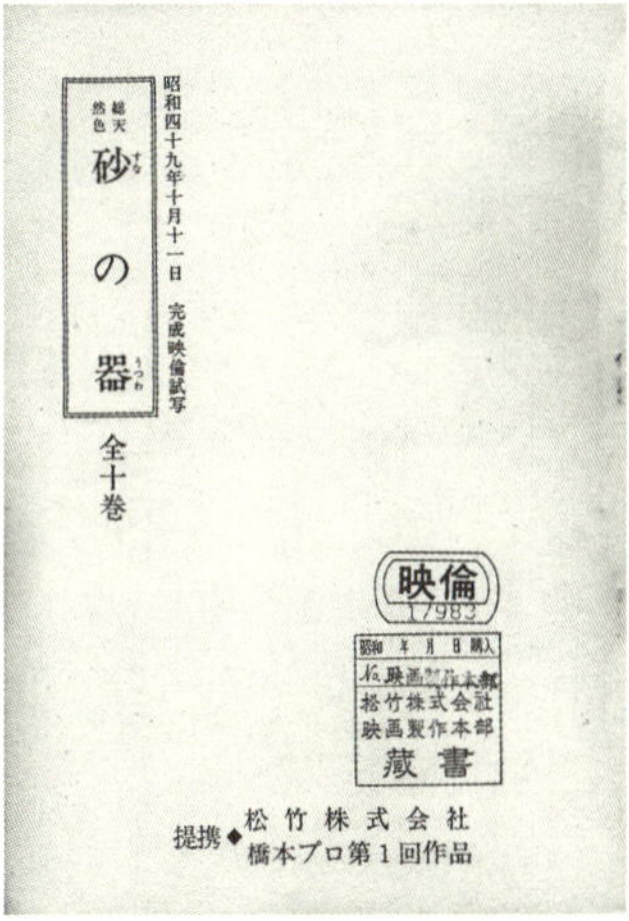

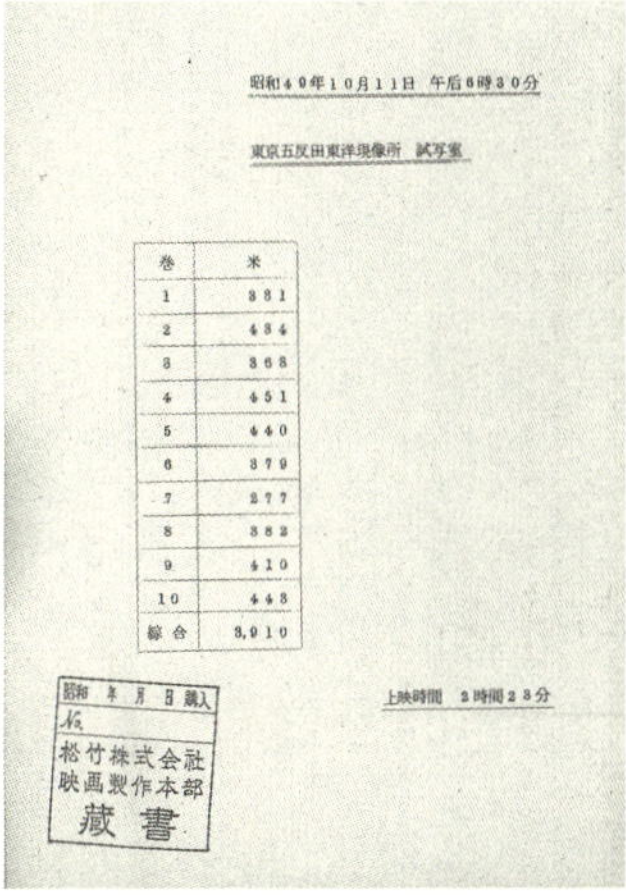

巻	米
1	381
2	434
3	368
4	451
5	440
6	379
7	277
8	382
9	410
10	443
総合	3,910

公開までほぼ一週間という
1974年10月11日午後6時30分、
東京五反田の東洋現像所
（後のIMAGICA）で
映倫試写が行われた。
全10巻、総尺2時間23分。

『砂の器』はロードショー公開で大ヒットし、マスコミも
大いに注目した。取材で野村がたびたび語っているのは、
戦後間もない時期からあぐらをかいてきた映画産業が廃れて
こういう贅沢な企画が通らなくなったが、橋本忍が
使いたいだけフィルムを使っていいと言ってくれて
7万フィートも回せたのがありがたい、ということだった。
またテレビが定食屋なら映画はレストランでなければ、
とも語っていた。

かくして従来の松竹大船撮影所の企画の枠内からは生まれて来ない特異の企画であった『砂の器』にあって、野村芳太郎の演出的ボキャブラリーは『事件』や『鬼畜』のように無駄を排除し主題に率直に切り込んでゆくシャープさの方面で活かされることはなく、むしろ脚本が背負い込んだ原作由来の難点をはぐらかし、いつもの怜悧でスマートなタッチとは大いに異なる表現のデフォルメによって観客の涙腺を煽るという、まるでいつもの野村調とは異なるものであった、というのが興味深い。

『砂の器』には賛否含めてさまざまな批評が噴出したが、「毎日映画コンクール」で日本映画大賞・監督賞・脚本賞・音楽賞を総なめにした際の選評で評論家の登川直樹が述べた以下の評は、公開から間もない時期であるにもかかわらず、極めて的確なこの作品の解題となっているように思われる。

「前半は犯人を割り出す過程の謎解きの面白さに満ちており、わずかな手がかりをたよりの推理が、時には途絶えかかり、時には急転回するといった起伏の妙で描き進められる。しかし、この映画が独自の魅力を発揮するのは後段にさしかかってからで、捜査の進展につれて舞台が日本の各地に移り、その都度地方色と季節感をうつしとって興味深い。描写は常にけんらんとしており、ついに犯人をつきとめてからの後段は、捜査会議と犯人の現在と過去にわたる三つの場面を並行させて描くといった派手やかさである。いったい、大作曲家とかハンセン病とかいう奇抜な材料は、ドラマをいかにもつくりばなしに感じさせる白々しさがあるが、それでい

新潟日報
昭和49年(1974年)12月15日
今週の映画　荻昌弘
心憎いチ密さ
今年の代表作「砂の器」
「砂の器」の一シーン

野村監督が赤鉛筆で囲ってひときわ大切にスクラップしていたのは、映画評論家・荻昌弘の新聞評であった。そこでは本作は「徹底した大衆志向の映画づくり」「メロドラマ映画という、日本特有の、しかも蔑視の対象となった創作方法」をもって、単にハンセン病ということに留まらない「もっともっと私たちの内部に巣食う、差別の罪悪の問題」を描きだした「今年の代表作」と称揚されている。

てこの映画が観客の興味をひっぱってはなさないのは、緻密に計算された幻想表現が成功しているからであろう。脚本、演出、撮影、音楽など、各パートがそれぞれに力量を発揮してみごとな調和の成果をおさめた」

当時の多くの評や感想は『砂の器』をあたかも真摯なる「社会派映画」のように深刻にとらえて絶賛したり、それゆえに「大げさすぎる」と批判したりする声が大半を占めていて、この壮麗な「つくりばなし」、大ぶりなメロドラマである本作を真に受け過ぎている感が否めない。対して登川の評が優れているのは、この作品が宿命的悲劇を描きつつも「描写は常にけんらんとして」いて、その悲しみの極点のシークエンスさえ「派手やかさ」に満ちていると看破していることで、要は本作は「大作曲家」や「業病」といったモチーフを並べた「いかにもつくりばなし」なのだが、それを「白々しさ」に転ばぬよう盛り上げたものが「緻密に計算された幻想表現」なのだ、つまりこれは手練れが寄ってたかってこしらえたメロドラマなのであると説いているわけだ。

これに対して、おそらく野村監督が大変嬉しく感じて赤鉛筆でマーキングまでして保管していた荻昌弘の評は徹底した大衆志向と娯楽的なタッチにもかかわらず「(ハンセン病という特定のことに留まらない)もっともっと私たちの内部に深く巣食う、差別の罪悪の問題」を炙り出した点で本作を「今年の代表作」としていて、これは本作を「社会派映画」として顕彰する見方の典型例であるが、「しさいに構成を点検すれば、実はいくつかの不自然さも強引さも指摘出来よう。しかし松本清張の原作を脚色した橋本忍、山田洋次、そして、これを映像化した野村芳太郎監督の劇展開は、ある意味で映画作りのサンプルといいたいほどどち密をきわめる。文字ですむところはドシドシ、スーパーを映像にかさねて次第次第、重点を、丹波哲郎らの警察官、加藤剛の若い音楽家へ転移させて行く誘導など、憎いばかりの技巧である」と、「つくりばなし」を成立させる「緻密さ」という登川と同じキーワードを用いているのが印象的である。

事ほどさように『砂の器』という「絢爛たるメロドラマ」を支えた「幻想表現」は、まず全く内容も雰囲気も異なる原作から橋本忍がそれをひねり出した「奇想」と野村芳太郎監督のいかにそれを観客に背かれぬよう見せきるかという「緻密さ」の掛け算をもって成立したわけである。本章の意図もまさに、こうして演出プラン、コンテ、演出メモを対照させながら、野村監督の演出上の「緻密」な深慮の数々を記録しておくことにあった。

そしてそこには、長年にわたってプログラム・ピクチャーの量産を担い、撮影所の職人芸を血肉とした野村監督が、この難点も多いうえに仕上がりが見えない作品の、その危うさの魅力に傾倒して、掌中の技術を総動員して熱くぶつかっていったさまが見えて来るはずである。

第二章

『砂の器』の音楽

作曲中の和賀英良の
仕事部屋のシーンを
演出する
野村芳太郎監督。

組曲「宿命」の数奇な原点

和田薫（『砂の器』シネマ・コンサート指揮・楽譜復元）インタビュー

気鋭のジャズピアニストの起用

『砂の器』の音楽監督は芥川也寸志だが、１９５０年代から『伴淳・森繁の糞尿譚』『どんと行こうぜ』『ゼロの焦点』『左ききの狙撃者 東京湾』『拝啓天皇陛下様』『五辯の椿』『影の車』といった作品で野村監督と組んできたので、すでにチームワークは盤石であった。ところが、この芥川の手腕に最も期待が寄せられた音楽主体の企画にのぞんで、芥川みずからは監修的な位置に回って、直接の作曲者としてはほとんど劇伴（映画の劇中音楽）経験のないジャズピアニストの菅野《かんの》光亮《みつあき》を起用した。菅野は東京藝術大学作曲科で長谷川良夫に師事し、純音楽の作曲で受賞もしていたが、卒業後はジャズピアニストとして活動していた。そんな菅野のところに芥川から作曲の委嘱が来たのは、ちょうど親子の旅路のロケが始まった１９７４年2月のことだ。ちなみに１９２５年生まれの芥川はこの頃49歳、１９３９年生まれの菅野は35歳である。

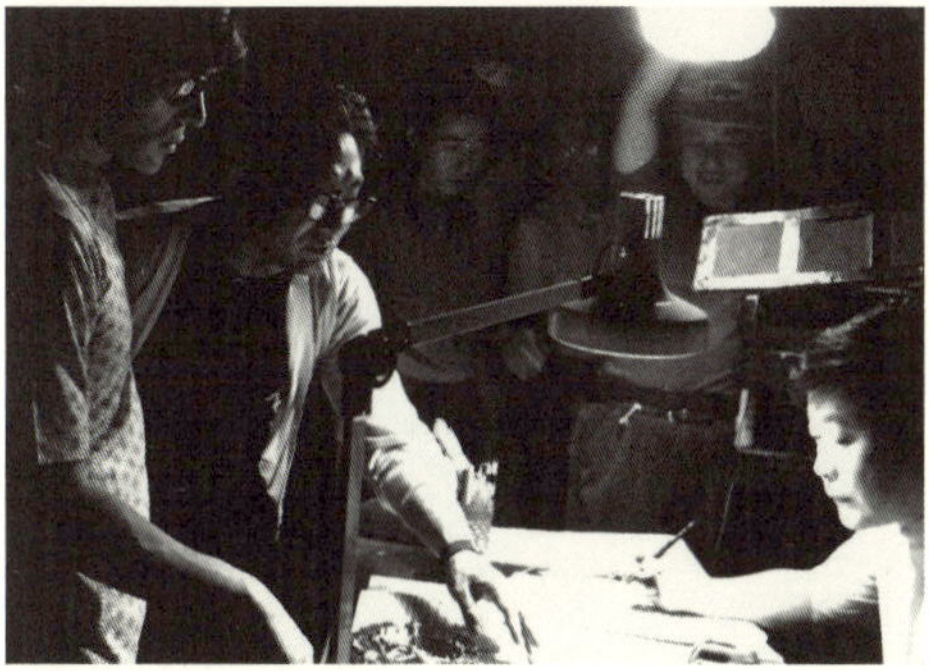
和賀英良が楽譜を書く手元のアップはさすがに俳優では無理なので、作曲・ピアノ演奏の菅野光亮が代役をつとめた。右端から菅野、野村監督、加藤剛。

　ジャズピアニストとしては活躍していたものの、ＰＲ映画や記録映画の音楽を受けたことぐらいしかなかった菅野は、まず清張の原作にふれるや主人公が電子音楽の作家であったのにとどまったが、追って届いたシナリオではセミ・クラシックの作曲家でピアニストという形に改変されていたので少し安堵したという。そして5月下旬までに四つの主題を

故・芥川也寸志夫人の
芥川眞澄と筆者。

書き上げて、以後は6月中旬から8月いっぱいまで芥川のアドバイスを受けながらオーケストレーションにいそしんだ。この音楽の収録から撮影、編集までの工程については野村監督の節でふれている。

完成した『砂の器』はさまざまな賞を受賞したが、芥川と菅野も第29回毎日映画コンクール音楽賞を受賞した。この音楽賞部門は17名の審査員によって選出され、篠田正浩監督『卑弥呼』の武満徹、神代辰巳監督『青春の蹉跌』の井上堯之らも候補にあがっていた。戦前戦後を通じ成瀬巳喜男監督『浮雲』『晩菊』『流れる』ほか330本以上の作品の音楽を手がけてきた斎藤一郎が本作の選評を寄せており、まずこれが「日本映画には数少ない堂々たる構えの一種の音楽映画」であるとしつつ、「主人公が自分の暗い宿命をテーマに大がかりな演奏会用コンチェルトを書くが、この曲はライトモチーフとして終始ドラマのムード作りにも参加するよう設計されている。音楽的に、いわばなかなか大変な仕事なのだが、菅野、芥川両氏の努力は種々の制約、困難を克服して水準以上の作品を生むことに成功した。作曲が叙情に過ぎたとの一部の批判もあり、技法上注文はあるにせよ、大多数の観客に音楽的にも多大な感銘を与えたことも否めない。事実甘美な悲劇的コンチェルトの響きと、辺境をさまよう父と子のモンタージュは極めて印象的であった」と評している。

この後の菅野光亮は、野村芳太郎監督『昭和枯れすすき』('75)、『真夜中の招待状』('81)、深作欣二監督『魔界転生』('81)、五社英雄監督『鬼龍院花子の生涯』('82)、三村晴彦監督『天城越え』（'83）などの映画作品、ＴＢＳドラマ『白い地平線』（'75）ほか「白い」シリーズ、テレビ朝日『渥美清の田舎刑事』シリーズ（'77〜）、『密約　外務省機密漏洩事件』（'78）、『大空港』（'80〜）などのテレビドラマ作品で活躍したが、１９８３年８月に体調を崩し44歳の若さで逝去した。

また、芥川也寸志も１９８９年１月にまだ63歳で病により他界したため、今となっては『砂の器』の音楽制作の詳細を知る関係者も不在になってしまった。それでも諦めず、エレクトーン奏者の草分け・江川マスミとして知られた芥川夫人・眞澄氏に尋ねたところ、『砂の器』の音楽を受けるにあたって、いったいどこから知る人ぞ知る菅野光亮を「発掘」してきたのか、そのことはわかった。というのは、当時多忙を極めていた芥川がこういったタイプの曲が書ける才能を探していると聞いて、菅野光亮を推薦したのは眞澄夫人だったのである。実は眞澄夫人は東京藝術大学作曲科で菅野光亮と同期だったのだ。

「宿命」の原曲はモスクワでレコーディングされていた

ところで、菅野光亮とこの『砂の器』の軸となった組曲「宿命」の原点についてのひじょうに興味深い逸話を、元松竹音楽出版社長の小野寺重之氏から聞かせていただいた。小野寺氏は、２０２４年５月に86歳で亡くなった歌手のニキータ山下氏から、１９６６年に菅野光亮が作曲、演奏した「翳（かげ）」という楽曲にロシア語の歌詞をつけて歌っているが、それをＣＤに収めたいという相談を受けた。ニキータ山下氏は、日本人の父、ロシアと中国の血を引く母のもとに生まれ、ロシア語の同時通訳者としても活躍し、長年にわたってＮＨＫの『ロシア語講座』に出演していた。

そんなニキータ山下氏は、１９５９年に結成されたコーラス・グループ、ロイヤルナイツに１９６６年からセカンドテナーとして参加していた（後にバリトンに移る）。ロイヤルナイツと言えば、筆者の世代としては数々のテレビのアニメ番組、特撮番組の主題歌の歌い手としてひじょうになじみ深い名前である。筆頭に挙がるのは、あまりにも有名な『サンダーバード』（'65）の主題歌だが、そのほか『遊星仮面』（'66）、『空手バカ一代』（'73）、『侍ジャイアンツ』（'73）、『ひらけ！ポンキッキ』（'73）、『ダイヤモンド・アイ』（'73）、『きかんしゃやえもん　Ｄ51の大冒険』（'74）、『タイムボカン』（'75）、『円盤戦争バンキッド』（'76）、『宇宙戦艦ヤマトⅢ』（'80）、『愛の戦士レインボーマン（アニメ版）』（'82）などきら星のごとき子ども向けの番組や映画のクレジットでロイヤルナイツという名に親しんでいた。主題歌というよりも副主題歌の担当が多かった気がするが、子ども番組は副主題歌のほうが個性的であることが多かったので、よりロイヤルナイツの歌声が記憶に残ることとなった。

驚いたのは、筆者が懇意にしている元女優の斉藤浩子氏が、１９７０年、10歳の時に「おへそ」（作詞・作曲は佐々木美子）というＥＰをリリースしているのだが、ここでもロイヤルナイツがいたいけな子役少女の歌声を盛り上げていた。これはＮＨＫ『あなたのメロディー』で反響があった楽曲をレコードとして売り出したものだったが、ジャケットでも斉藤氏にロイヤルナイツがコミカルに絡んでいる。こんなふうにロイヤルナイツは子どもの視聴者たちにはすっかりおなじみのグループだったわけだが、こうした活躍の一方で1966年から1978年にかけて7回にわたるソ連公演（加えてルーマニア、ハンガリー、ユーゴスラビアを巡る東欧公演も1回）を催して好評を得ていた。

公演はソ連全土を巡る本格的なもので、ニキータ山下氏がメンバーにロシア語の特訓を施した成果で、大劇場を埋めた聴衆が熱烈に彼らを迎え入れた。そしてこの1966年の第一回公演、1968年の第三回公演にバンドマスターとして同行していたのが菅野光亮だった。しかも初のソビエトツアーの最初のコンサートが催されたのは、ウクライナのキーウ（当時はキエフと読んだわけだが）で、いきなり1万人以上を収容するスポーツ宮殿が満員となり、このウクライナの聴衆の反響が以後のツアーの成功を決定づけたという。当時のウクライナはソ連の一共和国であったが、1950年代後半からは非スターリン化の雪解けの時代にあり、政治的圧力の緩和を受けて当局の公式路線におさまらぬ反体制的な芸術表現もまさにこのツアーの頃あたりまでは束の間容認されていた。

ニキータ山下氏のオーラル・ヒストリー「夕空の鶴」（水谷尚子共著／成文社）によれば、そんなコンサートを終えて疲労困憊した後なのに、菅野光亮はキーウのクラブで地元のウクライナ人やロシア人のミュージシャンと徹夜でジャム・セッションに興じ、聴衆を熱狂させていたという。それを目撃して音楽が国境を越えるさまを体感したニキータ山下氏は、ロシアのウクライナ侵攻の惨状になおさら心を痛めたのである。

そんな大評判のロイヤルナイツは1966年にモスクワでレコーディングを行うに至り、ソ

「宿命」の原曲「翳」は1966年にソ連の「メロディア」レーベルからリリースされていた。

連の国営レコード会社の「メロディア」レーベルからＥＰ、ＬＰをリリースした。菅野光亮クインテットが担当した、そのなかの一枚が「翳（かげ）」という曲だった。ところがこのクラリネットを立てた憂いと優しさに満ちたアーバンな曲が、まさに『砂の器』の第二主題と同じメロディなのだった。後にモスクワで評価される『砂の器』の「宿命」の旋律は、なんと遡行すること8年前にキーウから移動したモスクワで書かれ、現地でレコーディングまでされていたというわけである。

この「翳（かげ）」は映画完成とともに上条恒彦の作詞、菅原洋一の歌唱になる「影（かげ）」というボーカル付きのバージョンにも「転生」して『砂の器』のＬＰに収められ、さらに２０２２年、小野寺氏の諸調整を経てニキータ山下氏がロシア語で歌う新たな「影」も彼のＣＤに収められた。その最新の「影」は、キーウからモスクワをまたいで書かれた「翳」という原点を知る人ならではの味わい深いものである。

この「宿命」の数奇なヒストリーを語ってくださった小野寺氏は、２０１７年から開催されて好評を得た『砂の器』シネマ・コンサート実現の立役者でもあるのだが、本書ではさらに『砂の器』の音楽について譜面から深掘りするために、同コンサートを担った作曲家の和田薫氏にインタビューを行った。１９６２年生まれの和田氏は、東京音楽大学音楽学部作曲科で伊福部昭と池野成に師事、同科を首席で卒業の後、深作欣二監督『忠臣蔵外伝四谷怪談』で日本アカデミー賞優秀音楽賞を受賞したのをはじめ、映画・テレビ・舞台の音楽から純音楽まで幅広い分野で活躍してきた。邦楽器などをミックスした荘重なオーケストレーションで知られ、『犬夜叉』『金田一少年の事件簿』『ゲゲゲの鬼太郎（第四期）』『D.Gray-man』『パズドラ』などのテレビアニメや『キングダムハーツシリーズ』『モンスターハンター４』などのゲーム音楽のオーケストレーションも手がけてきた。そして２０１４年に師の伊福部昭が音楽を担当した『ゴジラ』第一作のシネマ・コンサートで譜面の復刻編纂とオーケストラの指揮をつとめたことから、２０１７年の『砂の器』シネマ・コンサートのコンサート・ディレクターを委嘱された。ちなみにシネマ・コンサートのノウハウを持つプロモーターのＰＲＯＭＡＸは、それまでは『スター・ウォーズ』や『ラ・ラ・ランド』といった海外作品のシネマ・コンサートを催行してきたが、邦人作品をとりあげたのはこの『砂の器』が初めてだった。２０１７年８月に二夜にわたるBunkamuraオーチャードホールでの公演を皮切りに、２０１８年４月ＮＨＫホール、２０１８年９月に東京国際フォーラム（加藤剛・橋本忍追悼公演）、２０１９年４月30日オーチャードホールで再演、２０２２年１月に東京国際フォーラムで再演、このほか大阪・北九州

和田薫監修による『砂の器』シネマ・コンサートは本家の東京交響楽団の演奏により2017年8月12日・13日の渋谷Bunkamuraオーチャードホールで開催。満員の盛況につき、2018年にはNHKホール、2019年には再びオーチャードホール、2022年には東京国際フォーラムで再演された。

『砂の器』シネマ・コンサートのスタッフパス。

などの地方公演も含めてすべて満員という人気ぶりだった。
この際、和田氏は現存する菅野光亮の譜面（詳細は後述）を手がかりに『砂の器』の劇中で流れるすべての音楽をオーケストラ演奏用に復元し、映画内と同じ東京交響楽団による演奏を指揮した（初演時の指揮は竹本泰蔵）。和田氏は次いで2019年の『八甲田山』シネマ・コンサートも委嘱され、『砂の器』に続いて芥川也寸志の担当した劇伴の復元を行った。この『砂の器』の劇伴を知り尽くした和田氏に、譜面から読み解く作曲時の芥川と菅野の取り組みについて尋ねた。

NHKホールの『八甲田山』シネマ・コンサート楽屋にて。
左から監修の和田薫、芥川眞澄、
同作出演の秋吉久美子、筆者。

「宿命」という組曲は存在しなかった

樋口尚文　和田さんは大好評を博した『砂の器』シネマ・コンサートで楽譜の復刻編纂と指揮まで手がけられたわけですが、そもそも和田さんがこの難題を委嘱された経緯というのは？

和田薫　2006年にわが師の伊福部昭先生が亡くなったのですが、その後、東宝ミュージックの岩瀬政雄さんから1954年の『ゴジラ』を上映しながら劇伴を全部オーケストラで演奏するコンサートをやりたいという連絡があったんです。実は生前の伊福部先生にも打診したそうなんですが、先生は劇伴は映画の内部で完結するものであって、興行で使うものではないというお考えだったので、実現には至りませんでした。伊福部先生は既成の劇伴を組曲にして人気のある「SF交響ファンタジー」でさえ最初はやりたがっていなかったくらいですから。それで私に相談が来たんですが、譜面がないから当然全篇耳コピのどえらい作業になると見込まれたため「そもそも昔の作品は映像とサウンドを分離できないから無理ですよ」とやんわりお断りしていたんです。ところが、しばらくしてデジタル技術で今や可能であるらしいという連絡が来まして（笑）。その音声と音楽を試しに分離したデモをスタジオまで見に行ったら、みごとに出来ていて、これはやるしかないなということになったんです。そしてまた、この『ゴジラ』の試みが想定を超えた反響を呼んだんですね。

樋口　それで松竹もぜひ『砂の器』をやりたいとなった。

和田　松竹音楽出版の小野寺重之さんとご一緒に選定会議をやりましたが、さまざまな意味で『砂の器』しかないですよねと即決でした。やっぱり音楽主体で、しかも大作で見栄えがいいものとなると『砂の器』以外にはないですよね。ただし、これもまた楽譜がない（笑）。この作品はご存じのように音楽監督が芥川也寸志さんで、実際にほとんど作曲したのは菅野光亮さんであるわけですが、最初に映画用の楽曲をレコーディングした時の譜面はどこにも残ってないわけです。それで残っていたのは、映画が公開された後にイベントとして行われたコンサート用の譜面で、これは二楽章形式の組曲の体裁になっている。映画の時系列とは関係なくステージ用に作ったものなので、いきなり映画の山場の組曲「宿命」のあたまから始まるんです。

NHKホールの『ゴジラ』シネマ・コンサートにて
監修・指揮の和田薫、筆者。

シネマ・コンサート以前の『砂の器』のコンサート用譜面は
収録されたLPレコードに合わせて「Side-A（Part1）」「Side-B（Part2）」と
記されていた。

樋口　ちょっとここでその「コンサート用」とは何かを読者に解説しておきます。まず74年に映画が公開されて音楽が評判を呼びましたが、劇中で演奏される「オーケストラとピアノのための〝宿命〟」（橋本脚本ではこのタイトル）という楽曲は、その時点で組曲として譜面化されていたわけではありません。翌75年4月に映画の好評を受けてポリドールから劇中の使用音楽をエディットして「組曲」化し、A面B面に一楽章ずつ収めて「ピアノと管弦楽のための組曲　宿命」という題名をつけたLPが発売になりましたが、このレコード用の曲構成をもって以後のコンサートが行われてきたわけですね。したがってそのコンサート用の譜面にはアタマに「A-side」「B-side」と表記されていますが、これはLPレコードの「A面」「B面」を指すわけですね。また、以後の通り名となる「ピアノと管弦楽のための組曲　宿命」というタイトルも、このLP用のものでした。たとえばこのLPのA面＝第一楽章は、マスター音源のMナンバーでいえばM－2－1A、M－2－1B、M－10－1などを全篇使用、そのほかはさまざまな劇伴の部分を組み合わせたものでした。そんなふうに劇伴のマスター素材を再構成してＬＰ用に作った「組曲」がほぼそのまま楽譜化されて、以後の『砂の器』関連のコンサートで演奏されていくわけです。そのコンサートの主なものは、たとえば１９７７年２月の中野サンプラザでは指揮＝芥川也寸志、ピアノ演奏＝菅野光亮、演奏＝東京交響楽団による〝『砂の器』ラストロードショーとデラックスコンサートの夕べ〟、１９８３年２月の新宿厚生年金会館大ホール〝『砂の器』公開記念 音楽と映画の祭典〟です。おのおの『砂の器』の再公開のＰＲのために行われたイベントでした。私はそれぞれ聴きに行きましたが、大盛況でお客さんも大変盛り上がっていたのを覚えています。いずれもまず演奏が先にあって、映画を上映するというスタイルでした。

和田　時代が飛んで２０１４年にも日フィルによる「宿命」のコンサートが行われたわけですが、これも今おっしゃった「組曲」の譜面が使われているはずです。

樋口　同年３月の東京藝術劇場、11月の昭和女子大学人見記念講堂で行われた指揮＝西本智実、ピアノ演奏＝外山啓介、演奏＝日本フィルハーモニー交響楽団による組曲「宿命」コンサートですね。こちらも本浦秀夫役の春田和秀さんとご一緒にホールで聴きましたが、

LPレコードのA面・B面の収録曲を
「組曲」として演奏したコンサートは
1977年2月2日に中野サンプラザで、
1983年2月6日に新宿厚生年金大ホールで、
映画の公開イベント的に開催された。
ともに指揮は芥川也寸志、
演奏は東京交響楽団、
ピアノ演奏は菅野光亮であった。

LPレコードの内容に準拠した
「組曲　宿命」のコンサートは
2014年3月30日に東京芸術劇場で
指揮＝西本智実、
演奏＝日本フィルハーモニー交響楽団、
ピアノ演奏＝外山啓介で
「映画公開40周年記念」と銘打って
開催された（同年11月2日に
昭和女子大学人見記念講堂で再演）。

この時はピアノを前に出さずオケで周りを包む配置で、少しテンポが速く、細部が省略された印象で、LP以来のソフトでは概ね二楽章合わせて約41分になりますが、西本さんの「宿命」は約38分でした。ところで、この劇中のさまざまな楽曲がパッチワーク的に組み合わされた〝コンサート用楽譜〟からは、元の劇中音楽の譜面をどのくらい割り出せたのでしょう。

和田　まあ六割くらいですかね（笑）。サントラも検証したんですが、やはりメロディが重複するようなところは割愛しているし、短いブリッジ的なものも省いていますから。まあコンサートとして体裁のいいところは活かされているという感じです。

樋口　しかしこのシネマ・コンサート用の音楽表を見ると全篇に総計49分27秒の音楽が使われているわけですね。バー「ボヌール」のシーンのピアノBGMを除けば。

和田　そうなんです。本当に7秒とか9秒とかのブリッジもありますし、和賀英良が作曲しながらピアノを弾いているところなどは、たぶん菅野光亮さんが即興で弾いているので譜面がないんですね。そういったものから何から全部楽譜にしないとまずかった。コンサート用の譜面をもとに「いったいこの部分は映画のどのシーンで使われているのだろう」と照合すると、けっこうここにおさまっていない曲もあって、そこは耳コピするしかなかった。

樋口　その耳コピして楽譜を復元するという作業にどのくらい時間を要するものなんですか。

和田　なにしろただ楽譜を起こすだけでなく、最終的にオーケストラ対応のものに仕立てないとまずいので、まるまる三か月は要したかと思います。

樋口　芥川也寸志夫人の眞澄さんにお話をうかがうと、菅野光亮さんは眞澄さんが芸大の同期ということで也寸志さんに紹介したんですよね。ポップスやシャンソンもできるし、劇伴も何回かはやっておられるということで。ただオーケストレーションはなさったことがなかった。忌憚なきところで和田さんが譜面を見て菅野さんのオーケストレーションについてはどう思われましたか。

和田　これは率直に言ってなかなか厳しいなと（笑）。

樋口　それはどういうところに問題があるのかを一般読者にもわかりやすく説明していただくとすると、どういうことなのでしょう。

和田　楽器法的にいうと、こういう音域ではこのフレーズは無理、ということがあるんですね。ひらたく言うと、実際に楽器でこの譜面を弾こうとしても絶対に無理だという事例があるわけですが、菅野さんのオーケストラ用の譜面にはそういう箇所が割とある（笑）。ここのハープは現実には演奏できないだろう、みたいな点が随所に。もちろん菅野さんは初めての試みだから相当迷いながらのことではあったのでしょうけれども。それに対して芥川さんがここはかなりチェックしたんだろうなという箇所もあれば、忙しすぎてここはちゃんとチェックできていないのでは、なんて箇所もあって（笑）。劇中のコンサート終盤などはきっと芥川さんご自身でも書かれていると思うのですが、たとえばここの（譜面を指しながら）ホルンなんて絶対無理なんです。

樋口　なるほどそういう難点があるのですね。

和田　そしてコンサート用にこの譜面があるということは、映画で使用された劇伴のレコーデ

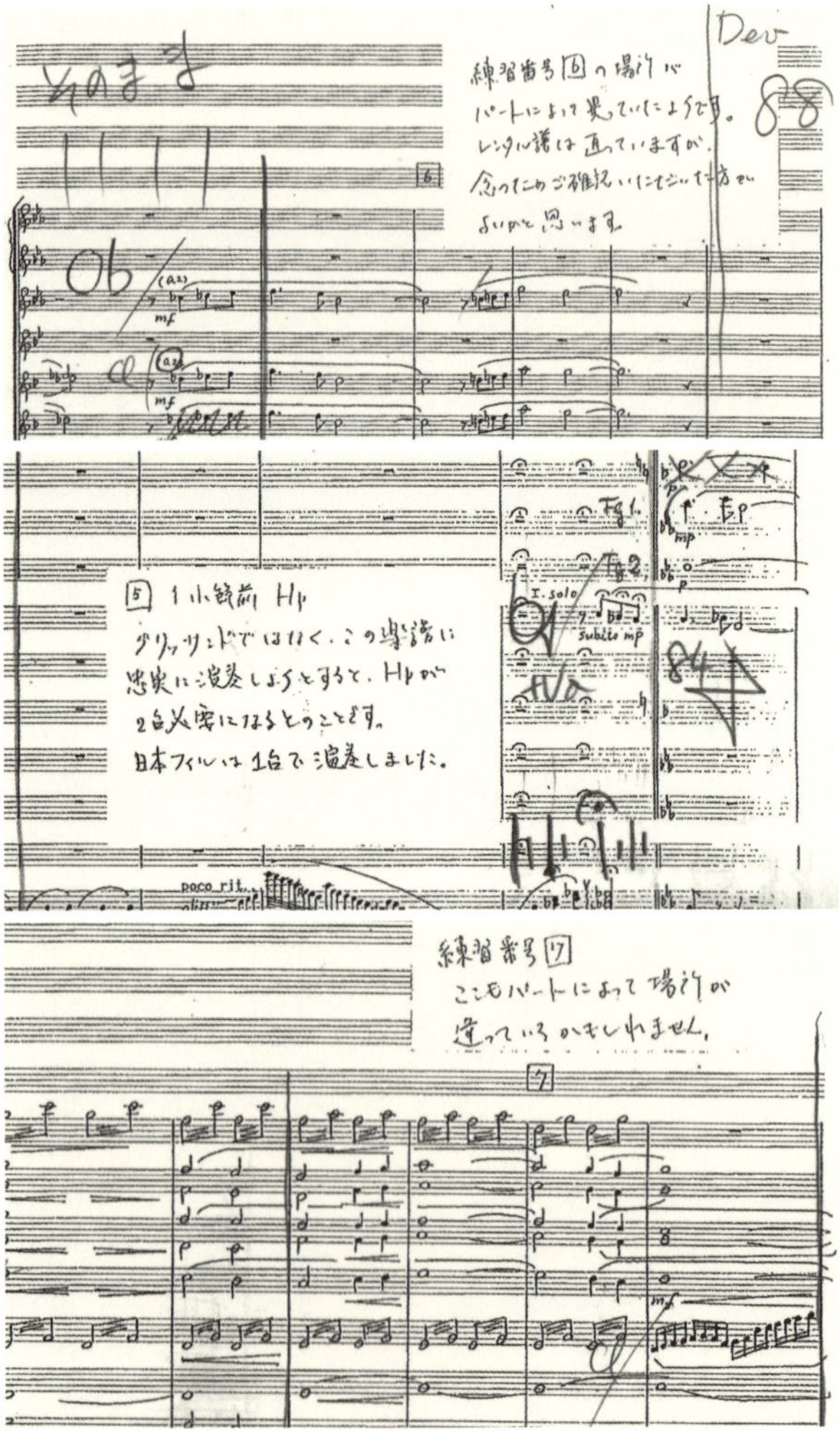

日本フィルハーモニー交響楽団の演奏を経た組曲「宿命」の楽譜には、
和田薫が指摘するような演奏上の難点や楽譜の不備が
付箋で貼られていた。

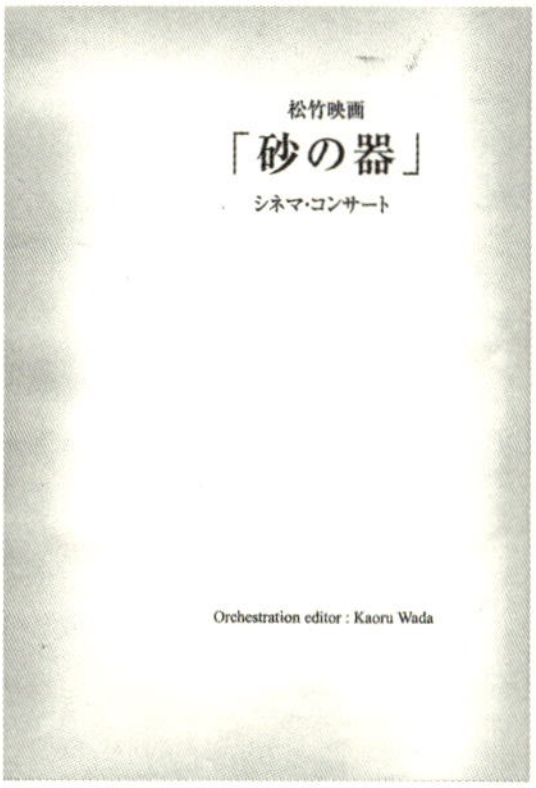

和田薫が従来の「組曲 宿命」の楽譜のオーケストレーションを修正・補完してできあがった『砂の器』シネマ・コンサート用の楽譜。

ィングでもこの譜面で演奏しているはずなんです。その際は、たぶん現場で奏者と「ここはオクターヴ下げましょう」みたいな調整を交わしながら録音したのではないかと。

樋口　特にこういうところは芥川さんの監修された箇所だな、というのはありますか。

和田　さまざまな調が混ざってきて現代音楽的な複雑さで表現しているエクリチュール（作曲の書法上の技術）などはきっと芥川さんのアドバイスなんでしょうね。

樋口　そもそも芥川さんがこの音楽主体の映画を菅野さんに委ねたのはどんな理由からだと思われますか。

和田　ちょうど70年代は著作権法の大改正があって、それを担う芥川さんは国会で答弁したり激務の日々だったわけですね。これは私の推測ですが、そんな状況にあって、音楽主体で膨大なスコアを書くことがはなからわかっているこの作品は、絶対に無理だと踏んであらかじめ菅野さんを起用したのではないかと。

樋口　お一人で引き受けて途中で迷惑をかけるよりは、頭から潔くどなたかに任せようということですね。

和田　大作曲家にはしばしばゴーストの作家は控

「砂の器」音楽表

R#	M#	type	内容	in TC	out
1	1		「提携　松竹株式会社　橋本プロダクション」～浜辺の砂山のUPまで	01:00:06:12	01:00
↓	2		タイトル「砂の器」～「監督　野村芳太郎」まで	01:01:31:00	01:03
↓	3		蒲田操車場～事件捜査本部まで	01:09:56:00	01:11
↓	4		手から紙吹雪が舞う～新聞紙（連載「紙吹雪の女」）のUPまで	01:22:40:06	01:23
↓	5	a	クラブ「ボヌール」店内のピアノ演奏①～同店内　セリフ「いらっしゃいませ」の前まで	01:24:25:07	01:26
↓	〃	b	クラブ「ボヌール」店内のピアノ演奏②～同店内　森田健作のUPまで	01:26:33:01	01:27
↓	6		特急まつかぜ　列車が海沿いを走る～地元の警察署　外観まで	01:41:12:02	01:43
↓	7		雨の中　傘をさして聞き込み～聞き込み　テロップ「何一つない」まで	01:50:42:00	01:51
↓	8		鑑識　セリフ「O型ですね」～蒲田付近の聞き込みまで	01:55:06:12	01:56
↓	9	a	主人公「宿命」ピアノで作曲する①～譜面に書き込むまで	02:08:16:08	02:08
↓	〃	b	作曲の続き①～ピアノ演奏やめ　煙草をくわえるまで	02:08:43:20	02:09
↓	10		作曲の続き②～ピアノ演奏途中まで	02:11:04:16	02:11
↓	11	a	作曲の続き③～譜面に書き込むまで	02:15:26:13	02:15
↓	〃	b	作曲の続き③～電話が鳴り　ピアノ演奏やめるまで	02:16:00:04	02:16
↓	12		血の手のUP～夜の道で女が発見されるまで	02:19:48:00	02:21
↓	13		作曲の続き④～ピアノ演奏終了まで　暗転	02:26:52:08	02:27
2	14		演奏会開始　ピアノソロ～捜査会議　部屋の俯瞰まで	03:11:58:07	03:23
↓	15		加藤嘉　右手上げる～蒸気機関車の汽笛中まで	03:28:15:12	03:34
↓	16		バリカンで頭を刈られる少年時代の主人公～演奏会　主人公のUPまで～捜査会議	03:34:27:12	03:38
↓	17		捜査会議　セリフ「本浦は生きてる？」～演奏会終了まで	03:41:12:00	03:51
↓	18		演奏終了後　主人公立つ～エンディングまで　黒み	03:53:55:19	03:55

『砂の器』シネマ・コンサートで演奏する劇中音楽のリスト。

えているわけですが、日本映画では類を見ないこんなボリュームの仕事ですから、もう表立ってひとり作家を立てないとまずいと思われたのではないでしょうか。

樋口　それが芸大作曲科のご出身とはいえ、なぜジャズピアニストの菅野光亮さんだったのでしょう。

和田　これも推測ですが、当時は無調の現代音楽華やかなりし時代で、あまりメロディを書ける方がいなかったのではと。芥川さんや武満徹さんなら両刀でどちらの方面にも強かったわけですが、そんな方はほとんどいないわけですから。それで芥川さんが困ったところに、はっきりしたメロディを書ける人ということで奥さまの眞澄さんが菅野さんを紹介したのではないかと。

「砂の器」オーケストラ編成表

M-No	タイトル	尺	Picc	2Fl	2Ob	E.hr
1	「提携　松竹株式会社　橋本プロダクション」～浜辺の砂山のUPまで	31	-	o	o	o
2	タイトル「砂の器」～「監督　野村芳太郎」まで	1'47	-	o	o	o
3	蒲田操車場～事件捜査本部まで	1'37	-	-	-	-
4	手から紙吹雪が舞う～新聞紙（連載「紙吹雪の女」）のUPまで	41	-	o	o	-
5a	クラブ「ボヌール」店内のピアノ演奏①～同店内　セリフ「いらっしゃいませ」の前まで	2'00	-	-	-	-
5b	クラブ「ボヌール」店内のピアノ演奏②～同店内　森田健作のUPまで	1'23	-	-	-	-
6	特急まつかぜ　列車が海沿いを走る～地元の警察署　外観まで	2'14	-	o	o	o
7	雨の中　傘をさして聞き込み～聞き込み　テロップ「何一つない」まで	32	-	-	-	-
8	鑑識　セリフ「O型ですね」～蒲田付近の聞き込みまで	58	-	o	o	-
9a	主人公「宿命」ピアノで作曲する①～譜面に書き込むまで	16	-	-	-	-
9b	作曲の続き①～ピアノ演奏やめ　煙草をくわえるまで	17	-	-	-	-
10	作曲の続き②～ピアノ演奏途中まで	7	-	-	-	-
11a	作曲の続き③～譜面に書き込むまで	12	-	-	-	-
11b	作曲の続き③～電話が鳴り　ピアノ演奏やめるまで	9	-	-	-	-
12	血の手のUP～夜の道で女が発見されるまで	1'25	-	o	o	o
13	作曲の続き④～ピアノ演奏終了まで　暗転	40	-	-	-	-
14	演奏会開始　ピアノソロ～捜査会議　部屋の俯瞰まで	11'58	o	o	o	o
15	加藤嘉　右手上げる～蒸気機関車の汽笛中まで	5'45	o	o	o	o
16	バリカンで頭を刈られる少年時代の主人公～演奏会　主人公のUPまで～捜査会議	4'33	o	o	o	o
17	捜査会議　セリフ「本浦は生きてる？」～演奏会終了まで	10'46	o	o	o	o
18	演奏終了後　主人公立つ～エンディングまで　黒み	10'46	o	1, Alt	o	o

『砂の器』シネマ・コンサートの劇中音楽ごとのオーケストラ編成を一覧にした表。

樋口　ご本人がピアニストだから吹き替えも兼任できますしね（笑）。

和田　私は『砂の器』に続いて『八甲田山』のシネマ・コンサートも担当しましたが、そちらはちゃんと楽譜が残っていて、しかもちゃんと芥川さんの筆跡でした。あれは隅から隅までご自分でなさっていて、オーケストレーションは若干任せるところはあったかもしれないけれども、スケッチは全部ご自分でお書きになっている。私の師である伊福部昭先生もオーケストレーションを弟子に委ねることはあっても、スケッチは必ずご自分で書いておられました。そんな次第で、『八甲田山』は全く無理のない芥川さんらしいオーケストレーションになっているんですが、『砂の器』のスコアは全くそういうものではなかったんです（笑）。

樋口　なんと。そうだったんですね（笑）。

『砂の器』シネマ・コンサートは毎回オールドファンから若年層までが詰めかけ、大変な熱気である。シネマ・コンサートのプロモートで知られるPROMAXは洋画のヒット作を中心にコンサートを手がけてきたので、『砂の器』が初めての邦画のシネマ・コンサートであった。

2017年の『砂の器』シネマ・コンサートにて。右から長年『砂の器』のファンである樋口真嗣監督、春田和秀、和田薫、筆者。

和田　芥川さんのオーケストレーションは、シンプルな『八甲田山』の音楽を好例としてけっこうすっきりしているんですが、初めてオーケストレーションをやる人はたいていいろんなことをやっちゃって複雑になっちゃうんですよ（笑）。あまり効果的ではない技巧をつぎこんでみたり……。『砂の器』の音楽はやそんな傾向も見えますね。しかも『八甲田山』は曲のタイプは少ないのに、アレンジのうまさでぐんぐん押していく。あれがひたすら雪中行軍を続ける映画の内容に凄く合っていますね。メロディを絞り込むことで、長い映画なのに音楽の統一感が生まれています。

樋口　「宿命」の場合は、1966年に菅野さんがモスクワでレコーディングしたという「翳」がひとつのモチーフになったという意外な逸話を小野寺重之さんから教えていただきました。この「翳」のメロディに上條恒彦が詞をつけて菅原洋一さんが歌唱した「影」という曲が『砂の器』のLPに収録されています。ただしこれはサウンドトラック盤に限ってのもので、劇中

菅野光亮が44歳で他界した翌年、1984年に
国分寺のライブハウス・アレキサンダーで
ゆかりの人びとによる追悼コンサートが催された。
その演奏を収めた自主制作LPのタイトルも
『翳』であった。

では菅原さんの歌は流れません。ところが一か所だけ劇中で店内BGMとして男性ボーカルが流れるところがあって、一瞬これは菅原さんかなと思いました。

和田　あの今西刑事が喫茶店で島根県の分県地図を広げているシーンのBGMですか？

樋口　まさにそこです。これも小野寺重之さんがキューシートを確認されたら曲名は「ラ　ミューズ」で「作曲：菅野光亮　作詞：田中朗」とクレジットされていたそうです。田中朗さんはシャンソン歌手なので、たぶん歌唱もご自身でしょうと小野寺さんはおっしゃっていました。

和田　それはもうトリビアの域ですが（笑）、「宿命」にはそういったシャンソン風のメロディがあって、まさしく菅野さんの仕事なんですね。ところが、ここは芥川さんだな、とはっきりわかる箇所もあって、それはたとえば冒頭のメインテーマの出方。波の音があって、静かに『砂の器』のタイトルが出て、静寂の後にコールアングレから入る、みたいなところは芥川さんの発想だと思います。メインテーマが普通に伴奏から始まって……では陳腐だからこうしよう、みたいな示唆があったのだろうと。そういった映画音楽としての効果的なテクニックが随所にあって、そこは芥川さんのアドバイスではないでしょうか。

驚異的な音楽と映像のシンクロ

樋口　劇中で最も音楽が効果的だったのはどこでしょう。

和田　やっぱり最後の演奏会の親と子の旅とコンサートのリンク度合は凄い

ですよね。これは自分でも経験がありますが、譜面ではうまく行く見込みが立っているのに、実際に画に合わせてみると本当に微妙に合わないということがあるんです。その時はハサミを入れて一拍抜いたりするわけです。『砂の器』でもそういうハサミを入れたふしのある箇所は見当たりますけれど、それにしても映画編集にビデオを使うこともできない時代にどうしてこんな画合わせが可能だったのかは本当に不思議です。

樋口　それは本当に謎ですよね。しかも調べるとそんなに潤沢に編集の時間があったわけでもない。

和田　これはアニメーションで言うところのプレスコ（＝先に台詞を収録して画を合わせる）に近いものだから、よほど事前に映像と音楽の合わせ方を打ち合わせしないと難しい。亀嵩の親子の別れのシーンなんて本当にきめ細かく尺を出して曲と画を合わせたものだと感心します。

樋口　秀夫があんずの里でいじめっ子に杖を振り上げるのと和賀の指揮の大きな振りが重なるダブルアクションなんていったい誰が発案したのかなと思いますね。

和田　やっぱり野村監督が打ち合わせでこんなことをやりたいとおっしゃって、芥川さんが「それなら曲のこの箇所でこういうアクションを撮っておけば」とアドバイスされたとか、そういうことでないと無理ですよね。

樋口　そうなんですよね。さすがにそんな細かいところまであらかじめシナリオでは指定できないし、まさにこの曲に合わせてどんな画を撮るかは演出の領分での腕の見せ所ですから。細かい時系列で言うと、9月中旬にコンサートのシーンを撮る段階で、親と子の旅路や別離のシ

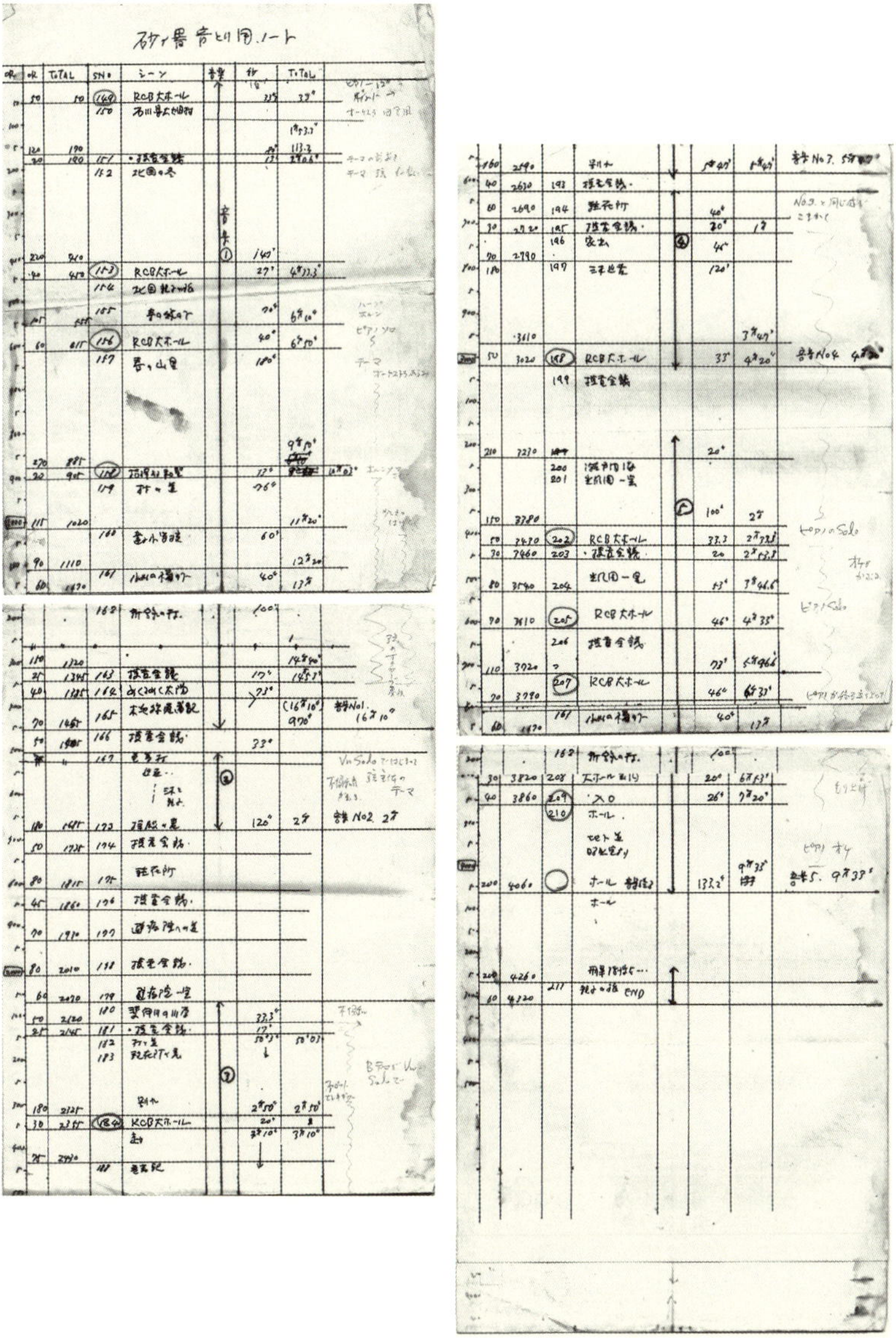

野村芳太郎監督所蔵の『砂の器』音とり用ノート。
合同捜査会議―コンサート―親子の旅路が複雑に交錯するシークエンスについて、
全体の構成、秒割りが綿密に記されている。
これによると5つの一連の楽曲がこの山場に流れていたことがわかる。

ーンはすべて撮り終えているので、その映像素材にコンサートの和賀をどうつなぐかという打ち合わせが細かくなされたはずなんですね。そのタイミングで秀夫と和賀のダブルアクションというアイディアが出て来たに違いない。いやしかしこういった編集・撮影のプランニングというのは、たとえば庵野秀明さんが『シン・ゴジラ』などでやっているプリヴィズ（画面設計をあらかじめコンピュータ上で作っておくこと）ができるのならまだ見通しがきくわけですが、この時代はそれを記憶力やら手仕事のカンで乗り切るわけですから凄いなと思います。

和田　いや本当に当時よくやったものだと思わされるばかりです。

樋口　コンサートシーンでは和賀に扮した加藤剛さんも弾いたり振ったりの難役ですが、撮影に参加していた元東京交響楽団のフルート奏者・佐々木真さんによれば、さすがに指揮はとても難しいので、芥川さんがずっと加藤剛さんの横について教えていたそうです。

和田　そういえばあの加藤剛さんの振り方は芥川さんによく似ていますね。後半の振り方なんてそっくりですから、本当にみっちり教わっていたんでしょうね。

樋口　さすがに和田さんがご覧になるとそこまで気づかれるのですね！　ちなみに和田さんから見て、この組曲「宿命」はどんな過去の作曲家にインスパイアされているのでしょう。よく言われるのはラフマニノフですが。

和田　確かにドラマティックなところはラフマニノフの雰囲気ですし、最後の刑事二人がホールに着いた時に演奏されている終盤はリヒャルト・シュトラウスっぽくもあります。けっこうさまざまなスタイルが混在しているので、たぶん菅野さんはこの作曲期間にいろいろなクラシックを聴いて研究されたのではと（笑）。

樋口　蒲田操車場の殺人現場のシークエンス後半では抽象的な音が鳴りますね。

和田　あそこはあえて現代音楽的な音をつけて不安感を煽っていますね。あの部分はそれこそ芥川さんがかなり意見をおっしゃったのではないでしょうか。

樋口　あそこはオーケストラではなくてエレキギターも入っていましたが、ああいう部分は譜面はあるんでしょうか。

和田　ありますね。（楽譜を指して）これがエレキギターですが、ノイズィな感じで出してほしいという指定の図形譜ですね。

樋口　そういえば和田さんが全面監修されたシネマ・コンサートでは、今西刑事が通天閣の下で和賀の正体をつかんだ後、彼が仕事場でピアノ演奏に打ち込んでいるところまでが第一部。休憩をはさんで合同捜査会議のところから第二部になっていましたが、奇しくもあれは1974年の最初のロードショーの時と同じなんですよね。当時は「第一部 紙吹雪の女／第二部 宿命」と銘打たれていました。

和田　そこで割るのは松竹さんのこだわりでしたね。コンサートが長丁場なのでどこかに奏者の休憩を入れたいわけですが、あそこで入れたいというのは松竹さんの意向でした。

樋口　インターミッションを入れたケースがあるのは最初の洋画系劇場での先行ロードショーの時だけで、直後の全国封切の時にはもう全篇通しの上映でしたから、これはとても懐かしかったですね。

和田　昔は日本映画でも『七人の侍』などにはインターミッションがありましたね。もちろん文字通りの休憩なんですが、あれが入ると大作感も出るんですよね。

樋口　洋画ですと『2001年宇宙の旅』とか『アラビアのロレンス』とか、インターミッションを映画の転調にうまく使うんですね。『砂の器』と同じ年の山本薩夫監督『華麗なる一族』や続く『不毛地帯』などにも休憩は入っていましたが、また手練れの山本監督が絶妙の盛り上げにインターミッションを使うんですね。これらはいずれも3時間超の尺だったので、2時間23分の『砂の器』はあえて休憩は入れなくても、という線ではあるのでしょう。

和田　ただ『砂の器』は映画の構成からテンションから、このポイントでがらりと転調するので、ここで休憩をはさむのは見せ方としても効果的なんです。

樋口　シネマ・コンサートのお客さんは見込んでいるオールド・ファンも多かったので、その間合いを心得ておられて（笑）大変そわそわとインターミッションを楽しんでおいででした。そういえば先ほど、このシネマ・コンサートの候補に『砂の器』チームがまるごと勝負をかけた次の大作『八つ墓村』もあがっていたそうですが。

和田　あのサウンドトラックを聴いていると、ここはいかにも芥川さんらしいなあというのもあれば、ここはどなたかに任せたかなという耳なれないところもあって、多彩なチャレンジをなさろうとしているなあと感じました。

樋口　聴いていると、ここは大河ドラマの『赤穂浪士』みたい、ここは市川崑の『鍵』みたい……と芥川さんの絢爛たるコンピレーション・アルバムのような感じでしたね。

和田　ただあまりにさまざまなスタイルが入ってしまって『八甲田山』のような統一感には欠けるので、やはりシネマ・コンサートに出すとなると『砂の器』や『八甲田山』かなということではあったんですね。これは伊福部先生にも芥川さんにも言えるのですが、たくさんメロディを書くというよりも、技法、手法によって効果を狙うところがあって、それがあの一本筋の通った図太い音楽設計を生んでいるんですよね。

（2024年3月　神保町にて）

シネマ・コンサート以前の「宿命」の楽譜を精査する和田薫。

「宿命」はいかに撮影されたか

佐々木真（元東京交響楽団首席フルート奏者・劇中演奏）インタビュー

東京交響楽団のとの出会い

映画『砂の器』で語り草になっているのは組曲「宿命」のコンサートと合同捜査会議、そして親と子の旅路が同時進行する後半のシークエンスだが、ここは映画のプロフェッショナルが観ればいっそう、時間も潤沢ではないなかでよくもこんな手の込んだ撮影と編集をやり遂げたものだと感心することだろう。現在のようなデジタル技術がない当時、この部分の作業は見た目以上に複雑な工程と深慮を要するのだ。

本書ではあらためてこのシークエンスの成否がかかった音楽について検証してきたが、その過程で実際にコンサートシーンの撮影に参加した奏者に撮影時の状況を聞けないだろうかという思いが強くなっていった。ただ東京交響楽団に問い合わせても、数年前にこの1974年時の資料は破棄したとのことで手がかりにも事欠いた。それ以前に東京交響楽団の公式サイトにも映画『砂の器』をめぐる言及は一切見られない。

ところが本書の原稿執筆を進めていたさなか、国立映画アーカイブ研究員の藤原征生氏から、東映時代劇の名手・佐々木康監督のご子息・佐々木真氏が以前『砂の器』のコンサートシーンに奏者として出演していたことを語っていた、という旨を全く偶然に聞かされた。このおかげで私はすぐさま佐々木氏に会見を申し込み、以下の貴重なお話を得るに至った。

なお佐々木真氏は東映京都撮影所の佐々木康監督を父に京都に育ち、中学時代からフルートに目覚め、京都大学理学部物理学科に進むもフルートの修練は絶やさず、1963年に日本音楽コンクールに入選。１９６７年に同大学院修士課程を修了後、プロの奏者を志向して上京し、東京交響楽団に入団。同楽団で１９７０年から１９９４年まで首席フルート奏者、２０１２年から２０２２年までは日本フルート協会会長をつとめた。２００２年に東京交響楽団を退団後は、王子ホールでの「佐々木真フルートリサイタル」をはじめ多数のソロ、室内楽のコンサートを主宰。この佐々木氏へのインタビューは、『砂の器』とは切っても切れない東京交響楽団のヒストリーという点でも貴重なものである。

樋口尚文　佐々木さんのお父様は東映時代劇の名職人・佐々木康監督でいらっしゃいますが、何か音楽をめぐるお父さまの思い出などございますか。

佐々木　父は歌謡映画などもたくさん撮っていましたが、「特に音楽の専門知識はないけれど音楽の節目はわかるので、それにあわせて画面を考えることはやってきた」と言っていましたね。そんな父が撮影所からレコードを持って帰ってきて……たぶんあれは10インチのSPレコードだと思いますが……蓄音機でかけながら、たぶんコンテを考えていたんでしょうね。

樋口　それで幼い佐々木さんも音楽に関心を持たれたんですか。

佐々木　でも私はその歌がどうこうというよりも、あの蓄音機はなぜ一定速度で回っているんだろう、みたいな方面に興味を持つ子でした。そんな感じで小学校の頃は特に音楽の教育をされたわけでもなく、音楽にも関心がなかったのですが、中学から通い出した男子校のミッションスクールの授業でたくさんレコードを聴かされたんですね。ちょうどLPレコードの出始めで、まだ日本ではそれを再生するプレーヤーも出回っていなかったと思うんですが、そのミッションスクールの本部がカナダのケベック州にあって、そこから機材やレコードが送られてきたんです。たぶんあまり授業をやる気のない先生だったのか、毎回LPレコードの表裏を聞かせると45分の授業が終わるんです(笑)。その間、他の勉強をしても読書をしてもいいから、とにかく音を出さないで聴いていなさいと。そこでそれこそベートーヴェンの「運命」などをずっと聴いていると、同じモチーフが繰り返すなあとかここはあそこの変奏だなあとか、いろいろと気づき出して面白くなって来るわけです。それでだんだんと音楽に興味を持ち始めました。

樋口　先生はやる気がなかったのかもしれませんが(笑)そういう授業は能動的なやる気のある子にはいいきっかけを与えますね。

佐々木　当時はまだ映画が盛んで父もけっこう稼いでいましたから、このLPレコードのプレーヤーを家でも聴きたいと父に頼んだら、すぐ買ってくれたんですね。この頃、LPは1枚どれもだいたい2300円だったんですが、親がデパートの商品券をくれて、月に1枚は買ってよいということになったんです。そのうちにオーケストラというのは素晴らしいなあ、あの楽器のどれかひとつでも演奏できたらなあと思うようになって、お金を貯めて楽器を買いに行ったんです。

樋口　素敵な英才教育ですが、その楽器がなぜフルートだったのでしょう。

佐々木　中学生なのでおかしな思い込みがあって、誰かに習うと好きなことが嫌いになる気がするので、ヴァイオリンとかではなく独学でもできそうな楽器にしようと。それで楽器屋に行くと中古の格安のフルートがあったので、それと教則本を買って帰ったんです。その後は独学だから音が出るか出ないかというレベルのくせに、心臓が強くて学校の演奏会に出たりしていました。でもさすがに高校に入ったら先生について教わりましたが。

樋口　しかし大学が京大の理学部というのはいったい……。

佐々木　やはり東京藝大とかに進学したいなと思ったのですが、親は地元の京大に行くものと思っていたのでそっちを受けることになったんです。もっとも当時はともに一期校なので、両方受けることはできなかったんですね。すると京大理学部に受かったのですが、ちょうどノーベル賞を獲った湯川秀樹先生の物理の授業が大人気という時代ですね。私もその授業をとりたかったので物理学科に進学したかったのですが、学科の定員をまもる分属試験に阻まれて進学が一年間遅れてしまい、お陰でその間フルートに専念（笑）できました。

樋口　この京大時代に、父上の佐々木康監督の音楽に協力するというようなことはなかったのですか。

佐々木　父の作品の音楽を加勢したことはなかったですね。でも当時、大映にそういう奏者を集める係の人がいて、『座頭市』シリーズや『大魔神』シリーズの音楽収録にアルバイトで参加したことはあります。

樋口　両方とも伊福部昭さんですね。その音楽収録は大映京都撮影所の中でやるんですか。

佐々木　そうです。あの帷子《かたびら》ノ辻にあった撮影所の中のスタジオですね。

樋口　そんな学生時代の佐々木さんがプロになろうと思い立たれた経緯というのは。

佐々木　当時女性のフルート奏者の第一人者だった林りり子先生が、月に一回関西でも教えてくださっていたので参加していたんです。おかげさまで1963年の日本音楽コンクールというコンペティションにも入選したんですが、私はずっとアマチュアでいるつもりだったので、京大の大学院の修士課程に進んだんです。でも本当に実験に時間を割かれるし、そのチームの私だけフルートを吹いているというわけにもいかないので、ここは年貢のおさめ時かなということで博士課程に行かず、フルートのプロになろうということになったんです。

樋口　その段階で上京されたんですね。

佐々木　そうなんです。林りり子先生からプロを目指すのなら上京しなさいと言われて、1967年の秋には東京交響楽団に入団しました。林先生は初期から東京交響楽団に属していたんですが、日フィル（日本フィルハーモニー交響楽団）の創立メンバーになって首席奏者をなさっていたんですね。当時の東京交響楽団にはそのお弟子さんがいたので、オーディションを受けたら合格となって入団しました。25歳の頃ですね。以来、定年まで東京交響楽団にいました。

樋口　東京交響楽団は1946年に東宝のオーケストラとして生まれた東宝交響楽団が前身ですね。1951年には東京交響楽団と名称変更されています。

佐々木　戦前からあった日本交響楽団がその1951年にNHKの支援を受けてNHK交響楽団（N響）になった。その一方で民放の東京放送（TBS）が支援したのが東京交響楽団なんですね。ところが1964年に労働争議のあおりをくってTBSが撤退してしまうんです。われわれみたいに普通の勤め人のように定時出社するわけでもなく、月に何度かしか本番がない連中に決して悪くない給料を払っていていいのかと。それで楽団員が自主運営する組織に変わったんですね。TBSは退職金代わりに楽器は各自に残してくれたので、それを活かして自分たちで運営することにしたんですね。私が入団したのはそんな時代です。

樋口　1956年の設立で文化放送、後にはフジテレビも加わって運営されてきた日本フィルハーモニー交響楽団も1971年に両者が撤退して、有名な「日フィル争議」が起こりましたね。

佐々木　そんな事情でなかなか東京交響楽団の経営は厳しかったわけです。でも東京交響楽団は日本の現代音楽の演奏を盛んにやっていたので、「3人の会」の芥川也寸志さん、團伊玖磨さん、黛敏郎さんがさまざまに応援してくださったんです。芥川さんや團さんはご自分のお仕事によく東京交響楽団を呼んでくださったし、黛さんはそれこそ司会をなさっていたNET（現テレビ朝日）『題名のない音楽会』の収録でお世話になりました。東京交響楽団が芥川さんの『砂の器』や『八甲田山』を演奏させていただいたのも、その頃からのご縁なんですね。

樋口　他にも映画関連の仕事はいろいろとあったのでしょうか。

佐々木　それこそ黛敏郎さんの交響詩「立山」。あれは立山アルペンルートが全線開通した1971年に、富山県が松山善三監督と黛さんに委嘱した映像作品ですね。『砂の器』の前年の1973年の作品で、時間にして40分の映像に黛さんの交響曲がついたものです。

樋口　1980年の松田優作主演の角川映画『野獣死すべし』は『砂の器』以来の、楽団員によるコンサートが重要なシーンになっている作品でしたね。あれは松田優作が出るというだけ

富山県が企画した
中日映画社製作の映像作品『立山』は
黛敏郎の交響詩を
東京交響楽団が演奏した.

で1300人の無償エキストラが聴衆役で集まったと当時話題になっていましたが、東京交響楽団が数々の名演を重ねた日比谷公会堂でショパンのピアノ協奏曲第一番を演奏していました。

佐々木　それもありましたね。あまり気づかれていないけれど、武田鉄矢さんが戦時下の動物園の飼育係で、軍が殺しに来た子象の命を守ろうとする『子象物語 地上に降りた天使』（'86）でも東京交響楽団のメムバーが国民服姿の軍楽隊に扮して「海ゆかば」を演奏しました。でもあまりオーケストラまるごと映るという映像作品はなかったですね。

「宿命」演奏シーン撮影の現場

樋口　さてかんじんの『砂の器』ですが、この撮影のお話があった時、佐々木さんはこの原作などはご存じだったのですか。

佐々木　『砂の器』は原作を読んでいたんです。清張さんはブームだったし、うちの親父（佐々木康監督）もミステリ好きだったので、そういう影響もあって『砂の器』や『点と線』は読んでいたのですが、やっぱりあの電子音楽で人を殺すというアイディアはどうなんだろう（笑）と思いました。それが実際の映画ではこういう音楽に変わったのかと驚きました。

樋口　あの原作の電子音楽作曲家は、それこそ東京交響楽団とゆかりの深い黛敏郎さんがモデルでは、と言われていましたね。映画『砂の器』の演奏シーンは1974年の9月半ばに浦和の埼玉会館で行われましたね。

1966年竣工の埼玉会館は前川國男の設計。
2022年の東京交響楽団のステージを、
今西刑事がオーケストラを眺めた位置から撮った画像。

逮捕状を携えた今西と吉村が歩いた現在の埼玉会館の
ロビーは、ほとんど往時の印象のままである。

佐々木　埼玉会館でまる三日間かけて、お客さんも入れて撮ったんです。以前にもあの会館でコンサートをやったこともありました。ただし埼玉会館に１２００人くらい入るところに１０００人弱集めるのでせいいっぱいだったようで、客席に空きがあったので、そこをうまくお客さんを移動させて埋めながら撮っていました。

樋口　設定としては話題の作曲家の渾身のコンサートですし、劇中で佐分利信さんの大物政治家が「切符のことは心配いらん」とまで言っているから席が空いていてはまずいですね（笑）。

佐々木　そのキャメラに写る範囲にお客さんを動かしていたのは覚えてますね。でもあの仕事で今でさえ覚えているのはお弁当が凄く美味しかったことなんですよ（笑）。ぼくらはそれこそ「題名のない音楽会」の収録などでスタジオに行くとお弁当が出るわけなんですが、『砂の器』の現場のお弁当は美味しかったんですよ。

樋口　半世紀前のことですから、本当に美味しいお弁当だったんでしょうね（笑）。当時は映画も斜陽でしたから映画会社のロケ弁などは貧相だったかもしれませんが、あれは橋本忍さんのプロダクションが作っていたから、あるいは大事なシーンで気を遣ったかもしれませんね。現場はお弁当で士気があがりますからね（笑）。でも確か1000人のお弁当は地元の浦和だけでは賄えず、川口の仕出し屋さんまで動員したと聞いています。撮影中のことで印象的だったことはありますか。

佐々木　ひたすらいろいろなオケの演奏カットを撮っていくわけですが、これがけっこう綿密に打ち合わせされている感じでしたね。あの「宿命」という曲自体はすでに録ってあってそれに合わせて演奏のアクションをやるんです。だからオケのメンバーもキャメラに写る範囲内だけいればいいので、合理的に人を動かしてやっていました。

樋口　たとえば野村監督が何か悩んだりされているシーンはありませんでしたか。

佐々木　そういう記憶が全くなくて、よほど事前に野村監督がきっちりと計画されているのか、本当に細かいカットをよどみなく撮っていたという印象ですね。ちょうどうちの親父（佐々木康監督）も、頭のなかで全部コンテが出来ていたのか、シナリオに書き込みひとつないのにサクサク撮っていたようですが、そんな感じです。

樋口　まさに今「細かいカットをよどみなく撮っていた」という印象は、野村監督が遺した撮影用コンテからも裏づけられておりまして、なるほどと思いました。現在なら数台のデジタルキャメラを多方向から回して、後で適当な素材を編集で探すのでしょうが、なにぶん『砂の器』は基本一台のキャメラで撮っていたわけなので、もうきめ細かく完成形を想定したカット

『砂の器』撮影前に事前に楽曲のみを録音するためのオーケストラ演奏のスナップ。

この事前の音楽録音のための内々の演奏でなぜ東京交響楽団のメムバーが正装しているかと言えば、9月半ばの撮影本番では宣材用のオーケストラを撮るのは遅すぎるため、この音楽録音時に宣伝用のオーケストラの写真を押さえたかったからだろう。それはこの画像のようにチラシやパンフレットで使用された。

をひとつひとつ撮っていたわけですね。そこまで事前に野村監督がコンテを割り出していたというのはちょっと驚異的なことです。ところで、その事前の「宿命」の音だけを録る音楽録音にも佐々木さんは参加されたのでしょうか。

佐々木　この音楽録音の際にはスタッフの方々が表立って姿を現わされたことはなかったと記憶しています。その録音に参加したメムバーがまんま映画の劇中にも出演していたはずですが、これはとても珍しいことなので記憶に残っています。

樋口　演奏はどのくらいの刻みで撮っていたのでしょう。

佐々木　それはもう本当に細かく刻んで撮っていたので、なかには数秒なんてカットもあったと思います。普通テレビの収録の時はまとまった長さを演奏して数台のキャメラで撮るわけですが、『砂の器』の場合は一台のキャメラで細かく割って撮っていました。そのアングルの指定はけっこう野村監督が細かくご自身でやっていらしたと思います。まあまとまった長さで撮ろうと思っても、そんな指揮は加藤剛さんはできないですよね（笑）。それこそ全部プロの指揮者の吹き替えで撮影して、アップのところは加藤さんが演る……みたいなことになってしまう

撮影時の埼玉会館でのオーケストラの配置。フルートの佐々木真も映っている。

でしょう。

樋口　当時首席フルート奏者の佐々木さんは、この向かって左から三番目でフルートを演奏されていたわけですが、ということは加藤剛さんが目の前にいる位置になりますね。

佐々木　そうでしたね。加藤剛さんの指揮は芥川さんがずっと指導されていました。

樋口　指揮が合わないということはなかったのですか（笑）。

佐々木　そういう時は芥川さんが直したり、場面によっては芥川さんが指揮しているのを見ながら模して撮っているところもあった気がしますが、そもそも指揮者というのは何も鳴っていないところで振り始めるわけですから、録音している音楽を聴いて振り始める加藤さんは当然そこでずれるんです。そんなところは編集の時に調整して直したんですね。まあコンサートの最後の加藤さんがピアノから立ってふりかぶるあたりは指揮が遅れてますけど（笑）それはご愛敬で。

樋口　加藤さんからすれば大変なお役目ですが、それでオケが調子がくるって進まないというようなことはないのでしょうか。

佐々木　指揮というのは、指揮者が最初に振った瞬間に必ずオケが出る、ということでもなくて、場合によってはあれは「始めていいですよ～」という青信号みたいなものなんですね。そういう時ぼくらはコンサート・マスターの動きを見て合わせるわけです。だから指揮者不在で演奏するということもあるので、なんとかなりはするんです。もちろん俳優さんの指揮で10分演奏してと言われたら困りますが、この撮影の時のように数秒刻みならまあ対処できますね。

樋口　あのピアニストが演奏しながら指揮する、いわゆる弾き振りというのは実際によくあるのでしょうか。ピアノ協奏曲の時はだいたい別に指揮者がちゃんと立っていると思いますが。

佐々木　ピアノ・コンチェルトを指揮者なしでやることはたまにありますし、『砂の器』の場合は主人公が主人公らしく映えるためには他に指揮者はいないほうがいいわけですよね。でもピアノの音が出るとうるさいので、加藤剛さんが鍵盤をたたいても音がでないように細工して撮っていました。（近くにあるピアノを弾きながら）この鍵盤と弦を連絡するところを取ってしまえば音は鳴らないので、その状態で加藤剛さんが弾く演技をしていました。

樋口　ところどころのピアノを弾く手のアップは菅野光亮さんの吹き替えでした。

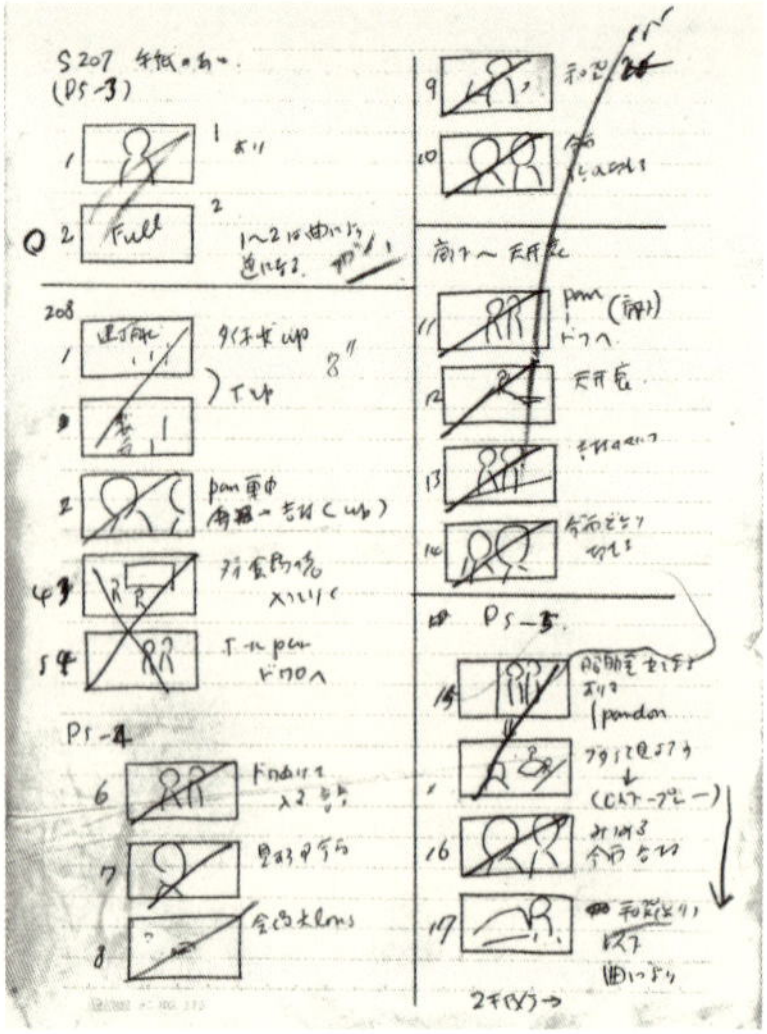

逮捕状を手にした今西と吉村がRCBホールこと埼玉会館へ赴き、照明室から最後のオーケストラの盛り上がりを見とどけるシーンのコンテ。橋本忍は、このバックヤードの階段から照明室に至る箇所が大いに気に入って埼玉会館の使用に賛成したという。

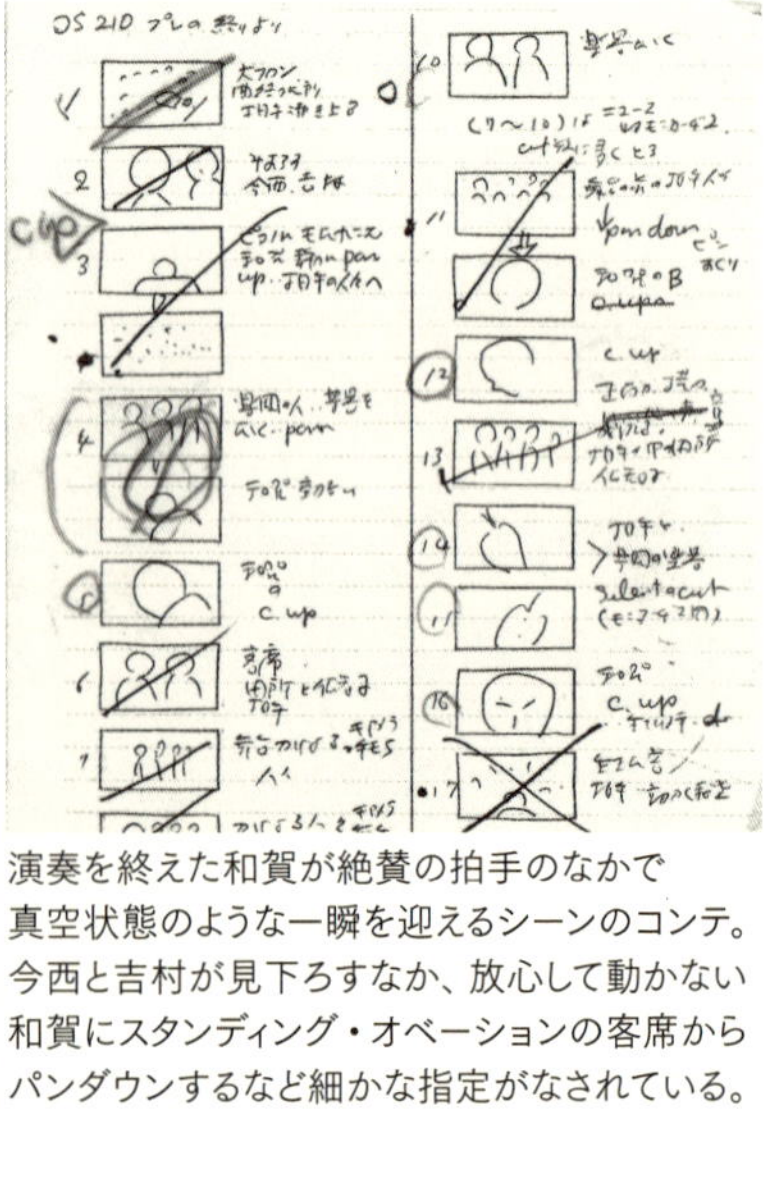

演奏を終えた和賀が絶賛の拍手のなかで真空状態のような一瞬を迎えるシーンのコンテ。今西と吉村が見下ろすなか、放心して動かない和賀にスタンディング・オベーションの客席からパンダウンするなど細かな指定がなされている。

佐々木　その菅野さん手のアップがぽちゃっとしたかわいらしい手で全く加藤剛さんとつながらないんですよね（笑）。あれはご愛敬ですね。そんな加藤さんの指揮や演奏は若干ずれてしまうわけですが、そこはもう音楽がすでに出来ているので、編集でずらして合わせたと思います。あの作曲の菅野さんはすぐ亡くなってしまったんですよね。

樋口　はい、１９８３年に44歳で他界されました。菅野さんはジャズ・ピアニストなので、オーケストレーションについてはいろいろ難点もあったようですが、あの「宿命」を撮影前にレコーディングされた時の曲の印象など覚えておいででしょうか。

佐々木　覚えています。ぼくらからすると菅野さんという方は全く存じ上げないし、あの曲はスタジオで演奏した時は失礼にも「これはなんだか陳腐な曲だなあ」なんて思ったんですよ（笑）。ところが映像と組み合わさったものを観た時に「ああ、こういうことになるのか。これは凄くいい曲だな」と感想が１８０度変わったんです。あの亀嵩駅の親子の涙の抱擁があって蒸気機関車が迫って来る場面なんか、「おおー！」と大変感動しましたね。あのＳＬは本当に効果的でしたが、こういうのが映画音楽の在り方なのかと。

樋口　『砂の器』は毎日映画コンクールの音楽賞も受賞しましたが、メロディの大衆性については当時からけっこう批判もありました。ただ以後のリメイク作品が必ずこの原作にはない映画独自のピアノ協奏曲という設定を踏襲しては、今ひとつ楽曲がふっきれていないので、この菅野さんの劇画チックなくらいパセティックなメロディが結局正解だったのでしょうね。

佐々木　これがもし映像も音楽も独立してよく出来ていたら、逆にそりが合わないかもしれないんですよね。やはり映画は映像が主体で音楽を設計したほうがいいんだなと。オペラなんかだとまた作り方が違うかもしれませんが。

樋口　ちなみに和賀を逮捕しに来た丹波哲郎さんと森田健作さんの姿は見えましたか。

佐々木　いましたね。あれはいきなり手錠をかけないで、渾身のコンサートを最後までやらせてあげようという温情ですよね。かつて実際にとある事件で指揮者がホールのオーケストラピットに乗り込んできた刑事につかまったんだけれども、その時も最後まで演奏させてあげたみたいですね。

樋口　『砂の器』に出演されたことで何か反響がございましたか。

佐々木　当時はテレビの『題名のない音楽会』でも時々演奏していましたし、この映画に出たと言っても特に周りが珍しがることはなかったんです。ただ映画がとても知られるようになって、かなり後になってから若い方で「あれを観てフルートを志しました」なんて言う人もいましたし、「ええ！　あれに佐々木先生出ていたんですか」と驚かれたりしました。やはりあの映画は相当印象的だったのか、後々にはさまざまな反響を聞きましたね。

（2023年9月　西東京市にて）

第三章
『砂の器』の演技

雪の中の親子の遍路の旅路を
演出する野村芳太郎監督。

「泣かせ」を極めた名子役の陰陽

春田和秀（子役＝本浦秀夫役）インタビュー

撮影現場が学校だった

『砂の器』はオールスタア映画であるが、後半の山場で観客を釘づけにし、滂沱の涙を誘うのが遍路の少年・本浦秀夫に扮した春田和秀氏である。1966年5月生まれの春田氏は、劇団こまどりに所属し、幼児期からさまざまなテレビ番組、CMなどに出演し、子役としてはかなり売れっ子であった。

映画『砂の器』に出演したのは、小学一年生の冬から二年生の秋にかけての時期で足かけ10カ月近くになるが、この間(今となっては問題だが)ほとんど学校にも行かず、大人のスタッフたちに紛れて日本各地のロケに参加した。春田の熱演の甲斐あって『砂の器』はヒットし、長く語り継がれる作品となったが、春田氏自身にとっての子役時代は、家庭が崩壊した苦い記憶とも重なって、人生の辛い季節となった。

そのため、春田氏は声変わりした15歳をもって子役をやめ、一般の職業につき、やがてカスタムカーの分野に天職を見出し自動車関連の会社を経営するようになった。子役出身の俳優が、幼い頃から俳優以外の職業を知らず、終生そこにしがみついて人生が破綻する例も少なくないなかで、いちはやく子役稼業に見切りをつけた春田の判断は正解であった。そしてそんな春田氏は、くだんのような事情から子役時代に言及することは避け、『砂の器』とて例外ではなかった。

2014年、筆者は春田氏を探し出し、『砂の器』と子役時代にまつわるインタビューを申

2017年、『砂の器』シネマ・コンサート公式サイトの対談にて。春田和秀、筆者。

し込んだ。以下のインタビューでもその時の様子に言及されているが、実に妻子にまで自分が『砂の器』に出演していたことを隠していたという春田氏に、筆者は驚愕した。そして、いかに真摯にその子役時代を検証したいという善意からの発想でも、これは春田氏の「封印」した過去にふれるからには、善意のおせっかいをはたらいた『砂の器』の三木謙一のようなものでは、と思い直した。

しかし、春田氏は「自分がこれまで逃げていた、作品を長年愛するファンの思いに応えるべきタイミングなのかも」と筆者の提案を全面的に受け入れてくれた。その成果は２０１７年刊行の拙著『「昭和」の子役 もうひとつの日本映画史』（国書刊行会）に結晶しているが、折しも同書刊行と同時期に松竹が『砂の器』シネマ・コンサートという大イベントを開始、春田氏と筆者もそこに協力して『砂の器』再注目の動きに加勢することとなった。

こうして大がかりなシネマ・コンサートで改めて『砂の器』の観客の熱気にふれるうちに、インタビューを申し込んだ当初は頑なに緊張していた春田氏の表情、物腰はどんどん和らいでいった。そして春田氏と筆者は、２０１９年の松本清張ゆかりの小倉・松本清張記念館「清張サロン」での対談、２０１８年・２０２２年の二度にわたる鎌倉・川喜多映画記念館での対談

2019年、
小倉・松本清張記念館
「清張サロン」にて対談する
春田和秀、筆者。
吹雪の天候にもかかわらず
大勢の『砂の器』ファンが
詰めかけた。

をはじめ、さまざまな場所で『砂の器』の子役時代に事寄せて昭和の過剰なものづくりへの熱について語ってきた。以下のインタビューはそのエッセンスを構成したものである。

樋口尚文　春田さんは『砂の器』にご出演される前から、もともと子役として大変売れっ子でいらしたので、よくドラマでお見かけしました。その頃はたとえばどんな番組に出ておられましたか。

春田和秀　そうですね。たとえばNHKの『赤ひげ』（'72）『あめりか物語』（'79）やTBSの『わが子は他人』（'74）『こおろぎ橋』（'78）などのドラマは覚えています。『はだしのゲン 涙の爆発』（'77）『ガラスのうさぎ』（'79）といった映画やラジオドラマ、コマーシャルもやらせていただきましたね。そういえば、あのNHKの『おかあさんといっしょ』にも出ていたんです。

樋口　その当時は毎日、どんなお忙しさだったんですか。

2018年、鎌倉・川喜多映画記念館にて対談する春田和秀、筆者。

春田　学校にはほとんど行けてなかったですね（笑）。小学校でも1年の間に5～6日程度、それが5～6年生くらいまで続きましたかね。

樋口　今のようなコンプライアンスの時代なら労働基準法や児童福祉法で子役は守られていますから、ちょっとあり得ない話ですね。そもそも子役を始められたのは何歳くらいからなんですか？

春田　気が付いたときには劇団に入っていました。なんとなく3歳くらいから記憶はありますが、東京の劇団に入りました。名古屋から通う形だったんですが、そんな年齢からすでにお仕事させていただいていました。

樋口　『砂の器』のお話が来た時はおいくつでしたっけ？

春田　7歳です。小学校1年の秋にお話があって、翌年初めから2年生の秋まで撮影でした。

樋口　川又昂さんによれば、なんでも子役選考の三日目の最後に親御さんが春田さんを連れて駆け込んで来たとか。出演が決定したとき、何処かに行くたびに「あれ（砂の器）に出るんだって!?」みたいな反響があったそうですね。

春田　ありましたね。例えばテレビ局に行って打ち合わせをしている時に「次は、あれ出るんだって？　みたいなことを言われた記憶もあります。自分でも〝超大作だ〟という話は聞いていたんですが、実際に日本全国のロケ地を回る日数を考えると、まるまる1年近く、約10カ月も時間を費やしました。

ロケはのべ十か月近くに及んだが、
道中では春田少年の世話をして、勉強を教えたり、
観光に連れて行ったりしてくれるスタッフが
付いていた。

樋口　では、春田さんも10カ月くらい撮影隊と一緒に旅しておられたということですか？

春田　大人の中にぽつんと子どもがいるという形で旅に出ました。移動はバスもあり電車もあり飛行機もあり、でしたね。皆さんに凄く気を遣っていただいていたということが、今になって分かりますね。その当時は背伸びして大人ぶってみたりしていましたが（笑）しょせん小さな子どもですから、本当に皆さん気を遣って下さいました。まだ小学校2～3年くらいの子どもを笑わせてくれて、いつも隣にいてくれて。そういう時間がいっぱいありましたね。

樋口　映画のスタッフってものすごく慌ただしいじゃないですか。その中でも気を遣われたということですが、〝春田少年付き〟のスタッフがおられたとか？

春田　正式には専属ではないんですが、でもほぼ専属に近い方がいました。例えば自分の出番の時にいろいろ準備して下さったり、セリフはないけれど表情の作り方の練習をして下さったり。後は、撮影の合間に勉強も教わりました。さすがに勉強を教えるのは大変だったと思いますが（笑）。

そのほか、時間が空いたときには観光名所にも連れていってくれたんですよ。

樋口　なるほど！　もう修学旅行みたいなものですね。

春田　いろいろな所を転々とロケしながら、その地域ならではの風物も一所懸命教えて下さっていたんじゃないかなと。僕は、撮影風景を見に来た地元のお母さんたちが連れている子どもたちと一緒に写真を撮ったりすることもあったのですが、そういうときも常に隣で見守ってくれて。僕も子どもだったのでわがままを言ったり、眠たいと言ったりすることもあったはずなんですが、常に一緒に考えてくれている感じでした。

樋口　凄いですね。その人は今にして思うと、助監督や制作進行みたいな人だったのでしょうか。

春田　だと思いますが、僕からすると何でも聞き入れてくれました。撮影の中での配慮で言うと、たとえば最初に〝砂の器〟が浜辺で作られるシーン。あれはけっこう時間かかって2〜3日は早朝暗いうちから粘ったんです。そういう時にはとても励ましてくれるんです。

樋口　あのシーンは夕方のマジック・アワーにも見えますよね。

春田　あれは朝でしたね。そういう時は、いくら眠くても撮影に入る瞬間にはぐっと切り替えなきゃいけないですが、さっきの助監督さんが支えてくれました。そんなふうにして下さっているうちにだんだんそういう態度も自然に身についていきました。

樋口　オープニングの大事なところとはいえ、水を汲んできて砂の器をこしらえるだけです。あれを2〜3日もやったんですか？

春田　日が昇る一瞬狙いということもありますが、あのシーンの撮影では「あれがダメ、これがダメ」「ああしよう、こうしよう」って大人たちが騒いでいたのを子どもながらによく覚えているんです。そういう意見が現場でいっぱいあって、あの良いシーンが撮れているんでしょうね。今だからわかることですけど、とにかく監督なのかキャメラマンなのか助監督なのか、皆さんの意見が飛び交っていたっていう記憶が、最近『砂の器』を観ていて少しずつ戻って来たんです。

額の傷が生んだ設定

樋口　大人のスタッフたちの熱気が子どもにまで伝わった。

春田　なので僕は、「眠いけどここで起きてなきゃマズいよな……」とか思ったことでしょう（笑）。それでも「はい終わったよ」っていうときの〝ご褒美の笑顔〟が皆さんからいただけるので、子どもなりの達成感はあったんですね。

樋口　このオープニングも、撮っている時は何気ないシーンですよね。

春田　そうなんですよ。でも不思議なことにそういう記憶が残っているんですね。

樋口　そういうシーンはもとより、野村芳太郎監督は全体としてあまり細々したことはおっしゃらないと聞きましたけど、そんな感じでしたか。

春田　スピーディに撮影を済ますテイクももちろんあったと思うんですけど、肝心な時には大人たちが集まってじっくり話してるのをよく見てました。その中での意見交換は、僕らには聞

東京タイムズ

期待される名子役　「砂の器」の春田和彦

堂に入った孤児ぶり

細かい演技指導もいらぬ

『砂の器』の春田少年の演技は大変な話題を呼び、
マスコミもこぞってとりあげた。野村芳太郎監督のスクラップより。

こえてこないんですが、その熱さは子どもでも感じ取るんですね。ただし僕の秀夫という役は、セリフの表現が全然ない。言葉で表現できないぶん、表情、感情で見せていく部分は何回も何回も「もう1回！」ってくり返し撮った記憶があります。そういう場面もけっこうあった気がします。

樋口　監督によっては子役に身振り手ぶりで教えることもありますが。

春田　何度かはあった気がします。さすがに子どもですから、一緒になって横に並んで「こうしたほうがいいよ」と教えてもらうことはありましたね。

樋口　なかなか思い出しにくいかもしれませんが、特にそういうやり取りでよく覚えているシーンはありますか。

春田　浜村純さん扮する村の駐在に崖から落とされるシーン、あれは相当な回数落ちたんですよ。もちろん下にマットがあって、スタッフさんが抱えてくれるんですが。実は僕はここ（額）にもともと傷があるんですが、現場でこれを和賀が秀夫だとわかるきっかけにしようということになったみたいなんです。その展開に合うよう、額にひどい傷ができるような転がり方を何度もさせられたわけです（笑）。

樋口　もともと春田さんにあった傷なんですか!?　いったいおいくつぐらいの時の傷なんですか。

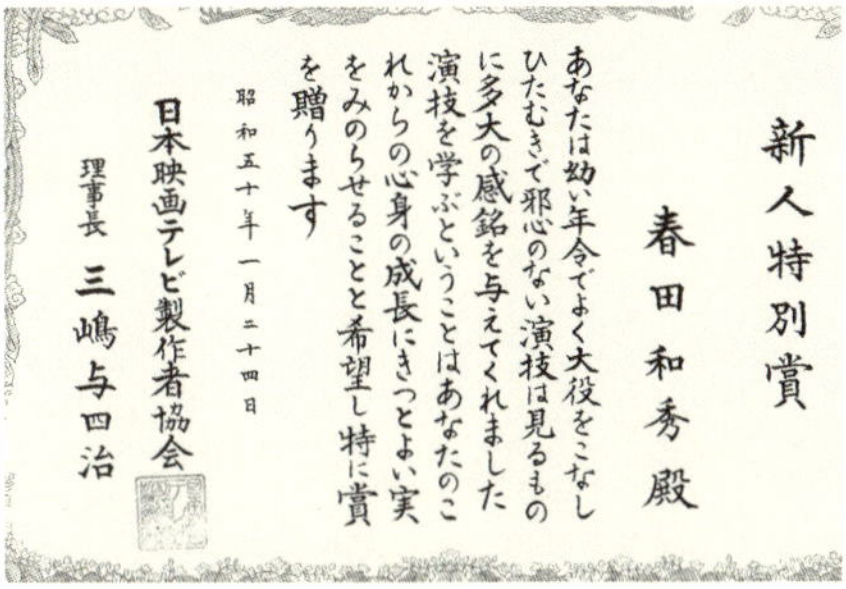
新人特別賞

春田和秀殿

あなたは幼い年令でよく大役をこなしひたむきで邪心のない演技は見るものに多大の感銘を与えてくれました
演技を学ぶということはあなたのこれからの心身の成長にきっとよい実をみのらせることと希望し特に賞を贈ります

昭和五十年一月二十四日

日本映画テレビ製作者協会
理事長　三嶋与四治

春田は8歳にして1975年のエランドール賞の新人特別賞を受賞している。この年の新人賞は秋吉久美子、草刈正雄、檀ふみらであったが、通常は新人特別賞という扱いはないはずなので、審査会が春田を顕彰するために特枠を設けたと考えられる。

春田　僕も覚えていないくらいの頃のものですね。

樋口　つまりこの春田さんの傷は、野村監督が現場で接しておられるときに「これを活かそう」ということになったわけですか。野村監督って、ドキュメンタリータッチもお得意で、割と現場のいろいろな情況を取り込んでいく方なので、まことにあり得そうなことですが。

春田　きっとそうなんでしょうね。そもそも僕自身が傷を全然意識してなかったくらいなんですが、思わぬ重要なところに活かされたわけなんです。

樋口　これで謎が解けたというか、実はあの額の傷が秀夫と和賀を結びつけるというのは、映画のなかで画としては存在するんですが、シナリオには全く書かれていないんです。映像上では、傷を負った直後はもちろん亀嵩を出ていく時にも秀夫の額の傷が強調されていますし、和賀がコンサートの控え室で準備している時もドレッサーの前で傷痕を気にしている。このことが三木謙一や本浦千代吉が写真を見ただけで和賀を秀夫だと見抜く理由を補強しているわけですが、実はシナリオ段階では巡査に迫害された秀夫が瞼の下を切る、くらいのことしか書かれていない。おそらくこの弱点を補強するために、春田さんの本当の傷痕合わせで秀夫が額に派手な怪我をする、ということを野村監督が思いついたのではないでしょうか。しかもこれは画として印象づければいいアイディアなので、橋本さんのホンをいっさい変えずに盛り込めるわけです。しかしこのお話はびっくりしました。

春田　和賀の傷はここで落下して出来たんだということになって、僕が後ろから杖を持って浜村さんに向かっていく、跳ね上げられる、転がる、落ちる……という流れを、何回か違う間合いで丁寧に撮っていきました。したがって僕も何回か下に落とされましたね。

樋口　あの落ち方は何だか凄いんですよね。大人の警官の浜村純さんがえいとばかりに秀夫を突き飛ばして、ほとんど逆さまに転がり落ちていくじゃないですか。あれを何回もやったんですね……。結構、下まで落ちたんですか？

春田　いや、2メートルくらいですね。でも、子どもながらに落ち方の向きや、悔しがって這いつくばる自分の顔の表情を考えて演っていた記憶はありますね。

樋口　あそこは秀夫が怪我して慌てまくる千代吉の表情もあいまって、観客の涙腺が崩壊するポイントになっていますね。そこからハレーションの画のなか、弱りきった親子が亀嵩方面の緑の田園をさまよい歩くあたりがこの親子の旅路のなかで最も壮絶なシークエンスですね。

春田　10カ月の撮影の間に、てんでんばらばらな順番で撮影していきますから。後でこうやってつながるとやっぱり凄いですね。

樋口　そこで一貫して強烈なのは、まだ幼い春田さんの〝目ヂカラ〟ですよね。たとえば先ほどのシーンで、秀夫を突き落としてケガをさせた、崖の上にいる浜村純さんはやはり気まずい表情になるわけですけど、それを睨む秀夫のまなざしが強烈で。ああいうところは何か指示があったんですか？

春田　表情的にはあのカットが一番いい形で出ているのではと思うんですが、「こうしてほしい」と言わずにとにかく何回も撮るということですね。僕もそんなに演技が巧くなかったので、本当にご迷惑をおかけしていたんじゃないかなって心配になりますが。

青森・竜飛崎のロケでいかにも寒そうな春田少年。
さすがにこの酷寒には名子役も音を上げそうになったという。

樋口　あの、上をキッと見る秀夫の目はスゴいと思いますよ。あそこも涙腺が危うくなるポイントですね。ところがそんな本浦秀夫が出てくるのは後半の正味30分くらいだけなんです。したがって、実はこのオールスタア映画のなかで、春田さんは加藤嘉さん、緒形拳さんとしかご一緒されていない。それも思えば不思議なことですが、加藤嘉さんとのあの旅路のなかでも、最初の方の竜飛崎はものすごく寒そうですね。

春田　やっぱり子どもですから「死ぬほど寒い」って泣いたみたいです（笑）。そんな僕を加藤嘉さんがずっと抱きしめてくれてたんですね。まあ、加藤さんにとっても僕は携帯カイロみたいな感じだったと思いますが（笑）。

樋口　加藤嘉さんは春田さんで暖をとっていたと（笑）。

春田　どうもそうだったようです（笑）。竜飛崎のシーンが終わった後、氷柱がいっぱいあるトンネルの脇あたりの広いところで撮った気がしますが、そこはもしかすると本篇には

亀嵩駅の父子の別れは壮絶な場面だが、
春田少年はチャーターされたSLに夢中になっていた。
しかし、走行シーンは見られなかったという。

使われていないかもしれませんね。

樋口　他にも、撮ったけれど本篇に残っていないシーンなど覚えていますか？

春田　亀嵩で隔離される父を追って鉄橋を走り抜くんですが、あの時も何回も走りましたね。あそこは案外列車がどんどん走ってくる場所だった記憶があるんですが、キュー出しに無線が使われていなかったのかな？　メガホンか何かで、遠いところからスタッフさんがキュー出ししていましたね。しかも線路の先がカーブになっていて見えないので、列車が来たぞという合図を送る時にスタッフさんが何人がかりかで伝達していた気がします。

樋口　それにしても、私は亀嵩にも行きましたが今もって大変ひなびた土地ですから、当時はけっこうな田舎だったでしょうね。といっても当時はC12（国鉄の蒸気機関車）なんて走ってないわけで……あれはわざわざ用意したんですよね？

春田　あの当時走っているのはディーゼルカーですから、ＳＬは調達したんでしょうね。僕も

SLなんて見る機会がなかったので、ずっと眺めてたような記憶があります。最初に加藤嘉さんと緒形拳さんが亀嵩駅で汽車を待っているシーンでは、（秀夫は）いないんですよ。だからずっと待機。ずっと蒸気機関車ってすごいなーって思いながら、そのSLを眺めて、写真を撮ってもらったりしていました。

樋口　しかも設定上の亀嵩駅（撮影は出雲三成駅）にC12をチャーターしたのに、映画で使われているのは走りの正面だけなんですよね。わざわざ機関車を持ってきたのに人物と一切絡めないで、走って来る正面のワンカットしか使わないってどれだけ贅沢なんだと思って観ていたんですが、これも後に謎が解けまして。川又昂さんがおっしゃっていたんですが、あれは一両目はSLだけど、後は全部貨物列車なので横から狙えなかったんだそうなんです（笑）。

春田　そのSLの走りを撮ってるところを、僕は観てないんですよね。監督とスタッフがバッと行って、そのシーンを一瞬撮ってましたね。汽笛を鳴らして……。僕らは残念ながら待機でしたね。

樋口　そういえば春田さんは乗り物が好きだったと聞きました。

春田　ロケ地に行くときはだいたい電車。貸し切りではないんですけど、メンバーがごっそり乗って、わいわい騒ぎながら行くわけです。寝る人もいれば食べる人もいる。その大人ががやがやしている中に、子どもがひとりぽつんといる感じだったので、皆さんにはいっぱいかわいがってもらい

ロケの移動は電車が多かったが、
その車中でも春田少年はスタッフにかわいがられた。

ロケが多くほとんど学校に行けなかった春田少年だが、ロケに行く先々の地方では同い年くらいの子どもたちと束の間の友情をはぐくんだ。

ました。だから飽きることはなかったですね。旅も好きでしたので。

樋口　そんな大人たちに紛れて苦しいとかつまらないということはなかった。

春田　とにかくよく遊んでいただいていたという記憶があります。

樋口　それに長いロケで学校には行けなかったけれど、ロケ先で同い年くらいのお友だちができたそうですね。

春田　ロケ現場では土地の皆さんに本当にいろいろとよくしていただきましたね。ロケ地に同年代のお子さんを持つお母さま方が撮影を観に来たりしていたので、その子たちとお友達になったり。あまり行かない学校ではなかなか友達を作るのが難しかったので、仕事の合間にお友達ができるっていうひと時が、すごく楽しかった。そんな不思議な出会いがいろいろとありましたね。

樋口　私は春田さんからお預かりした資料のなかに、仕事が終わって東京に戻った春田さんに、地方で出会った子どもたちから送られてきた手紙を発見して泣けました。この子たちの優しさと、それから春田さんがこういうものを今も大切にお持ちだということに。ところで、竜飛崎の次に目を引くのは、長野は千曲のあんずの里ですね。

春田　長野県ですね。あれは桜ではなくあんずなんです。子どもたちにイジメられるシーンですね。最後には北海道まで行きました。

樋口　10月19日には公開なのに、紅葉の撮りこぼしがあるから9月末に北海道に行こうだなんて普通考えませんよね（笑）。

春田　テントウムシがいっぱいいたんですよ、その北海道の旅館に（笑）。数がすごかったので、秋だなあって思いました。

樋口　それは春田さんならではの素敵な記憶ですね。しかし撮った映像を観ると、これだけのために時間のない中お金もかけて北海道まで飛んだのかとちょっと驚かされます。そして春田さんはぎりぎりまで撮影につきあった後、今度はすぐに完成披露の舞台挨拶に立つことに。

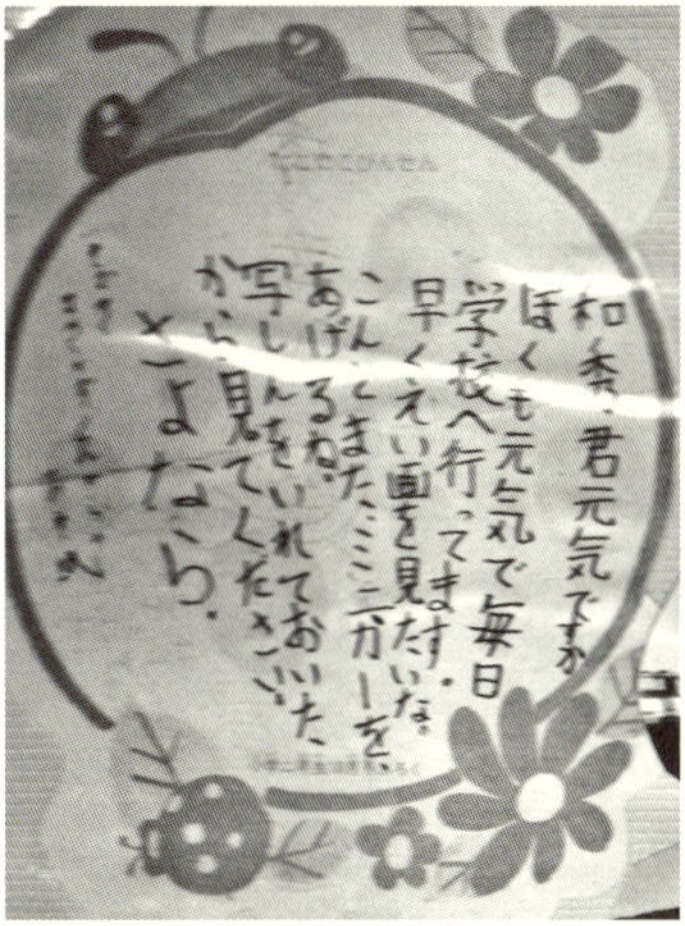
和秀、君元気ですか
ぼくも元気で毎日
学校へ行ってます。
早くえい画を見たいな
こんどまたミニカーを
あげるね、
写しんをいれておいた
から見てください
さようなら。

地方で知り合った子どもたちからは
帰京後に手紙や一緒に撮った写真などが
送られてきた。それを春田少年は
ずっと大事に保管していた。

千曲市のあんずの里ロケ。
春田少年のご詠歌の音声はカットされ、
劇中ではついにその肉声を聴くことはない。

春田　他の仕事もしていたもので、本当に撮影の終わりから試写までが瞬く間だったという記憶があります。とにかく慌ただしく試写会に行ってステージに立ちました。その凄いスピード感はよく覚えています。

共演者の記憶

樋口　しかも披露試写の舞台挨拶の時には、今まで全く会ったこともない出演スタアの皆さんに初めて会うわけですよね（笑）。

春田　ほとんど初めてでした。森田健作さんだけは他の仕事でお会いした記憶がありましたが、丹波哲郎さん、加藤剛さんといった方々は上映時のステージの上で初対面でした。

樋口　その時、皆さんと何かやりとりはあったんですか？

春田　「少年！　少年！」って言われてました（笑）。僕はまだ小さかったので、この映画がどういう内容なのか、どういう展開で自分はどうしてそう映っているのか、ほとんど理解できていませんでした。そんな中、舞台挨拶の時には必ずどなたかメインキャストが手を取って隣にいてくださって「こうやって喋ったほうがいいよ」とか教えて下さいました。

樋口　逆にロケ中に一緒にいることのできたスタア俳優は、加藤嘉さんと緒形拳さんであるわけですが、このお二方の思い出というのは。

春田　緒形さんは、とにかく色んなことを教えて下さったし、優しかったですね。駐在所に電話がありましたが、僕がそういう機械的なものに興味がありそうだと「喋ってみなよ」と言ってじゃれて遊んでくれました。あとは緒形さんに引き取られて頭を刈るシーン、あれは本当に刈ってたんです。

樋口　つながり上、撮るものを撮ってから本当に髪を刈ったんですね。しかも緒形さんが。

春田　そうですね、髪を刈るシーンは夕暮れだった気がしますが、当時のバリカンは痛いんですよ。でも、カメラ回ってるから痛いとは言えない（笑）。もちろん緒形さんの演技は素晴らしいのですが、刈り方は痛くて（笑）。「ごめんね」って言われながら刈られていました。

樋口　では本浦千代吉役の加藤嘉さんについてはいかがでしょう。

春田　まず思い出すのは僕がカイロ代わりになっていたこと（笑）ですが、いつもいろいろと声をかけて下さるんです。食べ物とかキャンディがあると、それもスッと差し出してくださったり、心遣いに満ちた方でした。そして隙間なく傍にいてくださった記憶があります。

樋口　お優しかったんですね。

春田　（演技の）アドバイスはたくさんいただきましたので、それは子どもながらにすごくありがたいなあと思いました。表情の作り方などもこういうのはいいが、こうだとダメであると。子どもだとそれがなぜダメなんだろうと思いましたが、大人になるとそれがわかってくるんですね。本当にいろいろとお世話になりながら、これだけのお付き合いになってしまって。局などでお会いした時にはご挨拶させていただいた覚えは何度かありますが、後にも先にも共演はこれだけでした。

名優・加藤嘉が扮した本浦千代吉は30代の父親という設定だったが、この撮影時にはもう61歳になっていた。春田少年には大変優しく、しばしば自分のキャメラを携帯してロケ時を撮影していたという。

樋口　劇中で7歳の子どものお父さんにしてはちょっとお歳が上だな、とは思いませんでしたか（笑）。撮影当時の加藤嘉さんはもう61歳でしたから。

春田　もちろん思いましたが、ああいった雰囲気の方のほうが温かみが出ると思いますし、子どもを抱きしめるシーンなどは今観ても涙が湧いてきます。僕はまだどこかにぎゅーっと抱きしめられた感覚が残っているようで、余計に……。

樋口　そういえば小雨のふりしきる中、親子がお粥をつくって食べるシーンがありましたが、春田さんがよそったお粥を加藤嘉さんに渡した時に驚いたそうですね。

春田　そうなんです。僕が加藤嘉さんに渡したお粥に口をつけて「熱い！」というリアクションをされる場面ですが、そのお粥は全くぬるいものだったのに、加藤さんの反応は映画で見ての通りの激しい演技で、間近で見ていた小さな僕はちょっと衝撃を受けたんです。あれはもう本当に熱いものにふれた時の反応としか見えませんから。

樋口　さて10カ月近く学校にも行けず、文字通り春田少年が身を捧げてできあがった完成作を初めて観たのは、先ほど出た完成披露試写の時ですか。

春田　そうなんです。しかも当時は全篇を通して観たことはなくて、いつも試写や公開の折に舞台挨拶に行った際に、待ちの時間に何度も後半を観ていたんです。おかげで「宿命」の曲を聴くだけでお粥のシーンだとか、子どもたちにいじめられるシーンだとか、イメージが蘇ります。

樋口　春田さんは最初のロードショー公開の時にはスタアたちと一緒に舞台挨拶されていたわ

けですが、休憩時間にロビーにいると大変だったそうですね。

春田　当時は何度も観る方がいたので、サインや写真をせがまれることが休憩時間の間にいっぱいあった。逆にそれで、子どもながらにこの映画の凄さをなんとなく認識させられた気がします。休憩時間にいろいろな方とお話しして握手したことを、すごく覚えてますね。

樋口　そんなロードショーでも一般封切でも大ヒットして、当時は「国民的」映画という感じで何度もリバイバルされました。この台詞のない少年を、日本じゅうの観客がそれぞれの思いをこめて観ていたんでしょうね。

子役時代を封印する

春田　この映画は台詞がない部分に、皆さんがご自由に感情を入れ込めるような形がとられているわけですね。だからこそ僕は逆に反省していまして、台詞がないなりにこの映画の中でもっとやっておくべきことはあったはずだと。

樋口　それは十分かと思いますよ(笑)。お子さんの演技としてはもう極限的なところまでやっているんじゃないでしょうか。そのうえで今おっしゃったように、この映画は春田さんの台詞がないところに、観客が自分の親子関係など、言ってみれば〝自分の宿命〟について自分で補完しながら観る、というところがあるんでしょうね。しかしこんなにまで大衆に愛されている映画の、誰もが覚えている実質中心の役に扮しながら、春田さんがその記憶にふれたり、語ったりすることを封印されていたのは、本当に意外なことでした。

春田　自分の幼い時期はもう子役しかやれず普通の子どもの生活は全くできませんでしたし、その時期に家庭内でもあまりにさまざまなことがありましたので、もうこれは無理だと思って15歳で子役はやめて就職しました。特に『砂の器』がどうこうと言うことではなくて、子役時代のことを全部封印して普通に落ち着いた生活を手にしたかったんです。

樋口　でもあれほど人気のある『砂の器』のファンにはバレたりしなかったのですか。

春田　そうなんです。いくら隠しても時々気づく人はいて……

樋口　まあ自然に考えて、あれほどみんなが熱烈に好きな作品にあんな目立つ役で出ている方がそれを封印したがっているとは思わないですからね。そんな頑なに過去を語らなかった春田さんがこうして楽しく当時を思い出してくださるとは本当にありがたいことです。

春田　もう10年前になりますが、樋口さんが私のいどころを見つけてくださって、当時の話をうかがいたいと丁寧にご連絡をくださった時は、最初本当に悩んだんです。何しろ妻にも息子にも『砂の器』に出ていたことを話していませんでしたから。

樋口　初めてお会いする際に、ちょうど人見記念講堂で西本智実さん指揮の「組曲 宿命」が演奏されるタイミングだったので、せっかくならこれをご一緒に聴いて記憶を遡っていただいた後にお話ししましょうと申し上げたんですね。ところが、終演後に初めて会った春田さんの表情はどこか緊張されていて。ホールの近くの中華料理店でコースの皿がどんどん積まれていくのに、春田さんはぴんと身構えた姿勢でついに一度も手をつけないまま、その夜は終わりました。まるで亀嵩で三木謙一に保護された秀夫が、あらゆる大人を警戒するあまり、駐在所で

2014年の西本智実指揮による「組曲 宿命」が演奏された昭和大学人見記念講堂にて。春田和秀、著者。

出されたまんじゅうに一切手をつけないシーンそのままで（笑）。私もこのご様子と、先ほどのご家族にさえ『砂の器』のことを話していないということを聞いて、これは予想をはるかに超えたどえらいお願いをしているのだなと自覚するとともに、はたしてこれ以上ずかずか春田さんの内面に入って行っていいのだろうかと迷いました。自分はもちろん善意をもってお願いしていたわけですが、三木謙一のように実は善意のおせっかいになっていはしまいかと。

春田　もっとも僕は妻には内緒にしていたつもりだったのに、妻のほうはとっくにどこかで気づいていたみたいで（笑）。でもこんなに何もふれないというのはたぶん言いたくない理由があるのだろうと、妻や息子はそっとふれないでいてくれたらしいです。

樋口　そのお話にもまた感じ入ったんです。なんと細やかに気遣いをされている奥様や息子さんだろうかと思い、またさらにそこへ傍若無人に踏み込んでゆくことへのおそれが芽生えました。それと私が春田さんと「宿命」終演後に人見記念講堂前で初めて待ち合わせた時、会場から大勢の人たちが帰途につく中、遠くで立ち止まったひとりの初老のご婦人がゆっくり春田さんに近づいてきて「あなた、ですね」と感慨深げにおっしゃる。これには驚きました。当時の春田さんは今のように露出されていることもなく、秀夫少年の時から40年経っていたにもかかわらず、です。ああ、三木謙一が30年ぶりに秀夫を見つけるということは本当にあり得るんだな、と思うと同時に、ああいう映画に出るということはこんな「宿命」を背負うことなんだと慄然としました。

『砂の器』シネマ・コンサートにて
山田洋次監督と。

『砂の器』シネマ・コンサートにて
松竹の大谷信義会長（当時）と。
若き日の大谷会長は『砂の器』の
製作宣伝のために撮影時の亀嵩にも
来ていたとのことで、
その時以来の再会だった。

映画館でのトークで、劇中では
出会うことのない高木理恵子役の
島田陽子に初めて会う。

春田　でも樋口さんからとても真摯なお話を伺っているうちに、この映画は多くのスタッフの思いが結集してやっと出来た作品であり、長年にわたってたくさんの方々に愛されてきた作品なので、子役時代からは何十年も過ぎたけれども、これは改めて大事にしないといけないと思い出したんです。

樋口　本当にありがたいことでした。さらに僥倖だったのは、そうやって踏ん切りをつけた春田さんが一転してとても前向きに製作当時のことを話してくださって、それをもとに『「昭和」の子役　もうひとつの日本映画史』（国書刊行会）という本をまとめて『砂の器』のビジュアルの帯付きで刊行するとなった時、たまたま松竹も『砂の器』シネマ・コンサートをオーチャードホールで上演することになってコラボレーションができた、というまたとない偶然があったことですね。お互い何の相談もしていないのに、せえので『砂の器』再評価の波がシンクロして起こったわけです。

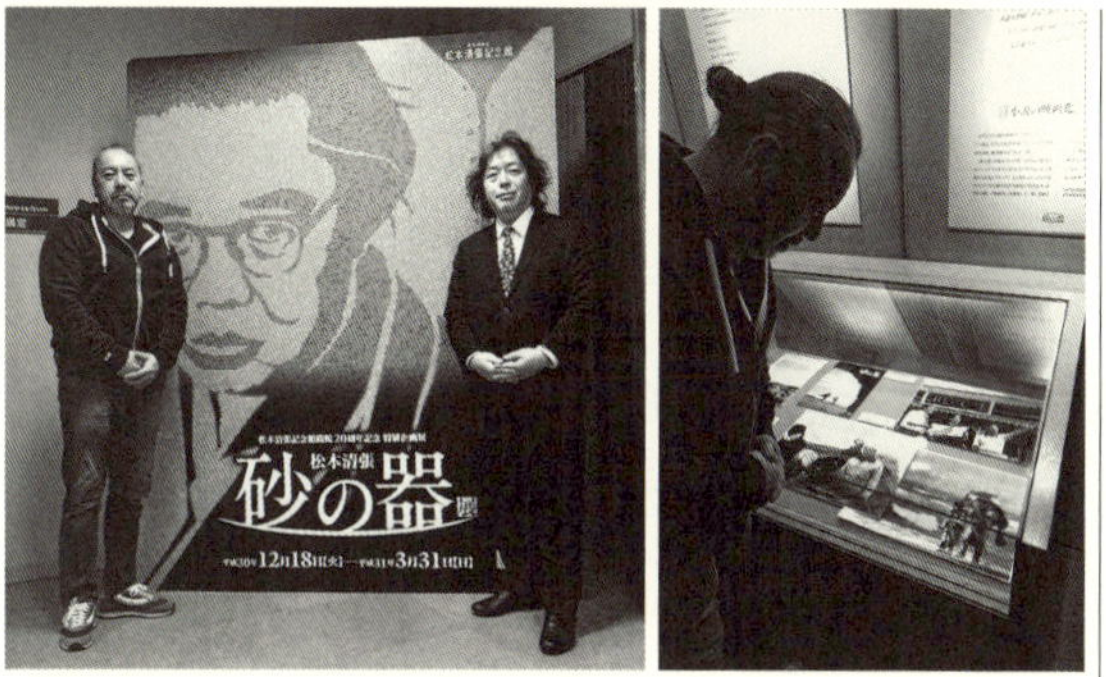

2019年、小倉・松本清張記念館で開催の『砂の器』展に招かれた春田和秀、筆者。

春田　その偶然のおかげで、僕はあの大きなホールに物凄い数のお客さんが詰めかけて、フルオーケストラが生演奏する劇中音楽を聴きながら、皆さん泣いているという状況に立ち合えました。あそこで「ああ、この映画はこんなにたくさんの観客にこんなに愛されているのか」と実感して、やはり自分のこだわりに閉じこもって過去を封印するのではなく、ファンの皆さんの気持ちにお応えしなければとはっきり思いました。

樋口　このシネマ・コンサートは大変な盛況で、以後もＮＨＫホールや東京国際フォーラムなどで再演されてはソルドアウトになっていました。オーチャードホールに凱旋もするという大入り。私が嬉しかったのは、春田さんがずっとご出演を内緒にしていた息子さんが来て下さって、ご一緒に観ておられたことですね。しかも何度も繰り返しお父さんの作品をご覧になっていた。

春田　自分の過去について家族にもきちんと知ってもらった時、もしも息子がこの映画に関心を示すようなことがあったら、思いきり昔の話をしてあげようと思いました。その機会が、こんな絶好のかたちですぐに来てしまった。

樋口　映画のなかの秀夫はとことん不幸でしたけれども、演じた春田さんは当時子役の「宿命」でお辛い境遇にあったのに、こうして封印していたはずの映画によって好青年のお子さんとの関係をあたたかく深めておられる。これもまた春田さんの「宿命」だなと感じました。

春田　これからも次の世代にこの映画のよさを伝えていけたらと思いますし、またそれほど息の長い作品に出させていただいたことに改めて感謝したいと思います。

（本稿は２０１７年８月のＰＲＯＭＡＸ『砂の器』シネマ・コンサート特設サイト、２０１９年10月および２０２２年５月の川喜多映画記念館、２０１９年９月の立川シネマシティ、２０２２年２月のラピュタ阿佐ヶ谷、２０２３年12月の日本大学芸術学部における春田・樋口の対談から構成した）

大作映画ヒロインとしての華

島田陽子（高木理恵子役）インタビュー

お嬢さん女優としての出発

映画版『砂の器』の影のあるヒロイン・高木理恵子は、原作に登場する悲劇の女性たち、成瀬リエ子と三浦恵美子を合体させた映画独自のキャラクターである。和賀英良の犯行時の返り血を浴びたシャツを処分する「紙吹雪の女」が成瀬リエ子、評論家・関川重雄の子どもを身ごもって超音波で流産させられ想定外の死に至る三浦恵美子であったが、高木理恵子は三浦恵美子と同じ「高級バーの女給」であり、和賀の証拠隠滅に協力させられたあげく、彼との子を流産、異常出血で他界する。こんな「汚れ役」に扮した島田陽子は、当時テレビドラマやCMなどでは大変人気のある清純派女優だった。170センチの高身長と爽やかな笑顔、愛くるしいえくぼで、溌剌とした良家のお嬢さんに扮すると右に出るものなしであった。

1953年熊本に生まれた島田は、後に上京して中学の頃から劇団若草に入り、1970年に話題になっていた東京12チャンネルのドラマ『おさな妻』に端役で出演、翌71年の絶大な人気を博した毎日放送『仮面ライダー』のレギュラーとなる。ただし、この時の印象はきれいだが地味なカワイ子ちゃんが花を添えているという感じで、実際途中から島田を見かけなくなってしまった。島田をお茶の間に知らしめたのは、同年のNETドラマ『続・氷点』で、高校二年生の島田は南田洋子、二谷英明というベテランに囲まれてヒロインの辻口陽子を演じ、注目を集めた。三浦綾子『氷点』シリーズといえば、60年代から70年代にかけて続々とドラマ化、映画化され、内藤洋子や安田（後の大楠）道代ら期待される若手スタアが薄幸なヒロインに扮し

松竹大船撮影所でバー「ボヌール」のシーンの撮影の合間に。
左から島田陽子、山口果林、加藤剛、
森田健作、夏純子、野村芳太郎監督。

て人気を呼んだ。その流れのなかで、島田のようなイメージの新人に陽子役はあまりにもはまっていた。

この長身で颯爽としているが控えめで清楚なイメージが島田の定番のイメージとなる。翌72年には石坂洋次郎原作のフジテレビ『光る海』で沖雅也、中野良子と共演したのが、テーマ曲の「アドロ」とともに忘れがたい。同年には映画界も島田に注目して初めての本格的な映画出演作といえる東宝の森谷司郎監督『初めての愛』に主演、岡田裕介の相手役をつとめた。岡田といえば後年は父を継いで強面の東映の経営者となるわけだが、当時は庄司薫的な内向型青年を演じて共感を呼んだ。学園紛争後の70年代的青春を描く時に、岡田のようなシラケたナイーブなプチブル的青年の「彼女」像としては屈折したヒッピー的な女子か、または屈託のないオーセンティックな令嬢か、その二択があった。同時代の感覚でいえば前者の典型が秋吉久美子や桃井かおり、後者の典型が島田陽子という感じで、それぞれに人気があった。

島田のこうしたイメージがピークに達したのは、1974年の日本テレビの青春ドラマ『われら青春!』で中村雅俊とともにマドンナ的存在の英語教師、その名も陽子先生を演じた頃で、

薄幸な女給・高木理恵子に扮した島田陽子。愛人の和賀英良が通ってくるつつましいアパートのセットにて野村監督と。

地方での会合にて。野村監督（左端）と。

曽野綾子原作のNETドラマ『誰のために愛するか』でも精神病理学のインターンの才媛役でふたたび岡田裕介と共演した。同年には映画化でも話題を呼んだ山崎豊子原作『華麗なる一族』の毎日放送・NETドラマ版で山村聰の万俵頭取の次女に扮し、島田の裕福で知的なお嬢さんイメージはすっかり定着した。この作品を手がけた名脚本家・鈴木尚之が再度山崎豊子原作を脚色した78年のフジテレビ『白い巨塔』の、中村伸郎扮する東教授の品のいい愛娘もずばりの役柄だった。そういう意味では、訃報で代表作と記された『砂の器』の、作曲家の愛人で非業の死を遂げるバーの女給・高木理恵子は、実は当時の島田らしからぬ暗い役であったし、実は出演パートもそんなには多くないのである。

むしろ『砂の器』に続いて出演した1975年の同じく松本清張原作の松竹映画『球形の荒野』のほうが主演で出ずっぱりな上に、当時のいわゆる島田陽子らしい上品なお嬢役であった。だが、『球形の荒野』の平凡さに対して、『砂の器』の女給役はとても艶やかで美しいうえに愛

2018年12月18日、小倉・松本清張記念館の『砂の器』展初日のテープカットを行う島田陽子。

人の作曲家のエゴに翻弄される薄幸さがスパイスとなって、島田の「清純派」ぶりがいちだんと観る者の胸に食い込むのであった。それは同じく代表作に挙げられる１９７６年の市川崑監督の角川映画第一弾『犬神家の一族』の野々宮珠世役についても同じで、あくまで助演でありながら、いつもの島田の清潔な明るさが金の亡者と化した一族の男どもにたびたび蹂躙されるさまに釘づけになった。どうやらわれわれは『砂の器』にせよ『犬神家の一族』にせよ、いつものお嬢さまぶりに飽き足らず、楚々とした島田が痛めつけられる「被虐」のさまに心を動かされていたようである。これが高じて以後の島田にはいささか不似合いなハードでエロティックな役柄を求められることが続き、後年は不倫スキャンダルばかりが際立った。

たまさか２０１８年の小倉・松本清張記念館の『砂の器』展のテープカットで島田と出会った私は、晩年の対談の相手をつとめる機会がけっこうあった。最後にマスコミの前に姿を現したのも、２０２１年12月の角川映画祭で『砂の器』と並ぶ彼女の代表作『犬神家の一族』上映をめぐって私と対談した時だった。癌闘病と重なるこの時期、島田は常に喉の不調を訴えて声を出し難そうにしていたが、同時にもともと細いからだがみるみる痩せていくので心配であった。

2022年7月、島田の急逝にまつわる速報がネットで飛び交うなか、大手新聞三社から立て続けに筆者のところに電話が入り、逝去が事実かどうかを尋ねられた。あれだけネットはざわついているのに、新聞社的な基準では掲載を躊躇するレベルであったようだ。ほどなく訃報は流れたが、聞いてみれば背景にはなかなか面妖な事態があったもようだ。それにもかかわらず、島田を追悼する記事は想定外のあたたかさで、女優人生半ば以降の島田の消息にはふれず、ひたすら『砂の器』『犬神家の一族』の頃の島田を称揚していたのが、ひじょうに好ましかった。

島田は1980年のNBCドラマ『将軍』に出演して「国際派女優」と呼ばれた頃から何か過大なもの、筋違いなものを背負わされ、自らも平衡感覚を失っていったように思われる。それ以前の、島田の麗しき「清純派」の季節は今思うと本当にひとときのものではあったが、演技の巧拙とはまた違う次元で当時の島田は明らかに独特な輝きがあった。いっそあの「清純派」のまま過ごしていれば、生涯さまざまな脇役にも恵まれたであろう。

人生の大半を醜聞の人として過ごすことになった島田だが、それこそ『砂の器』で出演した頃は、彼女にとって陽だまりの季節であったに違いない。

初の陰翳あるヒロイン

樋口尚文　島田さんは『砂の器』の撮影の時は21歳になったばかりなんですよね。あのバー「ボヌール」の和服姿のシーンのあでやかな感じは到底21歳には見えません。

島田陽子が新宿で〝一日支配人〟
「大入りでうれしいゎ」
松竹「砂の器」昨日から一般公開

「砂の器」の大看板を背に「よく入ったね」と会心の笑い。左から脚本の橋本忍、一日支配人の島田陽子、監督の野村芳太郎

松竹の話題作「砂の器」（監督野村芳太郎）は、全国十館での五週間のロードショーを終え、二十三日から一般公開に移ったが、東京・新宿松竹ではこの日、主演の島田陽子が一日支配人を務めファンサービス〝大入り〟祈願を行った。

朝十時から野村芳太郎監督、脚本の橋本忍らと同劇場に現れた島田は、列をつくって入館するお客にビックリ。

「こんなにたくさんの人が見に来てくれてうれしいわ。今日は時間の許すかぎり〝一日支配人〟として、ファンの方々にサービスさせていただきます」とチラシを配ったり、頭を下げたり、電話の応対に……と大忙しだった。

野村監督も「一年間かけて作った苦労が、きょうのお客さんの顔をみて、いっぺんにふっとんでしまった」と島田の肩をたたいて手放しの喜びよう。

この日の東京地区の主な松竹館入場人員は新宿二千六百、上野二千五百、銀座千八百、横浜の相鉄文化は三千百人と、大入りで銀座・松竹では、午後四時現在、満員のために入場出来ない一般客約五十人が列を作るといった盛況。

松竹関係者は「休日の興行は弱いというジンクスがあるんですが、この分では今後も大入り間違いなし。これでは〝砂の器〟ならぬ〝お客の器〟（映画館）が小さすぎます」とホクホク顔だった。

「ロードショー中から、団地などにチラシを配ったローラー作戦が功を奏しました」とは宣伝部の話だが、松竹はこの作品で興収十五億円を目標にしており、まずは一般公開順調の初日であった。

11/24 スポニチ

ロードショーから一般封切に移行した初日、大ヒットを受けて島田陽子が新宿松竹で“一日支配人”をつとめるという話題づくりの記事。野村監督のスクラップより。

島田陽子　私は当時まだ駆け出しの女優でしたから、こんな大作に出演のオファーが来てとまどっていました。若いなりに一所懸命やってたんですが、今観るとやっぱり役を咀嚼できていない感じがしますね。

樋口　駆け出しとおっしゃいましたが、ぼくらが最初に島田さんを意識したのは１９７１年の最初の『仮面ライダー』でしたし（笑）、その後はやっぱり同年のＮＥＴのドラマ『続・氷点』です。この時はなんと島田さんはまだ高校生なんですね。そして翌７２年のフジテレビのドラマ『光る海』。「アドロ」が主題曲で沖雅也さん、中野良子さんと共演されていた。この年には森谷司郎監督の東宝映画『初めての愛』もありますね。『砂の器』の撮影の頃に放映されていた曽野綾子原作のＮＥＴドラマ『誰のために愛するか』もとても島田さんにお似合いでした。日本テレビ『われら青春！』で中村雅俊さんの相手役の陽子先生が人気だったのもちょうどこの頃。そんな次第で、当時の島田さんはもう清純派女優として引く手あまたでした。ただ確かに『砂の器』の高木理恵子のように陰翳のある役というのはなかったですね。

島田　そうなんですよ。素の自分とはかけ離れた役だったので、撮影前には銀座のバーに研修に行かされたんですよ。

樋口　あのバー「ボヌール」で衝立のガラスごしに島田さんのシ

ルエットが見えて、ちょっとミステリアスな感じを出した後、和服の島田さんがパアッと登場するカットが印象的です。思えば後半の本浦千代吉の襖の向こうの移動とか、川又キャメラマンはシルエットに凝っていたんですね。

島田　あの私のシルエットから入るところは橋本忍さんの発案だと聞きました。

樋口　ところで野村芳太郎監督は島田さんにはお優しかったのでは？

島田　いえいえ私がおっとりしているものですから、これは引き締めないと陰のある女は無理だと思われたのではないでしょうか。もうしごかれて楽しいことは何もありませんでした（笑）。でもここで鍛えられたことは後の仕事にはとても活かされたと思います。

劇中では敵対関係にある高木理恵子（島田陽子）と田所佐知子（山口果林）が和やかに語らっている。バー「ボヌール」のセット撮影のオフショット。

樋口　本作では唯一の松竹専属女優さんなので、野村さんは育てる責任を感じたのかもしれません。そのしごきは具体的にはどんなことですか。

島田　たとえば加藤剛さんの和賀英良とのベッドシーンなどでは、台詞ひとつですぐにNGが出て「ちょっと待っているから気持ちをちゃんと作ってください」とおっしゃって、照明を落とされるんです。これはもう大変なプレッシャーですよね。

樋口　それは追い込まれますね。その加藤剛さんといえば、この頃は『大岡越前』を筆頭に爽やかな正義の二枚目みたいな役が多かったので、島田さん同様、この和賀英良は極めて珍しい

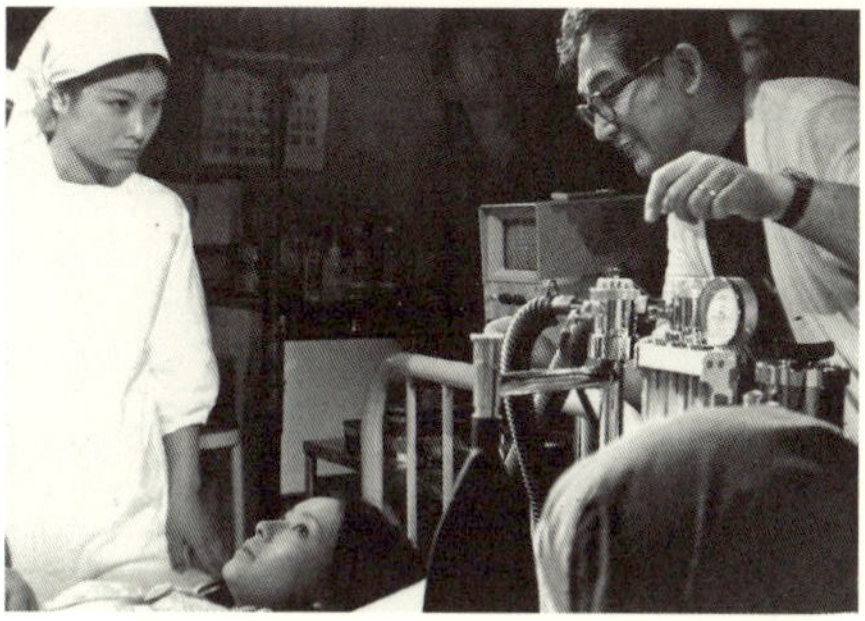

高木理恵子が不運な死をとげる外科医院のセットにて。

ダークな役でした。そんな加藤さんのことで何か覚えていませんか。

島田　キャメラが回っていないところでも黙々と孤高の繊細な芸術家という役になりきっておられました。それに本当にその頃は『大岡越前』のような「正義の人」のイメージでしたから、恩人の三木謙一を殺すような役柄には抵抗もあったかもしれません。

樋口　和賀の役を引き受けるまでにはけっこう悩まれたようです。この作品の前の清張原作の野村監督作品『影の車』で後ろめたさ漂う小市民を好演されていましたが、犯罪に巻き込まれる役であって冷酷な人物ではないんですよね。

島田　たぶんそんないつもと違う非情な役を演ずるということで緊張されていたのかもしれませんが、現場でも寡黙で何もお話しはしていません。

樋口　緊張といえば、和賀とのベッドシーンで高木理恵子の胸が見えるカットがあります。昭和の女優さんは脱ぐと「体当たり演技」だなんて言われて評価されたり、そんなおかしなこともありましたが、公開時にスクリーンで観ていた私も、あのほとんどシルエットのような楚々とした島田さんのヌードにとてもドキッとしたものです。なぜなら最初に申し上げたように当時の島田さんはエクボがかわいい清純なお嬢さん女優として大人気でしたから、『砂の器』であんなにさりげなく裸を見せるというのがかなり想定外だったんですね。そして「体当たり演技」などとは言いたくないのですが、あの人気絶頂の頃に役のためにさらりと脱いだことは、島田さんの本気さを感じさせたには違いありません。

島田　私はもう野村監督にはしごかれるまま何でもおっしゃる通りにしようと決めていたのですが、あのヌードのカットについてだけは直談判をしたんです。
樋口　あまりやりたくないということですか？
島田　いえいえ、この役のために裸になるのは別に抵抗はなかったんです。ただ私があまりに胸がないので（笑）ちょっとお見せするに忍びないなあと思いまして、「監督、ここはカットしてください」とお願いしました。
樋口　すると野村監督は？
島田　それがふるっていまして「だってこんなに幸薄い女性の胸が大きかったらおかしいでしょう」と真顔でおっしゃるんです。私、もう何も言えなくなりました（笑）。
樋口　それはケッサクですね（爆笑）。でも確かにそうだ。

『犬神家の一族』のヒロインも

島田　私は加藤剛さん以外とは全く絡まない孤独な役でしたが、スクリーンで観ると本当に名優さんがたくさん出ていて驚きますね。亀嵩の算盤業の笠智衆さん、伊勢の映画館主の渥美清さん。本当にこういう方々はいらっしゃるだけで画面に厚みがでますね。でもやっぱり三木巡査時代の緒形拳さんは本当にいい演技されてますね。
樋口　緒形さんはこれが初めての野村組で、78年の『鬼畜』の主演に抜擢されたり、77年の橋本プロ作品『八甲田山』でもまた若い役と老け役のセットで好演されました。さて、島田さん

2019年の『砂の器』シネマ・コンサートの楽屋にて。右から春田和秀、島田陽子、『砂の器』の次作『昭和枯れすすき』（島田陽子主演『球形の荒野』の併映作）に主演した秋吉久美子、筆者。平成最後の夜であった。

はこの作品で「紙吹雪の女」と呼ばれています。和賀の殺人の証拠のスポーツシャツを刻んで中央線からばらまくからですが、この原作由来の設定については「なぜわざわざそんな目立つ処分の仕方なのか」と非合理性を批判する意見が多いのですが、どう思われますか。

島田　現実的には不自然でも画として映えていれば許していただきたい（笑）。そういうところに映画のロマンがありますからね。

樋口　確かにこの作品の最も大きな弱点だとは思いますが、川又キャメラマンはそれをメルヘンのように美しく撮って、野村監督も観る人にあまりこまごま考えさせないよう、ごくスピーディに勢いまかせで通過する。そのへんのベテランの職人芸を感じさせるシークエンスでもありました。それ以前に島田さんがロマンティックに演じている時点で「まあ細かいことは言わずに」みたいな気持ちで観てしまうところはありますね（笑）。しかし島田さんも『砂の器』シネマ・コンサートをご一緒に鑑賞しましたが、改めて観るとどんな感想を持たれましたか。

島田　まさかシネマ・コンサートなんていう立派な形式で観なおせるとは予想もしませんでしたが、あれは素晴らしい試みですね。観ていて思い出したんですが、この作品はモスクワ映画祭にも招待されて受賞していますよね。病気への差別、親子の別れ、消し去りたい過去に悩む純粋さの一方で実力者の娘を利用してなりあがろうとする野心……そういう国を越えて理解できる人間の本質的な要素が、実はいろいろと散りばめられている。それが音楽という国境のない表現のもとで描かれるので、この国以外の人でも理解できたのではないかなって考えて観ていました。

2019年、立川シネマシティ『砂の器』上映後のトークショーにて。右から春田和秀、島田陽子、筆者。

樋口　そういえばそのシネマ・コンサートでは、同じ映画で印象深い役をなさっていたのに、これまで会うこともなかった本浦秀夫少年役の春田和秀さんと対面されましたね。
島田　撮影中はすれ違うこともなかったあの少年の、すっかり大人になった姿に感慨無量でした。私もこの世界で仕事をするようになってずいぶん長くなりましたが、こういう力ある作品との出会いは本当に数少ないです。春田さんは辛い時期を通って来ましたとおっしゃっていましたが、『砂の器』の少年を演じたことは、間違いなく彼の人生を後押ししてくれたことでしょう。それが無意識であれ、ですね。自分のことをふり返りながら、そんなふうに思いました。
樋口　島田さんのこの言葉はぜひ春田さんにお伝えしようと思います。さて島田さんは74年の『砂の器』に続いて76年の角川映画第一作、市川崑監督『犬神家の一族』でもヒロインの野々宮珠世を演じていましたが、ともに大ヒットしたミステリ大作でしたので、「大作といえば島田陽子」という感じの印象がありましたね。その延長で1980年のアメリカNBC製作の大型ドラマ『将軍（Shōgun）』では細川ガラシャをモデルにした戸田まり子に扮して81年のゴールデン・グローブ賞テレビシリーズ・ドラマ部門の女優賞を受賞されました。

島田　『砂の器』は素晴らしい作品で参加させていただいたことを本当に光栄に思いますが、役柄のキャラクターとしては『犬神家の一族』の珠世の方が好きですね。高木理恵子はあまりにも不幸で暗い人なので（笑）。

樋口　そういえば『犬神家の一族』の翌年の77年、実は『犬神家』以前から松竹で企画が進んでいた同じ横溝正史原作の『八つ墓村』が野村芳太郎監督によって映画化されましたが、この作品に島田さんは意外な登場をなさいましたね。

島田　山崎務さんが扮した、村人を殺戮した多治見要蔵の奥さんの役。要蔵が発狂した時、真っ先に日本刀でばっさり殺されてしまうんです（笑）。

樋口　その惨劇を目撃した娘の回想としてほんの一瞬描かれるシーンですが、いきなり部屋から飛び出した島田さんが絶叫と共に斬殺されてしまうので、「あれ？　まさか今の島田さんじゃないよね」という感じでした。そんなわけはないから気づかない観客も

島田陽子が最後に公けの場に姿を見せた2021年12月の角川シネマ新宿「角川映画祭」の『犬神家の一族』上映後のトークの際に。筆者が聞き手をつとめた。

ノーギャラ、ノータイトル

香山美子がサド

松竹・乱歩シリーズ

1977年の野村芳太郎監督の大作『八つ墓村』に島田陽子がカメオ出演したことを報ずる記事。野村監督のスクラップより。

多かったと思いますが、あれはノーギャラ、ノータイトルだったのだそうですね。

島田　そうなんです。『砂の器』でとてもお世話になったので、せめてものお礼のカメオ出演だったんですよ。

（本稿は２０１８年12月の小倉昭和館、２０１９年９月の立川シネマシティ、２０２０年10月の「週刊現代」〈熱討スタジアム〉、２０２１年12月角川シネマ新宿における島田・樋口の対談から構成した）

第四章
『砂の器』の宣伝・興行

クライマックスの
警視庁合同捜査会議のシーンを
演出する野村芳太郎監督。

宣伝から公開へ
興行戦略の再検証

宣伝会議議事録から読み解く「宣伝興行力」

13年にわたる作り手の執念で完成した映画『砂の器』は、1974年10月19日から、まずは洋画系ロードショー館で公開されて、すでにここで大ヒットを飛ばしている。どういう劇場で公開されたかというと、メイン館は、松竹セントラル、渋谷パンテオン、新宿ミラノ座という今はなき1000人以上の観客を収容する大劇場で、松竹・東急系の旗艦劇場チェーンであった。この三館は頭文字をとって通称「セ・パ・ミ」と呼ばれ、このチェーンに出るのは通常は大ヒットが見込まれる洋画の娯楽大作であって、日本映画が公開されることは当時あまり例がなかった。『砂の器』に近い時期の作品で言えば、『ダーティハリー』シリーズや『タワーリング・インフェルノ』などがこのチェーンで大当たりしていたが、日本映画となると山本薩夫監督『戦争と人間』や大島渚監督『戦場のメリークリスマス』といった構えの大作でなければ空けてもらえない系列だった。

清張原作映画では『砂の器』に先立つ１９７０年の野村芳太郎監督の傑作『影の車』や82年の『疑惑』も丸の内ピカデリーのような洋画ロードショー館で走らせ、話題を盛り上げ箔をつけて全国の一般封切りに移行するというスタイルではあった。『砂の器』と同年の東宝の大作『華麗なる一族』も日比谷の有楽座という一級の洋画ロードショー館に出してから全国の封切り館で公開していて、邦画各社をまたいで自信作にこういうパターンを持って来ることはしばしばあった。前年の１９７３年に橋本忍が脚本を手がけた東宝『人間革命』も、それこそこの日比谷・有楽座の先行ロードショーを経てヒットを記録したが、本作で創価学会とのつながりを深くした橋本は同作の動員力に着目して、『砂の器』の製作協力を創価学会傘下のシナノ企画に求め、学会系の民音（民主音楽協会）を興行に巻き込んで絶大な効果をあげた。

そしてそんな背景もあったとはいえ、「セ・パ・ミ」での『砂の器』公開にあっては、右肩上がりの動員を支える観客の熱気と口コミがかなり

オールスタア作品なのに陳腐にスタアの肖像を並べたりせず、堂々たる本格感で押し通した広告が異彩を放つ。当時の公開状況のなかで見ると、本作の宣伝の独特さが際立つ。

『砂の器』1974年初公開時のチラシ。親と子の遍路の後ろ姿のキービジュアルで押すという思いきったデザインだった。

異質であった。ここには橋本忍と野村芳太郎が断固打ち出した独特な「宣伝・興行力」がはたらいていたように思われる。たとえばそもそもあの海岸をさすらう親と子の遍路の後ろ姿に、「砂の器」という印象的な墨文字（あの文字はいったい誰の作なのかということが野村監督のご子息の野村芳樹プロデューサーと話題にのぼったが美術スタッフ関係ではと推測するのみで特定はならず）の、きわめてシンプルなビジュアルはいったい何なのか。通常の日本映画にありがちなオールスタアキャストの顔が並ぶゴチャゴチャした宣伝の絵柄ではなく、このある意味欲も得もない、けれど内容が読めないミステリアスなキービジュアルが新聞広告からチラシ、ポスターまでを一気通貫していた。もちろん豪華キャストを散りばめたポスターなども補完的に掲出されてはいたが、あくまで宣伝の軸はこの誰ともつかぬ親子の後ろ姿なのであった。

第一章の野村芳樹プロデューサーへのインタビューによれば、この「父と子の巡礼の後ろ姿」はスチール担当の金田正がなにげなく浜辺で撮っていた写真を見て橋本忍がインスピレーションを感じ、選び取ったものだという。多くの観客は、言葉では意識しないまでもこの写真に作り手側の「意志」を感じたのではなかろうか。つまり、これは確かに当時としてはかなり豪華な人気キャスト陣を取り揃えた映画ではあるのだが、そこでは勝負していないのだ、という「意志」である。映画業界には制作宣伝といって映画の制作現場に付き添って、そこからヒ

2014年末に閉館する直前の
新宿ミラノ座。1956年の開館以来、
数々の興行記録を生んだ
収容人数1288人の大劇場。
シネコン時代の到来とともに失われた
大劇場の代表格。

ントを貫いながら宣伝に活かしてゆく役目があるが、はしなくも現場の覚悟や勢いは伝播してゆくもので、制作中からその本気さを伝えることが凡百の惹句よりずっと説得力があったりする。まさに『砂の器』の宣伝ビジュアルは（もちろんオールスタアキャストと実績あるスタッフの名前が期待と信頼を担保するものではあれど）本気さの漂う面構えを作っていたに違いない。これは『砂の器』を嚆矢とする70年代の「超大作」仕様のヒット映画には共通することで、たとえば１９７６年に始まって邦画興行を席巻した角川映画の宣材のキービジュアルは（オールスタア映画であるにもかかわらず）『犬神家の一族』の湖面の逆立ち死体、『人間の証明』の匿名の黒人の子どもの肖像、『野性の証明』の無名の少女（であった薬師丸ひろ子）の肖像などであり、この構えが「この作品はスタアにおぶさったものではなくあくまで新しい企画で勝負している」という本気さや勢いを訴求して、大衆を惹きつけたのだった。

しかしながら、こういった当時としては思いきった広告ビジュアルを採用した意志的な宣伝は、どの時点でどうやって決まったのだろう。かねてこの点を知りたいと思っていたのだが、その参考になる貴重な資料を野村芳太郎監督の遺品のなかに発見できた。それは本作の撮影も大詰めの１９７４年8月14日に銀座東急ホテルで行われた『砂の器』都内ロードショー宣伝打ち合わせの要約レポートで、出席者は新宿ミラノ座、渋谷パンテオンの支配人を含む東急レクリエーションの社員、松竹セントラルの支配人を含む松竹興行部、営業部、宣伝部のメンバーに製作本部の杉崎重美プロデューサー（本作では製作補）、そして橋本プロダクション

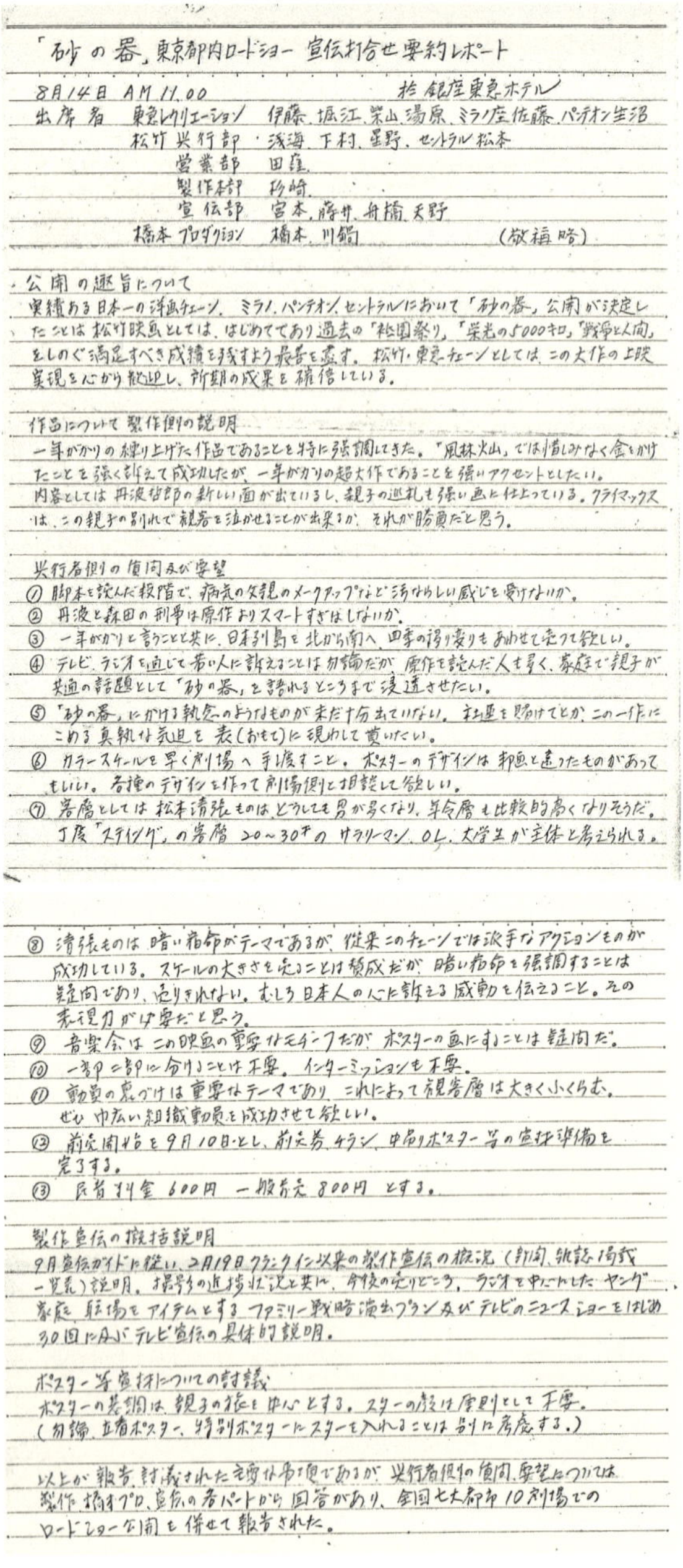

「砂の器」東京都内ロードショー 宣伝打合せ要約レポート

8月14日 AM 11.00　於 銀座東急ホテル
出席者　東急レクリエーション　伊藤、堀江、栄山、湯原、ミラノ座佐藤、パンテオン生沼
松竹興行部　浅海、下村、星野、セントラル松本
営業部　田窪
製作本部　杉崎
宣伝部　宮本、藤井、舟橋、天野
橋本プロダクション　橋本、川鍋　（敬称略）

・公開の趣旨について
実績ある日本一の洋画チェーン、ミラノ、パンテオン、セントラルにおいて「砂の器」公開が決定したことは松竹映画としては、はじめてであり過去の「祇園祭り」「栄光の5000キロ」「戦争と人間」をしのぐ満足すべき成績を残すよう最善を尽す。松竹・東急チェーンとしては、この大作の上映実現を心から歓迎し、所期の成果を確信している。

作品について製作側の説明
一年がかりの練り上げた作品であることを特に強調してきた。「風林火山」では惜しみなく金をかけたことを強く訴えて成功したが、一年がかりの超大作であることを強いアクセントとしたい。
内容としては丹波哲郎の新しい面が出ているし、親子の巡礼も強い画に仕上っている。クライマックスは、この親子の別れで観客を泣かせることが出来るか、それが勝負だと思う。

興行者側の質問及び要望
① 脚本を読んだ段階で、病気の父親のメークアップなど汚ならしい感じを受けないか。
② 丹波と森田の刑事は原作よりスマートすぎはしないか。
③ 一年がかりと言うことと共に、日本列島を北から南へ、四季の移り変りもあわせて売って欲しい。
④ テレビ、ラジオを通じて若い人に訴えることは勿論だが、原作を読んだ人も多く、家庭で親子が共通の話題として「砂の器」を語れるところまで浸透させたい。
⑤ 「砂の器」にかける執念のようなものが未だ十分出ていない。社運を賭けてとか、この一作にこめる真剣な気迫を表（おもて）に現わして貰いたい。
⑥ カラースチールを早く劇場へ手渡すこと。ポスターのデザインは邦画と違ったものがあってもいい。各種のデザインを作って劇場側と相談して欲しい。
⑦ 客層としては松本清張ものは、どうしても男が多くなり、年令層も比較的高くなりそうだ。丁度「スティング」の客層 20〜30才のサラリーマン、OL、大学生が主体と考えられる。
⑧ 清張ものは暗い宿命がテーマであるが、従来このチェーンでは派手なアクションものが成功している。スケールの大きさを売ることは賛成だが、暗い宿命を強調することは疑問であり、売りきれない。むしろ日本人の心に訴える感動を伝えること。その表現力が必要だと思う。
⑨ 音楽会はこの映画の重要なモチーフだが、ポスターの画にすることは疑問だ。
⑩ 一部二部に分けることは不要。インターミッションも不要。
⑪ 動員の裏づけは重要なテーマであり、これによって観客層は大きくふくらむ。ぜひ巾広い組織動員を成功させて欲しい。
⑫ 前売開始を9月10日とし、前売券、チラシ、中吊りポスター等の宣材準備を完了する。
⑬ 入場料金 600円　一般前売 800円とする。

製作宣伝の概括説明
9月宣伝ガイドに従い、2月19日クランクイン以来の製作宣伝の概況（新聞、雑誌掲載一覧表）説明。撮影の進捗状況と共に、今後の売りどころ、ラジオを中心にしたヤング家庭、職場をアイテムとするファミリー戦略演出プラン及びテレビのニュースショーをはじめ30回に及ぶテレビ宣伝の具体的説明。

ポスター等宣材についての討議
ポスターの基調は、親子の旅を中心とする。スターの顔は原則として不要。
（勿論、立看ポスター、特別ポスターにスターを入れることは別に考慮する。）

以上が報告、討議された主要な事項であるが、興行者側の質問、要望については製作、橋本プロ、宣伝の各パートから回答があり、全国七大都市10劇場でのロードショー公開を併せて報告された。

公開二か月前に行われた『砂の器』都内ロードショー宣伝打ち合わせの議事録。

から橋本忍という顔ぶれだった。
まず「公開の趣旨」として「実績ある日本一の洋画チェーン、ミラノ、パンテオン、セントラルで『砂の器』の公開が決定したのは、松竹映画としては初めてのことであり、過去の『祇園祭』『栄光への5000キロ』『戦争と人間』をしのぐ満足すべき成績を残すよう最善を尽す。松竹・東急チェーンとしてはこの大作の上映実現を心から歓迎し、所期の成果を確信している」とされ、続いて「作品についての製作側の説明」として「一年がかりの練り上げた作品であることを特に強調してきた。『風林火山』では惜しみなく金をかけたことを強く訴えて成功したが、一年がかりの超大作であることを強いアクセントとしたい。内容としては丹波哲郎の新しい面が出ているし、親子の巡礼も強い画に仕上がっている。クライマックスでは、この親子の別れで観客を泣かせることが出来るか、それが勝負だと思う」とされた。

これに対する「興行側からの質問および要望」が、以下の箇条書きである。「①脚本を読んだ段階で病気の父親のメイクアップなど汚らしい印象を受けないか②丹波と森田の刑事は原作よりスマートすぎはしないか③一年がかりと言う事と共に、日本列島を北から南へ、四季の移り変わりも合わせて売ってほしい④テレビ、ラジオを通じて若い人に訴えることは勿論だが、原作を読んだ人も多く、家庭で親子が共通の話題として『砂の器』を語れるところまで浸透させたい⑤『砂の器』にかける執念のようなものが未だ十分出ていない。社運を賭けて、とか、この一作にこめる真摯な気迫を表にあらわして貫いたい⑥カラースチールを早く劇場に手渡すこと。ポスターのデザインは邦画と違ったものがあってもいい。各種のデザインを作って劇場側に相談してほしい⑦客層としては松本清張ものは、どうしても男が多くなり、年齢層も比較的高くなりそうだ。丁度『スティング』の客層20〜30才のサラリーマン、ＯＬ、大学生が主体と考えられる⑧清張ものは暗い宿命がテーマであるが、従来このチェーンではアクションものが成功している。スケールの大きさを売ることは賛成だが、暗い宿命を売ることは疑問であり、売りきれない。むしろ日本人の心に訴える感動を伝えること。その表現力が必要だと思う⑨音楽会はこの映画の重要なモチーフだが、ポスターの画にすることは疑問だ⑩一部二部に分けることは不要。インターミッションも不要⑪動員の裏づけは重要なテーマであり、これによって観客層は大きくふくらむ。ぜひ幅広い組織動員を成功させてほしい⑫前売り開始を9月10日とし、前売り券、チラシ、中吊りポスター等の宣材準備を完了する⑬民音料金600円、一般前売800円とする」。

これらの意見の後で「製作宣伝の概括説明」としてそれまでの製作宣伝の状況やメディアプランが解説された後、「ポスター・宣材等にまつわる討議」が行われているが、ここに注目すべき討議の結論が記されており、「ポスターの基調は、親子の旅を中心とする。スターの顔は原則不要（勿論立て看ポスター、特別ポスターにスターの顔を入れることは別に考慮する）」とある。これはおそらく先に挙げた興行サイドからの要望にあった、邦画興行の定番のようなポスターではなく新鮮な切り口や大作感、本格感を求める声に乗じて、橋本忍がきっぱりとこの場でスター頼みの定番ではない「親子の旅」で押す方向を力説したのではないかと推測される。この瞬間に、以後われわれが『砂の器』の代名詞とする親子の遍路の後ろ姿のキービジュアルが誕生したわけである。

ところでこの宣伝会議の議事録では興行サイドから「本気の大作感をアピールしてほしい」という趣旨の要望が相次いでいるが、当時の松竹宣伝部から公開前に劇場関係に配布された「松竹映画宣伝ガイド」74年6月号では、『砂の器』の「宣伝浸透に最も重要な事項」として「①構想実に十五年、映画界屈指の才能を結集した最高にして最大の作品であること。②撮影期間一か年、日本列島の春夏秋冬の季節のうつろいを丹念に撮りわけると共にドラマの核心を衝くダイナミックな映画作りがなされていること。③従来の映画音楽の常識を破る画期的な試みによる現代音楽「宿命」の作曲をはじめ、テーマ音楽にも斬新な創作がなされている」の三点を挙げているのだが、③を除けば漠然とした「超大作」ムード醸成の範疇におさまる指針であって、これだけでは本作ならではの魅力も伝わらなかったことだろう。

松竹の映画宣伝部が劇場などに配布する
「松竹映画宣伝ガイド」74年6月号。
大作『流れの譜』への言及が中心で、『砂の器』はここで初めて掲載。
ちなみに『流れの譜』もオールスターの二部構成大河ドラマだが、
一本立て作品としては最低の成績に終わった。
本作や『狼よ落日を斬れ 風雲篇・激情篇・怒濤篇』など、
この年の松竹の『砂の器』以外の大作はことごとく不振であった。

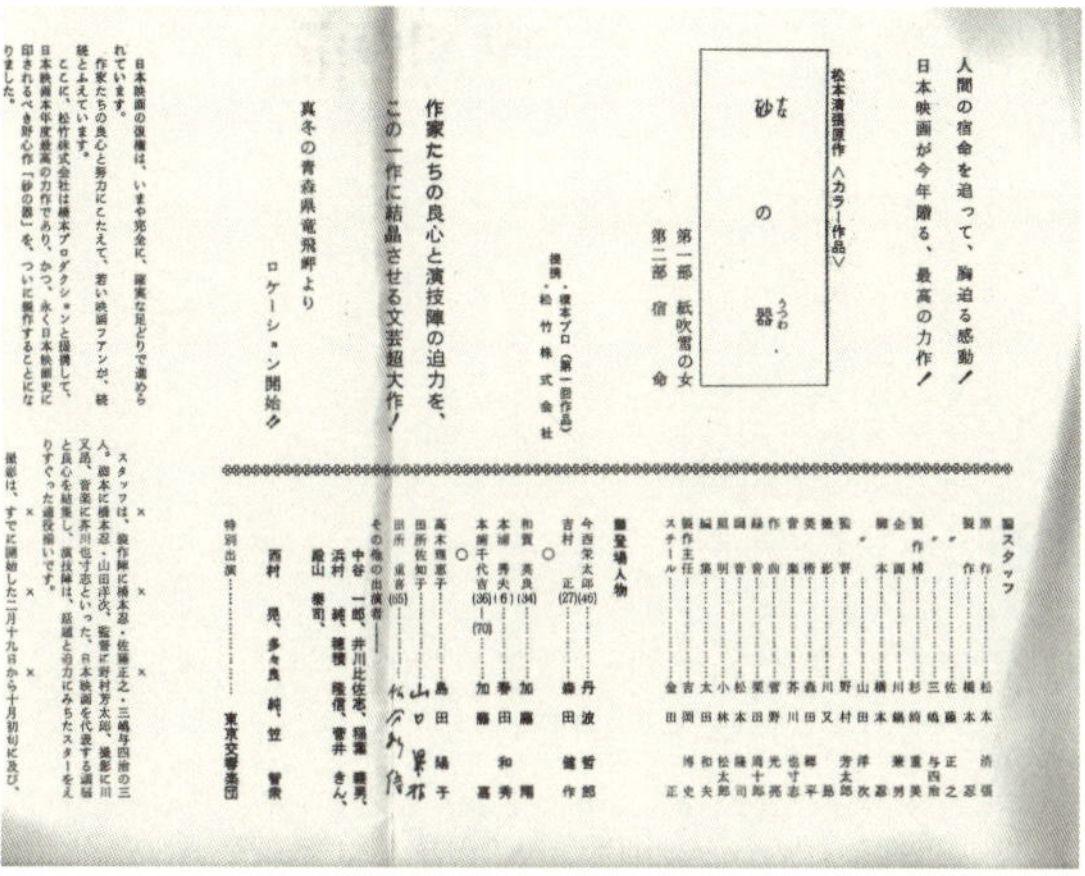

74年の春に号外的にインナーに配られた資料では
田所重喜・佐知子のキャストが空欄になっているほか、
中谷一郎、井川比佐志、西村晃といった最終的に出演していない
俳優陣の名前も並び、キャスティングの途中経過が読み取れる。

橋本忍が9月半ばの
コンサートシーン撮影後に
急ぎ制作した予告篇には、
ほとんど意味不明に
「宿命」の文字が躍る。

宣伝におさまりきれぬ作品の熱量

そこで私が思い出すのは、当時映画『砂の器』のことが急に気になりだしたポイントのことである。それはちょうど同年夏に空前のヒットとなっていた映画『エクソシスト』を観に行った際に流れていた予告篇にふれた時であった。それは蒲田操車場の死骸が不気味に出て来た後、ふたりの刑事の捜査の旅路が点描され、この映画の売りである後半の合同捜査会議と作曲家のコンサートと親子の遍路の旅路がモンタージュされ、東北の荒波にかぶさって作曲家がパセティックにタクトを振る姿が映る……（実際の作曲家はピアノの弾き振りなのでこのタクトを振る映像は予告篇でしか見られない）。これを初見した時は、正直全くどういう作品なのかさっぱりわからなかった。と言うよりも、後に観なおすと宣伝部がこの映画をどういう線でまとめて売るべきなのか、策に窮している感じがあって、とにかく映画で描かれる順番にシーンを抜粋してサスペンスや旅情を訴えたり、演奏会のカットで豪華さを出したりしながら、「人間はひとりで生まれることはできない　ひとりで生きてゆくことはできない」「宿命」「宿命」「宿命」「人間の宿命を描きつくして」「胸せまる感動の一大交響詩」という惹句が入るのだが、松本清張原作だし大がかりなミステリーなのかと思いきや、「人間の宿命」とはこれいかに。しかも（映画を観れば得心がゆくのだが）捜査会議とコンサートと……とにかくあのお遍路はいったい何なのか？

宣伝としてはやや乱調な感じで、この作品の魅力を分かちがたい一本線に図太くまとめることができないまま、宣伝になだれこんでいる感があった。それできっと脚本の橋本忍が書いていた「宿命」の話をそのまま持って来て「感動の一大交響詩」とお茶を濁すほかなかったのだろう。そもそも映像を観ただけでもこれはピアノ協奏曲だから交響詩というのもおかしいし、きっと宣伝部は「交響曲」のつもりで書いたのだろうが、「交響曲」と「交響詩」は別のもので、もし「交響詩」だとすれば基本的には一楽章形式になってしまうのだが……ともはや笑い話になってしまうくらい難点だらけの惹句なのだ。

ただ、それでいてこの映画の出来ばえにはひじょうに自信があること、これが当時の日本映画の枠からはみ出した労作であることは、ひしひしと伝わってくるのだった。いや宣伝部がその面白さをどう伝えていいかお手上げになるくらい見どころ満載で、「胸に迫る感動」がやや日本語として適当でない「胸迫る感動」になってしまうくらい、観る者をせっぱつまらせてしまう何かがこの映画にはあるのだな、という雰囲気が、このやや破綻気味の予告篇からはからずもアピールされていた。後にこの予告篇は宣伝部というよりも橋本忍自身がかなり入れ込んで作ったことが判明したのだが、橋本が

タブロイドを模した「砂の器ニュース」という
ユニークな二つ折りチラシも作られた。

メインスタッフの顔写真が並ぶ珍しい広告も。

2019年に小倉・松本清張記念館で開催された「清張映画ポスター展」で清張映画のデザインの狙い、変遷を解説する筆者。

電通に出口調査を頼んだところ、本作にすぐに駆けつけた観客たちがアカデミー賞受賞作としてヒットしていた『スティング』の公開劇場で『砂の器』の特報を観て気になり出したということがわかった（私が特報を観た『エクソシスト』は『スティング』の直後の公開作である）。先述した宣伝会議でも『スティング』の客をつかむべしという意見があがっていたが、実際にその点はうまく行っていたというわけである。

邦画としては「超大作」扱いの作品だけに、普通は早めに完成させてじっくり試写と取材機会を組んで売ってゆきたいはずなのだが、なにしろ本作は橋本忍の意向で公開直前の9月末までロケ撮影をしていたので、完成披露試写は公開前々日の10月17日であった。したがって本作の宣伝にあって予告篇にすがるところも大であったわけだが、この遮二無二つないだ感じの予告篇が予想以上にこの切実な要請に応えていたわけである。

ちなみに2019年に私は北九州市立松本清張記念館に招かれて、清張映画をポスターで読み解く講演をしたのだが、『砂の器』はポスターにも「人間の宿命を追って胸迫る感動！」という惹句が使われているので、ここまでの話をすると聴衆の皆さんも大いに頷いていた。

あのふりきった遍路の後ろ姿の堂々たるビジュアルと、そこで削ぎ落したものを詰め込んで

『砂の器』はインターミッションをはさまない公開が一般的だったが、この販売用のシナリオや広告などの随所に「第一部 紙吹雪の女／第二部　宿命」という表記があった。

収拾しきれなくなっている予告篇は、ともにはからずも映画『砂の器』の本気さを伝え、またその「わからなさ」によっていったいどんな映画なのだ、という興味をそそった。宣伝的には怪我の功名かもしれないが、いずれにせよ映画そのものの重量感が伝わったがゆえの結果であった。「セ・パ・ミ」の大劇場には連日の行列ができる盛況で、日本映画としては異例のことであった。

ちなみに『砂の器』の完成台本や一部宣伝に「第一部 紙吹雪の女／第二部 宿命」と記されているように、橋本忍は洋画ふうのインターミッション付きの興行で大作感を盛り上げることを狙っていた。今西刑事が通天閣のふもとの聞き込みで和賀英良が犯人だと確信し、和賀が自室でピアノ演奏に打ち込んでいるシーンのフェード・アウトで前半が終わり、休憩後は山場の捜査会議／コンサート／親子の遍路の旅路の同時進行に一気になだれこむ、という構成があらかじめ意図されていた。だが、2時間23分の映画なのでぎりぎり休憩をはさむこともない範疇ではあるため、宣伝会議では一部・二部に分けてインターミッションを入れる必要はなしという意見も出ていた（同年6月にやはり松竹系で公開された貞永方久監督『流れの譜』は「第一部 動乱」「第二部 夜明け」のはざまにインターミッションが設けられた2時間50分の大作だったが、一本立て興行としては最低の成績だったので、そのトラウマがあったかもしれない）。私はロードショー公開時点でインターミッションをはさんだ上映を観た記憶があるのだが、11月23日からの松竹系一般封切からは休憩なしの全篇ノンストップだった。

この映画の宣伝には時々「追っかけのサスペンス」という惹句が出てくるのだが、それは実際に即したものではなく、作品の三分の二はなんとひたひたと調べ＝裏ドリの捜査をしているだけで、これは刑事物としては類を見ないくらい静謐な作品なのである。したがって観客はその推理と調べの88分を淡々と待った後で、ようやく見せ場づくしの後半にありつくことになる。この作品自体が協奏曲のようで、三楽章中の二楽章までは今西や吉村をはじめ捜査陣と証人がオーケストラとなって緩急のドラマを奏で、そこには時々和賀のカデンツァもはさまれるのだが、第三楽章ではオケもソリストも一斉に盛り上がる。

こうした構成ゆえにおよそ三分の二地点の88分でのインターミッションは、いっそう後半の盛り上がりに貢献するのだが、ロードショー以来お目にかかったことがなかったこの休憩付き二部形式の上映がなんと43年ぶりに再現されることがあった。それは２０１７年夏の渋谷オーチャードホールを皮切りにＮＨＫホール、東京国際フォーラムなどの大ホールで催行された『砂の器』シネマ・コンサートでのことだった。映画『砂の器』を映写しながら、そのスクリーン前で本作にも出演・演奏していた東京交響楽団が画面に合わせてサウンドトラックを演奏する、というかつてなら考えられないようなイベントである。

ところがこのシネマ・コンサートでは、通常のクラシック・コンサートのように、ぶっ通しで演奏している奏者たちを休ませる必要があるので、どこかでインターミッションを入れる必要がある。そのポイントをどこにするかという時に、松竹音楽出版がぜひここにと指定したの

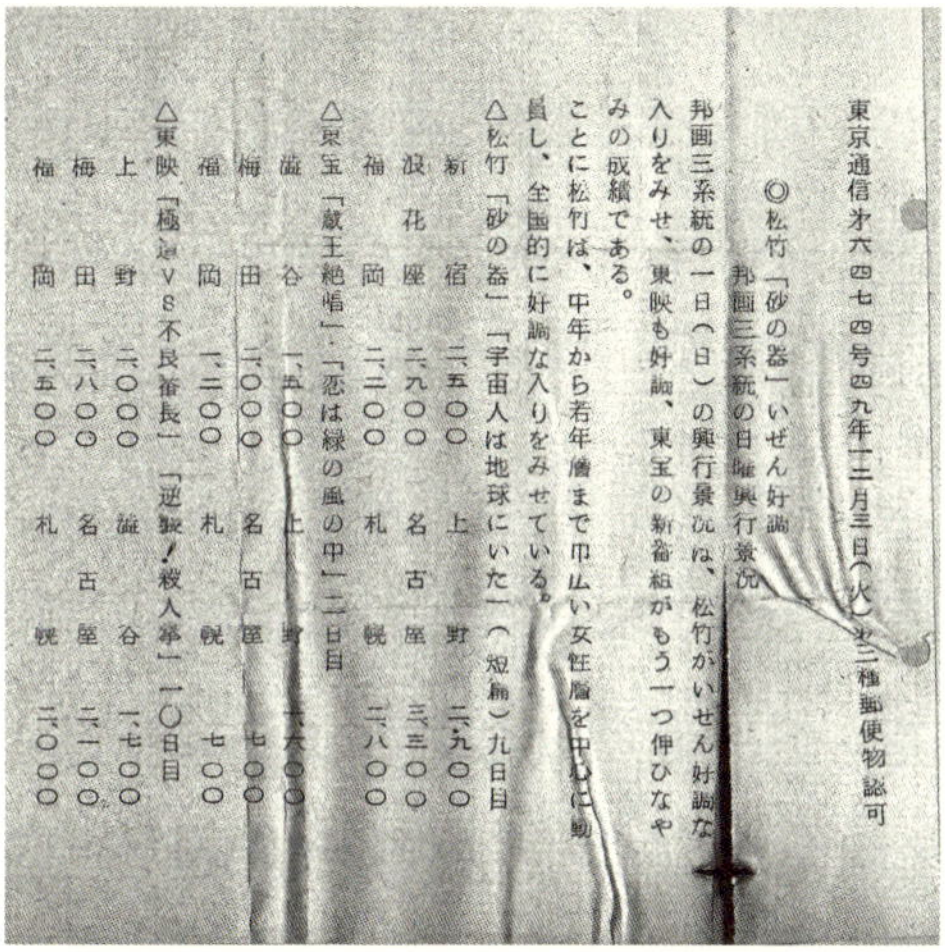
東京通信才六四七四号四九年十二月三日(火)第三種郵便物認可

◎松竹「砂の器」いぜん好調
邦画三系統の日曜興行景況

邦画三系統の一日(日)の興行景況は、松竹がいぜん好調な入りをみせ、東映も好調、東宝の新番組がもう一つ伸びなやみの成績である。
ことに松竹は、中年から若年層まで巾広い女性層を中心に動員し、全国的に好調な入りをみせている。

△松竹「砂の器」「宇宙人は地球にいた」(短篇)九日目

新宿	二、五〇〇	上野	二、九〇〇
浪花座	二、九〇〇	名古屋	三、三〇〇
福岡	二、二〇〇	札幌	二、八〇〇

△東宝「蔵王絶唱」・「恋は緑の風の中」二日目

渋谷	一、五〇〇	上野	六〇〇
梅田	二、〇〇〇	名古屋	七〇〇
福岡	一、二〇〇	札幌	七〇〇

△東映「極道VS不良番長」「逆襲!殺人拳」一〇日目

上野	二、〇〇〇	渋谷	一、七〇〇
梅田	二、八〇〇	名古屋	二、一〇〇
福岡	二、五〇〇	札幌	二、〇〇〇

ロードショー公開を経て
11月23日からの一般封切後の
興行成績を伝える業界紙。
『砂の器』の興行の勢いが
持続していることを報ずる。

が、まさにこの88分地点なのだった。普通の感覚で行けば物語の序破を経ていよいよ急に移るというこのポイントを選ぶのは当然のことで、これは偶然のようで必然の一致なのだが、そこはどうあれ私は期せずしてロードショー時の橋本忍の当初の意図の再現となったことが嬉しかった。

興行のゆくえ

さて、こうしてロードショー公開された『砂の器』について、公開直後の「キネマ旬報」1974年12月上旬号の興行成績分析のページでは「『砂の器』の大ヒットによって救われた秋」という表題のもと「邦画惨敗の中にあってまるで泥沼の蓮一輪、の感じで『砂の器』のロード・ショウが大成功となった。東京はパンテオン系で十月十九日から、関西、名古屋、福岡地区は一週遅れの二十六日から公開されたが、各劇場とも高水準の記録で独走している。観客層は予想以上に幅広く、学生から、青年、壮年と各層にわたり、また文芸作品らしく女性観客の多いのも注目されている。邦画作品のまがいもの大作群の中にあって、スタッフ、撮影期間、キャスト、そして音楽と話題的にも超大作らしい雰囲気が備わっており、作品の出来と相まって、これが観客を吸引させる最大のポイントとなった。千円の入場料をとるのだから、それに見合う内容と豪華さがなければ観客を吸引することはできない、という基本的なことを『砂の器』は如実に示している、といえるのだ。大量の団体動員もさることながら、劇場窓口売りが強いのが、この作品の特徴で、それだけ数字も大きく伸びているといえよう」と記されている。

また別頁の秋興行をめぐる記事では「松竹としては自社作品をスーパー・ロード・ショウしたのは初めてのことで、これがヒットしたというのは大きな収穫になりましたね。今までは石原プロや日活作品を配給していましたが、自社作品というのは『砂の器』が第一弾になる」「これは橋本プロとの提携の際に、ロード・ショウして欲しいという条件があった。また、橋本忍氏が『人間革命』以降、シナノ企画とつながりを持ち、民音の団体券を大量に期待できるということで、思いきって勝負をかけたのが成功したわけだ」「五週間のロード・ショウで一億五千万くらいはいくでしょうから、製作費分はペイできるということです。やっと今年の松竹〝大作路線〟が秋深くなって芽吹いた」「『砂の器』はかなりの団体券も持っていたけど予想以上に木戸売りが強い。秋という時期的なことを考えると、木戸売りが強いというのは底力がある、ということだ」「『砂の器』は、丁寧に作品を作ったということが浸透してこの成果を導いたといえるんじゃないですか。とかく批評の多い、まがいもの大作ではないんだ、ということで」「不況色が一段と強まって、おいそれとは千円も出してくれない。本当に千円に見合う作品でないと、やはり駄目だ、ということでしょう」と話題沸騰で、要はここまでにふれてきた作品の発散する「本気感」の勝利だったと語られている。

だが、しばしば都市部のロードショー公開では好成績だった作品が、封切で地方に出ると伸び悩むというパターンもままあることで、「キネマ旬報」1974年11月上旬号の興行関連記事では『砂の器』は格調ある大作という感じがあり、まがいもの大作と違って久方ぶりにガッチリとしたムードも出て来た。これはロード・ショウにうってつけというわけだ。東京では成

「松竹映画宣伝ガイド74年12月号」
では、げんきんなもので
公開前はどこか作品に対して
確信や勢いを欠く
淡々とした向き合い方だった宣伝部が、
想定外の反響の大きさに
色めきたっているのが
あからさまに伝わってくる。
大作一本立て興行が
不振続きだった松竹を
『砂の器』という外部の刺激剤が
活気づけたのだった。

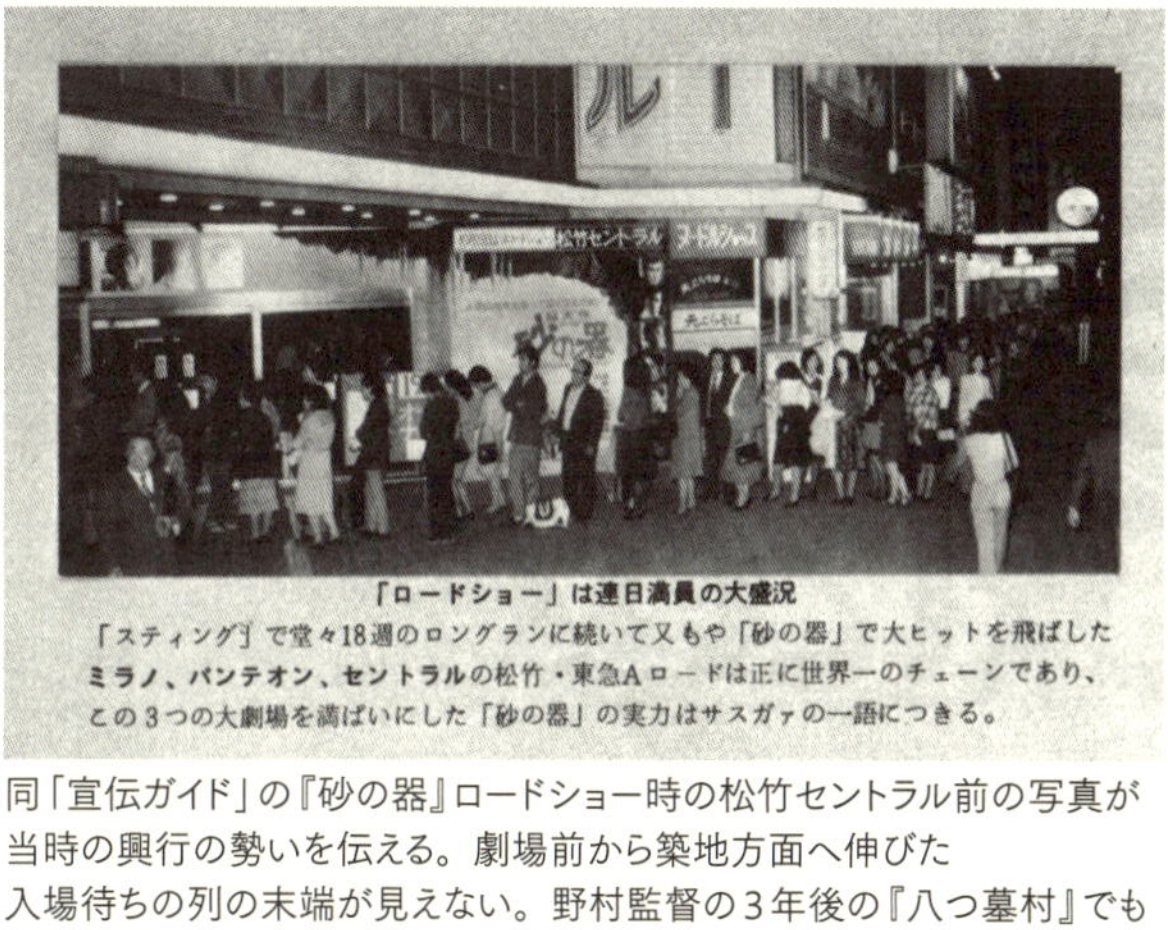

「ロードショー」は連日満員の大盛況
「スティング」で堂々18週のロングランに続いて又もや「砂の器」で大ヒットを飛ばしたミラノ、パンテオン、セントラルの松竹・東急Aロードは正に世界一のチェーンであり、この3つの大劇場を満ぱいにした「砂の器」の実力はサスガァの一語につきる。

同「宣伝ガイド」の『砂の器』ロードショー時の松竹セントラル前の写真が当時の興行の勢いを伝える。劇場前から築地方面へ伸びた入場待ちの列の末端が見えない。野村監督の3年後の『八つ墓村』でも同館でこうした光景が見られた。

功することだろうが、この作品の持つある種の格調の高さが地方都市においては、興行的にかえって邪魔をすることも考えられる」、続く同誌11月下旬号では「『砂の器』が一般封切される。先にパンテオン拡大系ほか全国七大都市でロード・ショウされてから公開されるのだが、一般封切ではかなり苦しそうだ。ロード・ショウでのヒットの余勢を願いたいところだろうが、作品内容的に俗受けする見世物性が薄く、また単純なスリラーというより人間の宿命といったものに宣伝が絞られているために固い感じが出て、大量の吸引力を期待するのは酷だからだ。アベレージを上回れば成功といったところだろう」と、けっこう楽観的ではない見通しが述べられていた。

ところが『砂の器』は、都市部でも地方でもヒットを続けた。笑止なのは、当時は封切では二本立てでなければという慣例があったので、『砂の器』も11日23日からの全国松竹系公開の折には併映作を付けられたのだが、これがよりによって1971年のドイツ映画祭で上映されたハラルト・ラインル監督の記録映画『未来の記憶』の短縮版『宇宙人は地球にいた』（!）なのであった。堂々の一本立てで回したほうが見栄えもよく、それで『砂の器』の回数を増やしたほうが効果的であっただろうに、どうしても地方は二本立てで、という当時のならわしでこういう面妖なカップリングが成立してしまったのだろうが（確かに当時のプログラム・ピクチャーは優れた一本に出会って再見しようとすると添え物のもう一本がいたく邪魔であった）、それでも『砂の器』の客足が鈍ることはなかった。

そして続く「キネマ旬報」1975年新年特別号の興行分析の記事ではこう総括されている。

「松竹『砂の器』のロード・ショウは五週間で二億を稼ぎ、予想を上まわるヒットを記録した。風格ある大作のイメージが浸透、ロード・ショウの格にマッチしての成績といえる。このヒットによって、邦画番組も十一月下旬の時期にしては上々の成績が出て関係者を喜ばせた。秋の話題は『砂の器』がさらった感じすらあったのだ」「『砂の器』がロード・ショウの好調さと、この興行によって作品内容が浸透し、一般封切も堅実なスタートとなった。秋興行の不利な条件下にあって、このスタートは注目されるところとなった」と、いかに当時この作品が興行街を席巻していたかが窺い知れる。

大事なのはこの「風格ある大作のイメージが浸透、ロード・ショウの格にマッチしての成績」というくだりで、『砂の器』には有数の洋画ロードショー館に出しても遜色のない、ひじょうに堂々とした作り手側の「意志」がみなぎっていて、それが大作感を生んだとも言えるし、宣伝から劇場までを鼓舞し、ひいては大勢の観客を牽引し、熱狂させたのだった。そしてくだんの指摘にように、この作品は「ある種の格調の高さ」で客層を狭めるどころか、以後も興行

11月23日から『砂の器』は松竹系の一般劇場で封切られたが、ロードショーでのヒットの勢いはそのまま以後の興行にも伝播して好成績をおさめた。

松竹系で封切られた『砂の器』には、『宇宙人は地球にいた』というドイツ製ドキュメンタリー映画の短縮版が併映となり、これは『砂の器』ファンは首をかしげるセンスであった。だが、評論家の小野耕世は同年度のキネマ旬報ベスト・テンの洋画の第一位に『宇宙人は地球にいた』を推している。

公開翌年の1975年初夏の興行でも『砂の器』は
木下恵介監督『カルメン故郷に帰る』と二本立てで再公開された。
この衰えぬ人気に対して、同時期に公開された
東映の佐藤純彌監督の傑作『新幹線大爆破』などは
作品力はあれど不調に終わった。

さらに1977年2月からも『砂の器』はアンコール公開され、番組の弱さをカバーする
頼みの綱となった。広告中には、組曲「宿命」のホール演奏の告知もある。

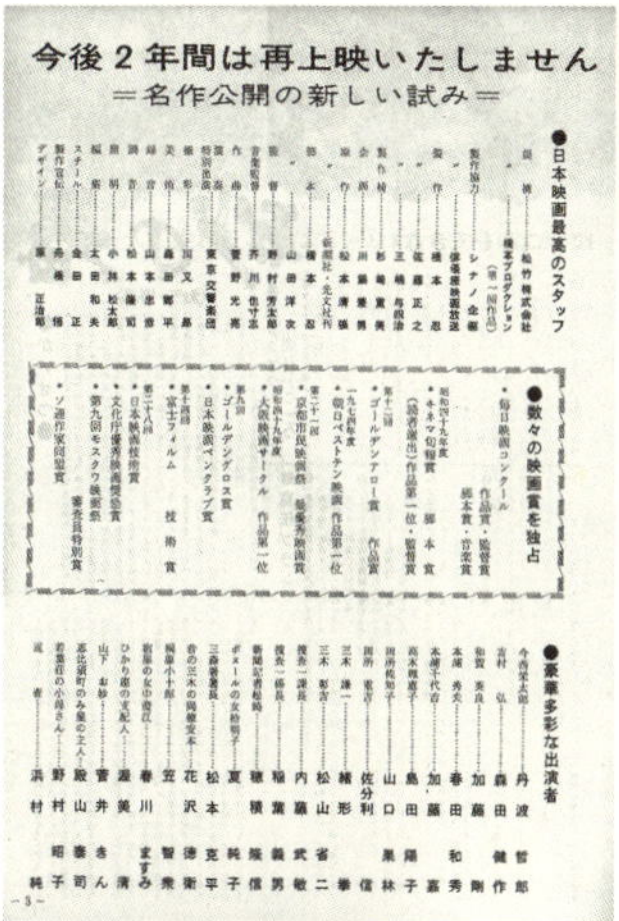

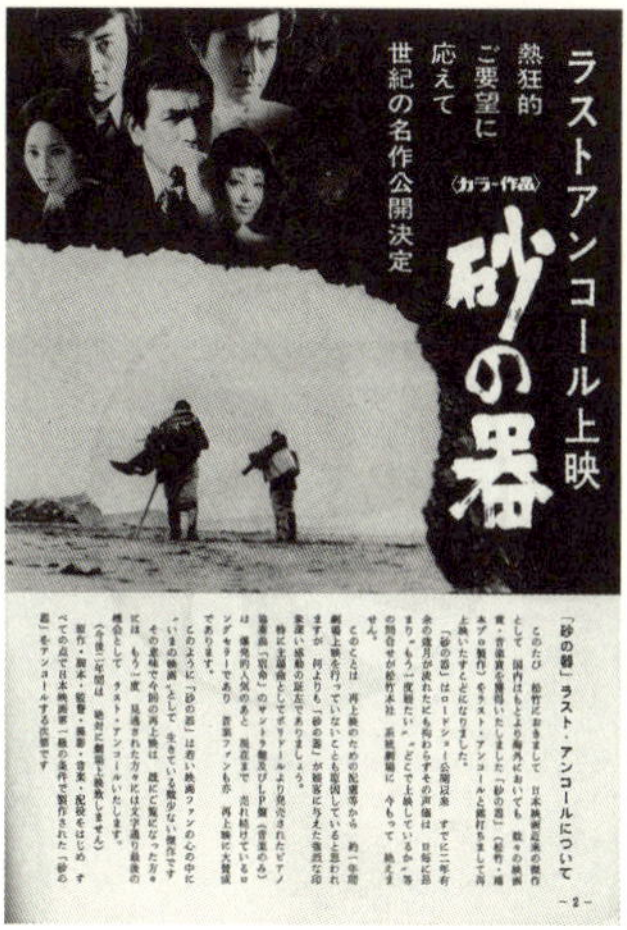

「松竹映画宣伝ガイド」1977年２月号は
小林久三原作、貞永方久監督『錆びた炎』
メインの号だが、「ラストアンコール上映」
「今後２年間は再上映いたしません」を
売り文句にしているが、
翌年秋には再公開している。また、後続番組の
『錆びた炎』が公開されても
『砂の器』を続映している劇場もあり、
劇場からの人気も衰えずであった。

の目玉に事欠く時は「困った時の『砂の器』だのみ」というくらいにドル箱として幾度もスクリーンに召喚されることになった。

私がざっと記憶するだけでも翌75年には松竹名作リバイバル週間として木下恵介監督『カルメン故郷に帰る』と二本立てで公開、77年の貞永方久監督『錆びた炎』、78年の野村芳太郎監督『鬼畜』、83年の三村晴彦監督『天城越え』、86年の三村晴彦監督『愛の陽炎』などの公開の折にも『砂の器』が併映となっていた。封切で新作が旧作と二本立てになること自体異例だったのに、しかもこの頻度で（もっと言えば一日に回せる回数にもかかわってくる長尺なのに）再映される作品など聞いたこともない。

そしてこの77年のリバイバル上映について「松竹映画宣伝ガイド」77年２月号では「ラストアンコール上映」と称して『砂の器』はロードショー公開以来、す

1978年10月には野村芳太郎監督の清張映画『鬼畜』が公開されたが、この際もまた『砂の器』と二本立てであった。『鬼畜』は傑作ながらその容赦ない暗さ、非情さが興行上の懸念点であったので、『砂の器』は安全弁として機能していた。

でに二年有余の歳月が流れたにも拘わらずその声価は日毎に昂まり〝もう一度観たい〟〝どこで上映しているか〟等の問合せが松竹本社、系統劇場に今もって絶えません。このことは再上映のための配慮等から約一年間劇場上映を行っていないことも原因していると思われます」「特に主題曲としてポリドールより発売されたピアノ組曲「宿命」のサントラ盤及びLP盤（音楽のみ）は爆発的人気のあと現在まで売れ続けているロングセラーであり音楽ファンも亦、再上映に大賛成であります」との解説を加えつつ「今後2年間は再上映いたしません」を誘引のキーワードにした（実際は翌年＝一年八カ月後には新作『鬼畜』と二本立てで派手に公開するのだが）。そして宣伝プランとして「①〝名作を大切にする運動〟を起こし学生層に訴えかけよう! ②アンケート作戦を展開しましょう。③主題曲「宿命」の音楽をラジオ、音楽雑誌を通してアッピールしよう。④『砂の器』映画と音楽の夕べ」（原文ママ）を挙げていて、いずれも金のかからない草の根的なものばかりなのだが、④については「交響楽団のあるところでは〝宿命〟を演奏し、ない所はレコードコンサートを開き、映画と音楽をジョイントさせた効果的な有料前夜祭を開いて下さい」となかなかハードルの高い施策を劇場に提案している。こんなイベントを実施した劇場はほぼ無かったと思うが、ただ東京にかぎっては公開前の2月2日に東京音協とのタイアップで中野サンプラザにて指揮＝芥川也寸志、ピアノ演奏＝菅野光亮、演奏＝東京交響楽団による「宿命」コンサートと映画上映のイベントが催行され、私も参加したが大変な熱気であった。

それから6年を経て清張映画の新作『天城越え』公開の際も『砂の器』と二本立てになったが、この時の「松竹映画宣伝ガイド」特集号では「アンコール上映について」と題した解説には「この度、映画ファンはもとより、ふだんあまり映画をご覧にならない方々までもが、内容やその評判を聞いておられるのか、是非見たいとのご熱望が多いものですから、それに応え、松竹・橋本プロ提携作品『砂の器』の再上映を昭和58年2月に決定致しました」と記されてお

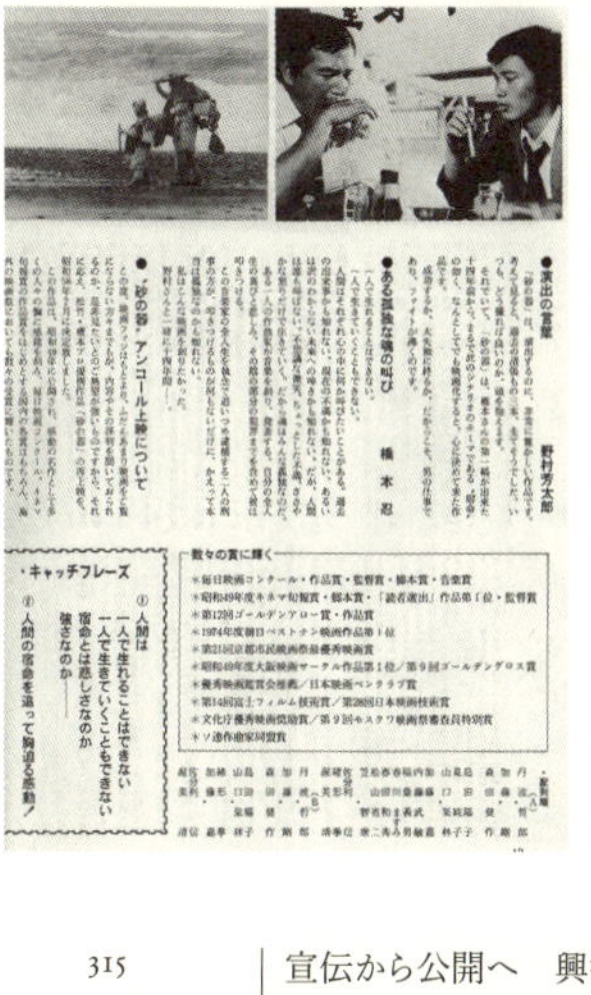

1983年2月には
三村晴彦監督の清張映画
『天城越え』が公開されたが、
これも『砂の器』と二本立てとなった。
「松竹映画宣伝ガイド」『砂の器』特集号
では、もはや特に新たな宣伝にまつわる
言及はなく、『砂の器』の興行価値は
すっかり定評を得ている。

『砂の器』は初公開から12年を経てもなお
新作とカップリングで公開された。1986年3月公開の
橋本忍脚本、三村晴彦監督『愛の陽炎』は、
呪い釘をモチーフにした奇異なるラブロマンスだが、
興行を担保するために『砂の器』を出すのは
松竹から橋本忍への要請だったことだろう。

り、惹句も整理されて「キャッチフレーズ①人間は一人で生れることはできない 一人で生きていくこともできない 宿命とは悲しさなのか強さなのか――②人間の宿命を追って胸迫る感動!」となっていた。この時も東京厚生年金会館で東京交響楽団による「宿命」演奏と後藤啓子による『天城越え』主題歌「季節のない森」歌唱に続いて映画上映というイベントが催され盛況だった。

興行がもたらした衝撃

初公開時の宣伝はなかなかこの独特な作品の面白さを伝えきれていなかった印象があるが、こうしてリバイバルを重ねるほどに作品の解説は要らなくなり、「あの名作」「あのヒット作」と言っておけば観客が集まるようになっていた。特に80年代半ばのホームビデオの本格的な普及期以前は、劇場で観ておかないと次はいつ観られるかわからないということで『砂の器』が再映される劇場には実際多くのリピーターが詰めかけていた。

さて、こうして橋本プロ=橋本忍のこだわりを映した製作・宣伝手法によって『砂の器』は大きな興行的成果を獲得したわけだが、同時に松竹に対して収益にまつわるショックを巻き起こしたという。元松竹のプロデューサーで推理小説作家の小林久三が著した『日本映画を創った男 城戸四郎伝』によれば、松竹社長時代の城戸四郎は、1961年に初めて『砂の器』という企画が提案された際、ハンセン病という取り扱いが難しい問題を描いているだけでなく、日本各地のロケーションで製作費が嵩むことなどの理由からストップをかけた。ところが13年後に橋本忍が橋本プロダクションを興し、野村芳太郎が社を辞めても映画化したいと熱望したことから(さらにそれに応じて東宝の藤本眞澄プロデューサーが引き受ける姿勢を見せるに及んで)、しぶしぶ松竹はゴーサインを出した。製作費は約3億5千万、そのうち2千万を橋本プロが負担することになったが、問題は公開後の配給収入の利益配分であった。

そして今となっては意外だが、松竹サイドは『砂の器』にそれほどの興行力があるとは予測しておらず、配収は5億に届かぬものと踏んで、その場合の配分比率を自社に有利に設定した。逆に橋本プロは5億超えの際に自社が有利になる線を選んだ。ところが作品はヒットして上映館数も拡大し、1974年度の日本映画配給収入ランキングの三位となる7億円をたたき出して、橋本プロは大いに潤ったが松竹としては賭けを外したかたちとなった。なぜ松竹が興行力を過小評価したかについて、小林久三は、製作者に名前を出した三嶋与四治映画製作本部長が「城戸の意見に神経質になり過ぎ興行価値を低く見積もり、最悪の場合赤字を押さえようとして、五億円以内だったときの松竹の利益配分を高くしておこうと計算したのかもしれない。最初から守りの姿勢に入り、強気に出られなかったことが、災いしたといえるだろう」と推測している。そしておそらくこのことが原因で、『男はつらいよ』シリーズやコント55号、ザ・ドリフターズの喜劇でヒット路線を築いていた三嶋が1975年初めに突如製作本部長を解任されるという事態となって、『砂の器』は、結果的に映画制作本部を揺るがす大激震になった」

と小林は振り返る。

そもそもかつて自分が却下した企画の映画化ということで『砂の器』を敬遠していた城戸四郎（当時は会長職）は完成後も作品を観ることもなく、公開二日前の松竹セントラルでの完成披露試写でしぶしぶ後半だけを観て行ったという。そんな作品がヒットしたうえに利益配分で松竹が優位に立てなかったことへの憤慨が、まさかの三嶋の解任につながったらしい。このヒットの後、城戸は橋本忍に、自分は野村芳太郎をそろそろ製作本部長に据え、やがては社長のポストを継いでもらうつもりだったが、橋本が野村を『砂の器』に引っ張り込んで歩合金まで渡したことですっかり管理者のマインドを喪失させた、と怨み節をぶちまけたという（橋本忍『複眼の映像』）。あまつさえ、本来監督の演出料は前年度の興行成績が反映されるはずなのに、城戸は野村監督が『砂の器』の歩合金で相当儲けているから演出料を上げる必要はないと制作本部に指示したもようである。それほどに製作から興行に至るまで、橋本プロにしてやられた感が強かった城戸は『砂の器』への不快感を隠さなかった。しかしながらこの一連の流れは、松竹の「大船調」を確立した自負のある城戸四郎の発想が興行力を失い、その日本映画の限界を特異なシナリオ、少数精鋭のチーム編成、大胆な宣伝広告、そして収益の歩合制で突破しようとした橋本忍や野村芳太郎のアクションが観客の支持を得たという邦画の転回点そのものであったと言えるだろう。

以後、ビデオソフトが一般化すると『砂の器』のリバイバルも一段落するが、２００４年にＴＢＳ「日曜劇場」枠で中居正広主演の連続ドラマ版『砂の器』が放映されたことで世紀をまたいで改めて映画版も話題となり、２００５年４月の野村監督逝去の追悼として６月には『砂の器 デジタルリマスター２００５』が公開された。次いで２０１４年と２０１９年のＴＯＨＯシネマズでの〈午前十時の映画祭〉で再映された時も、常に劇場は熱心な観客（オールドファンのみならず若年層も含む）で埋まった。さらに２０２５年〈午前十時の映画祭〉でも、橋本忍脚本参加の『七人の侍』ともどもアンコール上映されることになった。松竹＝ＰＲＯＭＡＸによる『砂の器』シネマ・コンサートというデジタル時代の賜物と言うべき興行が打たれて、大ホールが立て続けに満員になるなど大きな反響があった。こうして『砂の器』という野心作は変わりゆく興行のかたちにあわせて今だ観客に愛され続けている。

川喜多記念映画文化財団と映画演劇文化協会が主催する「午前十時の映画祭」では人気のクラシックスを上映しているが、『砂の器』はここでも根強い人気であった。

第五章

『砂の器』の影響

奥出雲の亀嵩での
回想シーンを演出する
野村芳太郎監督。

中国の観客・作り手への影響

劉文兵（大阪大学大学院人文学研究科准教授）インタビュー

文革後の日本映画への熱狂

『砂の器』は欧米圏では未だほとんど認知されていない作品だが、モスクワ国際映画祭で受賞したほか、1980年代前半の中国では多くの観客に絶大な人気を得て、後に国際的な舞台に羽ばたいてゆく中国の映画人たちにも鮮烈な影響を与えたという。1967年、中国山東省に生まれた劉文兵氏は、リアルタイムで当時の『砂の器』をはじめとする日本映画の人気を体感し、1994年に来日して東京大学大学院総合文化研究科超域文化科学（表象文化論）博士課程を修了、東京大学学術研究員を経て大阪大学大学院人文学研究科准教授をつとめる日中映画文化研究の第一人者である。

その劉文兵氏が2006年に著した『中国10億人の日本映画熱愛史』（集英社新書）は、拙著『「砂の器」と「日本沈没」70年代日本の超大作映画』（筑摩書房）も主要参考文献とされつつ、文革終焉後の中国において流入してきた日本映画が強烈な文化的衝撃をもって観客を魅了し、深く愛されたかについて詳しく言及された、興味尽きぬ一冊であった。このほか劉氏の『日中映画交流史』（東京大学出版会）、『映画がつなぐ中国と日本』（東方書店）、『日本の映画作家と中国』（弦書房）と続く著作群は、われわれ日本人からすると意外なまでの熱烈さで中国の観客が（しかもなぜその作品を？という）日本映画を偏愛していた時代があったことを教えてくれる貴重な記録である。

1966年に始まる文革が10年を経て終りを迎え、経済の再建と思想解放の波が起こるなか、

清張原作『砂の器』は
『砂器』のタイトルで中国語版が
南海出版公司などから
刊行されている。

1978年に北京、上海をはじめ八つの主要都市で第一回「日本映画祭」が開催、『君よ憤怒の河を渉れ』『サンダカン八番娼館 望郷』『キタキツネ物語』が上映されたことが日本映画人気の着火点だった。特に『君よ憤怒の河を渉れ』『サンダカン八番娼館 望郷』の人気は凄まじく、チケットの争奪戦が起こったり、遠方からの観客も含めて数万の観客が上映に押し寄せたり、大変な騒動になっていたという。私は1976年に公開されたこの佐藤純彌監督『君よ憤怒の河を渉れ』を試写で観て、その荒唐無稽な活劇の連続は面白いと思ったものの、製作条件の限界から細部の描写が貧しさを露呈しているのが気になった。志ある娯楽作ながらチープな表現が目について、興行も批評もかんばしいものではなかった。ところが文革から解放された中国の観客にとっては、本作が安づくりどころかひじょうに華やかで都会的なセンスを横溢させた痛快アクションと映って、実に当時の中国人の八割(!)が観て面白さに唸ったという「国民的」ヒット作になったのだった。私も後にこの観客世代の中国の研修生をレクチャーする時に、試しに(これもまた日本では観客が冷笑気味に聴いていた)ワイルドで濃いテーマ曲を口ずさんだだけで、皆が狂喜するというリアクションにふれて、伝え聞く逸話は本当なのだと実感した。

こんな流れにのって、翌79年の第二回「日本映画祭」で紹介され、80年に広く公開されたのが『砂器《シャチー》』こと『砂の器』であった。『砂の器』はわが国同様に、その親と子の絆を描くクライマックスが多くの観客の涙を誘った。さらにこれは日本では見られなかったことだが、和賀英良というクールなキャラクターに惹かれ、そのファッションをまねする若年世代も現れた。だが、劉氏は『砂の器』がさらに紅衛兵世代の深部に突き刺さる要素をもっていたことを指摘する。

樋口尚文　劉先生が幼い頃、中国で初めて観た映画は何ですか。

劉文兵　まだ小学校にあがる前に観た『トラ・トラ・トラ!』だと思います。1970年代半ばのことですが、当時は他の娯楽の選択肢もあまりありませんでした。その後、日本の作品で言うと、『砂の器』の前にテレビ映画の堺正章主演『西遊記』をよく覚えています。中国がロケに協力した関係で、深夜に特別に二話だけ放映されたんですが、「三蔵法師が女性だなんて、わが国の古典をこんなにめちゃくちゃにしやがって!」と思う一方で「めちゃくちゃ表現が面白い!　主題歌もいいし、もっと観たい」と矛盾にさいなまれた記憶があります。

樋口　『砂の器』はいつご覧になりましたか。

劉　『砂の器』は1980年、13歳の時に映画館で観ました。日本映画の黄金期はたしか7000館以上の映画館があったらしいですが、ちょうど当時の中国もそんな状況に近かった。僕の家からも10分ちょっと歩いたらいくつも映画館があって、本当に気軽にふらっと入っていろいろな映画を観られました。人気のある映画のチケットはなかなか入手できなくて、映画館の前には凄い数の観客やダフ屋がひしめいていました。『砂の器』を観た映画館は1000人くらい収容できて二階席もある大きい映画館でした。料金がとても安く設定されているので、そのくらいたくさん収容できないと採算がとれなかったでしょうね。僕は休憩時間にトイレに隠れて、次の回もチケットを買わずに観たりしていたんですが、お客さんがいっぱい押しかけるので、潜りこむにしても空いている席が一番前しかなかったこともよくありました。

樋口　映画館といえば張芸謀（チャン・イーモウ）が『ワン・セカンド 永遠の24フレーム』（'20）という作品で文革時代の地方の映画館を描いていて面白かったですが、当時もまだあれに近い盛況だったのですか。

劉　あれは『砂の器』が公開される以前の様子ですが、あんなふうに皆大勢で集まって観ることはよくありました。張芸謀もあんな騒然とした環境で『君よ憤怒の河を渉れ』を観て大興奮したと言っていましたね。みんな同じ映画を熱狂的に繰り返し観るという時代でした。

樋口　その時は『砂の器』だから観るということではなく、文革後の開放政策でようやく輸入されて大人気だった日本映画の一本としてご覧になったんですよね。

劉　そうですね。その頃は日本映画だったら何でも観ちゃう感じでした。子どもだったのに、話題になっていた『サンダカン八番娼館 望郷』まで観ていました（笑）。「あれはオトナの映画だから観ちゃいけない」と言われると逆に観たくなりますからね。それに中国にはレイティング・システムが無いので、いくつの子が観ても差し支えなかったんです。それに私の父は官僚だったので内部試写で観る機会もありました。

樋口　その内部試写というのをよく聞くのですが、それはどういう場所で誰が観ているものなんですか。

劉　いい質問ですね（笑）。もっともらしいものとしては、外国映画の内容を審査して上映の可否を決める映画人向けの内部試写がありまして、もうひとつはいわゆる特権階級が一般には観られないものをこっそり観るというものです。それも普通は人民代表大会をやるようなホールで、一般の人を入れないで上映するんです。

樋口　どこかの機関の秘密の部屋で、ということではなく、けっこう立派なところでやるものなんですね。

劉　80年代後半まではそういう内部試写をけっこうやっていました。たとえばフランス映画の無修正版などをやるともう大盛況でした（笑）。役人に賄賂を渡すなら金品よりも内部試写のチケットの方が効き目がある、なんてことも囁かれていましたね。チケットは官僚のところに配られてくるんですが、みんな行かなくなった人から手に入れたりしていました。張芸謀や陳凱歌（チェン・カイコー）の世代ではそのチケットを偽造して観ていたなんて話もありましたね（笑）。

樋口　基本的には一般に上映できないものを内部試写で観ていたんですね。

劉　そうです。たとえば松本清張原作、山口百恵主演の『霧の旗』は三國連太郎さんの迫真の演技のおかげで性的なシーンが検閲でひっかかって上映禁止になった。百恵さん大人気の時代でしたから皆観たかったと思いますが、あれは内部上映でした（後にはビデオ上映された）。それと、一般公開される映画でも違うバージョンを内部試写で見せることはありました。たとえば『人間の証明』で岡田茉莉子さんが戦後のどさくさで米兵にレイプされるシーンなどは、一般公開では吹き替えの裸がカットされているのに内部試写バージョンでは元のまま残されていたりするんです。

樋口　さて興味深い当時の映画事情のお話でしたが、『砂の器』に話題を戻しますと、１９７６年の文革終結の後、鄧小平の改革開放政策で７８年10月に第一回の日本映画祭が開催され、熊井啓監督『サンダカン八番娼館 望郷』、佐藤純彌監督『君よ憤怒の河を渉れ』、蔵原惟繕監督『キタキツネ物語』が上映されて大変反響を呼んだ。それに続くのが『砂の器』だったんですね。

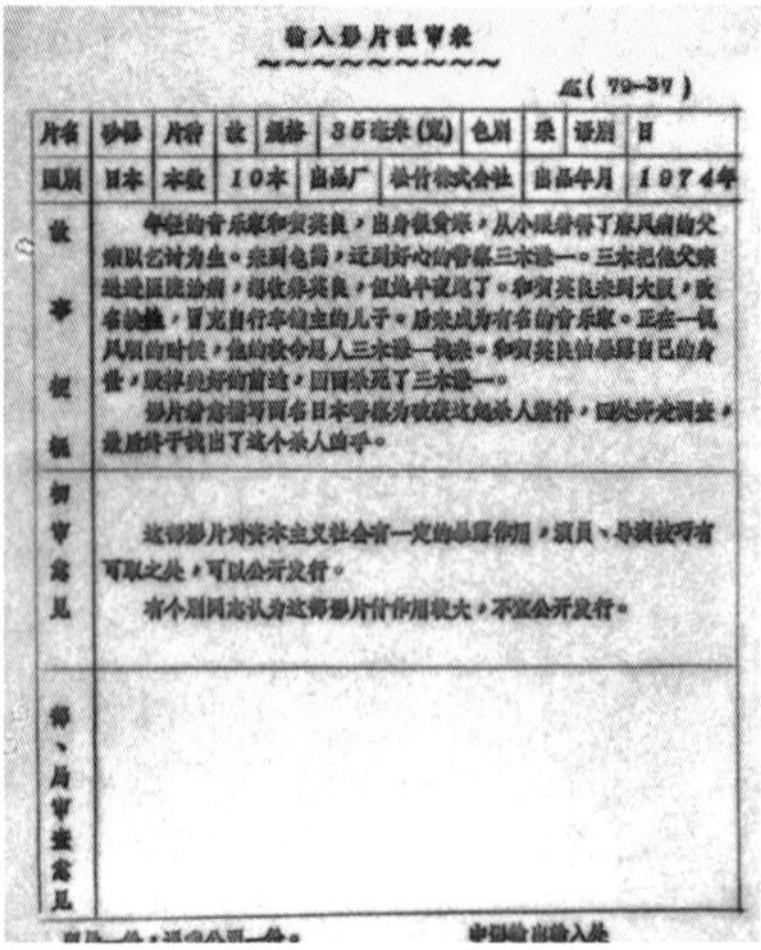

输入影片报审表

(79-37)

片名	砂器	片种	故	规格	35毫米(宽)	色别	彩	语别	日
国别	日本	本数	10本	出品厂	松竹株式会社	出品年月	1974年		

故事梗概：年轻的音乐家和贺英良，出身很贫寒，从小跟着得了麻风病的父亲以乞讨为生。来到龟嵩，遇到好心的警察三木谦一。三木把他父亲送进医院治病，收养英良，但他半夜逃了。和贺英良来到大阪，改名换姓，冒充自行车铺主的儿子。后来成为有名的音乐家。正在一帆风顺的时候，他的救命恩人三木谦一找来。和贺英良怕暴露自己的身世，就杀死了三木谦一。影片着重描写两名日本警察为破获这起杀人案件，四处奔走调查，最后终于找出了这个杀人凶手。

初审意见：这部影片对资本主义社会有一定的暴露作用，演员、导演较可有可取之处，可以公开发行。有个别同志认为这部影片副作用较大，不宜公开发行。

部、局审查意见：

1980年の『砂の器』中国公開当時の党による審査結果報告書には「副作用（悪影響）の懸念あり」と記されている。

劉　『砂の器』は７９年の日本映画祭で上映され、翌８０年に全国公開されました。当時の検閲では資本主義社会の諸問題を炙り出しているので評価できる、とされています。したがって全国で公開してもかまわないが、当時の検閲側の審査結果報告書には「一部の同志からは『副作用が大きいかも』という懸念も表明された」と記されています。

樋口　「副作用」とは何でしょう。

劉　「悪影響」ですね。この映画のラストは、資本主義と社会主義のいずれに与するのかわからないところがあると。社会主義のイデオロギーの根幹にあるのは唯物論ですが、「宿命」という主題は唯心論なので上映に相応しくないのではないか。当時とても影響力のあった映画雑誌の評でもその点が指摘されていますね。この映画雑誌はとてもいい紙をつかった、４年し

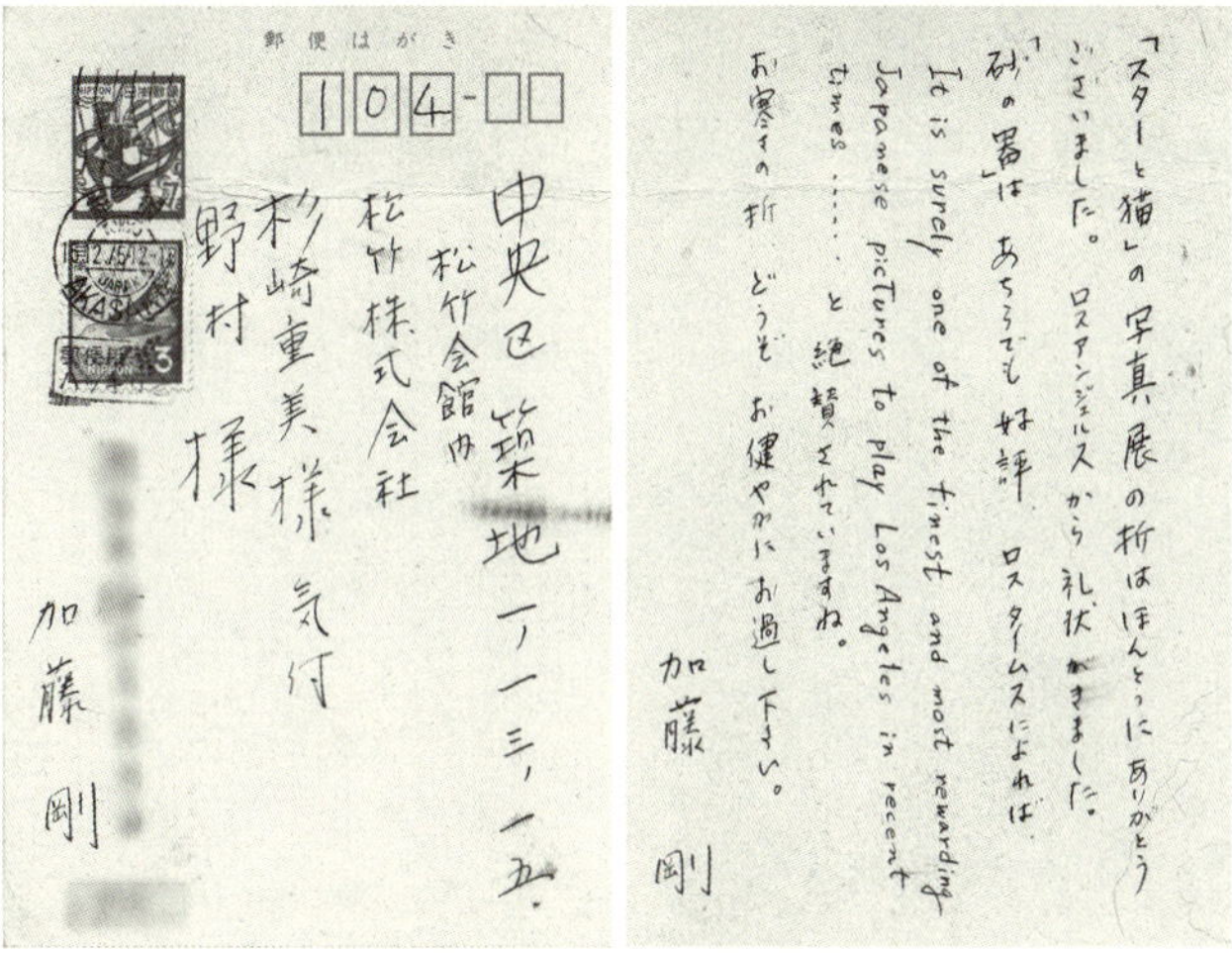

日本公開間もない頃、加藤剛から野村芳太郎監督に宛てた礼状。ロサンゼルスでの好評について言及されているが、北米で大きな規模での公開はなかったので、中国とは違ってこうした評判は限定的なものだった。

か存在しなかった幻の映画雑誌なんですが、その創刊号にも『砂の器』の評が載ったんですね。1980年は山本薩夫監督『華麗なる一族』や山田洋次監督『遥かなる山の呼び声』なども注目されていましたが、そのなかで『砂の器』をとりあげている。

樋口　『砂の器』は主題にやや問題もあるが評価できる、という受け入れ方だったんですね。

劉　『砂の器』がスムースに公開できた下地となったのは、やはり『サンダカン八番娼館 望郷』でしょう。『サンダカン八番娼館 望郷』は当時としてはかなりショッキングな内容を含んでいましたが、それまでの文革イデオロギーを変革するにはこういう異質なものが必要だという空気があったんですね。まさに鄧小平さんの思想解放キャンペーンの一環だったと思います。

樋口　でも劉先生が13歳で観た時は、そういう思想的なことや演出、撮影の技巧のことじゃなくて、きっとスタア俳優のほうに目が行きますよね（笑）。

劉　そうですね（笑）。まさに加藤剛さんはカッコいいし、島田陽子さんは魅惑的でした。中国の王超（ワン・チャオ）監督も凄く島田さんが好きで、やっぱり『砂の器』でファンになって、真剣に自分の映画に出てもらいたいと考えていたようです。あの「紙吹雪の女」のシーンが美しくて忘れられないんだと言っていました。文革時代の美しさの基準が勇ましく力強いものであったのに対して、こういう儚げな、破滅に向っていく美というものがとても新鮮だったんです。そういう感覚も含めて当時の中国の人間にとって『砂の器』は衝撃的な作品だった。何よりあの和賀英良という、悪人なんだけれども同情できる人間像というものがそれまで中国映画に存在しなかったんです。

樋口　そこですよね。和賀はひじょうに同情を誘う悲劇的な宿命のもとに生まれてはいるものの、恩人殺しの犯人であるわけで、そこを直視すると絶対泣ける映画にはならないわけです。その点については中国の観客はどういうふうに観ていたんでしょう。

劉　とてもアンビバレントな感覚ですね。複雑で整理できなかったと思います。むしろ和賀の少年時代、秀夫の時代は理解しやすいはずなんです。あそこは弱者を描いて文革イデオロギーに通底するものもある。でも大人の和賀が罪を犯すのは悩ましいですよね。和賀英良はあんな事やってるけれど、まあ見た目がいいから許しちゃうかな（爆笑）って感じでしょうか。実は中国の吹き替えバージョンを創った監督もこの点は気にしていました。

樋口　中国で日本映画を公開する時は自ずと吹き替えなんですか。

劉　当時は１００％吹き替えです。それだとどうしてもオリジナルとはちょっと違うニュアンスになっちゃうんですね。日本の声優さんがハリウッド映画の吹き替えをやる時にちょっとバタ臭いというかオーバーな発声をやったりしますが、中国の声優さんもそんな感じなんです。

中国の画期的だった映画雑誌『電影画報』1980年3月号に掲載された『砂の器』評。

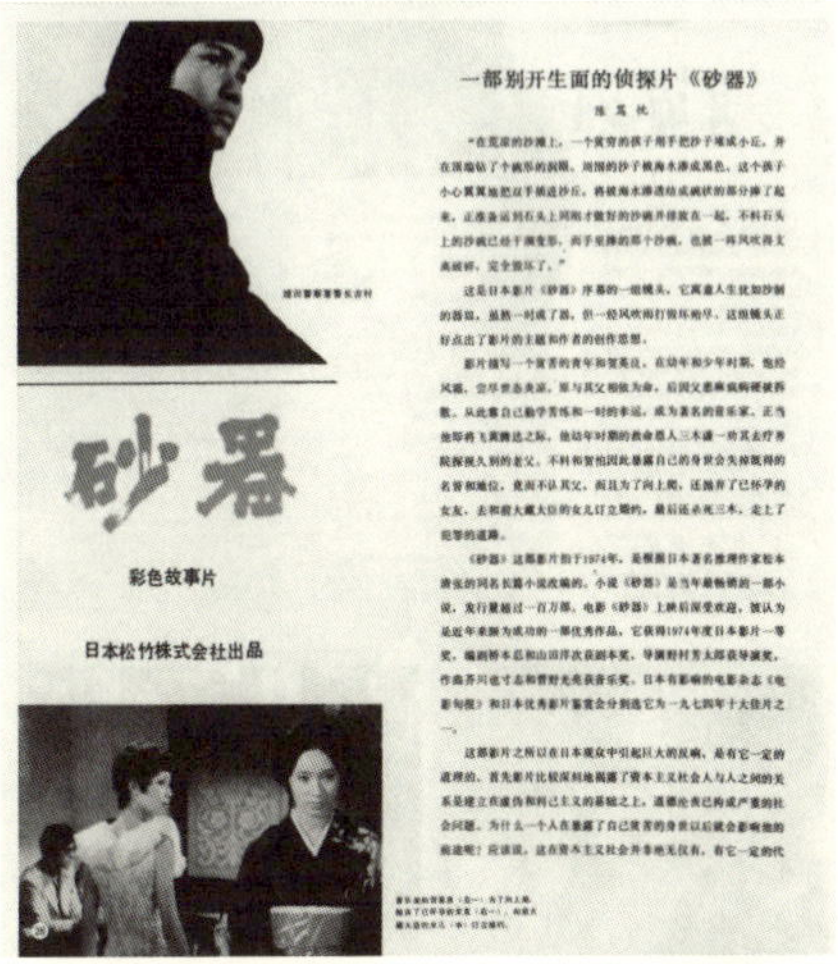
一部别开生面的侦探片《砂器》

砂器

彩色故事片

日本松竹株式会社出品

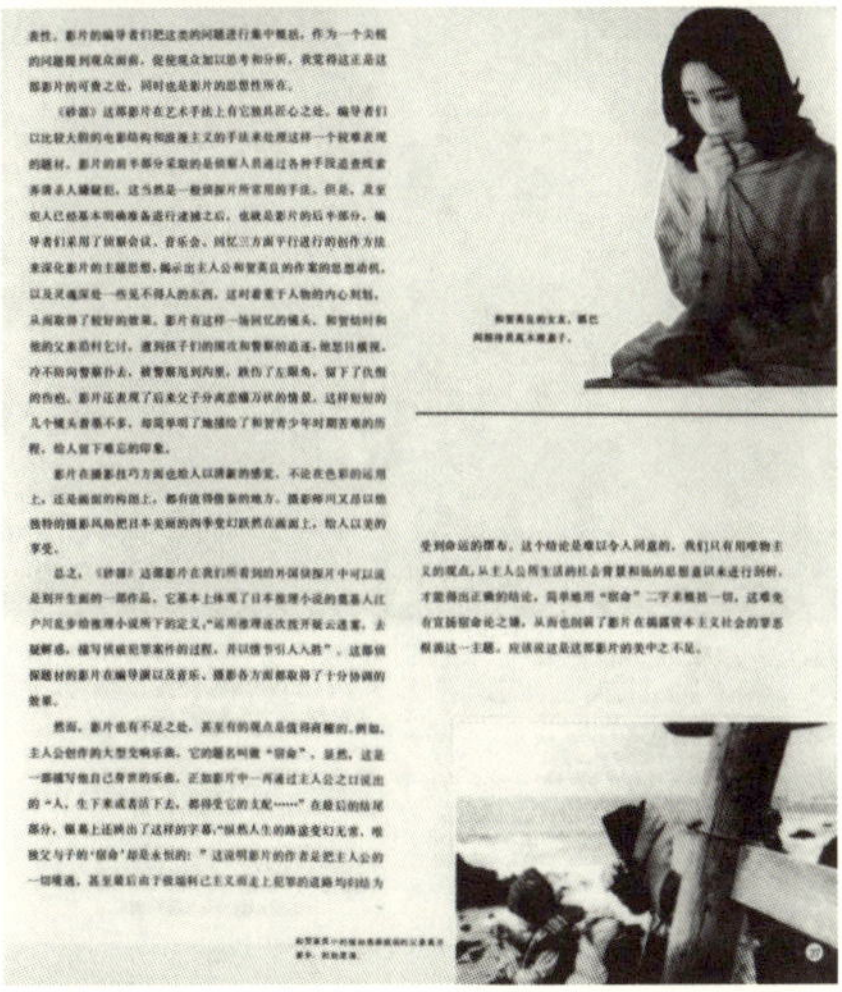

だから栗原小巻さんや松坂慶子さんが凄くヨーロッパ的な堂々たる発声をしていたりするんです（笑）。本物の栗原さんや松坂さんみたいに静かな発声のほうがもっとロマンティックになるのになあと思うんですが。でも逆にそんな中国バージョンの吹き替えファンというのもいるんです。たとえば吹き替えなら「上海電影訳製廠（上海映画翻訳制作会社）」の、あの声じゃないとダメ、といった声もありました。

樋口　それは日本人の吹き替え版ファンと同じですね。『007』もショーン・コネリーじゃなくて若山弦蔵の声でなければ、みたいな（笑）。

劉　その声優たちの他のヨーロッパ映画での役柄にもリンクさせて楽しむ、という感じもありました。

樋口 日本と全く同じですね。

劉 『砂の器』もバタ臭かったかな。でも加藤剛さんの役がアーティストだからまだよかったかもしれませんね。

樋口 そのアーティストという点では、『砂の器』の和賀英良のような職種の表現があまり往年の撮影所の衣装部などは得意ではなかったので、公開当時のぼくらからするともっとこのファッションはスタイリッシュになるのになあと思ったのですが、当時の中国の観客からするとあの和賀のイメージはじゅうぶんカッコよかったのですね。

劉 とてもカッコよく見えて、地方によってはサングラスをかけて、シャツの襟をジャケットの上に引っ張り出して、ファッションをまねする若者がたくさんいたようです。当時は香港映画も少しずつ観られるようになったんですが、そこにはもみあげ長めでファッショングラスをしているような男性が登場するんですね。加藤剛さんもそれに近い印象で、時代の最先端を行っているような印象でした。

樋口 それに近い驚きがあったのは、『君よ憤怒の河を渉れ』の新宿も、われわれには見慣れた、ごみごみした風景にしか見えなかったのですが、中国の観客はしゃれた大都会に見えたと聞き、驚きました。文革が終わった直後の中国はそんな感じだったんですね。

劉 あの頃の観客には和賀英良の姿も東京の風景も遠いあこがれだったと思います。そういう都市的なものは従来の中国社会の価値観ではブルジョワ腐敗文化だったわけで、映画の中でも都市は描かれなくなっていた。毛沢東の革命戦略では農村こそが革命の主役であって、物質文明に堕した都市は否定の対象だった。ですから文革終焉後に観た『君よ憤怒の河を渉れ』に出て来る東京は未知なる資本主義世界を生々しく見せられるという大変衝撃的な体験だったんです。そしてやはりこの映画から見えてくる世界の物質的な豊かさにあこがれて、中野良子や原田芳雄のファッションをまねする若者たちも現れたんですね。それに、『君よ憤怒の河を渉れ』の高倉健さんと同じく『砂の器』の加藤剛さんも寡黙に行動するところが魅力的だったんです。

樋口　そんな『君よ憤怒の河を渉れ』の高倉健さんは、検閲で女性周りの部分をかなりカットされて凄くストイックな人格者みたいなキャラクターになってしまった。しかしそのことでよけいに健さんのイメージがカッコよくなって人気に拍車をかけたようだとご著書に書かれていましたね。

劉　カットは検閲の問題もあるのですが、一方には興行上の要請もあって、中国では映画は二時間におさめるのが今も定式です。日本映画の問題点は二時間超えで長すぎるものが多い。普通の映画なら一日六回かけられるのに日本映画は四回しかかけられないという問題が起こる。そんな事情もあってカットされるのですが、『君よ憤怒の河を渉れ』などは逆に切ったほうがぐっとコンパクトになって見やすくなったんですね（爆笑）。

樋口　あの映画はどんどん間引いたほうがよいでしょう（笑）。それで思い出しましたが、同じ佐藤純彌監督が『君よ憤怒の河を渉れ』の前に作った『新幹線大爆破』という傑作も、フランスに輸出された際に配給のゴーモンが45分も切ったバージョンを作って公開したら、やはり凄くスリムで見やすくなって大ヒットした、という経緯がありました。『君よ憤怒の河を渉れ』がそこまで中国で人気だとしたら、はるかに傑作の『新幹線大爆破』は中国では流行らなかったのですか。

劉　『新幹線大爆破』はずっと後の1992年になってようやく一般公開されたのですが、もうその頃は中国の映画熱が冷めてしまった時代で、そこまでの評判にはならなかったんです。やはり『君よ憤怒の河を渉れ』は時代との出会い方がよかったんですね。

樋口　その上映時間2時間という制約があるとすると『砂の器』は2時間23分もありますが、やはりカットされたのですか。

劉　『砂の器』も、前半の刑事の捜査のところは一部カットしたと思います。ただし『砂の器』で後半の川又昂先生がとらえた日本の四季の映像は全くカットされていなかった。これは幸いでした。

中国「第五世代」以降の作り手への影響

樋口　いま文革終焉後の都市的なものへの渇望が『君よ憤怒の河を渉れ』や『砂の器』への驚き、あこがれにつながっているというお話でしたが、『砂の器』の怒濤のごときセンチメンタリズムもそこへ加えてよいのでしょうか。

劉　文革期の中国映画はプロレタリアの哀れさを押し出してはならず、地主・ブルジョア階級の抑圧に対する抵抗心をアピールすることが求められていたので、『砂の器』の強烈なセンチメンタリズムは新鮮で魅力的だったと思います。実は文革期にも北朝鮮版『おしん』と呼ばれる『花を売る乙女』（'72）という映画が全中国で大ヒットしたのですが、この映画も『砂の器』のように「これでもか」と泣かせる映画なんです。つまり、自国の映画では満たされないセンチメンタリズムを北朝鮮というよその社会主義国のメロドラマ映画に求めたというわけですね。

樋口　しかし『砂の器』については、紅衛兵世代の若者が、そういったセンチメンタルな感動にはおさまらない、もっと複雑な感情で心をつかまれていたのだと劉先生は指摘されていますね。さすがに日本に生まれ育つと、『砂の器』にそういう感情をかきたてられるのかという驚きがありました。

劉　紅衛兵世代、映画監督で言えば張芸謀や陳凱歌といった中国第五世代の名だたる作家たちがそこに該当するわけですが、ふたりとも『砂の器』に深甚な影響を受けています。彼ら紅衛兵世代の若者は文革初期には父親、教師、ベテラン政治家などを「反革命分子」と罵り暴行を浴びせて糾弾した。にもかかわらず、後に「下放」によって農村での貧困生活を強要された彼らは、文革期の「父親殺し」のトラウマを引きずり「下放」の苛酷な記憶にさいなまれ、精神的な「孤児」として生きることとなった。ですから、そんな彼らが後に『砂の器』を観た時には心に突き刺さるところがたくさんあったのです。

樋口　それは日本人には到底想像できない興味深い出会い方です。

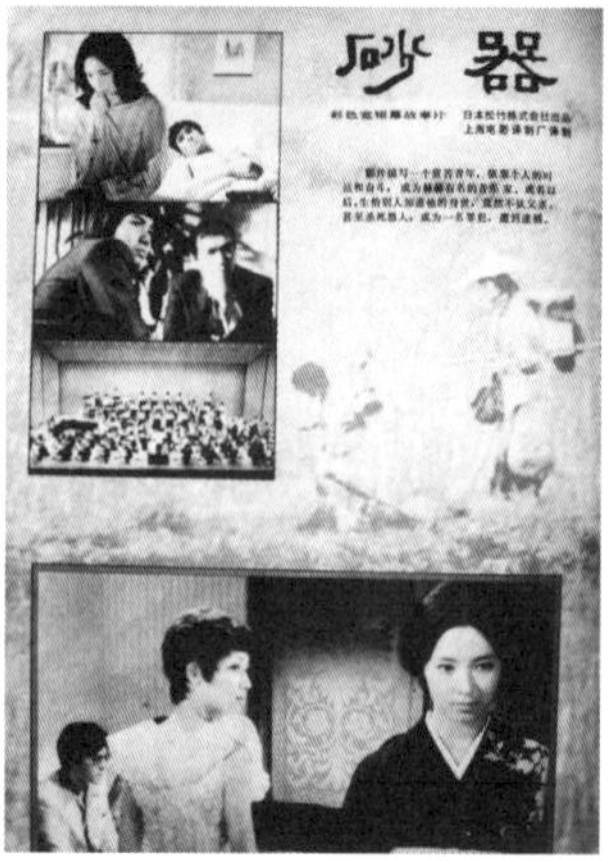

中国最大の映画雑誌『大衆電影』1980年2月号に掲載された『砂の器』評。

劉　文革中に父の世代を否定し消し去ろうとした加害のトラウマを抱える紅衛兵世代にとって、ぬぐえない罪を犯しながら新たな道を生きていこうとする和賀英良という人間像がとても響いた。そもそも文革期のプロパガンダ映画では人物が単純な善悪の二項対立で描かれていましたから、和賀英良という善悪に還元されないグレーな存在はタブー視されていたんです。だからこそこの和賀というアンビバレントなキャラクターは中国の観客にはきわめて新鮮な印象を与えたのですが、特にこの紅衛兵世代は感じるものが大きかったことでしょう。

樋口　まさに和賀は最愛の父を葬った精神的「孤児」そのものですからね。

劉　そしてあの親と子の辛い放浪のイメージもまた、「下放」による被虐の記憶を思い出させた。そういう過去を断ち切っていこうとする和賀への共感があったんですね。そしてこの背景にある「宿命」というテーマがひじょうに当時の中国の観客には切実なものだった。文革期は、「血統」という「宿命」、つまりどんな家庭に生まれたかによって、人民の階級が決定された。労働者階級出身の子弟は出世し、かつての有産階級や失脚した政治家、知識人の子弟は激しい糾弾と排除の対象になった。この文革の狂乱を緩和するためについに当局は一部の非プロレタリア階級の子弟を親と切り離して処遇する方針を打ち出しましたが、このことが余計に親子の非情な断絶を生んでしまった。

原作の英訳版
『Inspector Imanishi Investigates』
（今西刑事は捜査する）。

樋口　親と子の「宿命」が全人民に問われたテーマだったんですね。

劉　そうなんです。文革中、張芸謀は父が元国民党の軍人であったために差別を受け、陳凱歌は熱狂した群衆につるし上げられる父を魔がさして突き飛ばしてしまったとそれぞれ痛みとともに回想しています。なので、公開当時に彼らが在籍した北京電影学院の学生の間で『砂の器』は最も話題になった映画だと言われています。

樋口　その中国第五世代の監督の作品で、具体的に『砂の器』の影響が見てとれるものは何でしょう。

劉　まさにその陳凱歌が監督、張芸謀が撮影した『黄色い大地』のオレンジ色のバックに人物のシルエットが現れるところは『砂の器』の冒頭を想起させずにはおかないですね。また、『砂の器』では川又昂キャメラマンが屋根などを前面にナメながら後景の人物を映す場面が散見されます。それまでの中国映画は左右対称の端正な構図ばかりだったので、そういった破格のショットはなかったのですが、『砂の器』以降は『黄色い大地』のほか、張軍釗（チャン・チュンチャオ）監督『一人と八人』、黄建新（ホアン・チェンシン）監督『黒砲事件』といった第五世代の作品では『砂の器』的な大胆でアンバランスな構図が試行されています。後に陳凱歌が監督した『北京ヴァイオリン』は、現在の中国で父親が苦労して息子をヴァイオリニストに育てる物語ですが、この父と子の絆という主題はもとより、成功した息子の演奏シーンに回想が織り込まれる構成は、明らかに『砂の器』へのオマージュでしょう。あの本浦秀夫がご詠歌とともに鳴らす鈴の音を意識した効果音まで入っているんですから。

樋口　劉先生はそのことについて陳凱歌監督とお話しをされたそうですね。

劉　2007年頃に陳凱歌監督と歓談していたら、自分は本当に『砂の器』が好きで影響を受けているし、『北京ヴァイオリン』は『砂の器』には到底かなわないよ、とまで謙虚に仰っていたんです。あの文革の時代を生きた人ですから、それはもう内容の面でも技巧の面でも深く影響されたに違いありません。ところが後年正式にインタビューを申し込んだらさっぱり『砂の器』の話が出て来ない（笑）。国際舞台で活躍する映画作家は、海外のジャーナリストには彼らが理解できるようなかたちで自作や作風を語るなど、しばしば発言の使い分けをするものですが、その際に国際的な共通言語にならない『砂の器』という映画はどうもかわいそうな境遇にあるようです（笑）。でも、張芸謀と話した際も、影響を受けた重要な作品として『砂の器』を語ってくれましたし、『第二十条』という正当防衛の境目や倫理観を探る新作も『砂の器』を思い出させます。あれを観るとまだ張芸謀は『砂の器』を引きずっているなという印象を持ちました。

樋口　第五世代以降の作り手への影響もあるのでしょうか。

劉　実は第六世代も例外ではありません。先ほどふれた島田陽子ファンの王超監督も第六世代ですし、日本でもよく知られている婁燁（ロウ・イエ）監督の『二重生活』は『砂の器』的だという評があっただけでなく、監督本人も野村芳太郎監督の名前を出して『砂の器』の影響を公言しています。ただ、第六世代の監督はヨーロッパの映画祭へ出品することが多いわけですが、その際にやはりヨーロッパのジャーナリストに合わせた答えをしてしまうので「野村芳太郎監督に影響を受けました」という回答が出て来ないんですね。でも実際に第五世代、第六世代の監督と話すと、実は自分たちは日本の社会派映画の影響が大きいんだという発言がけっこう返って来るわけです。たとえば山本薩夫監督の『アッシイたちの街』なんて日本人ですらあまり知らない映画から（笑）小市民の日常に焦点をあてることを学んだとか、そんな声さえ聞こえてきます。ちなみに中国の観客にとっては、ハンセン病を扱った『砂の器』もれっきとした社会派映画の一本なんです。

樋口　その方面のテーマに影響された映画もあるのでしょうか。

劉　『砂の器』の影響を受けたハンセン病をめぐる映画が、少なくとも1984年と1985年に二本作られました。1980年の時点で中国全国でハンセン病村や、専門病院の数は1199にのぼったとの記述もありますが（『Leprosy in China: A History』）、そういうことは普通なら映画の題材にし難いはずなので、『砂の器』の影響と見て間違いないでしょう。ひとつめの『13号地区』（'84）は、文革の狂乱のなかで、迫害から逃れるためにハンセン病村に潜り込んだ医者の物語です。彼はこっそり患者たちの治療にあたるのですが、ある日、かつて自分に激しい迫害を加えた党幹部がハンセン病患者として送られてきて、この患者を殺したい衝動に突き動かされます。もうひとつの『浄土』（'85）は、『黄色い大地』の兵隊役の王学圻（ワン・シュエチー）が主演です。雲南省にあるハンセン病村を舞台に、文革中に投獄され、8年の刑を終えた男性外科医と、医療関係者の女性、そしてハンセン病患者の女性の三角関係を描いたもの。映画自体はたいしたものではないのですが、国家公務員だった映画人が個人プロダクションに近い形で製作したという点が画期的で話題になりました。

樋口　ともに文革トラウマが強烈な作品ですね。ところで先ほどの『北京ヴァイオリン』も然りですが、『砂の器』の技巧、特にモンタージュに影響を受けた作品はほかにありますか。

劉　たとえば毛沢東暗殺に失敗した林彪を乗せて墜落する飛行機のパイロットを描いた趙心水監督『瞬間』（'80）という作品がそうですね。そのパイロットが殉職するシーンと、恋人のコンサートのシーンが交互にモンタージュされるのですが、恋人がなんとピアニストなんです（笑）。これは間違いなく影響を受けているなあと思いました。

樋口　しかしこうしたさまざまなフェーズでの『砂の器』の中国における影響を伺っていると、驚きを禁じえません。もちろん映画が公開され、観客にふれるタイミングの問題も大きかったと思いますが。

劉　『砂の器』という映画は、宝石のように違う角度から光をあてると違う魅力が見えてくる多義的な映画なので、幅広い層に受け入れられたと思います。先ほどふれたように紅衛兵世代は自分たちが文革中にはたらいた「父殺し」の経験ゆえにこの映画には強烈に惹きつけられたと思いますが、一方で資本主義社会の裏にいる貧しい人たち、虐げられている人たちへの同情という点では案外文革派も共鳴できたのではないでしょうか。

樋口　そういえば、やや先に中国で公開された『人間の証明』も過去を抹消して生きていこうとする人間を描いていて『砂の器』と似た設定なのですが、こちらはどう評価されていたのでしょう。

劉　『人間の証明』もなかなかの人気でしたが、『砂の器』のように観客に深く長い影響を与えたものではありませんでしたね。ただし自らも過去を消そうとするファッションデザイナーの岡田茉莉子が、罪を犯した息子の岩城滉一に「そんなにくよくよしてもやったことは覆らない。悪人なら悪人らしく生きなさい！」という意味のことを言うシーンなどはあまりにも強烈な印象でした。こんなところも、文革中はさまざまな加害行為をやらかしてしまったけれど、その罪を引き受けて何とか生きていくしかないという紅衛兵世代の気持ちに強く訴えかけたと思います。この世代の人々は文革中にはろくな教育も受けられなかったと思うのですが、文革後には凄まじいパワーで活躍することになる。まさにこれ文革の反動ですが、そのダークな過去にかたをつけて未来に進んでゆく彼らのメンタルな面で『砂の器』や『人間の証明』のような人物表現は影響を与えていると思います。

樋口　和賀英良がそういう意味でもカッコよく見えたとすれば、彼は中国ではダークヒーローなんですね。

劉　そうなんです。91年にベストセラーになった周

1991年の周励のベストセラー『マンハッタンの中国女』には美男アイコンとしての「和賀英良」をめぐる言及がある。

小さな判型『砂の器』のビジュアルブック。当時の中国ではこの廉価なビジュアルブックが人気を博し、文革後のある世代の思い出のグッズになっている。

励の小説「曼哈顿的中国女人（マンハッタンの中国女）」では80年代初頭の上海で出会った男性の外見を「まるで映画『砂の器』の和賀英良のようだ」と描写しています。すっかり悪者ではなくイケメン扱いですね（笑）。

樋口　『太陽がいっぱい』のアラン・ドロンも悪人ですが、観客からするとクールで儚げなイケメンとしか映っていませんでしたので、あんな感じだったのでしょうね。子どもの劉先生から見てもイケメンだったのですか（笑）。

劉　はい、当時は映画のスチールの下に台詞を載せた小さなビジュアルブックが本屋に並んで安定的な人気を得ていたのですが、『砂の器』も『砂器《シャチー》』というタイトルで売っていました。この表紙のサングラスの加藤剛さんを見て子どもの私もカッコいいなあと思っていましたね。この本はそれこそネタバレで全部ストーリーも書いてあって、当時の映画料金と同じくらいに安いものでした。日本円なら5円くらいの廉価です。これを私は定期的に買っていて、『人間の証明』なども持っていましたが、映画を観ていてわからない部分もこの本でおさらいできてよかったんです。中国における映画の黄金時代が終わった80年代後半になると、この本もなくなってしまいましたが、今はこれを良い紙質で復刻して昔を懐かしむファンに売っている例もあるようです。

樋口　『砂の器』の記憶はその短い映画黄金期とともにあるわけですね。

劉　文革が終った後、1978年から80年代前半までの5～6年、その時代の中国人の映画に対する熱気は忘れられないですね。『砂の器』や『サンダカン八番娼館　望郷』はそのタイミングで出会ったことが本当に大きい。たとえば『蒲田行進曲』のような映画は、あれだけ力もありヒット作の要素も詰まった作品なのに、このピークが過ぎつつある頃に公開されたので『砂の器』の反響には遠く及ばなかった。1988年に私が中国で『ラストエンペラー』を観た時は、渋谷のオーチャードホールくらいの大劇場に観客は3、4人しかおらず、二階席に至っては私ひとりしかいなくて驚愕しました。ずいぶんゆっくり観られましたが、ちょっと淋しかったですね。

（2024年3月 神保町にて）

新世代への影響

中川龍太郎（映画監督）インタビュー

父親とビデオショップの洗礼

『砂の器』をめぐるさまざまな資料やインタビューを詰め込んできた本書の最後は、当時の関係者やオールドファンではなく、次代を担う若い世代の言葉を締めくくれたらと思っていた。というのも、筆者が教鞭を執る大学の映画学科の学生にこの映画を見せると、実にゼロ年代生まれの若者たちですら本作をめぐる感動や驚きをレポートにして提出して来るのだ。もう半世紀も前の映画にまつわるものなのに、そのいくつものレポートは大変熱を帯びている。『砂の器』という映画には、何かそういう世代を超えた訴求力があるのだが、このことについて原体験を含めて語ってくれる人物を探していたところ、平成生まれの俊英、中川龍太郎監督に出会った。若くして繊細に研ぎ澄まされた映画の文体が国際的な評価を集める中川監督だが、私はその作風にふれて『砂の器』のような大衆的メロドラマ作品とは全く縁のない作家だと思っていた。だが、ひょんなことで『砂の器』の話題になった時の、中川監督の語りはまさかの昂りを見せ、私はしたたかに驚いた。

聞けば中川監督のご尊父は私と同い年で、文字通り息子世代の中川監督はその父君から『砂の器』を申し送りされているのだが、そのはまりようはただごとではなかった。しかも自作にさえ『砂の器』の影響があるという中川監督は、その作品で『砂の器』と同じモスクワ国際映画祭で受賞しているというのだから、もう本書の最後を希望とともに締めるには、この俊英の言葉に待つしかないと確信した。

1990年生まれの中川監督は慶應大学文学部在学中に監督した『愛の小さな歴史』（'14）と『走れ、絶望に追いつかれない速さで』（'16）が二年連続で東京国際映画祭スプラッシュ部門に選出、「カイエ・デュ・シネマ」でも早々に注目すべき作家として顕彰された。続く『四月の永い夢』はモスクワ国際映画祭コンペティション部門に選出、国際映画批評家連盟賞を受賞、ロシア映画批評家連盟特別表彰を受けた。以後も『わたしは光をにぎっている』（'19）がモスクワ国際映画祭に特別招待、『静かな雨』（'20）が釜山国際映画祭に正式招待され、東京フィルメックス観客賞を受賞。『やがて海へと届く』（'22）はウディネ・ファーイースト映画祭に正式招待、『MY (K) NIGHT マイ・ナイト』（'23）が松竹系で公開された。

樋口尚文　中川監督は幼い頃、どんな映画体験をされていたのですか。

中川龍太郎　もともと子どもの頃は特撮物が好きだったんですが、父がＶＨＳに録画していた昭和の『ウルトラマン』のほうが同時代の『ウルトラマン』よりも楽しかったんです。自然と実相寺昭雄監督作品にショックを受けて、脚本の佐々木守さんや石堂淑朗さんを知って……という流れで、大島渚監督にぶつかりました。それで中学生になったら大島監督の『儀式』を観たんですがさっぱりわからなくて。ところが樋口さんの書かれた『大島渚のすべて』（キネマ旬報社）を読んだら、『儀式』のことがもの凄くわかりやすく丁寧に書かれていて、けっこうわかった気になれたんです（笑）。アート映画との最初の出会いが『ウルトラマン』の延長上にいる大島渚だったんですね。

樋口　いまお父上が録画したＶＨＳというお話がありましたが、特に映画がお好きだったりしたんですか。

中川　父は外科医で心身ともにマッチョな人だったので、文芸的な映画よりも『ロッキー』のような映画を好んでいました。そんな父が、深夜に『砂の器』をビデオで繰り返し見ていたことが小学生の時の記憶にあります。それこそ「繰り返し、繰り返し」演奏会のシーンを観ていた（笑）。その時は松本清張の小説が好きな母も一緒に観ていたんですが、両親とも何十回も演奏会のシーンばかり観ているものだから、奏者の表情とか客席の聴衆の反応についてああだこうだと品評する域に達していて（爆笑）。僕はまだ小4か小5くらいだったので、意味はわからないけれど「これはなんだか凄い映画なんだろうなあ」という感じで観てました。ただ、コンサートの場面しか両親が観ないので、全篇コンサートの映画だと思っていたんです（笑）。

樋口　ちょっとそれは面白すぎますね。

中川　それは小学校の頃の思い出で、中学になるとさっきお話ししたように樋口さんの『大島渚のすべて』やそれこそ『「砂の器」と「日本沈没」70年代日本の超大作映画』（筑摩書房）を読みながら60年代、70年代の日本映画も観るようになったんですね。そこで「ああ、これ親父が観てたなあ」と思ってレンタルビデオ店で『砂の器』を借りて来たんです。

樋口　それはまだＶＨＳでしたか。

中川　ぎりぎりＶＨＳでしたね。平成二年生まれの中学生の僕にとっては松本清張も横溝正史もいっしょくたになって「昭和の怖いもの」だったんですが、その理由がビデオショップなんです。というのも、だいたいレンタルビデオ店って「松本清張コーナー」の横に「横溝正史コーナー」があって、今でも覚えてますが『悪魔の手毬唄』のパッケージの死体が葡萄酒に浸かっている画がもう怖くて怖くて。そういう棚の隣が清張コーナーだったので、もう一連で怖かったんですね（笑）。

樋口　その売れ線の清張コーナー、横溝コーナーが並んでる図はよくわかりますね。もともと横溝のような和風のおどろおどろしい探偵小説を否定するかたちで清張の現代的な社会派推理小説が現れたわけですが、確かにビデオ屋さんの棚ではまとめて「昭和の怖いもの」だったかもしれません。ちなみに私たちリアルタイムの『砂の器』世代にとっては時間差で『犬神家の一族』による横溝正史再評価ブームが起こったので両方ともなじみ深いのですが、中川監督の世代だと一般にはどちらも関係ない感じですか。

中川　『新世紀エヴァンゲリオン』に影響を与えているとかいないとか、そんな話の流れで横溝作品……正確には市川崑監督の東宝金田一シリーズが語られる印象でした。

樋口　なるほど『エヴァ』まで飛ぶわけですね（笑）。となるといよいよ「昭和の怖いもの」コーナーへ通って『砂の器』のビデオを借りて来る平成の中学生というのはかなり早熟なアウトローですね。さてそうやって再会した『砂の器』をビデオで観たらどんな感想だったんですか。

中川　確か母と観たんですが、やはり最初は「昭和の怖いもの」の印象ですね。ＶＨＳだから冒頭の絵のような砂丘の画像もやや荒れていて、それが父の本棚にあった古びた原作本の印象とも重なって、なんだかちょっと怖い、不気味なものにふれる気持ちとともに見出したのを覚えています。でももうちょっと観ていくと、「あれ、この映画ってこんなに長い前半があるのか！　コンサートだけの映画じゃなかったんだ」って初めて知って驚いたんです（笑）。

樋口　それはケッサクですね。初めてコンサートシーンだけではない全貌を観て、どう感じましたか。

中川　あの放浪する本浦千代吉と秀夫が小雨のなか鍋みたいなのをこしらえて食べるシーンがありますよね。あそこで、それまでは全く表情がなくて暗くて何を考えているのかもわからない千代吉が初めてにっこり笑う。そこで僕は強烈なものを喰らいまして、もう信じられないくらい涙が出たんです。その時に一方で、映画にはこういう人の心を揺さぶる力があるのだから、絶対映画を創りたいとも思いました。

樋口　それはまた凄い展開です。

中川　中学生くらいの頃って学校もつまらないし、このままたとえば父みたいな医者になって一生過ごすなんて自分には無理だなあと息苦しい気持ちになっていたんですが、もし自分が映画という表現をやれたら自由になれるんじゃないか、と思ったんです。当時『砂の器』という映画のインパクトは、そんな気持ちのよりどころにさえなっていたと思います。もっともそうやって実際に映画を創る側になると、これはこれで自由とばかり言えないんですが（笑）。だいいち中学でも高校でもそんな70年代、60年代の映画や本のことで話題が通じる友人なんていませんから、その点では物足りなかったです。

初公開時の『砂の器』には“Sand Castle”という英語題が添えられていた。

樋口　そんな共通の話し相手もいない中学生がビデオ屋の清張コーナーに通って、『砂の器』以外の作品も借りたんですか。

中川　『砂の器』を皮切りに、そこにあった『ゼロの焦点』や『波の塔』など他の清張作品も片っ端から観ていました。そのなかでは『張込み』『球形の荒野』などが面白かったですね。

樋口　それは面白いですね。『張込み』は傑作ですが『球形の荒野』なんてけっこう平板で退屈な作品かと思いますけれども、どこがよかったんですか。

中川　あれは島田陽子さんがヒロインですよね。あんなきれいな女の人と旅してミステリーの世界に行くなんていいなあと（笑）。ほとんどオッサンですよね！　中学生で……（爆笑）。

樋口　ちょっとヰタ・セクスアリス的な思い出でもあるのかしら。

中川　それはありますね。島田陽子さんは、『砂の器』でも別に見せなくても良さそうなところで胸を見せていますが、そんなにシーンも中学生心には感じるものがあったんだと思いますね。

樋口　でもそんな『砂の器』が好きだなんて、いわゆる通好みのシネフィルには言えませんよね（笑）。

中川　そうなんです。大学に入って映画サークルに顔を出してみたら、ゴダールやカサヴェテスこそが最高の映画という世界が広がっていました。もちろんそれはそれで影響を受けるわけですが、まさかその場で自分がいちばん好きな映画の一本が『砂の器』だとは到底言いづらく

（笑）。すぐに映画サークルには行かなくなりましたが、映画好きの友人にヨーロッパ映画を教えてもらいながら、逆に僕は彼に大島渚や野村芳太郎の映画を薦めていました。

樋口　それは麗しい友情ですね。

中川　ところが彼は社会に出て亡くなってしまって、それを契機に『愛の小さな歴史』という映画を創ったんですね。それが２０１４年の東京国際映画祭に選んでいただいたのが自分のキャリアの出発点になっています。それがなければ映画はやめていたかもしれません。

自作に深い影響を与える『砂の器』

樋口　その作品に『砂の器』の影響があるんですか。

中川　終盤の十分くらいラフマニノフの交響曲第二番をずっと流したんです。樋口さんは『「砂の器」と『日本沈没』70年代日本の超大作映画』のなかで『砂の器』の「宿命」はラフマニノフだと書かれていましたよね。

樋口　はい、さまざまな曲の影響はあるけれど特にラフマニノフではないかと。

中川　自分もそれは感じていて、『愛の小さな歴史』の最後の長い長いラフマニノフは『砂の器』の影響でした。だから僕にとっては『砂の器』で映画に導かれて、『砂の器』でデビューできたといっても過言ではないんです。

樋口　それどころか中川監督の『四月の永い夢』（'18）は『砂の器』と同じモスクワ国際映画祭で同様の受賞をするに至ります。大変な快挙ですが、ここまで来ると完全に『砂の器』に呼ばれているというか、それこそ「宿命」の出会いだったというほかありませんね。

中川　樋口さんが『砂の器』の情感は欧米諸国では理解されないと書いていたのが凄く印象的だったのですが、『四月の永い夢』も『わたしは光をにぎっている』もモスクワ国際映画祭が選んでくださりました。ヨーロッパの西と東の価値観の違いみたいなものが映画にも反映されているように感じます。

樋口　体感的にそれはどうしてだと思いますか。

中川　『砂の器』だけでなく、北野武監督『Dolls』はロシアでロングランだったと聞いたことがあります。たまさか両方とも人形浄瑠璃をヒントにしている作品だというのも興味深いのですが、これはなぜだろうと思うわけです。自分が作品を携えてモスクワへ行った際は観る側が凄く抒情、情感といったものを重んじているなと肌で感じたのですが、西ヨーロッパの観客の尺度は情感より論理が重要視されるのではないでしょうか。タルコフスキーも論理は勿論ありますが、本質はノスタルジックで、メランコリック、つまり情感が強い作家に感じます。ユーラシア大陸の東西で、なぜこうも見方が違うのか。エマニュエル・トッドが、個人主義ではなく、共同体家族の多い東側の社会の方が社会主義や全体主義的な政治体制と相性がいい、みたいなことを書いていた気がしますが、映画にも東西の価値観の違いはあるのではないでしょうか。

樋口　これは国民性、民族性のラディカルな部分にかかわるなかなか根深い問題のようですね。さて、そういう問題にからめて『砂の器』を観なおしたら面白いことがあったそうですが。

中川　そうなんです。これを西ヨーロッパの観客のような「論理」で観ると、いろいろおかしいところがあるわけです。たとえば和賀英良が婚約者の田所佐知子を連れて銀座の高級バーに行くシーンがありますが、あのバーって愛人の高木理恵子が働いているわけじゃないですか。それってあり得なくないですか（笑）？

樋口　なるほど。今までなぜか気にならなかったけれど、もし実際にそんなことをする男がいたら本格的にクズですよね（笑）。あるいは天然じみた無神経さの持ち主か。

中川　でもあの映画は和賀英良を気の毒な悲劇の人として描くのが狙いだから、そう見えてはまずいわけなんですよね。でも「論理」で観ると、あのシーンの和賀は救いようがないクズです（笑）。あるいは自分の犯罪にまでかかわらせた愛人がいる店にセレブなフィアンセを連れて行くなんて、もう信じ難く脇の甘い男か（笑）。

樋口　という映画自体の脇の甘さがもろ出しなのに（笑）、なぜか多くの観客はあそこを華やかな業界人の生態を描いている風俗的なシーン程度にしかとらえていないし、むしろ

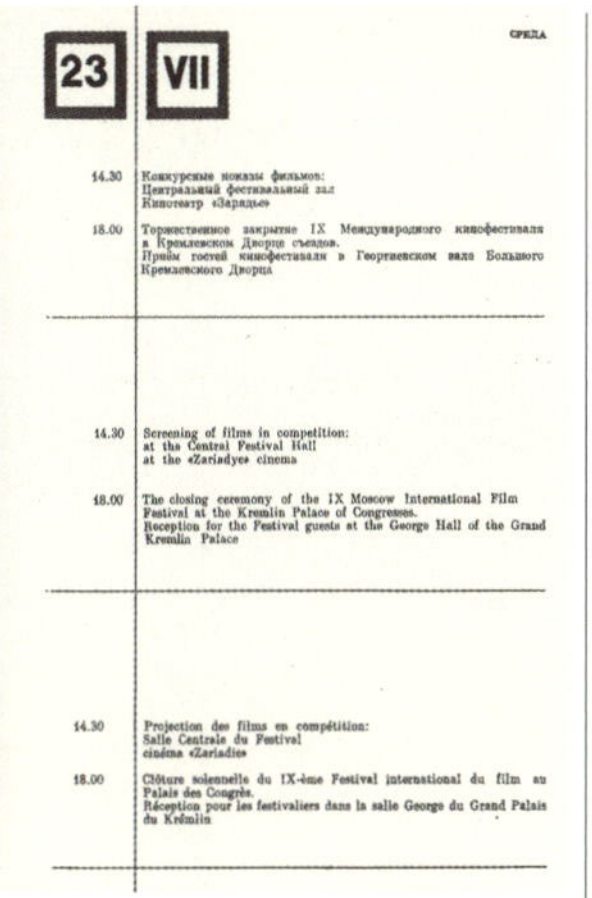
23 VII

СРЕДА

14.30 Конкурсные показы фильмов:
Центральный фестивальный зал
Кинотеатр «Зарядье»

18.00 Торжественное закрытие IX Международного кинофестиваля в Кремлевском Дворце съездов.
Прием гостей кинофестиваля в Георгиевском зале Большого Кремлевского Дворца

14.30 Screening of films in competition:
at the Central Festival Hall
at the «Zariadye» cinema

18.00 The closing ceremony of the IX Moscow International Film Festival at the Kremlin Palace of Congresses.
Reception for the Festival guests at the George Hall of the Grand Kremlin Palace

14.30 Projection des films en compétition:
Salle Centrale du Festival
cinéma «Zariadie»

18.00 Clôture solennelle du IX-ème Festival international du film au Palais des Congrès.
Réception pour les festivaliers dans la salle George du Grand Palais du Krémlin

『砂の器』が招待されたモスクワ国際映画祭のパンフレット、日程表。

映画祭での食券。

和賀英良がおしゃれなセレブリティに映りさえするんですよね。ここからしてひじょうに「情緒」的な映画であると。

中川　それに加えるならば、最初に今西刑事、吉村刑事と和賀が食堂車で会いますよね。「タバコ忘れたみたいで」とか言ってやって来て、吉村が「あれは誰?」となる。あれも「論理」で考えるなら、絶対にあそこで今西、吉村が和賀と会ってしまうのはご都合主義もいいとこなんですよね。だから本当はあのシーンは不要で、和賀は途中から捜査線上の人として出て来たほうがいいのですが、あそこで重要人物としてほのめかしたいから、不自然だけど和賀を出してみせる。

樋口　でもあの食堂車のシーンはスタア俳優たちの顔見世興行みたいな雰囲気でなんとなく華やかに観てしまうんですね。

中川　そうなんですよね。もっと言えば、その前段で今西刑事たちが羽後亀田の不審人物を探る部分はいったいなんだったの、という感じで過ぎてしまう。

樋口　まあ何でもなかったわけですよね（笑）。原作ではあそこに無理があって、「紙吹雪の女」同様、「亀田のコートの男」は役者を使ってカムフラージュなんかしないほうが目立たないのに（笑）と思ってしまうという弱点のひとつですね。ただひじょうに面白いのは、食堂車での和賀との出会いも「紙吹雪の女」も、脚本上で無理のある箇所については野村監督が演出メモで観客をとまどわせず次の展開に持っていくために、どういうあんばいで描くかをいちいち丁寧に考えているということですね。

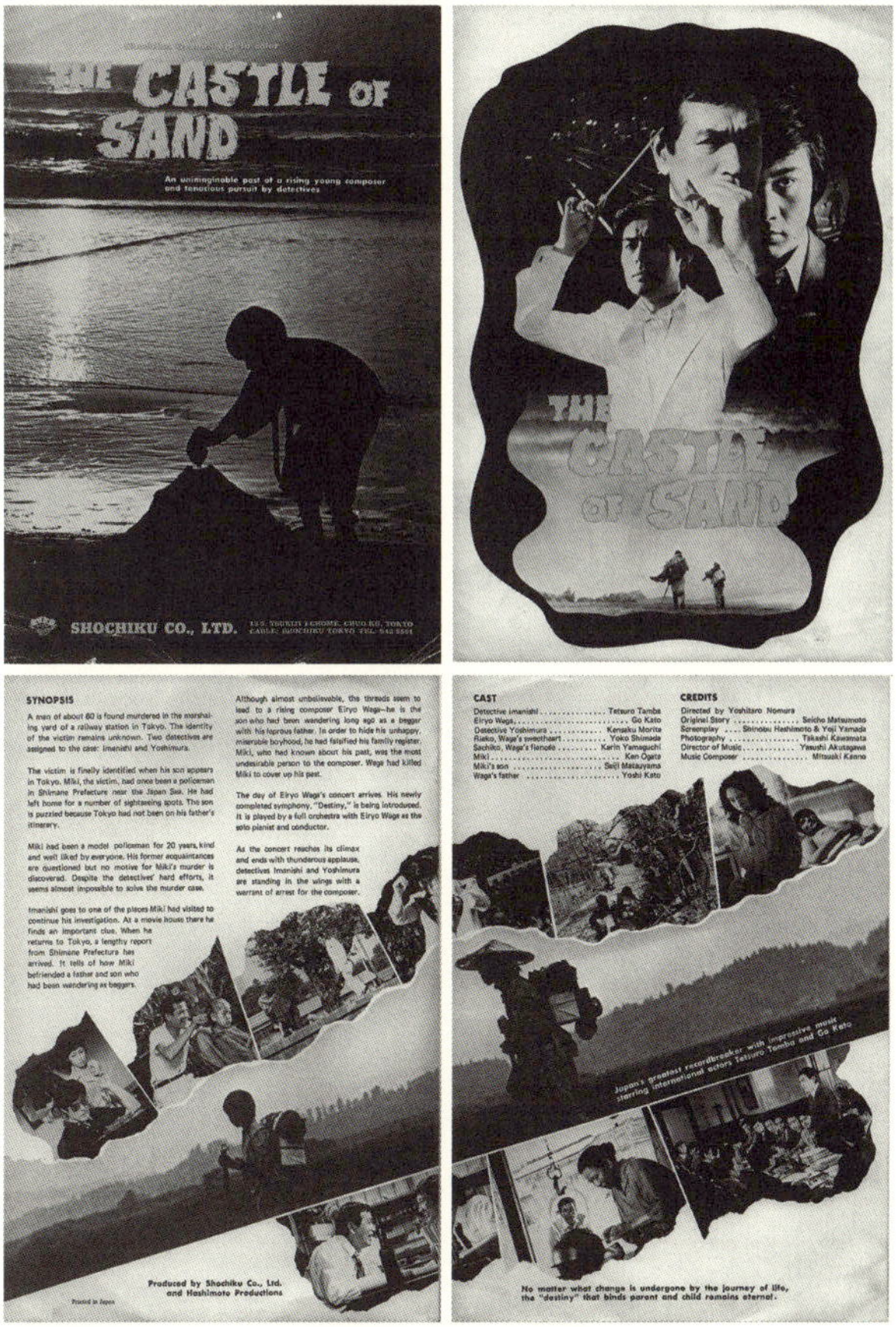

松竹の英語圏へのセールス資料。
『砂の器』は“THE CATSLE OF SAND”という英語題になっている。
なぜか中国やソ連など共産圏で高評価を得た『砂の器』だが、
欧米では評価以前にほとんど上映自体がなされていない。

中川　なるほど。もしもこの脚本に難点があって変えられないとしたら、それは監督としてはかなり巧い対処かもしれませんね。

樋口　野村監督は本来的にはひじょうに明晰でスマートな「論理」の人なので、そのへんの無理さ加減はけっこう認識されていて、そこが露呈しないようにまさに「情緒」や「感覚」で乗り切っている箇所がけっこうあるんですね。後半の劇的なコンサートのシークエンスはもとより、淡々と冷静な前半の捜査行脚のシークエンスについても中川監督が挙げて下さったようなポイントではその傾向が強いですね。そういう意味では『砂の器』はコンサートシーンが音楽寄りで「情感」優先というだけでなく、全体として「論理」の穴を隠すために「情緒」的な手管でやり過ごしているところがけっこうあるんですね。

中川　「情感」「情緒」に寄りかかりすぎている一方で、無駄に見えるところこそがこの作品の細部の魅力とも言えると思います。食堂車で今西が「野郎二人の旅じゃつまらない」と言うと、吉村がおそらくは女性と旅したいと意図しての発言と考えて、「へえ、今西さんでも？」と問います。それに対して今西は、「ばか。俺の言ってるのは子どもでも連れて、ということだよ」と答える。二人の年齢や立場による差異が見えて、すごく好きなやり取りです。銀座のバーの場面も大好きです。吉村が高木理恵子を待っていると、夏純子扮するホステスがきて、「何もお飲みにならないならママがジュースでも、と」と語りかけます。ジュースくらいもらえばいいのにと思うが、吉村は断り、夏純子は不貞腐れる。吉村の警察官としての倫理観の高さと同時に、若者であるがゆえの経済的な余裕のなさも見て取れるようです。なくても成り立つ、こういった端々のなんでもない台詞やシークエンスにこそ、人物のキャラクターが見える気がして、大好きです。別の見方をすると、コンサートシーンまでの前半は、こういった「情感」がないと、筋運びだけでつまらなくなるおそれがあります。ちょっと日本海に寄って、吉村が「海が濃縮された感じがする」と言う道草も、無駄といえば無駄なんですが、あれを見ていると無性に旅に行きたくなります。夜中の米原駅で今西刑事がタバコを喫っているところなんかもいいですよね。

樋口　米原駅もそうですが、他にも「羽後本荘で急行鳥海にのりかえる」とか「木次線 備後落合行を待つ」とか、やたらと「乗り換え」の描写が多いんですね。「乗り換え」というのは物語上では通過点にすぎないわけだから、本来ははしょるべきポイントなんですが、橋本脚本はあえてそこを多めに入れてくる。そしてまた野村監督がその通過点を「旅情」たっぷりに撮る。

中川　そこはなぜか「乗り換え」のタイトルが出ないんだけれども、山中温泉に行く前に金沢駅で電車からバスに乗り換えるところもあえてきちんと見せるんですよね。こういうひたすら「無駄」とされて今なら切られそうなところがむしろこの作品のおいしいところを創っている。そういえば、こういう「道草」的な「旅情」にあこがれて高校時代に『砂の器』のことを考えながら寝台列車に乗ったことも思い出しました（笑）。

樋口　ほほお、それは楽しそう。それはどんな区間だったんですか。

中川　上野から富山でしたね。清張の本を読みながら、もうなりきりで（笑）。今はもう寝台列車なんてほとんどなくなって夜行バスに変わったんでしょうね。でも、あの感覚は列車じゃないとだめな気もします。

樋口　まさに。今西が途中でホームに降りてお弁当とお茶と新聞を買いに行くところはもう「道草」の「道草」なんですが、ああいう細部がいいんですよね。

中川　川又キャメラマンが蒲田で刑事たちが捜査するシーンで幾度も凄いズームアウトを使うんですが、あれも「論理」的な意味より、ひたすら「情緒」を煽っている気がします。この作品は誇張されたイメージが数珠つなぎになっている後半だけでなく、一種ドキュメンタリータッチに見える前半もまた、実はこうした「情緒」の積み上げのおかげで魅力的になっているのかもしれませんね。

（2024年2月　神保町にて）

補章

松本清張映画全作品論

北陸への捜査行を演出する
野村芳太郎監督と
川又昻キャメラマン。

2024年は『砂の器』公開50周年であった。これまで最後に松本清張原作が映画化されたのは、清張生誕100年の2009年、東宝でリメイクされた『ゼロの焦点』である。これ以前に清張作品が映画化されたのはいつだったろうかと顧みれば、実に1984年の松竹=霧プロ作品『彩り河』までさかのぼる。ドラマ化の方は順調に途切れないこともあり、人気の清張文学が昭和から平成に至る四半世紀も映画化されていなかったというのは意外な感じだ。

しかしこの、『点と線』ふうにいえば「25年の空白の謎」を推理すると、清張と映画、ひいては清張と昭和をめぐる関係の航跡が見えてくるのである。では以下、『砂の器』の合同捜査会議の今西栄太郎刑事よろしく回想から始めて――

50年代後半――「清張らしさ」を捨象した量産期

犬童一心監督のリメイク版『ゼロの焦点』は、1957年を舞台にしており、セットやVFXをふんだんに駆使してその時代の北陸や東京の「再現」を図っている。昭和という時代も風景も、こうして今やデジタル技術を動員して仮構すべき大過去のファンタジーとなっているわけだが、奇しくも清張文学が最初に映画化されたのはこの年である。その大曾根辰保監督『顔』(松竹)を皮切りとして、50年代末までのわずか3年のうちに8本もの映画化ラッシュが続く。

清張ブームに本格的に火がつくのは翌58年の『点と線』『眼の壁』上梓以降なので、松竹が他社に先んじていた感はあるが、とにかく話題の推理作家を取り上げて邦画5社競作の勢いで

野村芳太郎監督、橋本忍脚本『張込み』(松竹／1958年1月15日公開)

ある。折しも日本映画は58年に史上最高の観客動員数を記録、産業としての頂点を迎えて、かかる当たりそうな企画はこぞって量産された。しかし面白いのは、当時松本清張の原作は旧套の探偵小説とは一線を画す「社会派推理小説」として脚光を浴びていたのに、これらの初期8本の映画は、58年の野村芳太郎監督『張込み』(松竹)を唯一の例外として、おなじみのミステリーやスリラーの範疇にとどまるものばかりである(59年の衣笠貞之助監督の大映作品『かげろう絵図』などは清張のクレジットさえあっさりとしたもので、市川雷蔵の絢爛たるスター時代劇の一類型に過ぎない)。

小説における清張の画期的な旗印であった「社会派」の部分は、鋭角的なリアリズムによって担保されていたはずだ。描かれる人物が市井の隠者であれ、野望たぎらす上昇志向の権化であれ、このリアリズムをもって差別や不正への怒りに発した情念、怨念をあぶり出すところに「清張らしさ」が薫った。そして、清張がこのリアリズムをもって奇抜なトリックの糖衣の内に描く昭和の哀しみは、戦時の狂気や戦後の貧困と混乱、復興期の野望に根ざしたものが多かった。だが、50年代の清張映画はその糖衣をこそ娯楽のモチーフとして生かしこそすれ、「社会派」たるコアの部分はもとより、そこへ至るリアリズムさえも捨象しているのであった。それはきっと56年に『経済白書』では「もはや戦後ではない」とうたわれたものの、まだ庶民の記憶する昭和の哀しみが映画の題材として安閑と眺めるには生々し過ぎたからかも知れない。それゆえに、そこから半世紀余りを経たリメイク版『ゼロの焦点』の方が、「戦後」自体がファンタジー化しているがゆえに、まだしも真っ向から昭和の悲惨を（遠い虚構としてではあるが）描くかに見えるのであった。

そんな中、唯一の例外は『張込み』で、脚本の橋本忍は「社会派」的要件を大事にすくいとり、それを娯楽映画の手練れながら多彩な演出の引き出しを持つ野村芳太郎がドキュメンタリー的な怜悧さで映像化している。高峰秀子の名演とともに平凡な日常に潜む闇、それを暴く刑事の市民としての痛覚がうまく描き出されていた。他には元銀行強盗が地方の名士になって過去の露見におびえ続けるという58年の大映作品『共犯者』が田中重雄監督のがっちりした演出に根上淳の熱演もあいまって「社会派」的面白さに踏み込んでいるが、試み半ばで頓挫した感あって惜しまれ、58年の小林恒夫監督『点と線』（東映）も、リアリズム志向の筆致はいいが内容の切り方が単なる「推理物」の娯楽作止まりであった。いわんや『顔』や58年の大庭秀雄監督『眼の壁』（松竹）などの当時の撮影所のベテランの鷹揚な話法では清張物のシャープな部分が抜け落ちてしまうのであった。

むしろ、これらのおおむね「社会派」要素抜きの作品群にあっては、あくのない穏健な職人監督であった若杉光夫が虚心にミステリーらしさを追った59年の渡辺美佐子主演の中篇『危険な女』（日活／原作は「地方紙を買う女」）が小味で悪くなく、こうした気張らない清張解釈の延長に後の数々の2時間ドラマの清張物が生まれるのだろう。さらに瞠目させられるのは、58年の鈴木清順監督、南田洋子主演『影なき声』（日活／原作は『声』）である。そもそも清張と清順という取り合わせ自体が今や信じがたいが、清順は原作から「社会派」どころかほとんどキワモノじみた現代のスリラーのごとき味を抽出し自家薬籠中のものとした。清張原作に発したとびきりの異色作であろう。

60年代——多様化した清張映画の世界

さて、この50年代の量産期に明らかになったように、清張原作の映画化はどうしても本来の「社会派」のシビアさを避けて、「推理小説」のアイデアだけ拝借するという傾向がつきもので、それは邦画各社のプログラム・ピクチャーの中堅監督がこぞって腕を振るう60年代にあっても変わらない。従って、60年代を通してみても「社会派」の色が十二分に出たのは60年の堀川弘通監督の東宝作品『黒い画集　あるサラリーマンの証言』ぐらいなのである。これもやはり橋本忍の脚本だったが、小林桂樹扮する小心なサラリーマンが保身のためにエゴイスティックな嘘をつき続けて破滅する物語を、モノクロのリアルな画と明晰な構成で描いた意欲作だった。以後、東宝配給の61年の杉江敏男監督『黒い画集　ある遭難』、鈴木英夫監督『黒い画集　第二話　寒流』でも（特に後者では）この持ち味はいくぶん継承され、65年の須川栄三監督、池内淳子主演『けものみち』のハードボイルドな描写もその延長にあろうが、くだんの堀川作品が突出している。同じ東宝でも、69年の坪島孝監督、藤田まこと主演『愛のきずな』（原作は『たづたづし』）に至ると、上々の手練れ仕事ながら、後の火曜サスペンス的な一類型におさまっていた。

『黒い画集』に加えて61年の野村芳太郎監督、久我美子主演『ゼロの焦

堀川弘通監督、橋本忍脚本
『黒い画集 あるサラリーマンの証言』
（東宝／1960年3月13日公開）

野村芳太郎監督、橋本忍・山田洋次脚本
『ゼロの焦点』（松竹／1961年3月19日公開）

点』もリアルな人物と背景の表現に重きを置いて「社会派」的な味を大事にした作品であり、ここに集った脚本の橋本忍・山田洋次、監督の野村芳太郎、撮影の川又昂、音楽の芥川也寸志のチームが『砂の器』を筆頭とする清張映画の70年代を牽引していくことになる。ただし先述したように、この時代はまだ戦後の惨状もパンパンの悲話もそう遠くはない過去であり、トリックの妙味は描かれるが昭和の哀しみにまつわる描写は案外とあっさりしたものだ。これに対して、半世紀後のリメイク版『ゼロの焦点』が旧作よりも実に40分近い尺を増やして、（劇中でパンパンという語の解説！まで加えるというありさまなのに）米軍占領下の立川でのパンパンの悲惨や彼女たちにとりつく絶望を詳しく描いているというのは象徴的なことである。

さて、この山田洋次監督による橋本忍脚本、倍賞千恵子主演『霧の旗』（65年・松竹）も、『男はつらいよ』シリーズとは随分タッチの違う演出で人物の情念や妄執を追う秀作であるが、「社会派」テイストを感じさせるのはこれらの作品にとどまり、例えば60年の原田治夫監督『黒い樹海』（大映）などは同時期の東宝作品や松竹の野村＝橋本ラインのシャープな清張解釈とは逆の、相変わらずごく気軽な読み切り感覚のミステリーの愉しさに徹した小品だ。そして、この系譜の延長で大映が生み落したいっそう愛すべきミステリーの佳篇が、65年の富本壮吉監督、若尾文子主演『花実のない森』である。摩訶不思議な倒錯愛を描いた異色のサスペンスを、富本はシンプルながら風味ある演出で描き、何より若尾文子の妖艶さが光っていた。いわゆる映画史に記憶される傑作ではないが、50年代の『影なき声』ともども、この『花実のない森』のようなプログラム・ピクチャーのコクが、清張の映画世界を（作者も思いよらぬ方向で）拡げてくれている。

また、面白いことに、この時分になると、清張の「社会派」世界なり「推理小説」世界なりを描くというよりも、大衆小説の旗手である清張ブランドを冠してスタア映画を仕立てようという企画が出てきたことだ。例えば松竹にあっても、60年の中村登監督『波の塔』、63年の川頭義郎監督『風の視線』、井上和男監督『無宿人別帳』は目先の変わったスタア映画であり、やや松竹とは毛色が違うが、61年の石井輝男監督のニュー東映作品『黄色い風土』、62年の佐藤肇監督の東映作品『考える葉』は、キワモノじみたミステリー活劇をもって主演の鶴田浩二らを売ろうというスタア映画である。

70年代――「社会派」的リアリズムの獲得

ところが、この後70年代に入ると、70年の野村芳太郎＋橋本忍チームの松竹映画『影の車』を筆頭に、清張本来の「社会派」的視点を大いに汲んだ作品が主流に転ずる。それは、大映の倒産や日活のロマンポルノ路線への転換などで揺れた70年代の邦画各社に、もはや気軽な娯楽作をでっち上げている驕慢が許されなくなったからでもあろうが、いまひとつの理由としては、高度経済成長を経て五輪も万博も経験した日本人が、ようやく戦後を這い上がってきた自らを対象化できるゆとりができたということではなかろうか。終戦から四半世紀を経て、昭和の哀

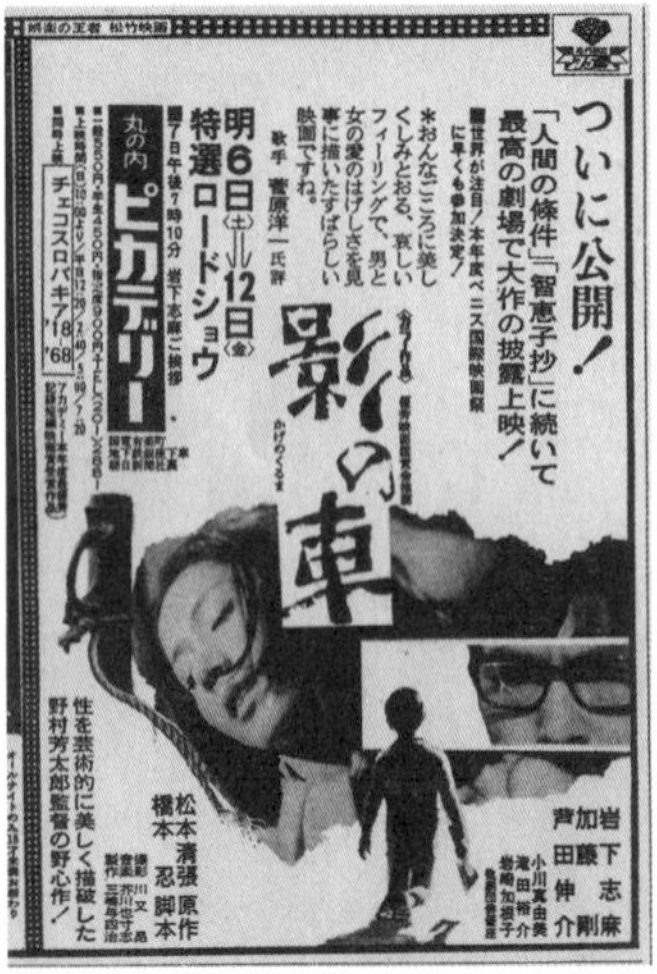

野村芳太郎監督、橋本忍脚本
『影の車』
（松竹／1970年6月6日公開）

野村芳太郎監督、井手雅人脚本
『鬼畜』（松竹／1978年10月7日公開）

しみはだんだんとフィクショナルなものに変容しつつあったのだろう。

その代表格が加藤剛・岩下志麻主演の『影の車』であり、この人間観察の妙と表現の濃密さゆえ、本作は清張映画の最高峰といって差し支えないだろう。もはや清張作品とは切っても切れないなじみの良さを見せる野村芳太郎が、本作の延長上に鬼気迫る日常描写で緒形拳の主人公の弱さを追い詰めた78年の傑作『鬼畜』（松竹）を放つ（脚本は井手雅人）のは、なるほどという感じである。ところが、この間に挟まる、清張映画の中ではひときわ根強い人気を集める74年の松竹映画『砂の器』が、なんともやっかいな存在なのだ。原作『砂の器』は戦後文化人の虚飾を批判するクールな物語であり、それが『影の車』で成功を収めた野村芳太郎＋橋本忍チームの次回作となれば、それこそ昭和の悲惨が生んだ人間のエゴを追求する苦い力作となるべきところだが（ちょうど内田吐夢監督の傑作『飢餓海峡』［65年・東映］のように）、なぜか橋本と野村はこの清張原作の核である「社会派」的な暗さと毒からは目をそらし、いわば昭和の哀しみを遠いロマンのように美化、加藤剛が哀愁とともに演ずる和賀英良という昭和の暗部が生んだピカレスクを、切々たるコンチェルトの調べをBGMとして同情すべき悲劇のヒーローのごとくに描いてしまった。この大胆に振りきったメロドラマ化は橋本と野村の「商業的野心」とともに、この難しい企画にギャンブル的にのめってゆく作り手の熱気がみなぎっていて、そのダイナミズムが観客を巻きこんで大ヒットした。これは同時に、この時代にあって昭和の哀しみが人ごととして見られるほど遠いものになったことを映していた。ちょうどこの頃、従来の日本のさびれた田舎の風景が「ディスカバー・ジャパン」的なファンタジーを粉飾されて商品化されたように。リメイク版『ゼロの焦点』で自嘲的に語られる「ロマンティックな北陸」的なるものを生み出すことに、映画『砂の器』は大いに貢献したのであった。

さてこのほか、70年代はまだ2本立てのプログラム・ピクチャーが存続していた時代ゆえ、静かな娯楽作としての清張映画も散見され、風景描写が生きた71年の斎藤耕一監督『内海の輪』(松竹)や山口百恵の堂々たる演技が必見の77年の西河克己監督『霧の旗』(東宝)などメロドラマの佳篇も生まれた(同じメロドラマでも75年の貞永方久監督の松竹映画『球形の荒野』は弛緩しきっていたが)。このほか、サスペンスの娯楽作としては、72年の渡辺祐介監督『黒の奔流』(松竹)、75年の堀川弘通監督『告訴せず』(東宝)も健闘していたが職人的手堅さに留まるだろう。

80年代前半――〝戦後〟の喪失と幻想化

しかしこの70年代をくぐって、信頼する野村芳太郎を引き入れて清張自身が霧プロを立ち上げ、幻に終わった『黒地の絵』の映画化を始めとして積極的に自作の映像化に乗り出した80年以降、清張映画は徐々に精彩を欠いてくる。もちろん82年の桃井かおり・岩下志麻の演技が衝突する野村監督『疑惑』（松竹）、83年の田中裕子の熱演が光る三村晴彦監督『天城越え』（松竹）といった密度の濃い作品も紛れてはいるが、80年の『わるいやつら』（松竹）、83年の『迷走地図』（松竹）などは野村芳太郎作品にしてはラフな筋の交通整理じみた作品で、特に後者は勝新太郎と岩下志麻、松坂慶子の共演で政界の暗部に切り込むという、いやが上にも期待させる企画でありながら、いささか乱調であり、清張自身が満足せず上映後のソフト化を許さなかった。続く三村晴彦監督の『彩り河』（松竹）もこれらにまして乱調のうらみがあり、『天城越え』の成功はいったい何だったのだろうと首を傾げさせた。そして、これをもって清張作品の映画化は「25年の空白」に入るのである。

こうして振り返ってきたように、清張映画のクロニクルは、観客と昭和、厳密にいえば「戦後」の苛酷な記憶との相関の歴史である。50年代、まだ原作ほどには生々しい「戦後」を正視するに至らなかった清張映画は60年代、70年代を経てようやく本来的な「社会派」的視座を獲得するのだが、それも束の間、バブル前夜の80年代には観客が「戦後」を経験しないどころか全く無関心な観客に世代交代してしまった。清張映画は、清張とともに「戦後」を共有した読者や観客の消滅とともに「25年の空白」に突入するのである。

そして、世紀をまたいでリメイクされたリメイク版『ゼロの焦点』は、「戦後」を知らないどころか清張を知らない観客のために捧げられる「復習」の映画であった。昭和の「再現」が不可避的にまとってしまう『ＡＬＷＡＹＳ　三丁目の夕日』ふうの微温湯的レトロ趣味や往年の「ディスカバー・ジャパン」ふうの甘美な旅情感覚と抗いながら、犬童監督とスタッフは未知なる「戦後」を厳粛に凝視しようと奮闘していたが、以来、清張原作と切り結ぼうとする映画は途絶えたままである。

終章

本書のほぼ全体を書き上げ、終章にとりかかろうというところで、奇跡のようなタイミングのオファーが舞い込んだ。『砂の器』の聖地である島根県の亀嵩で、映画版の公開50周年、TBSドラマ版の放映20周年にちなんで『砂の器』記念祭を催行するので、本浦秀夫役の春田和秀氏とともにトークに登壇してほしいということであった。開催日は2024年の10月19日、東京の洋画ロードショー・チェーンで『砂の器』が先行公開された日からちょうど50年である。亀嵩地区は正確には島根県仁多郡奥出雲町の北部に位置するので、この依頼の電話を下さったのも奥出雲町の糸原町長であった。地元の『砂の器』ファンと町役場、観光協会、商工会が総出のイベントということだった。

春田和秀氏は1974年夏のロケ時以来、一度も亀嵩を再訪したことがないので、まさにこの亀嵩行きは半世紀ぶりの原点回帰であった。出雲空港に降り立った私は、奥出雲町の公用車で春田さんとともに映画のロケ地の数々に連れて行っていただいたが、あの劇的な映像は奥出雲町の実にさまざまな場所のきめ細かなパッチワークで出来上がっていることに改めて感心させられた。春田氏は、それぞれの場所に改めて立つたびに、記憶の奥底に深く沈殿した当時の感覚がサルベージされているように見えた。

そしてわれわれが出向く先で気づいて声をかけてくださる『砂の器』ファンの方も大勢

『砂の器』記念祭で語る春田和秀。

亀嵩で開催の『砂の器』記念祭（2024年）フライヤー。

『砂の器』記念祭の亀嵩小学校体育館にあふれる観客。

いたのだが、そのなかの妙齢のご婦人が春田氏に「秀夫さんですか」と囁いたそばから「いや、秀夫さんじゃなくて〝秀夫〟でしたね」とおっしゃるので私は思わず笑った。確かに劇中で不遇な秀夫少年は一度とて「秀夫さん」などと丁寧に呼ばれることなく、一貫して「秀夫」なのである。こんなニュアンスにまで敏感なご婦人は、いったいどれほどこの作品を観返しているのだろう。

山深い亀嵩の地には田園が広がっているが、ほとんど誰も歩いていないのどかなところである。だから、『砂の器』記念祭の会場である亀嵩小学校の体育館には、いったいどれほどの人が集まるのだろうと心配したが、われわれが赴く先でお会いした皆さんは口々に「今日行きますね」とおっしゃっていた。もう町じゅうが『砂の器』を愛し、今日のイベントを心待ちにしていることがひしひしと伝わってきたのだが、おかげで約６００人ものファンが県外からも押し寄せて会場から溢れ出すほどであった。

映画撮影、公開後に亀嵩が『砂の器』のことで沸いたのは、１９８３年10月23日、劇中で三木謙一が本浦父子を発見する湯野神社の階段下に『砂の器』記念碑が建立された記念式典が催された時であった。今も同所にある記念碑の表には松本清張の揮毫で〝小説『砂の器』舞台之地〟とあり、裏には小説で亀嵩が登場する部分が刻まれている。この時の式典には、松本清張、橋本忍、野村芳太郎、丹波哲郎ほか錚々たる顔ぶれが集まった。今回の『砂の器』記念祭は、奥出雲町としてはこの40余年前のイベント以来の大がかりな催しとなった。

地元出身で小学生時代に『砂の器』ロケ隊を見ていたという元ＮＨＫプロデューサーの

村田英治氏は『砂の器』と木次線』を松江のハーベスト出版から上梓されているが、この村田氏の司会でトークショーが行われ、春田氏は半世紀ぶりにこの思い出の地に帰還して、この驚くべき数の地元の皆さんに熱烈な歓待を受けたことを感慨深く話されていた。10年前、私が春田氏に初めて取材を申し込んだ折は、本書のインタビューにも記されている通り、子役時代の複雑な境遇ゆえ『砂の器』について語ることも固く封印されていた。それは『砂の器』という「国民的」映画に出ていることを奥様やご子息にさえ話していないという徹底ぶりだった。その季節を知っている私としては、今や穏やかに心を開いて旧作に向き合うことにした春田氏がこうして再訪した亀嵩に温かく抱きとめられているさまは、いたく感動的な光景だった。

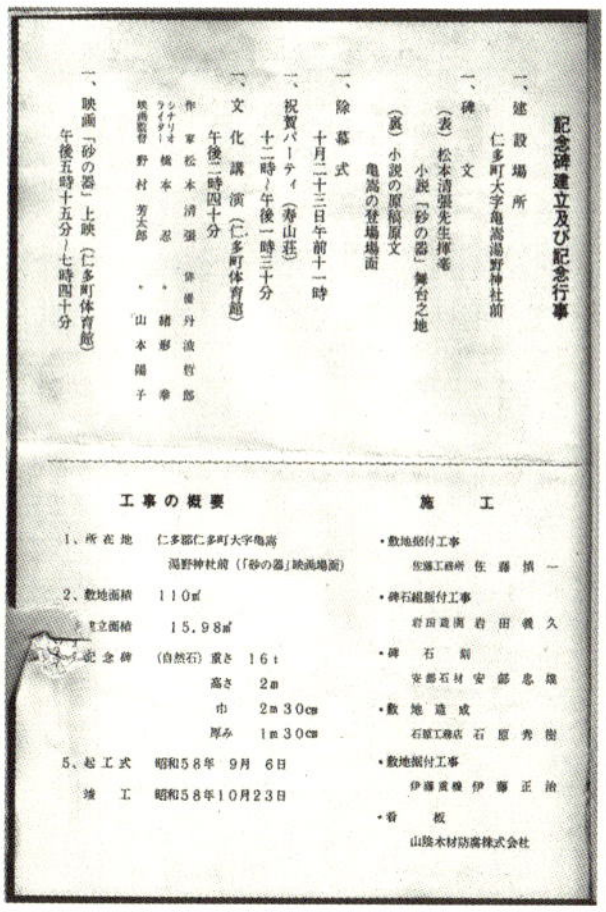

記念碑建立及び記念行事

一、建設場所
仁多町大字亀嵩湯野神社前

一、碑文
（表）松本清張先生揮毫
小説「砂の器」舞台之地
（裏）小説の原稿原文
亀嵩の登場場面

一、除幕式
十月二十三日午前十一時

一、祝賀パーティ（寿山荘）
十二時～午後一時三十分

一、文化講演（仁多町体育館）
午後二時四十分
作家　松本清張　俳優　丹波哲郎
シナリオライター　橋本忍　〃　緒形拳
映画監督　野村芳太郎　〃　山本陽子

一、映画「砂の器」上映（仁多町体育館）
午後五時十五分～七時四十分

工事の概要

1、所在地　仁多郡仁多町大字亀嵩
湯野神社前（「砂の器」映画場面）
2、敷地面積　110㎡
建立面積　15.98㎡
記念碑　（自然石）重さ　16t
高さ　2m
巾　2m30cm
厚み　1m30cm
5、起工式　昭和58年9月6日
竣工　昭和58年10月23日

施工

・敷地掘付工事
佐藤工務所　佐藤慎一
・碑石組据付工事
岩田造園　岩田義久
・碑石刻
安部石材　安部忠雄
・敷地造成
石原工務店　石原秀樹
・敷地掘付工事
伊藤重機　伊藤正治
・看板
山陰木材防腐株式会社

『砂の器』記念碑建立式典
パンフレット（1983年）

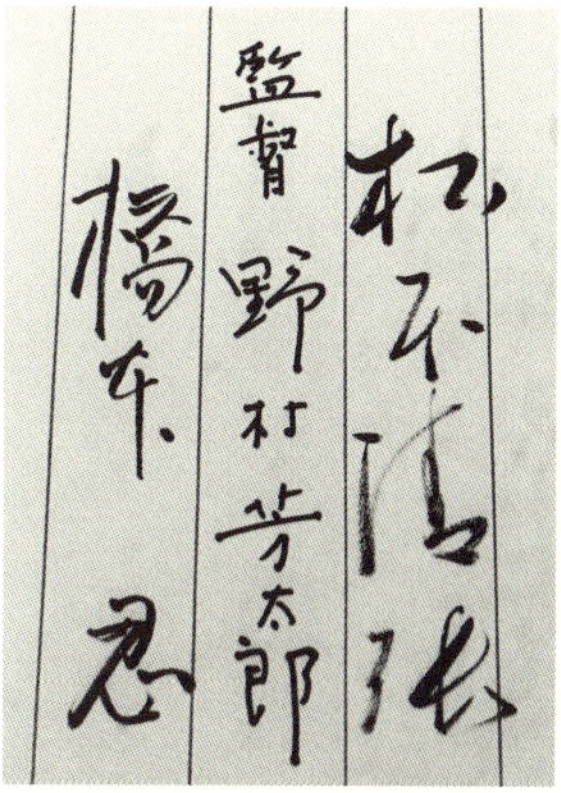

『砂の器』記念碑建立式典の
芳名帳より。松本清張、橋本忍、
野村芳太郎の署名。

そして私はといえば、この熱心な『砂の器』ファンを前にそう語るのはいささか勇気を要したが、『砂の器』はしばしば大雑把に要約されるような「名作」「傑作」では決してなくて、むしろ清張作品のなかでは問題点も多い長大な原作を、脚本家にして製作者でもある橋本忍が大胆な「奇想」でまるで別物に改変し、それゆえの無理の多いところを野村芳太郎監督の「緻密」が細心にカバーしたところに生まれた、ひじょうに奇異なるベンチャーな映画なのである、という本書のメインテーマにふれた。

その結果、やはり綻びも少なくない仕上がりではあれど、作り手の稀有な「奇想」と「緻密」の掛け算が生んだメロドラマ性は、そこに傾けられた熱気の迫力も相俟って、日本人独特の心性に強く訴えかける特異な映画に仕上がった。もちろん催涙弾的な「泣かせ」の技巧で観客の涙をふり絞ったからといって「傑作」ということにはならないのだが(というよりもいたずらに「泣かせ」に走る作品はおおむね安手のものが多い)、しかしここまで来ると本作は通りいっぺんのよく出来た「名作」以上に興味深いユニークな挑戦性を感じさせるのだった。

そしておそらくは発想の根本に問題点を抱え、さらに不安定なロケーション撮影の箇所も多く、作り手が御しにくい音楽とコンサートが大きな軸となるという、ひじょうにリスクだらけの出来が読めない企画である『砂の器』に、橋本忍、野村芳太郎という大ベテランがここまでのめって行った理由も、ひたすらその「賭け」の魅力だったに違いない。長く商業的な規格品としての映画づくりに関わってきた橋本、野村は、どう化けるかもどう転ぶかもわからない映画表現の博奕じみた誘惑に憑かれていたのではなかろうか。

線路を走ってきた秀夫と出発前の
千代吉が悲劇の抱擁をする
亀嵩駅のホームとして使われた
木次線の出雲八代駅。

『砂の器』記念碑を訪れた
春田和秀（2024年）。

本浦秀夫を保護した三木謙一の
駐在所セットを組んだ橋のたもとの民家。

本浦親子が通過する亀嵩駅（外側）として
使用された木次線八川駅にて。

三木に保護された秀夫が
砂の器を作る斐伊川。

別離の日に父を追って秀夫が走っていく鉄橋。

そんな映画表現が本来的に抱えるギャンブル性、いわば「映画の魔性」に魅入られた男たちが熱を帯びて仕上げた『砂の器』は熱烈な観客の好評と興行的成果によって報われたかに見えた。しかし、当時、本作の手ごたえが見えた時点での思いを野村監督はこう記している。

「この映画がヒットすれば少しは映画界の情勢が変わるとか、少なくとも私の松竹でのポジションがよくなるぐらいに思っていたのはまったく自分勝手な考えで、ヒットはしたが、少しの変化も現れなかったというのが実情である。ただ、自分のなかでは非常に変化を起こした。一度捨て身になってみて、捨て身の強さを意識した、とでも言おうか。そういう点は大変に勉強になった。ただ、今のような時代のなかで、私のような作家は決してスターという存在にはならないし、またなることもない、ということは実感として感じ取った」（回想録ノート『SAKUHIN KIROKU』より）

野村監督といえば『砂の器』の作者としての華やかな印象が先立つのでファンには意外かもしれないが、これは映画の「賭け」の魅力にふりまわされた作者としての偽らざる心境だろう。もっともっとスター監督にしてもらっても帳尻が合わないくらい、映画は作り手の才能と情熱を食らいつくす。野村芳太郎ほど脚光を浴びた監督にして『砂の器』に捧げ尽したものを思えば、こんなアンチヒーロー的な心境にならざるを得ないのである。だが、それでもなお、今後も映画の蕩尽に進んで身を挺する作り手は後を絶たないだろう。事ほどさように、「映画の魔性」は蠱惑的で、底知れないものである。

ついに一度も劇中では使用されなかった
本物の亀嵩駅にて春田和秀と筆者。
駅舎の青い旧字の看板は、
映画で使用したもののレプリカである。

あとがき

本書の資料の大半をなす野村芳太郎監督の厖大な遺品をご子息の野村芳樹氏からお預かりしたのは、２０１７年の初めのことである。雪の積もった寒い朝に、四谷の野村邸から資料の詰まった段ボール箱が次々に運び出されていくのを覚えている。爾来、足かけ8年にわたって資料の数々をあたためながら、原作―脚本―コンテの精査を進め、最終形の倍くらいの原稿を書き進めては破棄し、漸く現状の構成とボリュームに落ち着いた。これほど手間のかかった著作はない。

しかしそんな試行錯誤を繰り返して時間が経ってしまったことで『砂の器』をめぐるさまざまな出会いが生まれ、後半のインタビューの充実につながるという僥倖もあった。そして映画公開から50年という節目での刊行となったわけだが、本書の企画協力を仰いだ松竹では今年から２０２９年の野村監督の生誕１１０年に向けて野村監督再発見プロジェクトを開始することになった。本書の刊行はくしくもその進軍の狼火ともなった次第である。

実は本書の主題である「映画の魔性」、映画表現本来のギャンブル性、「賭け」の魅力については、２００4年に上梓した拙著『「砂の器」と「日本沈没」70年代日本の超大作映画』（筑摩書房）ですでに橋本忍の脚本を通して提起していたのだが、それを先述した資料群をもって20年がかりで発酵させたものが本書である。いずれも鈍い歩みの気の長い話であるが、そういう意味では実相寺昭雄監督の紹介で知遇を得て35年になる筑摩書房の青木真次氏とは漸進的にさまざまな映画書を実現してきたが、本書がとりあえずそのフィナーレとなる。

そして拙著『大島渚全映画秘蔵資料集成』（国書刊行会）で圧倒的な資料アーカイブの手腕が評価されたデザイナーの桜井雄一郎氏にも最大限の感謝を捧げたい。

昭和百年、『砂の器』公開50年の節目に

樋口尚文

参考文献

本書の大部分は野村芳太郎監督の遺品（野村家蔵）に含まれる映画製作当時の資料に基づいており、それらを便宜的に「演出プラン」「コンテ」「演出メモ」と分類して収録している。

そのほかの参考文献

『映画の匠　野村芳太郎』（２０２０年／ワイズ出版／野村芳太郎著、小林淳・ワイズ出版編集部編、野村芳樹監修）
野村芳太郎「私の映画人生」講演草稿（１９８８年／慶應大学三田演説会）
『砂の器』脚本第一稿（１９６１年／橋本忍・山田洋次／本書では松本清張原作に対する橋本忍の最初の着想に注目するため基本的には決定稿ではなく第一稿を引用している）
『複眼の映像——私と黒澤明』（文藝春秋／２００６年／橋本忍）
『橋本忍　人とシナリオ』（１９９４年／シナリオ作家協会／「橋本忍 人とシナリオ」出版委員会編）
『松本清張研究』（砂書房／１９９６年〜１９９８年／創刊号・第一号・第二号・第四号・第五号）
『松本清張研究』（北九州市立松本清張記念館／１９９９年〜２０１５年／創刊準備号・創刊号・第二号・第三号・第四号・第七号・第八号・第十二号・第十三号・第十六号）
「松本清張『砂の器』展」パンフレット（２０１８年／北九州市立松本清張記念館）
「砂の器 デジタルリマスター２００５」パンフレット（２００５年／松竹株式会社事業部）
『松本清張傑作映画ベスト10 ＤＶＤ＆ＢＯＯＫ』全10巻（２００９年〜２０１０年／小学館）

『調査情報』「生誕百年 松本清張の映画とテレビドラマ」（TBS／2009年11―12月号）
『清張映画にかけた男たち 「張込み」から「砂の器」へ』（新潮社／2014年／西村雄一郎）
『日本映画を創った男 城戸四郎伝』（新人物往来社／1999年／小林久三）
『松本清張全集』第五巻月報（1971年／文藝春秋）
『清張』特集「砂の器」（清張の会／2003年創刊号）
『キャメラを振り回した男 撮影監督・川又昻の仕事』（ボイジャー／2010年／川又武久）
『シナリオ』（シナリオ作家協会／1975年1月号）
『キネマ旬報』「追悼 野村芳太郎監督」（キネマ旬報社／2005年7月5日号）
『松本清張映像の世界 霧にかけた夢』（2001年／ワイズ出版／林悦子）
『清張 闘う作家―「文学」を超えて』（2007年／ミネルヴァ書房／藤井淑禎）
『松本清張の残像』（2002年／文藝春秋／藤井康栄）
『夕空の鶴』（2022年／成文社／水谷尚子・ニキータ山下）
『松本清張が「砂の器」を書くまで―ベストセラーと新聞小説の一九五〇年代―』（2020年／早稲田大学出版部／山本幸正）
『『砂の器』と木次線』（2023年／ハーベスト出版／村田英治）
『砂器』（2007年／南海出版公司／松本清張）
『松本清張事典』（2000年／勉誠出版／歴史と文学の会）
『「砂の器」と「日本沈没」70年代日本の超大作映画』（2004年／筑摩書房／樋口尚文）
『「昭和」の子役 もうひとつの日本映画史』（2017年／国書刊行会／樋口尚文）

企画協力＝松竹・橋本プロダクション
資料・取材協力＝野村芳樹・小野寺重之・松竹音楽出版・国立映画アーカイブ・
鎌倉市川喜多映画記念館・北九州市立松本清張記念館
ＰＲＯＭＡＸ・島根県仁多郡奥出雲町

著者略歴

樋口尚文《ひぐち・なおふみ》

1962年生まれ。映画評論家、映画監督。早稲田大学政治経済学部卒。戦後日本映画史を再検証する著作多数。主な著書に『大島渚全映画秘蔵資料集成』（国書刊行会／キネマ旬報映画本大賞2021第一位）、『大島渚のすべて』（キネマ旬報社）、『黒澤明の映画術』『秋吉久美子　調書』『「砂の器」と「日本沈没」70年代日本の超大作映画』『グッドモーニングゴジラ　監督本多猪四郎と撮影所の時代』『有馬稲子　わが愛と残酷の映画史』（以上筑摩書房）、『実相寺昭雄　才気の伽藍』（アルファベータ）、『ロマンポルノと実録やくざ映画　禁じられた70年代日本映画』（平凡社）など。

砂《すな》の器《うつわ》　**映画《えいが》の魔性《ましょう》**
監督《かんとく》野《の》村《むら》芳《よし》太《た》郎《ろう》と松本《まつもと》清張《せいちょう》　映画《えいが》

二〇二五年三月一〇日　初版第一刷発行
二〇二五年七月二五日　初版第四刷発行

著者　**樋《ひ》口《ぐち》尚《なお》文《ふみ》**
発行者　**増田健史**
発行所　株式会社**筑摩書房**
〒111-8755
東京都台東区蔵前2-5-3
電話03-5687-2601（代表）
印刷・製本　**三松堂印刷**株式会社
装幀　**桜井雄一郎**

ISBN978-4-480-87417-7 C0074